本书为国家社会科学基金重大专项研究项目
"新时代中国推动建设开放型世界经济研究"（项目批准号：18VSJ048）的标志性成果

中国经济问题丛书

高质量发展的中国与开放型世界经济重构

黄卫平　彭　刚　丁　凯／主编

中国人民大学出版社
·北京·

总　序

我国经济社会发展与进步离不开我国哲学社会科学的繁荣与发展。新中国走过的伟大历程，不仅给当代学人带来了从事哲学社会科学研究丰沃的土壤与最好的原材料，也给我们提供了观察和分析这一伟大"试验田"的难得机会，更为进一步繁荣我国哲学社会科学创造了绝佳的历史机遇。

当前，坚持和发展中国特色社会主义理论和实践提出了大量亟待解决的新问题，世界百年未有之大变局加速演进，世界进入新的动荡变革期，迫切需要回答好"世界怎么了""人类向何处去"的时代之题。坚持和发展中国特色社会主义必须重视和发展构建中国特色、中国风格、中国气派的新时代哲学社会科学学科体系、学术体系、话语体系及评价体系。加快构建中国特色哲学社会科学，归根结底是建构中国自主的知识体系，必须要以中国为观照、以时代为观照，立足中国实际，解决中国问题，不断推进知识创新、理论创新、方法创新，使中国特色哲学社会科学真正屹立于世界学术之林。在实现中华民族伟大复兴的伟大征程中，中国将为人类文明提供中国智慧和中国方案。书写中国故事、归纳中国经验、总结中国智慧正是在这个大背景下获得了特别的意义。

我们策划出版"中国经济问题丛书"的主要目的是鼓励经济学者把文章写在祖国大地上，继续推动中国经济学研究的进步和繁荣，在中国经济学学术著作的出版园林中，创建一个适宜新思想生长的园地，为中国的经济理论界和实际部门的探索者提供一个发表高水平研究成果的场所，使这套丛书成为国内外读者了解中国经济学和经济现实发展态势的必不可少的重要读物。

中国经济问题的独特性和紧迫性，将给中国学者以广阔的发展空间。丛书以中国经济问题为切入点，强调运用现代经济学方法来探究中国改革开放和经济发展中面临的热点、难点问题。丛书以学术为生命，以促进中国经济与中国经济学的双重发展为己任，选题论证采用"双向匿名评审制度"与专家约稿相结合，以期在经济学界培育出一批具有理性与探索精神的中国学术先锋。中国是研究经济学的最好土壤，在这块土地上只要勤于耕耘，善于耕耘，就一定能结出丰硕的果实。

作者团队

总顾问：
杜厚文　中国人民大学经济学院教授、原副校长

主编：
黄卫平　博士　教授　中国人民大学经济学院
　　　　　　　　　　中国人民大学世界经济研究中心
彭　刚　博士　教授　中国人民大学经济学院
　　　　　　　　　　中国人民大学发展中国家经济研究中心
丁　凯　博士　教授　中国人民大学国家发展与战略研究院
　　　　　　　　　　中国人民大学世界经济研究中心

主要编写者：
黄　剑　博士　副教授　温州大学
胡　玫　博士　副教授　对外经济贸易大学
刘春生　博士　副教授　中央财经大学
赖明明　博士　副教授　深圳技术大学
王洪斌　博士　讲师　　温州大学
李　楠　博士　讲师　　北京青年政治学院
王翔然　研究员　　　　北京营商环境评估研究组
王雪佳　博士　助研　　中国国际商会
白　明　博士　研究员　商务部国际贸易经济合作研究院
程大为　博士　教授　　中国人民大学
王诗华　博士　副研究员　香港理工大学
翁海颖　博士　副研究员　香港理工大学
马光明　博士　副教授　中央财经大学
宋　洋　博士　讲师　　中国劳动关系学院
汤学敏　博士　讲师　　中国劳动关系学院
陈能军　博士　副教授　南方科技大学

黄　都　博士　中国农业银行
褚　蕴　博士　中国工商银行
吴书凤　硕士　中国人民大学
王丽爽　博士　讲师　廊坊师范学院
莫　言　博士　中国人民大学
杨雁婷　硕士　交通银行总行
路　越　硕士　对外经济贸易大学
王　颖　硕士　汕头大学
杨佳佳　硕士　汕头大学
陈晓琪　硕士　汕头大学

序言　人类命运共同体与开放型世界经济大格局

2018年11月5日，首届中国国际进口博览会在上海开幕。中国国家主席习近平出席开幕式并发表题为《共建创新包容的开放型世界经济》的主旨演讲，强调回顾历史，开放合作是增强国际经贸活力的重要动力；立足当今，开放合作是推动世界经济稳定复苏的现实要求；放眼未来，开放合作是促进人类社会不断进步的时代要求。各国都应该积极推动开放合作，实现共同发展，开创人类更加美好的未来。中国推动更高水平开放的脚步不会停滞，推动建设开放型世界经济的脚步不会停滞，推动构建人类命运共同体的脚步不会停滞。

党的十九大报告给出了新时代中国特色社会主义的行动纲领和发展蓝图，并向全世界宣布了中国梦逐步实现的重要的时间节点：到2020年，中国将全面建成小康社会；到2035年，中国将基本实现社会主义现代化；到21世纪中叶，中国将建成富强民主文明和谐美丽的社会主义现代化强国。从党的十九大的召开到党的二十大期间，是"两个一百年"奋斗目标的历史交汇期，我们既要全面建成小康社会、实现第一个百年奋斗目标，又要乘势而上开启全面建设社会主义现代化国家新征程，向第二个百年奋斗目标进军。因此一定要贯彻新发展理念，建设现代化经济体系，进而实现高质量发展，在这一过程中，中国尤其要坚持世界经济的多边方向，"引进来"和"走出去"并重，遵循共商共建共享原则，加强创新能力开放合作，以"一带一路"建设为契机，构建陆海内外联动、东西双向互济的全方位开放格局，在经济全球化和开放型世界经济新格局中逐步实现建立人类命运共同体的宏大目标。

一

世界面临百年未有之大变局，这一变局目前正在加速演进，在变局中危与机共生并存。这是习近平总书记对于当前世界大势的一个基本判断，也是中华民族伟大复兴所面临的大势。在这个大势下，经济全球化进程出现了深刻转变。过去数十年，经济全球化对世界经济发展作出了重要贡献，即便出现所谓逆全球化趋势，但由于世界经济你中有我、我中有你，全球化也已成为不可逆转的时代潮流。同时，面对世界大形势的发展变化，经济全球化在形式和内容上面临新的调整，主观理念上应该更加注重开放包容，客观方向上应该更加注重普惠平衡，实际效应上应该更加注重公正共赢。同时，在这个大势下，全球经济治理体系正在出现深刻的转变。世界经济格局的演变对全球经济治理体系提出了更高要求，是坚持多边主义，谋求共商共建共享，建立紧密伙伴关系，构建人类命运共同体，还是顺应民粹主义、贸易保护主义抬头，推行逆全球化的单边主义，在新的大趋势下世界是携手开辟全球、区域合作新局面，推动世界经济前行，还是各自渐行渐远，各国需要作出相应的选择。今天，全球经济治理体系、结构、能力需要变革，产生变化，这是大家都能够看清楚的必然趋势。在新的大势下，随着时代进步，新一轮科技和产业革命形成势头，数字经济、共享经济加速发展，新产业、新模式、新业态层出不穷，新的增长动能不断积聚，发展的内涵正在发生深刻变化，实现更加全面、更有质量、更可持续的发展是国际社会共同追求的目标，落实联合国《2030年可持续发展议程》，应对世界政治、军事、经济、公共卫生等突发事件，以及气候变化等全球性挑战，成为国际社会重要共识。党的十九大提出，世界面临的不稳定性不确定性突出，世界经济增长动能不足，贫富分化日益严重，地区热点问题此起彼伏，恐怖主义、网络安全、重大传染性疾病、气候变化等非传统安全威胁持续蔓延，人类面临许多共同挑战。为此，报告提出，中国要坚持新发展理念，主动参与和推动经济全球化进程，发展更高层次的开放型经济，不断壮大我国经济实力和综合国力。因此，让创新、协调、绿色、开放、共享的发展理念日益深入人心，认识、适应、把握、引领新常态，促进经济增长动能向高质量、可持续的方向深刻转变，把改革创新作为中国化解挑战、谋求发展的方向，将供给侧结构性改革作为化解中国社会主要矛盾的路径，体现出中国在面临全球百年未有之大变局的情况下，正在以增长方式的深刻转变谋求中国可持续发展，从而在全面建成小康社会的基础上，到2035年基本实现社会主义现代化，到本世纪中叶把我国建成富强民主文明和谐美丽的社会主义现代化强国。正如中国领导人所述，中国在这样的理念下，愿意秉持正确义利观，积极发展全球伙伴关系，扩大同各国的利益汇合点，推动建设相互尊重、公平正义、合作共赢的新型国际关系。从历史上看，中国人在哲学理念上强调的是"天人合一"的价值观，关于发展的基本看法是顺应自然规律，反对把人和自然对立起来，片面强调"人定胜天"；主张奉献、和平、友爱，强调"和而不同""己所不欲，勿施于人"的中华优秀传统；走"修身、齐家、治国、平天下"的路，最终实现"大同"的追求。今天，中国依然愿意秉持共商共建共享理念，积极参与全球治理体系改革和人类命运共同体的建设，推动国际政治经济秩序朝着更加公正合理的方向发展，同各方携手建设持久和平、普遍安全、共同繁荣、开放包容、清洁美丽的世界。

　　改革开放以来，中国始终坚持对外开放的基本国策，不断拓展对外开放的广度和深度，实现了全方位的对外开放，使得中国经济发展具有了全新的活力，建立、健全了社会主义市场经济体制，极大地提升了中国的国际竞争力和综合国力，同时也提升了中国促进世界各国共同发展的能力。今天，中国在开放型世界经济面临百年未有之大变局的全新情势下，站在新时代的起点上，仔细考察国内外条件和环境发生的深刻、复杂的变化，以便为实现小康之后全面建成社会主义现代化强国作出更为合乎客观实际的分析。我们综合自身的研究以及众多学者的贡献，认为在世界面临百年未有之大变局下，中国继续前进面对的国际国内变化主要有以下几个方面的情况：

　　第一，经济全球化的驱动力正在发生重大变化。当今世界面临百年未有之大变局，虽然经济全球化你中有我、我中有你的发展总趋势并没有改变，但受种种因素影响，多边贸易体制发展坎坷，多哈回合谈判徘徊不前，政策协调机制受到冲击，贸易投资保护主义升温，贸易摩擦政治化倾向抬头，经贸摩擦在大国之间频频发生。同时，区域经济合作蓬勃发展，各类双边、多边自由贸易协定大量涌现，成为经济全球化的重要动力。据有关资料，经济一体化组织在20世纪60年代有19个，70年代有28个，80年代有32个，进入90年代，随着经济全球化高潮的到来，经济一体化组织得到迅速发展，截至2019年底，世界贸易组织有记录并有效的区域贸易安排近150个，七成以上是近10年出现的。截至2020年1月底，世界贸易组织164个成员基本都进行了区域贸易安排，未参与的可以说是寥寥无几，这一情况正在对开放型世界经济的走向产生着深远影响。

第二，世界经贸格局正在发生重大变化。在2008—2009年由美国次贷危机引发的全球金融危机之后，一些发达国家，尤其是希腊、冰岛等国家债务危机严重，除美国、英国、德国之外，其他发达国家经济恢复艰难曲折，发展中国家，尤其是中国、印度成为拉动世界经济增长的重要力量。一批新兴经济体崛起，金砖国家占世界经济总量的比重超过两成，而新兴经济体对于世界经济新增长的贡献超过了七成，全球经济格局中量的变化对比明显。根据联合国贸易和发展会议（UNCTAD）的数据，2008—2012年，发展中国家进口总额年增长近11%，明显高于发达国家的3%左右，在全球进口中的比重由低于四成上升到45%，尽管金融危机造成世界贸易增长速度明显放缓，但总体的结构变化和发展趋势却依然不变。随着发展中国家经济的进步，未来的全球需求会发生深刻的结构变化，使得传统市场、传统贸易的内容与模式的重要性逐渐下降，而新的消费内容、消费模式与新兴市场则前景广阔。

第三，随着新科技革命的临近，国际产业竞合，即竞争与合作并存的态势正在发生着重大变化。从全球范围看，国际生产网络的分工与进步在演进，但其中的某些新动向值得我们关注。一是金融危机后发达国家提出"再工业化"政策，一些自动化程度高、供应链短的制造业开始向发达国家转移；二是类似中国的新兴经济体制造业成本较大幅度的提升，使得劳动密集型产业开始向更低成本的低收入国家转移，特别是低端加工业的转移，这有可能为新兴经济体在全球价值链、供应链中地位的提升带来机遇；三是国际经贸合作中服务外包以及向服务业尤其是金融业的投资成为外国直接投资（FDI）的新方向；四是当前的技术革命在生命科学、人工智能、新能源、新材料等方面有可能获得新突破，世界各主要经济体均加大研发与投入力度，可以预见，未来型产业的竞争将会非常激烈。

第四，中国参与经济全球化的基础和条件正在发生重大变化。目前，中国是世界第二大经济体、第二大商品消费国（2021年社会消费品零售总额为44.1万亿元人民币）、第一大工业国家（尤其是制造业，2019年制造业附加值是美国的160%以上）、第一大货物贸易国、第一大外汇储备国、第二大外资引进国、第三大对外投资国，这是中国进一步在各个领域，尤其是服务业领域扩大开放的物质基础。同时，巨大的内部市场潜力、完善的基础设施、充沛的资金流动、强大的加工和配套能力，以及中国企业迸发出的创新能力和走向世界的国际化意愿，也为中国参与开放型世界经济、推进经济全球化提供了有利条件。然而，随着中国已经入列中高收入国家，并向高收入行列迈进，劳动力、土地等各类要素成本迅速提升，依靠低成本制造的传统产业优势不再，能源资源和生态环境承载硬约束凸显。我们认为，如何保持传统优势、增创新优势，将是中国经济继续发展需要解决的重大课题。

第五，世界对中国的认知和期待发生了极大的变化。随着综合国力和影响的提升，中国在国际经济治理体系中的地位发生了变化，话语权和影响力有所增加，人们在重大国际和地区问题上开始更加关注和考虑中国的立场和想法，并加强与中国的交流与合作。与此同时，中国被要求承担更多的国际义务，发达国家在应对碳排放和气候变化、世界经济再平衡、进一步开放市场、处理贸易失衡、人民币汇率升值、知识产权保护等方面对中国提出了越来越高的要求，一些发展中国家对中国的援助期许也在提高。但是中国仍处于并将长期处于社会主义初级阶段的基本国情没有变，作为世界最大发展中国家的国际地位没有变。李克强总理在2020年两会答记者问时给出了中国6亿人口人均收入1 000元左右的实际情况，外界对于中国的认知与中国实际情况的不同，让中国参与国际经济合作与治理面临着复杂的局面。

二

我们针对中国经济发展面临的上述内部条件和外部环境的变化，以党的十九大文件为基础，以习近平总书记关于开放型世界经济的论述为指导，对党的十九大以来，论述中国融入并推进开放型世界经济形成的国内外已有的相关文献进行了收集、梳理与定性、结构和定量分析。①

2018年6月22—23日在中央外事工作会议上，习近平总书记明确指出："当前，我国处于近代以来最好的发展时期，世界处于百年未有之大变局，两者同步交织、相互激荡。"② 在另外一些重要会议、重要场合他也多次强调要"正确认识当今时代潮流和国际大势"③。"放眼世界，我们面对的是百年未有之大变局。"④ 百年未有之大变局的提法反映了以习近平同志为核心的党中央对世情和国情的深刻把握。百年未有之大变局的核心要义就是"变"字。这个"变"字体现在，世界经济重心之变，世界政治格局之变，全球化进程之变，科技与产业之变，全球治理之变。按照马克思主义辩证法，世界不是既成事物的集合体（王俊生和秦升，2019），而是过程的集合体。不断变化是世界发展的本质特征，当下的世界更是处于重大转折性变化之中。在变局中（高祖贵，2019），新一轮科技革命和产业革命加快重塑世界，作为生产力和经济基础层面的因素，科技和产业的变迁是导致生产关系和上层建筑层面世界格局和国际秩序演进最根本的动力，大国的兴衰和不同形态文明的起落都在反复演绎这个逻辑。李滨（2019）指出，理解百年未有之大变局应当从三个方面来看：百年未有之大变局的物质基础是什么？这种变局是怎样的变局？它正在把世界引向何

---

① 经课题组讨论，有关文献综述与归纳的成果没有在正文中安排，而是放到了本书的附录中，专辟相应的组成部分。由于每个子课题均有建模、实证的部分，若将其全部列入正文，将会使得读者在阅读时有很大的凌乱感，缺乏课题的内在逻辑，因此经讨论，这些建模数量、计量的内容也都放入附录部分，在正文章节涉及定量分析时，将会特别指出其在附录中的位置，供愿意更深入探讨课题内容的读者进一步参考。

② 坚持以新时代中国特色社会主义外交思想为指导 努力开创中国特色大国外交新局面. 人民日报，2018-06-24.

③④ 习近平接见二〇一七年度驻外使节工作会议与会使节并发表重要讲话. 人民日报，2017-12-29.

处？李滨认为，百年未有之大变局存在的物质基础是，在国际分工中中国的地位正在上升，初步进入国际分工引领者行列，而传统的大国作用正在相对下降。中国在世界经济中的影响力正是这种百年未有之大变局最重要的经济基础。这种大变局只是一种温和的世界力量对比的变化与秩序的再调整，不是一种根本的世界秩序变革。李杰（2018）指出，大变局的本质是国际力量对比变化；大变局的动力是生产力的决定作用；大变局的关键是制度优势；大变局的规律是长期性渐进式。从现实发展看，大变局呈现出四个"未有"：未有之权力转移方向，未有之变局要素比拼，未有之社会主义振兴，未有之人类进步意义。张宇燕（2019）总结道，一百年后的历史学家在回顾人类目前正在经历的这一段历史变迁的时候，可能性比较大的是把百年大变局概括为"以中国为代表的东方的复兴和以美国为代表的西方对东方复兴的回应"，但人类面临的共同问题又需要中美这两个世界上体量最大的国家，这两个人类事务最大的利益攸关方，携起手来一同承担应对挑战的责任。我们在总结各位学者关于世界百年未有之大变局论述的基础上，认为新的科技革命、工业革命将是大变局的物质基础；生产力决定生产关系，新的工业革命将会从根本上改变世界经济的游戏规则，重构经济关系和规律；大变局将会在方方面面产生结果，国与国之间的关系、世界经济与政治的格局、世界治理结构，甚至人与人之间的关系、社会结构都会发生根本性的变化，而中国在大变局中将会扮演非常重要的角色，为人类的进步与发展作出应有的贡献。

在大变局下，经济全球化发生了巨大变化，伴随着逆全球化的出现，进入了一个新的阶段。世界贸易组织1995年度报告指出，对全球化的定义和描述，首先应着重"质"而不是"量"；1996年联合国贸易和发展会议在一次题为"全球化与自由化"的讨论会上对经济全球化定义如下：全球化是世界各国在经济上跨国界联系和相互依存日益加强的过程，运输、通信和信息技术的迅速进步有力地促进了这一过程；1997年联合国贸易和发展会议报告指出，全球化的概念既指货物和资源日益加强的跨国界流动，也指一套管理不断扩大的国际经济活动和交易网络的组织结构的出现。国际货币基金组织为经济全球化下的"权威"定义是：跨国商品、服务贸易及国际资本流动规模和形式的增加，以及技术广泛迅速传播使世界各国经济的相互依赖性增强。新自由学派的经济学家认为，经济全球化是人类进步的先驱，因为它正促使全球市场与全球竞争一体化的出现（Ohmae，1995；Greider，1997）。而马克思主义经济学的观点则认为，经济全球化是生产社会化扩大的结果，是资本主义经济体系对于世界的支配与控制的过程。世界新马克思主义者更多地看到了经济全球化负面的结果，他们认为，今天的全球化代表了反动的全球帝国主义和资本主义的胜利（Callinicos，1994），其结果必然是不公平、不公正的国际政治经济秩序与贫富两极分化，当今各国政府已经沦为国际垄断资本的代理人（Gill，1995）。我们认为，在考虑经济全球化定义时，由于世界经济不断发展，应该将它看成是一个动态的过程。强调参与国家的互相依存性与竞争性（黄卫平，2005），而不应该将其认定为一种结果、一种制度或体系，这样可以为未来分析国际经济活动预留足够的理论空间。人们可以从三个方面来认识经济全球化的内涵：一是世界各国经贸投资联系的加强和相互依赖程度的日益提高，形成了全球价值链的分布；二是随着国际市场的形成和扩大，各国国内经济游戏规则逐渐趋于一致；三是国际经济协调机制强化，即各种多边或区域组织对世界经济的协调和约束作用越来越显现出来。

关于经济全球化的作用和影响，除了新马克思主义学派和今天的民粹主义学者，多数学者是从正面的角度来分析全球化的。吴志鹏（2017）总结各国学者观点，认为经济全球化是推动社会、政治和经济转型的主要动力，并正在重组现代社会和世界秩序（Giddens and Castells，1996）。经济全球化正在促使政治、经济和社会的空间急剧扩大，成为影响一个社会和地区的决定力量（Rosenau，1997）。一方面，经济全球化正在产生一种强大的"转型"力量，导致世界秩序中的社会、经济与制度的剧变（Giddens，1996）。但另一方面，这种世界秩序的剧变又充满着变数，因为他们认为经济全球化在根本上是一种偶然的历史进程，谁都无法预测它的发展方向与它所要构建的新世界政治经济秩序（Ruggie，1996）。赵可金（2018）提出，未来要以人类命运共同体理念引领经济全球化发展：一是要实现发展中国家和发达国家共同发展；二是要维护社会公正；三是要实现可持续发展，从构建人类命运共同体的高度，走绿色、低碳、循环、可持续发展的道路。2019年在达沃斯召开的世界经济论坛的主题为"全球化4.0：打造第四次工业革命时代的全球结构"。世界经济论坛的创始人兼执行主席施瓦布指出，四大变革正在赋予全球化新的定义：全球经济领导格局由奉行多边主义进一步发展为诸边主义；全球势力划分由单极主导向多极平衡发展；气候变化等生态问题对社会经济发展造成威胁；以及随着第四次工业革命的进展，新技术以前所未有的速度和规模兴起。他认为全球化4.0能否为世界带来普惠发展，取决于企业、政府乃至国际层面的治理方式能否充分适应这一新的经济、政治、自然和社会环境。但也有学者利用统计方法，指出现实的世界经济在贸易、投资、人员流动等指标上都显示出全球化逆动现象。此外，发达国家与新兴经济体连通性的广度指数表明当代全球化逆动是以西方为首的主动收缩和新兴国家努力扩张的博弈结果。陈伟光（2016）基于统计数据论述了全球化逆动的趋势，指出其根源在于全球化和全球治理的不匹配，导致利益分配的畸形。因此，在经济全球化下，世界经济的治理结构存在着巨大缺陷，需要进行变革。全球经济治理制度的改革不仅需要体现权力结构的变革，以"命运共同体"和"伙伴关系"为核心的新理念为全球经济治理体系注入新的精神内涵和主旨，需要寻求最大多数国家利益的最大公约数，实现互利共赢，而且在原有全球治理制度设计的盲区，要积极推进制度体系的创新和创设。全球化的治理结构改革，应该围绕着贸易便利化、金融改革等方面进行。由全球化发展失衡带来的收入分配不均将对国家的消费结构产生影响，贫富差距的不断扩大将使逆全球化民粹主义加强。赵龙跃（2016）提出要克服这种不平衡全球化的弊端，需要重构或者创新国际规则，完善国际治理机制，推进一个更加均衡、包容和公正的全球经济体系。崔凡（2008）指出，应从国家层面规划重点建设地区，实现特殊监管区域有助于实现跨境合作贸易区。另外，应推动产业转接中心建设，加快产业转移，增强对产业链的控制力。国际金融是全球金融治理的核心领域，对于稳步推进金融体系改革、深入全球金融治理是十分重要的（辛本健，2011）。

由于世界经济治理结构改革迟缓，在2008—2009年金融危机后，各种矛盾集结，逆全球化在全球开始显露。一般认为，国际范围内的逆全球化的原因是2008—2009年全球金融危机之后出现的种种矛盾。"占领华尔街""黄马甲"运动曾一度在许多发达国家流行，运动的目标直指大型金融机构的道德风险和政府对它们无原则的救助和利益让渡措施，以及经济全球化对于普通劳动者利益的伤害。2016年，英国启动脱欧，2020年终于完成，这意味着欧洲一体化进程的巨大倒退；2017年，特朗普当选美国总统后提出并实施的一系列政策主张，也在一定程度上阻碍了全球化的发展进程。当前的逆全球化动向突出表现在三个方面：一是否定经济全球化的基本理念，二是很少推出支撑全球化的国际载体，三是拒绝提供公共物品（李向阳，2017）。逆全球化的理论依据是贸易政策的政治经济学（political economy of trade policy），它将公共选择的分析范式嵌入传统的贸易理论，从政策决策过程出发来探究贸易干预的水平、结构、形式和变化（Gawande and Krishna，2003）。在支持逆全球化的贸易政策内生过程的研究中，最经典的文献是格罗斯曼和赫尔普曼（Grossman and Helpman，1994）的"保护待售"模型，该模型刻画了政府和利益集团进行博弈、最终决定贸易政策的决策过程，已成为解读政府决策行为的主流理论。逆全球化和世界经济治理结构的迟缓已经对世界经济的平稳发展造成了负面的影响，在这种情况下，各经济体都希望全球化和世界经济治理的协调能有较大的突破，在这其中，中国被寄予了较大的希望。

中国提出"一带一路"倡议，推动各方加强规划和战略对接，该倡议成为中国为世界提供的最大的公共物品，也是中国在全球经济治理方面具有相应影响力的内容（黄群慧，2017）。罗曼诺夫（2016）指出，中国着力于构建一套旨在影响并参与全球进程的思想工具，这不仅仅是对现行国际规则的修正，更是要增加西方治理以外的价值内容，尤其是提出打造"人类命运共同体"等主张。陈建奇（2016）指出，落实"中国方案"，应在以下三个方面综合推进：一是通过二十国集团等全球或者区域管理平台对全球化进行加强；二是中国应加快研讨构建协作共赢的开放型经济新体制，让中外各方都从协作中受益；三是及时总结中国完成协作共赢与开放合作的经历，稳步推进全球经济管理体系革新。

在探讨世界经济治理改革的同时，世界各个国家都在推动经济一体化的进程。比照经济全球化，经济一体化是一种在客观基础上的制度安排，各国根据实际情况，选择参加自由贸易区、关税同盟、共同市场、经济联盟和完全经济一体化等处在不同层次上的国际经济一体化组织，并在一体化的游戏规则下，通过权衡利弊，让渡一定的经济主权，获取一体化的利益（黄卫平，2008）。从理论上看，J. 瓦伊纳（J. Viner）1950 年在《关税同盟问题》中对关税同盟进行了局部均衡分析。20 世纪 90 年代 J. 埃斯尔（J. Ethier）对新地区主义的特点进行了总结，这一时期出现的新地区主义（De Melo and Panagariya，1993；Perroni and Whally，2000）的概念对于经济一体化带来的传统收益如贸易创造、贸易条件改善、规模经济、竞争加剧和刺激国外投资等做了很好的分析。R. 费尔南德斯（R. Fernandez）和 J. 波特斯（J. Porters）在 20 世纪 90 年代提出了区域贸易协定的非传统收益理论，该理论认为除了传统收益之外，区域经济一体化在某些条件下还能带来保持政策的连贯性、发信号、提供"保险"、增强讨价还价能力、建立协调一致机制等非传统收益，为解释新一轮区域经济一体化浪潮的兴起提供了新的视角。

在讨论经济全球化和经济一体化的过程中，人们非常重视世界产业链、供应链、价值链、生产网络的研究，认为它们是当代世界经济发展最重要的动力组成部分。关于全球价值链的研究最早出现于管理学，价值链理论蕴含了"工序"和"附加值"概念（Porter，1985）。科古特（Kogut，1985）提出价值增值概念，用来分析国际战略中的优势，反映了价值链下垂直分工的特征，对推动全球价值链理论的发展起到了至关重要的作用。加里·杰瑞菲（Garry Gereffi）立足于管理学的价值链理论，1999 年首次界定了全球商品链的概念，在此基础上又于 2001 年提出全球价值链的概念，为全球空间范围内生产活动的布局提供了研究方法，也对全球经济运行的动态特征进行了详细刻画。哈佛商学院教授迈克尔·波特（Michael Porter）在《竞争优势》一书中最早提出了全球价值链理论的概念。波特将价值链（value chain）定义为："一种商品或服务在创造过程中所经历的从原材料到最终产品的各个阶段，或者是一些群体共同工作，不断地创造价值、为顾客服务的一系列工艺过程，每一个企业都是在设计、生产、销售、发送和辅助其产品的过程中进行种种活动的集合体，这些互不相同但又相互关联的生产经营活动，构成了一个创造价值的动态过程，即价值链。"学术界从全球（区域）价值链角度分析了国际生产网络，利普西（Lipsey）认为，全球生产网络（global production networks）指的是跨国公司控制的在它们母国之外的全球范围内的生产系统。国内学者对生产网络理论也做了很好的总结（刘春生，2006）。联合国工业发展组织将全球价值链明确定义为："全球价值链是指在全球范围内为实现商品或服务价值而连接生产、销售、回收处理等过程的全球性跨国企业网络组织，涉及从原料采集和运输、半成品和成品的生产和分销，直至最终消费和回收处理的过程。"① 在经济全球化新的形势下，程大中（2015）提出，全球价值链生产长度（最初投入品和最终产品之间的平均生产阶段）已经变短，这反映了生产跨境行为的减少。生产在跨境前和跨境后的长度变长了，说明国家内劳动分工的深化。

总的来说，人们承认全球价值链对贸易、就业、经济增长和社会发展具有重要的推动作用。在经济全球化中，与全球价值链相关的贸易给世界各个经济体带来了收入的快速增长。今后，全球价值链在各产业、地区的分布和延伸，将为发展中国家参与价值链、建设区域价值链中心提供机遇。各国应重视改善营商环境、基础设施和创新投资，推动贸易援助、基础设施和能力建设。同时，我们总结国际组织现阶段关于全球价值链的研究，发现这些研究主要集中在揭示全球生产、贸易的真实运行层面，并开始探讨全球供应链、生产链和价值链的政策内涵，并为促进它们的进一步发展提出相应的建议。

三

我们认为上述文献对于推进开放型世界经济发展、逆全球化思潮演进、全球治理创新以及中国参与全球治理等问题，在不同程度上都进行了深入的探讨，从各自的视角解释了时间、因果、协调的方方面面的相关因素，并提供了相对完整的理论与实证的分析框架。学者们也在全球经济治理的视角下探索了开放型世界经济体系构建的基本要素、逻辑路径和政策

---

① UNIDO. Industrial Development Report 2002/2003: Competing through Innovation and Learning. United Nations Industrial Development Organization, 2003.

支撑等问题，从各自的视角提出了中国应该采取的努力方向。然而，我们的分析表明，基于全球政治经济形势的新发展和变化（如中美贸易的激烈摩擦和博弈），以及中国现代化经济体系构建和高质量发展的探索，已有文献尚有很大的扩展和完善的空间。为此，我们提出了进一步对此课题进行研究的方向和理论、政策以及实证的基础，明确了对课题进行深入探讨的方向和基本内容。

首先，我们将从世界面临百年未有之大变局出发，探讨全球资源配置和生产格局重组，从世界的生产链、供应链、价值链重构的视角出发，进一步拓展新时代开放型世界经济的内涵。已有研究认为，美国次贷危机引发的全球金融危机使得世界金融中心遭受打击，在全球配置资源的功能一度减弱，新型工业化国家得到机会，加入了资本和生产的全球配置。我们的研究表明，当今世界，诸多新兴经济体的发展较为强劲，有效对冲了其他市场的经济衰退，在全球经济发展中的定价权和话语权逐步增大，在全球资源配置中发挥着不可或缺的作用。与此同时，发达国家在世界GDP中的比重仍然在60%左右，它们的商业模式也在变化，已有巨大的规模经济加上高科技创新成为发达经济体的普遍选择，努力实现生产集约化，发展以新能源、节能环保、信息、生物等为代表的高新技术产业，推动结构优化和产业升级，正在缓慢形成符合发达国家资源禀赋特点的后现代产业体系。在大变局下，已有的全球生产格局仍然以发达国家为核心。如许多发达经济体提出"再工业化"，在新科技、新技术的支撑下，为节约运输成本和其他成本，跨国公司开始舍弃旧有的全球化产销模式，把生产和组装线撤回离市场更近的本国国内或邻近地区。随着跨国公司活动的日益频繁，国际贸易已经逐渐演变为公司内贸易，跨国公司遵循价值链走势的公司内贸易已经占到全部国际贸易额的1/3以上。与此同时，公司金融运营却日益全球化，在世界各个角落铺开，公司的运营资本超过80%的部分不间断地在全球范围内流动，除了支撑企业运行，更注重资源的多元化配置。在新兴经济体的快速发展下，世界经济格局也在发生着根本性的变化，二十国集团的出现和在世界经济中地位的提高，很好地显示了这一点。我们认为，新时代构建开放型世界经济的目标是，要实现一个国家能够真正地掌控住全球资源的流向（21世纪具有决定性意义的资源是决定未来生产力趋势的人才、科技和金融资源的流向），掌控住全球经济产出的流向（如有关国计民生的重要基础产品，对未来有重要主导作用的高科技产品的市场流向），并且在资源、产出双流向掌控的基础上，要实现一个国家在世界经济游戏规则的制定中，在世界经济治理体系中占有相应的地位，能够具有更大的话语权，其利益可以得到根本保障。我们希望在这方面进行一定的理论探讨与分析，并作出贡献。

其次，我们将根据严谨的经济全球化、产业链、开放的大国模型等理论，并在具体的实证分析基础上，提出有针对性、切实可行的"中国方案"。已有研究从现实出发，结合对相关政策措施的解读（例如"一带一路"倡议、建立亚投行等），站在中国立场上提出了许多参与推进开放型世界经济体系构建、重构国际经贸规则的很好的政策建议。我们将在这些研究的基础上，应用严谨的理论和实证分析，为中国参与全球经济治理、重构国际经贸规则、构建开放型世界经济体系等，建立起具有针对性和可操作性的策略体系。我们认为，中国会顺应当前世界经济环境的深刻变化，全面深化改革扩大开放将为中国融入全球经济活动提供更好的基础，在经济全球化与开放型世界经济中形成具有可持续性的增长模式，寻找更为有效的资源配置、福利提高和资源供给的可持续性途径，最终实现到21世纪中叶，建成富强民主文明和谐美丽的社会主义现代化强国的宏大战略目标。我们回顾并探讨了中国产业发展模式的指导思想、要素基础和现实路径，认识到在中国不断深化对外开放和体制创新的背景下，中国的产业发展模式应当先求生存，再着手调整，实现劳动力从传统部门向现代部门的转移，不断承接世界产业的转移，进行产业的高端切入，继而走创新驱动的路，实现动能转换，为中国经济发展提供可持续的动力。与此同时，中国应努力适应全球竞合的外部环境，积极介入国际规则制定，在全球贸易体系中占据有利位置，充分认识自身的产业弹性、优势劣势，打造产业结构调整的高端平台。我们在此基础上提出相应的政策建议。

再次，我们将基于中国现代经济体系的构建，考察中国参与改变经济全球化和推动开放型世界经济构建的影响因素和可能的结果。特别是考察中国在进入新时代面临国际大环境变化，尤其是国际经贸环境的冲击以及国内要素条件变化、基本动能转换的冲击下，如何通过自由化贸易制度安排和便利化政策措施制定构建中国全面开放新格局，从而降低贸易及投资壁垒、促使要素充分自由流动、扩大市场准入，形成陆海内外联动、东西双向互济的开放新格局，应对动能转换、资源限制、环境约束、技术瓶颈等多种聚合矛盾，促进我国区域经济平衡发展、与世界经济更进一步深度融合。我们通过对已有研究的拓展，将在贸易、投资和技术转让有序自由化的形成机制以及便利化的政策措施等方面作出自己的研究努力；在推动贸易及投资的自由化以促使要素在中国国内和国际充分自由流动，从而加强资源的市场取向的优化配置，采取便利化措施以便降低交易成本、提高经济运行效率方面争取获得进展；同时希望研究在开放宏观经济条件下，资本、劳动力、技术、商品等要素在国际范围内大规模流动成为常态，自由化的制度安排已经成为实现贸易及投资便利化的重要基础和基本框架，通过政策制定、技术进步及管理创新促进贸易及投资的便利化则有助于经济的稳步增长以及国民福利水平的普遍提高等领域取得相应突破。

最后，我们将研究的视角聚焦于处于大变局、新时代中国开放型经济发展模式的原因主要有三点：一是中国计划经济向社会主义市场经济体制的转型是在对外开放深化过程中"倒逼"完成的，从而形成了具有中国特色的开放型社会主义市场经济的发展模式。探讨和认识具有中国特色的开放型经济发展模式，是研究中国经济发展问题的重要内容，也是世界经济学界高度关注的问题。二是中国开放型经济发展模式是在对外开放实践中诞生、逐步形成、渐进完善的动态过程，是随着中国经济发展水平提升，应世界经济形势变化而不断调整的一个逐渐完善的体系。进入 21 世纪以来，世界经济失衡加剧，世界经济的失衡影响着世界各国经济的增长和发展，世界经济失衡再平衡的呼声很高，中国被认为对失衡起着重要的作用，因而应该负起调整的责任，事实上中国也是世界经济失衡的受害者。2020 年春天开始在全球蔓延的新冠肺炎疫情影响极大，对于世界经济的冲击和影响超过了 2008—2009 年美国爆发的次贷危机，世界经济失衡以及调整又有了新的背景，中国抗击疫情和较为迅速的经济恢复，体现了具有中国特色的开放型经济发展模式的巨大适应性，以及良好的发展趋势。三是在世界经济失衡的背景下研究具有中国特色的经济发展模式，能够更加深刻地认识中国开放型经济发展模式的特点以及存在的不足和问题，有助于中国开放型经济的转型升级，更好地应对世界经济失衡及其调整对中国经济发展带来的挑战。

另外，我们在分析中特别提出，中国经济发展的五大理念是习近平新时代中国特色社会主义经济思想的核心内容。它是管全局、管根本、管方向、管长远的东西，是发展思路、发展方向、发展着力点的集中体现。习近平总书记在党的十八届五中全会上解释《中共中央关于制定国民经济和社会发展第十三个五年规划的建议》时提出，在2017年底中央经济工作会议上作出进一步的深化解释：创新是引领发展的第一动力；协调是持续健康发展的内在要求（内生特点）；绿色是永续发展的必要条件和人民对美好生活追求的重要体现（普遍形态）；开放是国家繁荣发展的必由之路；共享是中国特色社会主义的本质要求（根本目的）。[①] 这里，开放被定义为国家繁荣发展的必由之路。贯彻新发展理念，一定要把握稳中求进的方向。由于中国国内经济结构变化的惯性和渐进性，不能一步到位地采取用内需来简单地全部替代外需的发展路径，这样做导致的经济结构的剧烈变化会给中国经济带来很大的不适应性，平衡内需和外需之间的关系，在发展中进行调整，采取以增量为主、让存量适应增量变化的方法，依然是未来中国经济增长过程中稳中求进的发展模式。中国需要通过加快自主创新，突破"有限后发优势"，规避高技术产品的低附加值化现象来深化高科技专业化，增加高附加值产业的财富创造潜力。与此同时，要稳步推进人民币"走出去"战略，实现金融政策与贸易政策的融合来发挥金融促贸易的功能、扩展外需的新增长极。我们将从如何追求资源的最优配置以获取经济发展的质量与效益（达到人与自然界和谐），如何达到社会福利水平的普遍提高，形成社会的公平（达到人与人和谐），如何实现经济社会发展的可持续性，完成环境友好资源节约的增长（达到代际和谐）等三个维度开展理论和现实分析，深入论证：中国经济发展的必要条件是劳动力

[①] 括号中的内容是2017年底中央经济工作会议对五大理念的用语。

持续从传统部门向现代化部门，尤其是高质量制造业的转移（表现为工业化、城镇化、中心城市集聚化）；中国经济发展的充分条件是不断深化的对外开放（实行双向全面开放、全方位融入世界经济）；中国经济发展的路径条件是在争取不断承接世界先进生产力和产业向中国的转移，进行产业的高端切入的同时，推进创新驱动，建成高质量制造业雄厚基础；中国经济发展的制度条件则是不断深化改革和体制创新，以形成对上述过程的制度体系、治理体系与能力的保证（党的十八届三中全会深化改革开放的重大文件中336项改革内容的贯彻落实）。

中国面临着世界大变局下整个供应链、产业链、价值链重新构建的挑战，开展新型基础设施建设，形成高质量的制造业发展，为中国进一步发展寻找可持续的根本动力和保证各种资源供给的可持续，拓展、扩大提升对外贸易是非常重要的。因此，如下举措势在必行：培育贸易新业态新模式，推进贸易强国建设，实行高水平的贸易和投资自由化便利化政策；全面实行准入前国民待遇加负面清单管理制度，大幅度放宽市场准入，扩大服务业对外开放，保护知识产权，保护外商投资合法权益；优化地域、区域开放布局，尤其是要加大西部开放力度，赋予自由贸易试验区更大改革自主权，探索建设具有中国特色的自由贸易港；创新对外投资方式，促进国际产能合作，形成面向全球的贸易、投融资、生产、技术、服务网络，加快培育更为开放的国际经济合作新模式，形成新的竞争优势。

当前国际经济领域在面临世界大变局下的新情况如下：一是对经济全球化的看法截然对立，发达国家中的民众对全球化的负面看法较多，经济行为逆全球化趋势明显，贸易投资保护主义抬头；二是国际经济形势中不确定因素增多，存在着明显的周期下行趋势，这对世界各国经济的继续增长形成了威胁；三是发展中国家在国际博弈舞台上实力上升，要求在世界经济治理中有更大的发言权；四是美国近年来，在"美国第一"的强势思维指导下，以邻为壑，推行保护主义，已经从世界经济道义制高点下滑，欧盟经历着英国脱欧、难民冲击、民粹主义抬头和经济一体化离心思潮，加之新冠肺炎疫情对世界经济的冲击的负面结果难以预计，以及中国经济在结构调整中的增速放缓，等等。在世界经济的种种压力下，国际贸易和投资愈发显示出是经济增长、生产力、创新、工作机会和社会发展的重要引擎，因此保持各国市场的开放，关注贸易与投资框架中互惠互利原则，以及非歧视原则贯彻的重要性，反对包括所有不公平行为在内的贸易保护主义，是世界绝大多数经济体的共识。在此背景下，深刻认识世界面临百年未有之大变局的真正含义，探讨中国开放型经济发展模式的内涵及运行机制，分析这一模式的特征及存在的问题，对于中国更好地建设现代化经济体系、实现高质量发展、进一步走近世界舞台的中央，具有重要的理论意义和现实意义。

四

我们围绕"世界面临百年未有之大变局下推动开放型世界经济构建"这一主题展开，旨在以党的十九大报告中提出的"主动参与和推动经济全球化进程，发展更高层次的开放型经济"为出发点，基于中国"高质量发展""建设现代化经济体系""形成全面开放新格局"的视角，探讨党的十九大提出的2020年全面建成小康社会、2035年基本实现社会主义现代化、21世纪中叶把中国建设成为富强民主文明和谐美丽的社会主义现代化强国的发展目标，最终实现中国梦的路径与发展模式。

我们的研究根据立项评审组的意见包含了以下五个方面的内容。但是由于立项之后，世界经济形势因新冠肺炎疫情陷入衰退状况，与此同时，中美贸易纠纷愈演愈烈，向着贸易战、科技战、金融战的方向演进，甚至有人提出中美"脱钩"的提法，我们经过仔细思考，在下述五个方面内容的基础上，从行文角度做了相应的调整，扩大并细化了其中的部分内容。

（1）百年未有之大变局下的经济全球化是中国推动构建开放型世界经济的大背景与前提。

世界经济风云变幻，中国面临百年未有之大变局，国际力量悄然改变，世界秩序不再由发达国家"零和博弈"交替主导，新兴经济体成为世界经济增长重要一极，在多极化的国际社会中话语权日益增加。党的十九大宣示中国特色社会主义进入新时代，社会主要矛盾已经转化为人民日益增长的美好生活需要和不平衡不充分的发展之间的矛盾，解决社会主要矛盾的关键在于以持续的财富增加为基础，为此国家制定了一系列的重大经济发展战略。其中一个重要方面是中国必须更好地融入世界经济，更好地参与经济全球化。

中国国家主席习近平指出："历史地看，经济全球化是社会生产力发展的客观要求和科技进步的必然结果，不是哪些人、哪些国家人为造出来的。经济全球化为世界经济增长提供了强劲动力，促进了商品和资本流动、科技和文明进步、各国人民交往。"[①] 但是今天的经济全球化，却表现为"一方面，物质财富不断积累，科技进步日新月异，人类文明发展到历史最高水平。另一方面，地区冲突频繁发生，恐怖主义、难民潮等全球性挑战此起彼伏，贫困、失业、收入差距拉大，世界面临的不确定性上升"[②]。在这样的情况下，"有一种观点把世界乱象归咎于经济全球化。经济全球化曾经被人们视为阿里巴巴的山洞，现在又被不少人看作潘多拉的盒子"[③]。当前，围绕经济全球化有很多讨论，支持者有之，质疑者亦有之。对此，中国领导人习近平指出："困扰世界的很多问题，并不是经济全球化造成的。比如，过去几年来，源自中东、北非的难民潮牵动全球，数以百万计的民众颠沛流离，甚至不少年幼的孩子在路途中葬身大海，让我们痛心疾首。导致这一问题的原因，是战乱、冲突、地区动荡。解决这一问题的出路，是谋求和平、推动和解、恢复稳定。再比如，国际金融危机也不是经济全球化发展的必然产物，而是金融资本过度逐利、金融监管严重缺失的结果。把困扰世界的问题简单归咎于经济全球化，既不符合事实，也无助于问题解决。"[④]

新一轮科技和产业革命正孕育兴起，国际分工体系加速演变，全球价值链深度重塑，这些都对经济全球化赋予新的内涵。"山重水复疑无路，柳暗花明又一村。"面对全球化出现的新问题，我们要做的就是直面问题，积极引导经济全球化发展方向，着力解决问题，让经济全球化进程更有活力、更加包容、更可持续，增强广大民众参与感、获得感、

[①②③④] 习近平在世界经济论坛2017年年会开幕式上的主旨演讲. 人民日报，2017-01-18.

幸福感。

(2) 经贸自由化与便利化：中国全面开放新格局是中国推动构建开放型世界经济的内部条件。

我们主要探究了中国全面开放新格局的实现路径、贸易及投资自由化的形成机制以及便利化的政策措施。我们探讨了在中国进入新时代面临国际环境变化冲击以及国内要素条件变化影响下，如何通过自由化贸易制度安排（尤其是探索自由贸易港建设）和便利化政策措施制定构建中国全面开放新格局，从而降低贸易及投资壁垒、促使要素充分自由流动、扩大市场准入，形成陆海内外联动、东西双向互济的开放新格局，应对资源限制、环境约束、技术瓶颈等多种聚合矛盾，促进我国区域经济平衡发展、与世界经济更进一步深度融合。

全球的贸易及投资的自由化可以促使要素充分自由流动从而加强资源的优化配置，采取便利化措施则可以降低交易成本、提高经济运行效率。在开放宏观经济条件下，资本、劳动力、技术、商品等要素在国际范围内大规模流动成为常态，自由化的制度安排是实现贸易及投资便利化的重要基础和基本框架，通过政策制定、技术进步及管理创新促进贸易及投资的便利化则有助于经济的稳步增长以及国民福利水平的普遍提高。

我们通过梳理自由贸易相关理论以及追溯自由贸易发展历程，对自由化、便利化二者之间的逻辑关系加以论述并分析自由化、便利化所带来的经济效应，结合中国开放历程、现状、问题以及中国面临的外部环境变化，阐述了中国构建全面开放新格局的必要性及意义，以此作为依据深入探讨中国全面开放新格局的实现路径：以自由化的制度安排为框架、以便利化的政策措施为依托，进而为中国贸易强国建设研究提供理论基础及现实依据。

(3) 新业态与新模式：中国的贸易强国建设的新路径是应对第四次工业革命的重要抓手。

2008—2009年全球金融危机后，全球贸易增长乏力，中国经济增速放缓，生产与流通成本增加，原有的传统外贸的比较优势逐渐弱化，资源、环境承载能力约束强化倒逼国内产业转型升级，经贸活动进入了新常态。我们探讨了在这种背景下,如何构建新业态与新模式,从而促进贸易强国建设,探索贸易强国的新路径,促使中国贸易从"要素驱动"向"创新驱动"转变,从"依附"向"超越"转变,从贸易大国向贸易强国转变。

中国在承接世界产业转移,全球新贸易三角形成的贸易优势中,已经变为贸易大国,在从贸易大国向贸易强国的转变过程中,传统比较优势弱化而新的优势正在形成,贸易持续发展压力加大。现行的贸易业态和模式与现实条件存在的错配影响着中国对外经贸的发展。在经济新常态背景下,结合贸易理论,构建竞争优势,应从三个层级设计贸易新业态和新模式,为建设贸易强国提供支撑,加快向贸易强国的转变速度。我们通过分析中国目前的贸易现实条件,对中国现行贸易业态和模式进行研究,确认其是否适应建立贸易强国需求,整理并提炼了当代贸易理论的新观点,结合贸易发展历史,揭示贸易理论、政策对贸易机制设计的作用,提出符合国情的机制设计,以此作为依据深入探讨中国贸易优势构建的新业态与新模式,为打造世界级先进制造业集群与世界一流企业研究提供了理论基础及现实依据。

(4)迈向全球价值链中高端,打造世界级先进制造业集群与世界一流企业是中国推动构建开放型世界经济的物质基础。

中国在工业化的过程中,通过承接与打造先进制造业集群与集聚,与世界一流企业合作嵌入全球价值链,并逐渐在链上形成地位攀升,形成了具有中国特色的模式、动力机制与企业战略。我们的研究旨在从生产网络的微观和中观层面厘清全球价值链治理,分析产业集群成长和企业国际化三者之间的内在联系,并且对中国一部分企业和制造业产业集群陷入全球价值链"低端锁定"的困境,进行原因和经济效应的理论阐释和实证分析,进而探寻在全球价值链重构过程中,中国制造业产业集群、集聚和企业发展的基本路径与战略。

当代全球价值链呈现以下特征:产业链布局分散式与集中式重构。全球价值链的构建、嵌入以及上移,不仅仅体现为国家之间的分工,更体现为区域与企业发展战略的重新定位。对该问题的研究,需要在经济学、管理学探究全球价值链一系列经典文献的基础上,从更为广阔的视角进行考察。上述第三方面内容从这样的角度出发，考察了中国如何打造世界一流企业，形成先进制造业集群、集聚。该部分从理论上考察了全球价值链分工的背景、基本模式和经济效应，以此为出发点，通过理论和实证方法，揭示出中国制造业在全球价值链分工中的基本地位与动态变化。与此同时，第四方面内容也考察了全球价值链重构的趋势、方向与路径，并揭示出中国先进制造业产业集群和企业在全球价值链中的嵌入、升级与引领的基本思路与战略选择，为分析开放型世界经济研究奠定微观基础。

（5）共商共建共享：提升创新能力，打造开放合作新格局，参与全球经济治理改革与人类命运共同体的构建。

我们从理论上和实践上研究"一带一路"倡议的合作背景、基本治理模式和经济效应。以此为基础，通过理论和实证方法，探索出"一带一路"倡议下中国战略新兴行业的发展战略，以及如何在"一带一路"倡议下建立中国的创新合作体系，构建不同于过去的新的供应链、产业链和价值链。我们围绕这一主题，以产业经济学、国际政治经济学、政策研究等学科的理论内容为铺垫，结合全球化发展及逆转分析，全球治理的变革与发展的探讨，对国际产业转移的发展与中国产业发展趋势等问题进行了深入研究，重点分析了中国的 FDI 与 OFDI 协同机制，以及中国战略新兴行业的发展战略，探索在"一带一路"倡议下中国如何建立创新合作体系，从共商共建共享的角度来探究中国产业发展的路径选择和梯度推进问题，进而为分析开放型世界经济研究提出了思考和方案。我们主要分析研究了中国如何参与全球治理，面对现有全球政治经济金融秩序，通过参与治理、推动改革，在国际政治经济金融秩序治理中克服存在的问题、推动国际政治经济金融新秩序的构建，最终构建人类命运共同体。

通过五个方面内容，我们遵循着在世界面临百年未有之大变局下，推动建设开放型世界经济的主题，在中国领导人、中国共产党的历次讲话、文件的基础上，探讨了"中国方案"。具体而言，我们在理论、政策、模式、条件、环境、路径、方法、措施等方面作出了探讨。

课题论述展开的内在逻辑线和叙述层次，见图1：

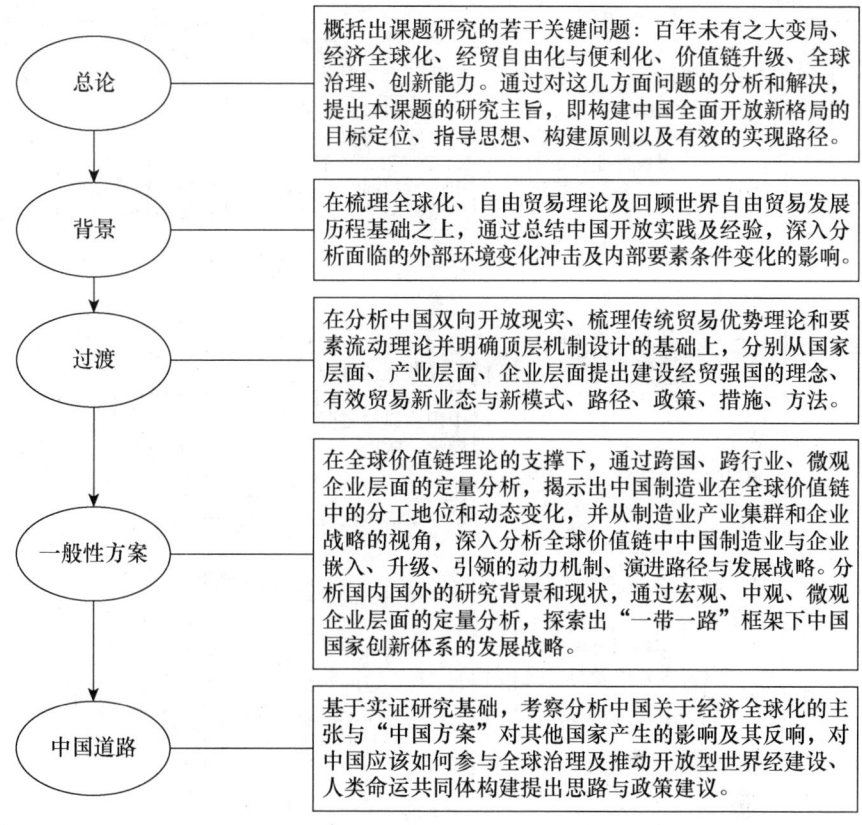

图 1　课题论述展开的内在逻辑线和叙述层次

说明：本图的内容是根据课题各部分内在联系归纳、总结出来的。

课题的内容重点和技术路线图，请参阅图 2。

在研究中，我们探讨了开放型世界经济的一些重要话题并进行了详细的分析，形成了一些有意义、探索性、甚至具有某些独到性的分析和新结论。

首先，我们在较全面论述构建开放型世界经济方方面面内容时，比较专注地研究了世界面临百年未有之大变局的含义和影响，从生产力变革入手，对比了世界已有的三次工业革命，从第四次工业革命的内涵、可能突破的重点、形成的对于世界生产力的大变革方面，对已有进步做了总结和探讨；我们从生产力决定生产关系、经济基础决定上层建筑的基本点出发，考察了历史上巨大工业革命造成的世界经济游戏规则的根本性变更，

24 / 高质量发展的中国与开放型世界经济重构

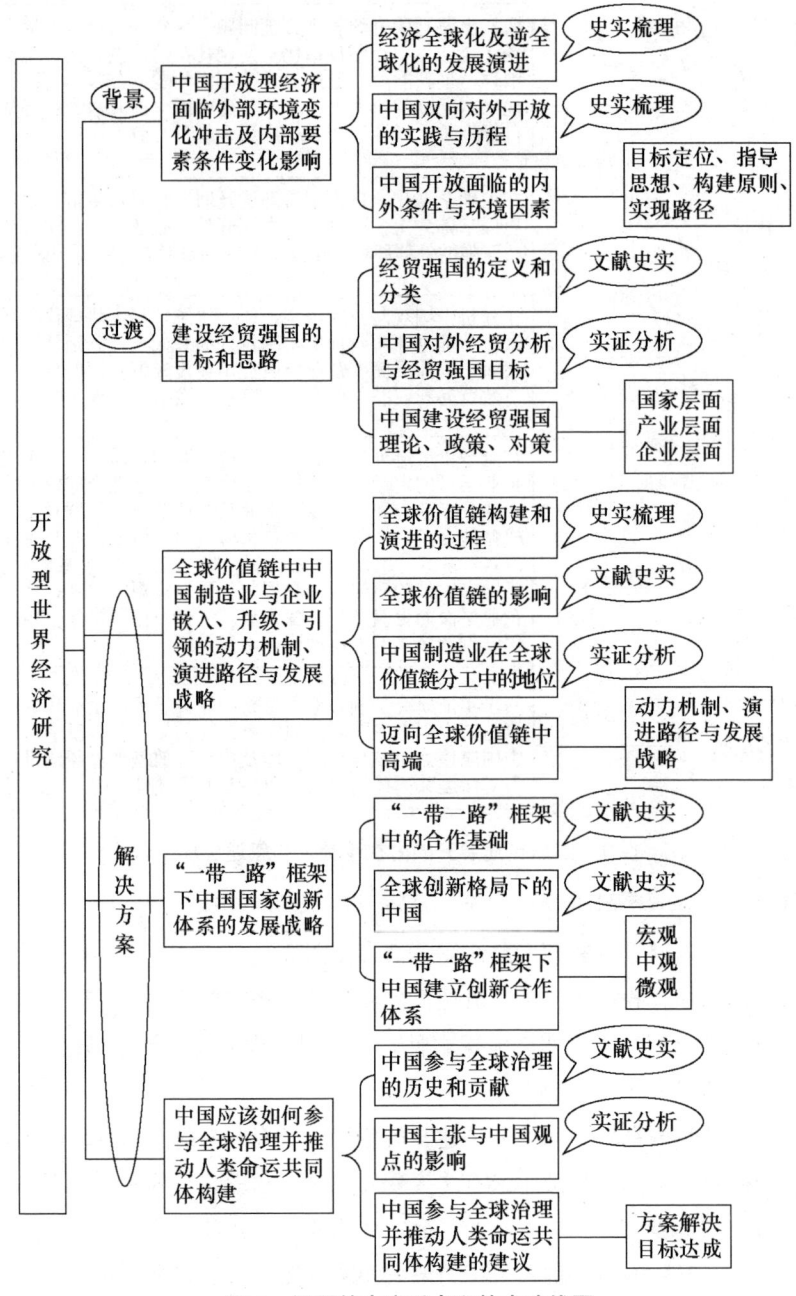

图 2　课题的内容重点和技术路线图

说明：本图根据课题的重点内容绘制。

探讨了第四次工业革命可能带来的经济游戏规则的变化，以及变化的可能方向；我们考察了历次工业革命后的国与国之间地位的变化，分析了第四次工业革命对于整个世界经济和政治的影响，以及国与国之间地位相对变化的可能趋势，探讨了整个世界经济治理结构变化的方向和可能的影响；我们还探讨了在世界面临百年未有之大变局下，人与人之间的社会关系变化的情况。另外，我们对于第四次工业革命到来、产生革命性影响的时间表作出了相应的预测，认为在2025—2035年期间，这场革命会真正降临世界，能够让人们看清楚其真正的趋势性定位脉络，并能够根据其演进的脉络作出较为切合实际的方方面面相关的预测。

其次，我们结合目前经济全球化下中国全面开放的新格局，讨论了经济全球化的走势，以及这种走势对于推动构建开放型世界经济进程的影响，中国未来在新经济全球化条件下，发展经贸关系与合作，以及在合作中推进自由化与便利化问题。我们基于理论和实证分析，探究了经济全球化的新趋势，厘清了经济全球化的客观性与经济一体化的制度安排，提出经济全球化是个过程，在竞合下，全球化进程仍然在前行，并对所谓逆全球化进行分析，把世界经济治理与客观进程做了区分，同时探讨了中国如何通过扩大市场准入，进一步推进自由化贸易制度安排（例如在自由贸易区建设和探索自由贸易港规划）和便利化政策措施制定以构建中国全面开放新格局，从而降低贸易及投资壁垒，保护知识产权，促使要素充分自由流动，与世界经济更进一步深度融合，并在经济全球化过程中体现中国经济应有的地位和担当。我们特别针对贸易及投资自由化的形成机制以及便利化的政策措施，采取了"拉清单"的方式，提出了相应的建议与对策。

再次，我们对中国如何在开放型世界经济的条件下，在生产链、供应链方面形成具有中国特色的体系，并迈向全球价值链中高端进行了分析，对如何打造世界新业态与新模式，形成高质量制造业集群、集聚一批世界重要行业的顶尖头部企业，从而把中国建成世界经济贸易强国提出了具有操作性的建议。

我们在目前经济学、管理学界探究全球价值链理论、政策贡献的基础上，从经济全球化更为广阔的视角考察了生产网络的微观和中观层面，进而厘清了全球价值链治理、产业集群集聚的成长和企业国际化三者之间的内在联系，并且对中国企业和制造业产业集群过去陷入全球价值链"低端锁定"的根本原因和经济效应进行了理论阐释和实证分析，进而探寻了全球价值链重构过程中我国制造业产业集群和企业发展的基本路径与战略。我们认为，当代全球价值链呈现出布局分散式与集中式重构，国际贸易正在逐步演变成企业内各个价值形成环节的内部贸易，因此，全球价值链的构建、嵌入以及上移，不仅仅体现为国家之间的分工，更体现为区域与企业发展总体战略布局的重新定位。

我们基于数据的实证分析与理论推导，着重探讨了中国经贸"大而不强"的内在原因，就如何构建新业态与新模式，从而促进中国经济贸易强国建设，使中国经贸从"要素驱动"向"创新驱动"转变，从"依附"向"超越"转变的路径和方法提出了具体建议。另外还对经贸强国的内涵及其共性特征做了新的定义、定位辨析，从而提出了经贸强国共性指标，并从已有案例进行了探讨分析，筛选出有客观依据的经贸强国分类方法，继而对不同的代表性经贸强国类型进行了简要分析。在这种分析基础上，提出了中国与世界各经贸强国的差距对比，并提出了中国迈向经贸强国的目标和路径，以及迈向经贸强国的主要政策思路。

最后，我们通过分析党的十九大提出的中国日益走近世界舞台中央的含义，探讨了如何通过"一带一路"建设与创新能力开放合作，通过推动构建开放型世界经济，参与全球经济治理改革，共商共建共享，为人类命运共同体构建作出相应的贡献。我们从经济学视角出发，结合国际经济政治关系理论，以问题为导向，分析了中国在走近世界舞台中央，参与国际政治经济、金融治理中遇到的问题，分析了中国参与全球经济治理和构建人类命运共同体过程中提出的"中国思维""中国方案"的基本原则、政策取向和具体做法。我们从现实运行空间、制度政策空间、理念思想空间三个维度，分析了中国如何通过"一带一路"建设相关理论与实践，以及其他的经贸活动，如FDI与OFDI协同机制和中国战略新兴行业的发展战略，探索在"一带一路"倡议下如何通过建立创新合作体系和价值链的转型来参与全球经济治理，研究了面对现有的全球政治经济与金融秩序，如何推动世界经济治理的改革，构建人类命运共同体，并探讨了改革、推进重构的可能性、现实性与相应的路径。

我们通过研讨形成的创新性探索，大概可以归结为以下几个方面：

首先，在问题选择方面，我们聚焦于党的十九大报告关于现代化经济体系建设的内容，以中国全面开放新格局为研究背景，考察世界面临百年未有之大变局、经济全球化、中国经贸强国、"一带一路"建设、嵌入全球价值链、参与全球经济治理的理论政策、路径措施与方案选择。在研究过程中，既对全球化发展和逆全球化动向进行系统分析，又对当前全球贸易与中国对外贸易现状进行实证分析，对"一带一路"建设和世界一流产业集群建设、头部企业建设开展路径分析，而且在全球经济治理的视角下探寻构建人类命运共同体的"中国方案"。特别地，综合运用经济学、政治学、国际关系学、商务外交等学科知识，进行了具有探索性的理论阐述。理论和实证分析所揭示出的结果，对解决新时代中国全面开放，进一步融入、推动构建开放型世界经济过程中所面临的重大问题具有较强的可操作性和现实意义。

其次，在学术观点方面，我们进行了以下探索。第一，重点强调了世界面临百年未有之大变局情势下的生产力、游戏规则、国与国地位的变化、人与人社会关系的变化。第二，强调了中国推动开放型世界经济构建的重大举措，分析了具有政策沟通、设施联通、贸易畅通、资金融通和民心相通的国际合作新平台的特征，提出各经济体之间战略对接和战略互信是根本。第三，强调了"中国服务"国家品牌建设，对鼓励创新、包容审慎原则进行了重点阐述，列举了中国经贸新的增长点。第四，强调了优化区域开放布局特别是建设自由贸易港、建设开放新高地，对于促进开放型经济创新发展具有重要意义。

再次，在研究方法、分析工具方面，我们综合运用国际政治经济学中的研究范式，将贸易政策、国际关系、世界贸易体系等因素结合起来，从理论和实证两方面探求中国全面开放格局方案。此外，我们力图使实证研究建立在理论基础之上，并紧扣理论模型进行有针对性的检验。

最后，在话语体系方面，我们将根据严谨的理论和实证分析，提出有针对性、切实可行的对策方案。已有研究主要从现实出发，结合对相关政策措施的解读，例如"一带一路"倡议、贸易投资自由化便利化、建立亚投行、召开二十国集团峰会等，站在中国立场上提出政策建议。我们在此基础上，应用严谨的理论和实证分析，为中国参与全球治理、参与开放型世界经济建立起具有针对性和可操作性的策略体系。

五

2019—2020年，我们遇到了世界经济周期逐步下行的局面，同时面临着在全球蔓延的新冠肺炎疫情的巨大冲击，经济衰退、增长速度极度放缓以及各种风险、不确定性加剧，全球贸易和投资增速下滑，金融市场预期诡异，各方信心明显不足。与此同时，世界面临百年未有之大变局，正处在快速变化演进的历史进程之中，整个世界经济格局正在发生更深层次的变化。我们要洞察世界经济发展趋势，找准方位，把握规律，果敢应对。面对世界经济格局的深刻变化，大道至简，实干为要。为了共同建设一个更加美好的开放型世界经济，各国都需要拿出更大勇气，积极推动开放合作，实现共同发展。2018年11月5日，中国国家主席习近平在首届中国国际进口博览会开幕式上的主旨演讲中，对于建设开放型世界经济给出了"中国方案"[①]：

——各国应该坚持开放融通，拓展互利合作空间。各国应该坚持开放的政策取向，共同建设开放型世界经济；应该加强宏观经济政策协调，合力促进世界经济增长；应该推动构建公正、合理、透明的国际经贸规则体系，促进全球经济进一步开放、交流、融合。

——各国应该坚持创新引领，加快新旧动能转换。各国要共同推动科技创新、培育新的增长点，共享创新成果；应该把握新一轮科技革命和产业变革带来的机遇，共同打造新技术、新产业、新业态、新模式。

——各国应该坚持包容普惠，推动共同发展。各国应该坚持要开放不要封闭，要合作不要对抗，要共赢不要独占；应该落实2030年可持续发展议程，减少全球发展不平衡，推动经济全球化朝着更加开放、包容、普惠、平衡、共赢的方向发展，让各国人民共享经济全球

[①] 习近平出席首届中国国际进口博览会开幕式并发表主旨演讲. 人民日报，2018-11-06.

化和世界经济增长成果。

党的十九大召开之后,中国进一步全面深化改革、扩大开放,持续向世界释放出经济发展的活力。党的十八届三中全会通过了《中共中央关于全面深化改革若干重大问题的决定》,有针对性地进行336项重大改革,坚决破除一切不合时宜的思想观念和体制机制弊端,突破利益固化的藩篱,激发全社会的创造力和发展活力。党的十九届四中全会提出要构建系统完备、科学规范、运行有效的制度体系,审议通过了《中共中央关于坚持和完善中国特色社会主义制度 推进国家治理体系和治理能力现代化若干重大问题的决定》。党的十九大之后,中国改革的方向更明、涉水更深、领域更广、举措更多、力度更强,进入了中国改革开放的新征程。中国将贯彻新发展理念,坚持质量第一、效益优先,将建设现代化经济体系放在优先地位,经济由高速增长阶段转向高质量发展阶段。党的十九大在明确中国现阶段社会主要矛盾的基础上,提出以供给侧结构性改革为主线,推动经济发展质量变革、效率变革、动力变革,提高全要素生产率,着力加快建设实体经济、科技创新、现代金融、人力资源协同发展的产业体系,着力构建市场机制有效、微观主体有活力、宏观调控有度的经济体制,不断增强经济创新力和竞争力,并以此作为解决中国社会主要矛盾的路径。面对百年未有之大变局的加速演进,中国进一步推动互联网、大数据、人工智能和实体经济深入融合,在数字经济、共享经济、清洁能源等领域培育新的增长动能,在新的科技革命、工业革命来临时,转换动能,争取主动。在中国经济发展的地域布局上,不断探索区域协调发展新机制新路径,大力推动京津冀协同发展、长江经济带发展,建设雄安新区、粤港澳大湾区和海南全省自贸区,批准深圳作为中国特色社会主义先行示范区,着力建设一批世界级城市群,打造新的经济增长极,让区域经济实现协同发展,产生更广泛、更强大的辐射效应,给中国和世界带来更多合作机会,共享经济全球化和中国经济增长的成果。

在五大理念中,开放的定位是国家繁荣发展的必由之路,中国对外开放的进一步扩大,显示出中国愿意和世界共同分享经济发展的成果。在21世纪进入第三个十年时,中国将同各国一道,深入推进"一带一路"

建设，增添世界互联互通的公共物品，与参与国家和地区共同夯实发展的新动力。如同中国国家主席习近平2018年4月10日在博鳌亚洲论坛向全世界宣布的那样，中国将大幅度放宽市场准入，扩大服务业对外开放，实行高水平的贸易和投资自由化便利化政策，全面实行准入前国民待遇加负面清单管理制度，营造更加完善的营商环境，保护知识产权和外商投资合法权益。在融入更加开放的世界经济方面，中国正在赋予自由贸易试验区更大改革自主权，探索建设具有中国特色的自由贸易港，促进同有关国家商签自由贸易协定和投资协定，推动建设亚太自由贸易区，推动《区域全面经济伙伴关系协定》（RCEP）实施，构建面向全球的自由贸易区网络。综上所述，中国所做的努力，是推动构建新型更加开放的世界经济、推动构建人类命运共同体的新动力，中国将始终是全球共同开放的重要推动者，将始终是世界经济增长的稳定动力源，将始终是各国拓展商机的活力大市场，将始终是全球治理改革的积极贡献者。改革开放40多年来，中国实现了全方位开放的伟大历史转折，开放已经成为当代中国特色经济发展的鲜明标识。中国不断扩大对外开放，不仅发展了自己，也带动、造福了世界。习近平主席在多次的致辞、演讲中提出，中国要在激发进口潜力、持续放宽市场准入、营造国际一流营商环境、保护知识产权、打造对外开放新高地、推动多边和双边合作深入发展等若干方面加大推进力度，正是为了进一步扩大开放，以更高水平开放推动建设开放型世界经济。这是把中国梦同各国人民追求更高福祉的梦想联系起来的重大行动。

相信在未来中国进一步的扩大开放中，中国一定会遵循改革开放以来一以贯之的方向，以及习近平主席多次提出的原则，尤其是坚持2017年11月10日习近平主席在亚太经合组织工商领导人峰会主旨演讲《抓住世界经济转型机遇谋求亚太更大发展》中提出的"四个继续"的理念：

第一，继续坚持建设开放型经济，努力实现互利共赢。要努力打造平等协商、广泛参与、普遍受益的区域合作框架，合力构建开放型亚太经济，促进贸易和投资自由化便利化。要引导经济全球化朝着更加开放、包容、普惠、平衡、共赢的方向发展，造福不同国家、不同阶层、不同人群。要主动适应全球产业分工调整变化，积极引领全球价值链重塑，确立新定位，构筑新优势。我们要支持多边贸易体制，坚持开放的区域主义，帮助发展中成员更多从国际贸易和投资中受益。建成亚太自由贸易区是亚太工商界多年的梦想。2006年，正是在工商界呼吁下，亚太经合组织成员领导人在河内首次把建设亚太自由贸易区确立为远景目标。2014年，我们在北京启动亚太自由贸易区进程。我们应该行动起来，全面深入落实北京路线图，向着建成亚太自由贸易区的目标不断迈进，为开放型亚太经济提供机制保障。

第二，继续谋求创新增长，挖掘发展新动能。当前，世界经济下行，周期性因素发挥了很大的作用。新消费亮点缺乏，经济内生动能不足的世界性顽疾并未消除。世界经济彻底摆脱"新平庸"的风险，只能向创新，包括科技、治理、制度、文化的创新要动力。我们正迎来新一轮科技和产业革命，数字经济、共享经济在全球范围内掀起浪潮，人工智能、量子科学等新技术不断取得突破。应该抢抓机遇，加大创新投入，转变发展方式，培育新的经济增长点。要积极推进结构性改革，消除一切不利于创新的体制机制障碍，激发市场活力。要落实好北京会议《经济创新发展、改革与增长共识》，深化互联网和数字经济合作，引领全球创新发展的方向。

第三，继续加强互联互通，实现联动发展。联动发展是对互利共赢理念的最好诠释。亚太经济体利益交融，联系紧密。坚持联动发展，既能为伙伴提供发展动力，也能为自身创造更大发展空间。2014年，我们制定完成了亚太经合组织互联互通蓝图。我们要以蓝图为指引，建立全方位、多层次、复合型的亚太互联互通网络。要充分发挥互联互通对实体经济的辐射和带动作用，打破发展瓶颈，释放发展潜力，形成协调联动发展的格局。共建"一带一路"倡议的核心内涵，就是促进基础设施建设和互联互通，加强经济政策协调和发展战略对接，促进协同联动发展，实现共同繁荣。这一倡议源自中国，更属于世界；根植于历史，更面向未来；重点面向亚欧非大陆，更向所有伙伴开放。

第四，继续增强经济发展包容性，让民众共享发展成果。当前，经济全球化进程遭遇逆风，新冠肺炎疫情蔓延世界，凸显出全球你中有我、我中有你的现实，但不同国家和地区在治理疫情的过程中，医疗条件差别巨大，表现各异，受到的冲击各不相同，一国之内不同阶层受到的打击也各不相同。一个重要原因是发展的包容性不足，全球化成果在全球分配极其不均，如何让不同国家和地区、同一国家和地区的不同阶层都能享受增长和发展的红利，让美好生活的愿景变为现实，仍需要作出不懈努力。过去几年，我们围绕包容发展进行了积极探索，有了坚实的共识基础。要结合区域经济一体化的深入推进，把包容共享理念融入发展战略，努力健全讲求效率、注重公平的体制机制，维护社会公平正义。要在教育、医疗、就业等民生领域加大投入，解决好贫困、收入差距拉大等问题。要加大对弱势群体的扶持力度，改善中小微企业的发展环境，增强劳动者适应产业变革的能力，让人人拥有机遇，享有开放型世界经济发展的成果。

目　录

第一部分　百年未有之大变局下的开放型世界经济演进 ………… 1
一、中国历史上的激荡巨变 ……………………………………… 3
二、工业革命与世界生产巨变 …………………………………… 6
三、生产力革命与制度规则演进 ………………………………… 12
四、大变局中的中国与世界经济格局变化 ……………………… 20

第二部分　开放型世界经济建设中的经济全球化变局 …………… 29
一、经济全球化的概念与定义 …………………………………… 31
二、经济全球化的主要动因 ……………………………………… 33
三、经济全球化运行的主要内容与特点 ………………………… 38
四、经济全球化格局下的中国与其他国家的定位 ……………… 45
五、开放型世界经济中经济全球化发展的新动向 ……………… 47
六、世界价值链格局变化的全球化意义 ………………………… 51

第三部分　开放型世界经济建设中的区域经济一体化嬗变 ……… 56
一、区域经济一体化的概念与理论、法理基础 ………………… 57
二、区域经济一体化的历史与演进 ……………………………… 60
三、区域经济一体化的形态与内涵 ……………………………… 64
四、当前区域经济一体化的动因与作用 ………………………… 69
五、当前区域经济一体化的困境与挑战 ………………………… 74
六、区域经济一体化发展的新方向与中国 ……………………… 78

第四部分　开放型世界经济建设与全球价值链重构 ……………… 85
一、价值链的概念与生产网络理论 ……………………………… 86
二、开放型世界经济下的价值链形态与内涵 …………………… 89
三、开放型世界经济下价值链形成的动因 ……………………… 93

四、开放型世界经济中价值链网络类型与新视角 …………… 98
　　五、开放型世界经济中价值链的发展新趋向 ………………… 105
　　六、中国在开放型世界经济中的价值链布局 ………………… 109

第五部分　开放型世界经济建设中贸易便利化与投资自由化
　　　　　　推进 ……………………………………………………… 116
　　一、贸易便利化与投资自由化概念与内涵分析 ……………… 117
　　二、贸易便利化与投资自由化的国际法律体系 ……………… 120
　　三、贸易便利化与投资自由化的动因 ………………………… 127
　　四、贸易便利化与投资自由化的演进趋势 …………………… 132
　　五、贸易便利化与投资自由化的中国定位探讨 ……………… 139

第六部分　开放型世界经济建设与绿色发展的回归 ……………… 145
　　一、人口、资源、环境可持续发展的辩证关系 ……………… 146
　　二、工业化社会中人与自然关系恶化的回顾 ………………… 151
　　三、从罗马俱乐部到《巴黎气候协定》 ……………………… 158
　　四、开放型世界经济下的绿色亡羊补牢 ……………………… 166

第七部分　开放型世界经济的推动与全球经济治理变革的中国
　　　　　　愿景 ……………………………………………………… 172
　　一、全球经济治理概念的演变 ………………………………… 174
　　二、开放型世界经济下全球经济治理的主要内容与特点 …… 179
　　三、开放型世界经济中全球经济治理的架构演进 …………… 184
　　四、开放型世界经济下全球经济治理发展的新动向 ………… 189
　　五、全球经济治理的中国理念与愿景 ………………………… 193

第八部分　开放型世界经济的推动与中国经济发展再探索 ……… 200
　　一、中国经济"两步走"战略安排的动态演化 ……………… 200
　　二、助推小康之后发展可持续的根本动力 …………………… 206
　　三、开放型世界经济下中国可持续发展的动力源思考 ……… 212
　　四、开放型世界经济下的改革开放新探索 …………………… 218

结束语　共商共建共享推动开放型世界经济的建设 ……………… 230

附录一 推动开放型世界经济建设研究的相关文献摘编、
　　　　资料汇集⋯⋯⋯⋯⋯⋯⋯⋯⋯⋯⋯⋯⋯⋯⋯⋯⋯⋯⋯ 246
附录二 课题相关的数量、计量、模型以及数字来源解释汇集⋯⋯ 276
附录三 参考文献⋯⋯⋯⋯⋯⋯⋯⋯⋯⋯⋯⋯⋯⋯⋯⋯⋯⋯⋯ 318
"新时代中国推动建设开放型世界经济研究"项目成果 ⋯⋯⋯⋯⋯ 329
后记⋯⋯⋯⋯⋯⋯⋯⋯⋯⋯⋯⋯⋯⋯⋯⋯⋯⋯⋯⋯⋯⋯⋯⋯⋯ 332

第一部分 百年未有之大变局下的开放型世界经济演进

中国共产党第十九次全国代表大会向世界表明，中国特色社会主义进入新时代，社会主要矛盾已经转化为人民日益增长的美好生活需要和不平衡不充分的发展之间的矛盾，解决社会主要矛盾的关键在于从供给侧结构性改革出发，建设符合时代的现代经济体系，实现高质量发展，以可持续的财富增加为基础，满足人民日益增长的方方面面的美好生活需要。高质量发展，就是贯彻五大理念的发展。而这个发展的内部条件和外部环境将极大影响发展自身，开放型世界经济在百年未有之大变局下的演进是中国可持续发展的重要外部环境，在中国通过开放融入经济全球化之后，它事实上也成为中国经济可持续发展内部条件的有机组成，我们必须时时予以关注和分析。

2017年12月28日，习近平总书记在中国驻外使节工作会议上提出："放眼世界，我们面对的是百年未有之大变局。"[①] 习近平总书记强调，中国特色社会主义进入了新时代。21世纪以来一大批新兴市场国家和发展中国家快速发展，世界多极化加速发展，国际格局日趋均衡，国际潮流大势不可逆转。只要我们咬定青山不放松，沿着中国特色社会主义道路奋勇前进，我们的国家必将日益繁荣昌盛，必将日益走近世界舞台中央，必将日益为人类作出新的更大贡献。在2018年6月23—24日中央外事工作会

---

① 习近平接见2017年度驻外使节工作会议与会使节并发表重要讲话. 中国政府网，2017-12-28.

议上，习近平总书记明确指出："当前，我国处于近代以来最好的发展时期，世界处于百年未有之大变局，两者同步交织、相互激荡。"① 2018年7月25日在南非约翰内斯堡的金砖国家工商论坛上，习近平主席发表了题为《顺应时代潮流实现共同发展》的讲话，对未来的十年作出展望。他指出，当今世界正面临百年未有之大变局。对广大新兴市场国家和发展中国家而言，这个世界既充满机遇，也存在挑战。未来10年，将是世界经济新旧动能转换的关键10年。人工智能、大数据、量子信息、生物技术等新一轮科技革命和产业变革正在积聚力量，催生大量新产业、新业态、新模式，给全球发展和人类生产生活带来翻天覆地的变化。未来10年，将是国际格局和力量对比加速演变的10年。新兴市场国家和发展中国家对世界经济增长的贡献率已经达到80%。按汇率法计算，这些国家的经济总量占世界的比重接近40%。保持现在的发展速度，10年后将接近世界总量一半。新兴市场国家和发展中国家群体性崛起势不可当，将使全球发展的版图更加全面均衡，使世界和平的基础更为坚实稳固。未来10年，将是全球治理体系深刻重塑的10年。世界多极化、经济全球化在曲折中前行，地缘政治热点此起彼伏，恐怖主义、武装冲突的阴霾挥之不去。单边主义、保护主义愈演愈烈，多边主义和多边贸易体制受到严重冲击。要合作还是要对立，要开放还是要封闭，要互利共赢还是要以邻为壑，国际社会再次来到何去何从的十字路口。

  2018年，中美贸易摩擦升级，世界经济面临下行的趋势，中国在多种场合提及百年未有之大变局。2018年12月21日，中央经济工作会议指出，我国发展仍处于并将长期处于重要战略机遇期。世界面临百年未有之大变局，变局中危和机同生并存，这给中华民族伟大复兴带来重大机遇。十天后，在2019年的新年贺词中，大变局的表述再次出现：放眼全球，我们正面临百年未有之大变局。无论国际风云如何变幻，中国维护国家主权和安全的信心和决心不会变，中国维护世界和平、促进共同发展的诚意和善意不会变。2019年10月25日，习近平主席在同巴西总统博索

---

① 坚持以新时代中国特色社会主义外交思想为指导 努力开创中国特色大国外交新局面. 人民日报，2018-06-24.

纳罗（Bolsonaro）的会谈中指出，当今世界正经历百年未有之大变局，但和平、发展、合作、共赢的时代潮流没有变。

对于世界面临百年未有之大变局中"变局"的真正含义的理解，不同角度有不同的阐释。我们针对这一情况提出，在最近的将来，世界会不会发生新的工业革命从而促成变局的到来（假设新冠肺炎疫情被控制住后不会再次极度暴发），工业革命会不会给人类社会运行的游戏规则带来根本性变革（如同第一次工业革命给人类带来了资本主义社会的运行规则），国与国之间的相对地位会不会因之发生变化，以及人与人之间的社会关系、整个社会结构会不会产生新的基础、新的架构，这些都有待观察、有待研究。我们预计，2025—2035年，新的工业革命将展露出方向性的变革，这将会促成人类社会方方面面巨变的开始。在这个大变局中，经济全球化的浪潮将会起起落落。各国在合作中竞争，在博弈中共存，形成竞合新局面，竞争促进革新，合作带来共赢。国际经济贸易格局伴随新一轮工业革命的到来正在逐步改变，但在不断演变的格局中，即便有着新冠肺炎疫情的冲击，巨变中仍然存在着不变：人类始终共享同一个地球，同一个家园，人类命运始终休戚与共。在开放型世界经济下的风云变幻和演进中，必须改革和加强全球经济治理，各国才能携手共同应对地球村的贫困、资源、人口、气候、健康、教育、环境、公正、自由、平等等多方面的挑战。与此同时，世界面临百年未有之大变局，发展中国家，尤其是新兴经济体已经成为世界经济重要的一极，国际经济中各个经济体的相对地位和力量正在悄然发生改变，在国际社会中的话语权出现多极化趋势，为了地球村更加美好的明天，变革与发展、合作与共赢应该也必将会成为开放型舞台上世界经济大戏的主旋律。

一、中国历史上的激荡巨变

我们通过检索中国知网发现，2017年有14篇文章出现百年未有之大变局的提法，而2018年出现百年未有之大变局提法的文章则有55篇。而最早的一篇出现在2012年，当时的外交部部长助理乐玉成在接受《世界知识》杂志专访报道时提出：随着世界多极化、经济全球化和社会信息化的深入发展，国际格局变化之快、之大、之深，远超出人们的预期，人类可能正在经历又一个百年未有之大变局，也给我们提出了许多新课题、新挑战。回顾历史，中国社会往往在转折点会出现激荡大变局。

当人们讨论大变局时，往往会提及一位清朝的高官——李鸿章。同治十一年（1872年），李鸿章在《筹议制造轮船未可裁撤折》中曾经说道："臣窃惟欧洲诸国，百十年来，由印度而南洋，由南洋而东北，闯入中国边界腹地，凡前史之所未载，亘古之所未通，无不款关而求互市。我皇上如天之度，概与立约通商，以牢笼之，合地球东西南朔九万里之遥，胥聚于中国，此三千余年一大变局也。"尽管当时李鸿章是为了获得军备的经费，但"三千余年一大变局"这样的看法，也反映了这位中堂大人对于世界大势的一种判断。但这些提法的含义，还应该追溯到中国历史上所谓的周秦之变。

周秦之变指的是秦朝与西周相比在经济、政治和社会结构方面发生的深刻变化，这是中国历史上第一次真正意义上的社会转型。在学习中国历史时，课堂和教科书上的传统说法是将其形容为"从奴隶社会演变为封建社会"，并往往总结为春秋时期是中国奴隶制度的瓦解时期，战国时期是中国封建社会的形成时期。但是，今天研究周秦之际社会变迁的文献大多认为，从多角度进行分析，周秦之变是中国在方方面面结构全方位的巨变。这次社会变迁牵涉广泛，不仅涉及经济、政治和文化方面的剧变，还包括国家政策、社会结构乃至意识形态方面的转型。这次社会转型实际上一直到汉武帝时期才算完成，也比我们原先想象的时间还要长很多，可以说是中国历史上的一次超越百年未有之大变局，当然，巨变始自秦朝。简言之，"周秦之变"四个字简明扼要、言简意赅："周"主要是指周的封建分封制度，"秦"则是指秦朝形成了大一统的郡县制度，"变"是指以秦始皇统一中国为时间节点，此前千年的中国和此后2000多年的中国存在根本区别。

周是血缘社会，周王把自己的亲人分封到各地为诸侯，诸侯们又在自己的小国内再进行层层分封。这样分封的结果是，周代每个人都生活在一个大家族当中，效忠于自己的家族，当时中国社会秩序的最高原则是血缘原则，即家大于国，人们的价值标准是父高于君，父亲比国王重要。老子说过，那个时代是"小国寡民……鸡犬之声相闻，民至老死，不相往来"。

《帝王世纪》说，夏商之际，天下共 1 800 方国，那么按当时的总人口来看，每个方国平均人口不过 1 300 人，也就是今天一个一般的自然村大小。战国中期，秦国的社会改革比较彻底，商鞅变法之后，秦继续提倡耕战，鼓励发展生产，小农经济得到稳定和发展，秦国很快国富民强，兵强马壮。秦王政公元前 230 年灭韩，公元前 225 年灭魏，公元前 223 年灭楚，公元前 222 年灭赵，公元前 222 年灭燕，公元前 221 年灭齐，吞并六国，一统天下，建立了一个以咸阳为首都，包括"东至海暨朝鲜，西至临洮、羌中，南至北向户，北据河为塞，并阴山至辽东"幅员辽阔的国家。秦统一中国结束了战国"七雄"并立、长期割据混战的局面，为中国统一的多民族的中央集权国家奠定了巩固的基础，促进了中国多民族封建国家的形成。

秦朝（公元前 221—公元前 207 年）决定在原来的政权基础上建立中央集权制的国家机器，为此，秦进行了方方面面的重大改革。一是改王为皇帝。秦王政认为自己"德兼三皇，功过五帝"，功德为历史上所有的帝王所不及，因此国家元首则取"皇帝"为号，自称为始皇帝。二是设三公九卿制。中央设丞相、御史大夫和太尉，称为"三公"，分别协助皇帝处理全国政事、监察百官和管理军事。"三公"之下还设有"九卿"，分别掌管各部门的政务，对皇帝负责。三是设郡县制。三十六郡（后为四十郡）分设守、尉、监御史，郡下设县，县以下是乡、里，基层治安机构叫亭。郡县主要官员均由皇帝任免，乡、里是村民自治。四是统一法律。为了维护皇帝的统治，制定了 30 多种法律和刑罚。五是统一军队。如铸铜人毁兵器，除去各国城防，六国豪富迁京居住等。六是统一各种制度。如实行土地私有制，"黔首自实田""上农除末"，按亩收税，统一度量衡，统一货币，统一车轨，修驰道。七是文化统一专制。"书同文"以小篆、隶书为通行全国的文字；焚书坑儒，加强思想控制；兴办学校，以法为教，以吏为师。八是修长城、平百越、拓疆土，移民混居。通过上述这些变革的措施，秦在中国建立了大一统的、多民族混居的、中央集权的帝国，这一体制经过了数千年，在明清达到了极致，但也酝酿了新的巨变的动力。如本章前面所述，中国面临着因为世界第一次工业革命而带来的"三千余年一大变局"。

二、工业革命与世界生产巨变

党的十九大提出中国要从"要素驱动、投资规模驱动"走向更加注重"创新驱动"的变革，注重动能转换，同时把加快建设创新型国家作为构建现代经济体系的重要内容，并用"战略支撑"四个字强化了创新的重要地位。邓小平说，科学技术是第一生产力。工业革命不同于科技革命之处在于，它将科技革命的成果落实在生产中，对于世界经济的推进是天翻地覆的。人们一般认为，第一次工业革命以蒸汽机的改良和推广使用为标志，第二次工业革命以电力的广泛应用为标志，第三次工业革命以电子计算机、网络的发明和使用为标志。目前，普遍的看法是，人类处于第四次工业革命的前夕，我们认为，未来科学技术进步带动的第四次工业革命，既是百年变局的基本内容，也是导致百年变局发生的基本推动力量。

第一次工业革命发源于英格兰中部地区，始于18世纪60年代，通常认为是指资本主义生产完成了从工场手工业向机器大工业过渡，是资本主义工业化的早期阶段。马克思曾经说过："各种经济时代的区别，不在于生产什么，而在于怎样生产，用什么劳动资料生产。"[①] 工业革命是以机器取代人力，以大规模工厂化生产取代个体工场手工生产的一场生产与科技革命。一般认为工业革命以1765年哈格里夫斯（Hargreaves）发明珍妮纺纱机为开端，而工业革命的根本性标志是瓦特改良蒸汽机。[②] 一系列技术革命，如，1796年塞内费尔德（Senefelder）发明了平板印刷术，1797年亨利·莫兹利（Henry Maudslay）发明了螺丝切削机床，1807年富尔顿（Fulton）制造出用蒸汽机做动力的轮船，1814年史蒂芬森（Stephenson）发明了蒸汽机车，1844年威廉·费尔贝恩（William Fairbairn）发明了兰开夏锅炉，引发了从手工劳动向动力机器生产转变的重大飞跃，

---

① 马克思. 资本论：第1卷. 北京：人民出版社，2004：210.
② 蒸汽机不是瓦特发明的，是他改造并申请了专利。蒸汽机的最早雏形是古希腊数学家希罗（Hero of Alexandria）于公元1世纪发明的汽转球（aeolipile），1679年法国物理学家丹尼斯·帕潘（Denis Papin）制造了第一台蒸汽机的工作模型。1698年托马斯·萨弗里（Thomas Savery）、1712年托马斯·纽科门（Thomas Newcomen）和1769年詹姆斯·瓦特（James Watt）制造了早期的工业蒸汽机，对蒸汽机的发展都作出了很大的贡献。

蒸汽机、煤、铁和钢①是促成第一次工业革命加速发展的四项主要因素，机器的发明及运用成为这一时代的标志，因此这个时代也被称为机器时代。随后工业革命传播到整个英格兰②再到整个欧洲大陆，19世纪传播到北美地区③，最终传播到世界各国。其结果不仅是生产力的革命性爆发，资本主义社会④因之而确立，人类社会也得到了一次巨大的进步。

　　第二次工业革命是指19世纪中期，欧洲国家和美国、日本的资产阶级革命或改革的完成，促进了经济的发展。19世纪60年代后期，第二次工业革命开始，科学技术作为第一生产力，对经济发展和社会进步起到了巨大促进作用，人类进入了电气时代。1866年，德国人西门子（Siemens）制成了发电机；到19世纪70年代，实际可用的发电机问世。电器开始用于代替机器，成为动力的新能源。此后，电灯、电车、电影放映机陆续问世。科学技术应用于工业生产的另一项重大成就，是内燃机的创新和使用。19世纪七八十年代，以煤气和汽油为燃料的内燃机相继诞生，90年代柴油机的创造解决了交通工具的发动机问题。19世纪80年代，德国人卡尔·弗里德里希·本茨（Karl Friedrich Benz）等人成功地制造出由内燃机驱动的汽车，内燃汽车、远洋轮船、飞机等也得到了迅速发展。内燃机的使用推动了石油开采业的发展和石油化工工业的生产。19世纪70年代，美国人贝尔（Bell）发明了电话，90年代意大利人马可尼（Marconi）（一说是俄国的波波夫）试验无线电报并取得了成功，都为迅速传递信息提供了方便。1903年12月17日，莱特兄弟（Wright Brothers）制造的第一架飞机"飞行者一号"在美国北卡罗来纳州试飞成功；1927年5月，美国人林德伯格（Lindbergh）驾驶飞机横跨大西洋。世界各国的经济、政治和文化联系进一步加强。

----

① 英国的煤产量从1770年的600万吨上升到1800年的1200万吨，进而上升到1861年的5700万吨。同样，英国的铁产量从1770年的5万吨增长到1800年的13万吨，进而增长到1861年的380万吨。

② 1838年，英国已拥有500英里铁路；到1850年，拥有6600英里铁路；到1870年，拥有15500英里铁路。

③ 1833年，"皇家威廉号"汽船从欧洲驶向北美；1866年，人们铺设了一道横越大西洋的电缆，建立了东半球与美洲之间直接的通信联络。

④ 资本主义社会的发端被认为是意大利的文艺复兴和尼德兰的商业资本扩展。

在第一次工业革命时期，技术发明大多来源于工匠的实践与经验积累，科学和技术并未很好地结合。在第二次工业革命期间，自然科学发展得到的成果开始同工业生产结合起来，科学在推动生产力发展方面发挥更为重要的作用，它与技术的结合使第二次工业革命取得了巨大的成功。德国在科学研究领域中领先，美国则在大规模生产方面领先，创造了许多新的工业模式和推销的技巧。例如，20世纪初，亨利·福特（Henry Ford）因为发明"流水线"生产方式，将汽车生产流程化、标准化，获得了巨大的商业成功。农业中化肥的应用，使得较少的农业人口可以支撑城市巨大的工业人口的农产品需求，这一阶段世界经济获得的飞跃是史无前例的。

第三次工业革命是指20世纪40—50年代后，科技方法论从实证分析向系统综合转型，以原子能、电子计算机、网络技术、微电子技术、航空航天技术、分子生物学和遗传工程等领域取得的重大突破为标志的科学技术进步，促进了经济的发展。1958年10月，英国首次实现了往来大西洋的商用飞行。1957年，苏联发射了世界上第一颗人造地球卫星，开创了空间技术发展的新纪元；1959年，苏联发射的"月球2号"卫星把物体送上月球；1961年，苏联宇航员加加林乘坐飞船率先进入太空；美国则在1969年实现了人类登月的梦想。1954年6月，苏联建成第一个原子能电站；1957年，苏联第一艘核动力破冰船下水。电子计算机技术和网络的发明与发展是人类科技的重大突破。20世纪40年代后期的电子管计算机为第一代计算机；1954年，出现晶体管计算机；20世纪60年代中期，出现许多电子元件和电子线路集中在很小的面积或体积上的集成电路，每秒运算达千万次，它适应一般数据处理和工业控制的需要，使用方便；20世纪70年代出现第四代大规模集成电路；20世纪80年代出现智能计算机、光子计算机、生物计算机等。20世纪60年代，美国国防部开启了阿帕网，在20世纪80年代互联网对科研开放，20世纪90年代开始民用，至今已经将地球"一网打尽"。在互联网中，时间和空间发生革命性的变化，形成了全新的商业模式，互联网成为供应链平台，以及社会交往的巨大空间，对整个人类的社会生产和社会关系产生了根本性的颠覆。第三次工业革命同前两次工业革命相比，有一些新的特点：一是科学技术是第一生产力日益彰显，科学技术转化为直接生产力的速度加快，在推动生产力的发展方面起着根本的作用。二是科学与技术密切结合，相互促进。科学理论的指导作用愈来愈重要，随着科学理论探究的展开，科学实验手段的不断进步，科研探索的领域也在不断开阔。三是科学理论与技术各个领域之间相互联系在加强，科学研究朝着综合性方向发展，呈现出多学科、立体化、相互渗透的特点，社会科学、管理科学在第三次工业革命中显现出强大生命力。在前两次工业革命中，人们更多的是通过技术变革，提高劳动强度、提高劳动生产率从而增加新的财富。第三次工业革命主要是通过科学理论指导生产技术的不断进步、劳动者素质和技能的不断提高、原有劳动手段的不断改进、新劳动手段的不断创新问世来提高劳动生产率，对经济发展、社会进步起到推进作用。

第四次工业革命今天已经隐隐出现在了世界的地平线上。习近平总书记认为，未来10年将是世界经济新旧动能转换的关键10年，人工智能、大数据、量子信息、生物技术等新一轮科技革命和产业变革正在积聚力量，催生大量新产业、新业态、新模式，给全球发展和人类生产生活带来翻天覆地的变化。前三次工业革命，一方面使得人类的生活和社会发展进入了空前的繁荣，另一方面也造成了巨大的能源、资源消耗，付出了前所未有的环境代价、生态成本，急剧地扩大了人与自然之间的矛盾，以及人类社会分化的马太效应，富者愈富，贫者愈贫。进入21世纪，人类面临空前的全球能源与资源危机、全球生态与环境危机、全球气候变化危机，以及人类社会矛盾的多重挑战，由此引发了第四次工业革命——原则上讲，就是在全新的科技基础上，达到资源最有效的配置，人类社会福利的普遍提高，以及发展的可持续，形成绿色的人类命运共同体。

从科学技术突破的角度看第四次工业革命，未来到底将以什么科学技术作为经济社会发展、进步的支柱（即物质基础），这件事情并没有水落石出。到底是以石墨烯、人工智能、基因工程、虚拟现实、量子信息技术、分子工程、可控核聚变、清洁能源还是生物技术领域为技术突破口，形成未来的第四次工业革命，目前路径并不完全清晰。从人们在种种会议上的讨论看，第四次工业革命（甚至有人提出目前已经进入第五次工业革命）从大的领域基本能够得到大多数与会者认同的、未来具有方向性意义的突破大概率会产生于生命科学、信息革命与人工智能（AI）、新能源、新材料等领域，其他的突破均可以归纳进这几大领域。

从现在的进展看，计算机的发展肯定还要继续颠覆人们的想象力。计算机技术是许多前沿技术发展的基础保障，如飞往宇宙的飞船，探索微观粒子、病毒世界的设备，探索人体基因奥妙的研究。此外，人与机器结合，或单纯的仿生人，都需要以超高性能的计算机为基础。集成电路的发展（摩尔定律）还不足以突破人类的想象力，给人类带来更大想象力空间的是量子计算机，其计算能力与速度眼下已经突破了常规想象力，更遑论未来了。超级强大的计算能力，加上网络的突破，5G、6G和云技术，网络从地面展向空中，加上人脑与机器结合直接上网（甚至是人脑直接上网），将会是一种怎样的情景，有多大的影响，我们无法预计。

人类一切需求的核心是能源消费。目前人类使用的能源大部分还是化学能源，这种能源说到底是地球上千万年的积累，转换效率很低，而且这些化学能源的使用会带来大气污染、温室效应等问题，更关键的是地球上的化学能源是有限的，终有用完的一天。人类在水电利用、太阳能、风能、海洋能、核裂变等方面的探索都取得了一定的成果，但也清楚地看到了这类能源使用的局限性，核聚变虽然被反复讨论，但真正能够实现大规模商用还需要一段时间。能源消费的问题如果能够有重大突破（例如日本曾经建议，未来的家庭用电是否可以用燃料电池来解决），人类的绿色发展也就有了一定的基础，目前仍然在努力探索之中。

人工智能是讨论最多的，也是目前取得突破最多的领域，在机器人与人类下棋、替人类诊治病案、汽车的无人驾驶领域，其能力已经得到了认可。目前随着全无人工厂的诞生，人工智能与人类的智力相比，缺乏的只是自主创造力。如果未来计算机算力极大发展，软件水平极大提高，人工智能有了自己的"自主意识"，其发展将充满不确定性。沃尔夫物理奖获得者霍金（Hawking）在他的五大预言中，警告人工智能可能会毁灭人类。人类和人工智能结合可能会产生的情况如下：人机合一，产生超级人类，在人类大脑内植入芯片，然后通过接口直接读取大脑信号，并可以实现控制。这不是科幻，美国特斯拉汽车的老板马斯克（Musk）成立的脑机接口研究公司 Neuralink 在这方面的研究已经取得了决定性的进展。与此同时，基因芯片研究已经进入实验室阶段。人工智能未来的前景充满了挑战，带有自主意识的机器人、人机合一的超级人类、虚拟现实创造的人类新空间等等，会把信息革命、人工智能的研究使用推向我们目前无法预知的境地。

生命科学的进展为人类第四次工业革命提供了全新的领域。在过去的三次工业革命中，人类一直是革命的主体，而人类生存的时间、空间是被革命的对象。即便是第四次工业革命，关于新能源、新材料的研究和突破，仍然是延续着以提高资源使用效率、提高现有生活质量为目的而来的。但生命科学研究的开展使得人类在工业革命中第一次既是以革命的发动者，又是以被革命的对象出现。1996年英国科学家对羊进行了克隆实验，取得了成功，"多莉"羊不仅存活了下来，而且还生了6只正常的小羊。随着3D打印技术的进步，用3D打印人的器官也取得了成功。今天生物工程的快速兴起是第四次工业革命与前面三次工业革命存在根本性区别的地方。生物工程是由基因工程、细胞工程、酶工程、蛋白质工程和微生物工程共同组成，其中基因工程最受关注。它是在分子水平上对基因进行操作的复杂技术，即将外源基因通过体外重组后导入受体细胞内，使这个基因能在受体细胞内复制、转录、翻译表达的操作。克隆是通过复制原有生命体的基因制造出一个和原有生命体一模一样的生命（或克隆出器官用于治疗），而不是原有生命体的长生不老；今天科学家们研究的基因编辑、基因修复，似乎是希望解决人长生不老这一人类永恒的话题。今天已有的研究表明，人类一方面从百岁老人那里得到启发，在寻找、研究人类长寿的基因，另一方面则对人类基因进行编辑，人为干预寿命，使人长寿，甚至求得永生。后一种研究在目前被认为是一柄在结果上的双刃剑。

对于人类的第四次工业革命将会是一种什么样的情景，什么时间会爆发，众说纷纭。有极端说法是第四次工业革命将终结工业革命自身，因为它解决的是人类活动的终极问题。我们认为，这次新的工业革命按照经济周期理论，应该在2025—2035年间会有突破性的展现，能够解决"是什么"的问题，即到底什么突破可以引领人类新的生活方向，但它对于人类经济社会政治生活的重大颠覆性影响，还需要假以时日才能够看清楚。但是，每当上一次技术革命的动能步入尾声，已经成熟的技术传导扩散而产生的红利衰退时，世界经济都将会陷入活力不足、增长低迷状态。2008—2009年由美国次贷危机引发的全球金融危机过去之后，第三次科技革命的红利逐渐消失，动力逐渐减退，现时研发的纳米、基因、量子计算、人工智能、无人驾驶等，尽管前景光明，但由于尚未进入实用阶段，未能形成巨大市场需求，因而不能对经济产生根本性推动，对于当前世界经济的助推作用有限，可以说是"雷声大雨点小"，世界经济既无需求亮点，也无供给亮点，逐渐进入低增长时代。希望我们预计的2025—2035年间新科技革命带来一场新的工业革命的愿景能够成为现实，使得开放型世界经济得以再次辉煌。

三、生产力革命与制度规则演进

生产力决定生产关系，经济基础决定上层建筑，这是唯物辩证法的基本规律。回顾、分析人类已有的三次工业革命，展望第四次工业革命，这样的规律将给我们以根本的方向指引。第一次工业革命使得资本主义替代了封建社会；第二次工业革命使得世界进入了垄断资本主义的时代；第三次工业革命使得金融资本的游戏规则统治了世界。第四次工业革命的来临将会给世界带来怎样的巨变？

第一次工业革命创造了全新的生产力，大机器生产不仅是一次技术改革，而且带来了深刻的生产方式和社会的变革，推动了世界在经济领域、政治领域、思想领域、市场结构等诸多方面的进步，使世界的经济和社会面貌发生了翻天覆地的变化。在第一次工业革命中，资本主义最终战胜了封建主义，资本逐步确立了对世界的统治，建立了崭新的经济制度和社会的游戏规则。第一次工业革命解除了封建压迫和统治，实行自由经营、自由竞争和自由贸易，原来依附于落后生产方式的自耕农阶级消失，使得以农业与乡村为主体的经济体制，变成了以工业与城市为主体的经济体制，工业资本家阶级和工业无产阶级形成和壮大起来。工业革命的胜利使得资本主义的社会制度得以确立，带动了整个社会的快速演变。新城市兴起，旧城市改观，人口由农村流向城市，从农业流向工业的大趋势，促进了国家向城市化社会迈进。资本家阶级通过革命和改革，巩固自己的统治，引发了社会的重大变革。工业化的推进形成了资本的快速累积，获得解放的社会生产力成为人格化的资本家获取剩余价值的手段，在这一过程中，社会日益分裂成为对抗的两大阶级，即工业资产阶级和无产阶级，无产阶级创造了财富，却日益陷入了马克思所说的绝对和相对的贫困，由此开始了与资本家阶级进行的斗争，工人运动逐渐兴起。与此同时，由于经济基础决定上层建筑，代表着不同阶级与阶层利益的政党诞生问世，逐渐开始了不同政党之间的斗争与合作，殖民制度也开始在世界蔓延。

第二次工业革命极大地推动了社会生产力的发展，造就了大批的新型产业，像冶金、汽车、航空、无线电、电子和化学工业等，对人类社会的经济、政治、文化、军事、科技和生产力产生了深远的影响。资本主义生产的社会化大大加强，为适应生产力的进步，垄断组织应运而生，世界经济的游戏规则再次发生根本改变。19世纪70年代，在第二次工业革命的推动下，资本主义生产社会化的趋势加强，行业与企业间竞争的加剧促进了生产和资本的集中，采用新技术的企业挤垮大量技术落后的中小企业，生产和资本的集中达到一定程度便产生了协调生产社会化与资本所有集中化的垄断，以适应新的形势。在竞争中壮大起来的少数规模较大的企业之间就产量、产品价格和市场范围达成协议，形成垄断组织，最初产生于流通领域，如卡特尔、辛迪加等垄断组织，继而深入生产领域，产生托拉斯等垄断组织。垄断组织的出现使企业的规模进一步扩大，劳动生产率进一步提高，这有利于改善企业经营管理，降低成本，提高劳动生产率。垄断组织的出现，是资本主义生产关系的局部调整。此后，随着资本主义经济发展的速度加快，大量的社会财富也日益集中在少数大资本家手里，他们越来越多地干预国家的经济、政治生活，使得国家组织逐渐成为垄断资本利益的代表者。到19世纪后期，各主要资本主义国家相继都出现了这样的巨型企业，由于这时的产业规模巨大，产业链也在不断延长，对所需原料、市场形成压力，资本主义的资本输出成为必然。这些巨型企业开始在世界范围内从事经营，形成国际垄断集团，世界经济因此得到迅猛发展，经济全球化初步形成。在那个时代，有些国家如日本，事实上尚未完成第一次工业革命，因此在这些国家，两次工业革命是交叉进行的，它们吸收了第一次工业革命的成果，又直接利用了第二次工业革命的创新技术，因而这些国家的经济发展速度也比较快。因此，在第二次工业革命中，不同国家在经济增长中发展不平衡，竞争比第一次工业革命要激烈，同时孕育着危机。

第三次工业革命促进了社会经济结构和社会生活结构的重大变化，第三次工业革命造成第一产业、第二产业在国民经济中比重下降，第三产业的比重上升。借助先进的计算机和网络技术，金融资本取代了工业资本，形成了绝对的统治，生产、分配、交换、消费、流通和就业各领域发生连锁反应，经济的游戏规则在市场经济和全球化基础上逐渐趋同，社会政治的游戏规则再次重构，以此来协调生产的日益社会化和生产资料的日益集中化趋势。第三次工业革命中诞生的新产业规模比以往更加庞大（但企业规模却可能不大），产业链、供应链、价值链更长，只有人口规模大的国家才能维持第三次工业革命的完整供应链、产业链或者是支撑核心技术和产业的运行，在世界经济中这些国家的大国地位与日俱增。今天无论是信息工业、核工业，还是航天和航空工业，一个产业的人员规模至少几十万、上百万人，上下游连带产业的人员规模则达数百万上千万人，更不用说需要不同学科大量的科技人员为其提供科学技术支持。任何人口规模不大的国家都不可能支持这样庞大的工业体系，因此从第三次工业革命中受益的国家往往是人口大国，即便当前它们未必很发达，但被认为具有很大的发展潜力，如印度、印度尼西亚，而欧洲由于是以中小型国家为主，为应对这一趋势，建立了欧盟，以集体的力量适应新的变化。第三次工业革命使得人类价值观的普世性和差异性、文明生活的一元化和文明自身的多元化，成为现实世界的基本存在。为了适应科技的发展，资本主义国家普遍加强国家对科学领域研究的支持，大大加强了对科学技术的扶持和资金投入，有效保护知识产权成为艰巨任务，教育被认为是未来人类自身进化的重要基础。随着科技的不断进步，人类的衣、食、住、行、用等日常生活的各个方面也发生了重大的变革。第三次工业革命的意义更加深远，虚拟空间技术、网络技术、空间技术的开创，让人类产生新的精神结构、社会结构，并开始将探索太空从梦想变成了现实，人类已经从自给自足的求生状态、追求生活质量状态上升到了探求自我、宇宙来源的精神追求层面，新科技革命带来的科技成果更多地运用在了第三产业上，对于美好生活的追求深刻影响了人类的发展思路、发展模式和发展道路，以及在衣、食、住、行、用等生活体验方面，极大地提升了人类的精神世界，丰富了人类的社会生活。与此同时，在第三次工业革命中，二氧化碳排放、气候变暖、资源和环境的可持续性等问题，对人类已经形成了巨大挑战。此外，世界各个经济体中收入分配的差距日益分化，社会呈现分裂趋势，难以形成共识。

人类历史上第四次工业革命的来临，必然会对世界经济、社会、政治的基本游戏规则产生巨大冲击，这一冲击既是生产力决定生产关系、经济基础决定上层建筑的体现，又是百年未有之大变局的内容和归宿之一。新的科技革命与新的工业革命持续发力，人工智能、生命科学、量子计算、无人化生产、新能源、新材料等领域技术日新月异，并且跨界融合、叠加突破，在更加方便与造福民生的同时，也蕴含着人员失业、分配不公、安全失控、伦理失序等风险，人类传统的生产与生活方式，人与人、国与国之间的关系面临颠覆性挑战，世界范围的思想、观念、制度、模式也呈现出日益多元的格局。由于第四次工业革命尚未在世界经济中完全展现出真实的面貌，对人类社会产生的深远影响在展现突破之前也需要经历一段时间，叠加上社会的惯性，所以人类对于游戏规则的变革会存在莫名的恐惧和抵制，但是变化迟早都会发生，只是人们还没有意识到，时间能够说明一切。我们探讨了世界面临百年未有之大变局的最根本变化，以及游戏规则的变化趋势，提出了大概包含以下若干方面的问题。

第一，世界经济真正进入了规则统治的时代，经济的游戏规则和指导规则产生的理论将会出现变化。如同第一次工业革命使资本主义社会取代封建社会，自由资本主义经济理论的圣经《国民财富的性质和原因的研究》（即《国富论》）在1776年应运而生，第四次工业革命会带来怎样的社会关系的迭代，什么样的经济社会游戏规则将居统治地位值得关注。从理论上讲，人们在追求物质、文化、精神生活水平提高（追求是无限的）的时候，使用的资源，例如石油、铁矿石供给存在着可持续的问题，在一个时间节点上，甚至是一个时间段中，人们的需求是无限的，但资源供给却是有限的。资源的有用性和供给的有限性构成了经济学最基本的出发点。第四次工业革命中，信息资源、基因资源、人工智能资源的使用在一个时间节点上有限，但在总的阶段、时空中供给是无限的，这奠定了全新经济理论产生的可能。资本的本质是追求利润最大化,在边际报酬递减规律下,出现了目标与手段的根本矛盾,但第四次工业革命中出现了许多边际报酬递增的新行业,资本在目标与手段上的矛盾有了新的解决方向,甚至出现了各种人类使用的资源(包括资本在内)在一定程度上社会所有化的趋势苗头,这将对传统经济理论产生冲击,迫使经济理论出现新的突破。

第二,第四次工业革命在产业结构上会产生巨大的推动,除了原来的第一、二、三产业结构,生产链、供应链、价值链外,可能会有全新的产业重构,以及新的经济链条的出现。在人类生产活动中,用人工智能无法替代的产业,可能无法被归纳进已有的第一、二、三产业,如科技创意、文化创意产业等创意性产业,当这些创意性融入物质、非物质生产过程而成为决定性因素时,可能会形成不同于过去的新兴产业。第三次工业革命中产生的供应链、产业链、价值链在人类生产历史上是革命性飞跃。伴随着经济全球化格局的演进,产业不再是封闭型的组织系统,而是成为包容性和扩展性很强的平台,生产的不同阶段被信息数据有序串联起来,通过产业链中核心企业进行整合,即整合研发、市场、生产、融资、运营、商业模式的全过程,将产品或服务生产出来并传导到最终消费者手中。这些在生产链上的核心企业掌握着上下游用户和数据资源,承载着整合各种资源的功能,同生产链上不同阶段的供给者一起分担责任、分享成果,组成生产的全体系,按各自在供应链上的贡献分享回报。第四次工业革命在促使生产链、供应链、价值链发生横向、纵向变化的同时,可能会出现随社会生产和生活变化而产生的其他新链条,比如区块链、物联链。在第三次工业革命中,企业是围绕物流和资金流来组织生产的,但在第四次工业革命中,企业则是围绕信息流,以人工智能为基础来组织生产的,信息和人工智能革命正在改变着企业的生产方式和工作方式,并将创造出新的生产方式。第四次工业革命将会在医疗保健领域,即人类的大健康上发力,各种人工智能诊断设备、机器人手术设备、自动医疗检查设备会应运而生。随着产业结构的变化,就业和劳动结构也会发生相应变化,从事第一、二产业的人数在劳动就业总人数中所占的比例不断下降,而从事新产业的人员比例则不断上升;劳动工时也会在不同产业中重新分配,非人工提供的工时占比会越来越大,将会影响到社会财富的占有和分配。区块链或将使人类能够建设新的社会信用体系形态，未来新的金融体系（美国提出的Libra，中国提出的数字货币与电子支付DCEP）将以社会信用为基础，使金融更安全、更好、更高效，发生颠覆性革命。

第三，第四次工业革命将会促使新的经济发展模式产生（环境、资源、生态的模式问题将在后面探讨）。第四次工业革命之前的现代化发展模式，如荷兰模式、英美模式、德国模式、瑞典模式，虽然各不相同，但总体上都是西方模式，这些模式将10亿左右人口带入工业社会。发展模式是多元的，党的十九大报告中有203处讲到人民，还有43处讲到群众，中国用这种以人民为中心的中国特色社会主义模式，花费了40年左右的时间，将14亿中国人带入小康社会，中国成为唯一的从联合国低人类发展指数进入高人类发展指数的国家①，但这20多亿人在世界76亿人口中毕竟还不是大多数。联合国在千年发展目标完成之后，又提出了《2030年可持续发展议程》，要在新的科技和工业革命的基础上创造消除贫困、形成可持续发展的奇迹。第四次工业革命将会导致经济运行方式、就业结构、生活方式等发生重大变化，越来越多的工作将会交给智能机器人，大数据成为经济、社会的重要基础构成，在这些方面的创新和运用者的权势与影响力可以变得超乎寻常，并能引导经济、政治、社会、思想、文化等的巨大变革，形成新的世界经济增长与发展模式。人们常说"条条大路通罗马"，通往现代化的道路是多元的，对许多发展中国家而言，第四次工业革命有可能提供新型的发展模式，对发达国家而言，它有可能为社会进步贡献新选择。我们分析认为，前三次工业革命的一个重要的结果是财富的存量和增量由国家向个人倾斜，继而再向少数人倾斜（如比尔·盖茨、巴菲特），财富占有的不均成为普遍现象。第四次工业革命肯定会使一个国家财富总量快速增加，但其如何能够带来公众财富的普遍增加，仍然没有得到解决。由于技术积累比劳动积累快得多，体现在财富积累上便会产生巨大的差异，因而在整个社会高收入阶层财富积累加速的同时，财富社会化的普及却会继续缺位，支撑社会稳定的中产阶层在分化，他们之中的多数会滑落到低收入阶层。政府也会因新技术革命，特别是区块链、大数

---

① 人类发展指数的计算方法和含义，请参阅附录二I部分。

据、智能化的快速使用，对增量财富的再分配能力下降。希望第四次工业革命在这方面能够有新的解决方案问世。

第四，新的工业革命将有可能使得普通民众眼界开阔，思想得到新的解放，人类社会因此发生结构性的变化，形成新的人与人之间的关系，当然上层建筑对于经济基础的反作用是存在的。过去，社会模式结构板结、教育普及程度低、科学水平参差不齐、不同文化之间互不认同、社会传媒手段水平差、各种理论接受程度不一等因素，制约了普通民众对国内外的政治、经济和社会发展的认知和参与水平。基于三次工业革命的实践，第四次工业革命将对自上而下式的垂直社会结构产生冲击，网络粉丝拥有及流量占有逐渐与职务、财富、地位等传统标准，共同成为衡量社会权势和影响力的标准。信息与人工智能工业的突飞猛进，尤其是数字传媒技术的发展、层出不穷的传媒工具，使得信息获取轻松、获取方式多元，影响民众的效果提升，为人类提高认识水平提供了更为广泛而实际的基础。民众的思想解放与过去不可同日而语，对自身权利的认知加深，对政治和社会活动参与和发表意见、建议的积极性大大提高，方式更加多元。与此同时，各种思潮传播迅速，思想碰撞日趋激烈，社会和政治比过去更容易出现不稳定，社会权势的结构将会出现变化。一是权势集中在少数人手中，他们对社会活动有很大的导向力，对政治与政策决定的参与兴趣很大，试图产生方向性的影响力；二是过去作为社会稳定中坚力量的中产人群数量减少、影响力下降；三是社会底层人群的思想和行为存在着日益走向极端的倾向；四是政府、企业、民众的关系体现为非国家的实体单位（非政府组织、跨国公司等）的权势和影响力在提升，而国家的传统权势和影响力在下降。目前，各类媒体平台为了争夺关注度而精心设计算法，编排内容，推出具有针对性、引导性的讯息甚至是虚假信息，这样做的后果是社会的撕裂，法国的"黄马甲"群众运动便是一例，这在将来会增加政治平稳运行、社会管理和国家治理的复杂程度，甚至是难度。

第五，第四次工业革命使得经济发展在资源、环境、生态方面可持续性的要求愈发迫切。三次工业革命使得人类的物质文明得到巨大的发展，但在资源消耗、环境破坏、生态压力面前却显得束手无策。通过新的工业革命建立节约型社会，形成高质量发展，建立人、自然、社会的动态平衡,是第四次工业革命对数百年来经济发展的哲学理念的突破和重建。近100多年来,在全世界已发生许多环境污染的公害事件,如英国伦敦曾多次发生的煤烟型烟雾事件,美国洛杉矶的光化学烟雾事件,日本水俣湾的慢性甲基汞中毒(水俣病)事件和神通川流域的慢性镉中毒事件等。近年来发生的严重环境污染事件还有:1984年印度帕博尔市农药厂异氰酸甲酯毒气泄漏事件造成严重环境污染,数十万人中毒,数万人死亡;1986年苏联的切尔诺贝利(现位于乌克兰)核电站事故。据不完全统计,从20世纪初至今,全世界发生重大公害事件60多起,公害病患者达40万~50万人,死亡超过10万人。全球性的环境问题也显得日益突出,其中主要的问题有:一是全球气候变暖。人类活动排放大量的温室效应气体如二氧化碳等导致气候变暖,使得冰川积雪融化,海平面升高,啮齿动物、病媒昆虫的活动范围扩大,相关疾病如疟疾、乙型脑炎、流行性出血热等疾病的发生率增高。二是臭氧层破坏。臭氧对太阳紫外线的阻挡作用减弱,使人类皮肤癌、白内障的发生率增加。三是酸雨。酸雨除了对水生和陆生生态系统产生严重危害外,也可对人体健康造成直接危害。四是生物多样性锐减。不合理的滥采滥伐、过度捕捞狩猎等使物种灭绝的速度不断加快,加速了大量遗传基因丢失及不同类型的生态系统面积锐减。人类自1760年大规模开采矿物供工业使用后,开采量一直在持续增加。据世界相关部门的估计,地球在46亿年间积累的煤、石油和天然气,人类用了几百年就差不多开采殆尽,世界化石能源还可维持的年数是:石油46年,天然气65年,煤169年。今天一切经济活动都离不开环境和资源可持续的要求,环境和资源问题正在重塑全球经济,相信第四次工业革命将会在这些方面给出不同于过去的答案。

  第六,即将到来的第四次工业革命为世界文化的多元发展提供了新的物质基础,会使得全球的文化联系越来越密切,现代化呈现出多元化的特点。学术上会加大各学科之间的相互渗透,新的学术与科技思潮将会不断涌现,显示出欣欣向荣的局面。新的工业革命也会挑战人类已有的伦理道德,如人口老龄化、少子化会造成未来劳动力不足,应用于工厂、餐饮、超市、家庭服务的机器人会得到广泛应用,应如何看待、对待人机相处;人口再生产如果无须以婚姻的存在为前提,基因编辑以及人类永生术的诞生与运用，这些触及伦理道德的问题会一一浮现，应如何解决。因此可以判定的是，第四次工业革命解决了人类在发展中已经存在的问题和瓶颈，但又会因为新的技术革命而产生新的矛盾以及必须考虑解决的新问题。

四、大变局中的中国与世界经济格局变化

公元15世纪末，哥伦布发现新大陆，人类世界进入了海洋文明时代，从空间上打破了国与国之间被海洋分割的状态，人类社会从此逐渐进入世界交往和全球化时代。这个时代的世界经济格局，从空间上来看就是要注重以海洋为枢纽的全球化，从内容上看是从农业转向工业文明；今天的世界经济格局，从空间上看呈现出从海洋时代向太空时代的转化，从内容上看是以工业文明为中心转向以信息化、智能化为中心。在这样的变局中，世界经济中各国的相对地位，随着所付出的不同努力和在工业革命中的不同定位而不断变化。

马克思早在100多年前就曾预测过西方中心主义终将结束，在1850年马克思与恩格斯共同发表的《国际述评（一）》一文中明确指出，世界经济贸易文化中心由古代的地中海沿岸向近代北大西洋东岸再向北大西洋西岸进而向太平洋沿岸转移，具有一种发展的周期性，世界没有永恒不变的中心。马克思与恩格斯写道："再过几年，在我们面前将会出现一条固定航线，从英国通往查理斯，从查理斯和旧金山通往悉尼、广州和新加坡……这样，太平洋就会象大西洋在现代，地中海在古代和中世纪一样，起着伟大的世界交通航线的作用；大西洋的作用将会降低，而象现在的地中海一样成为内海。"[①] 如今，马克思与恩格斯的预言正变为现实。

在马克思与恩格斯作出这一论述的170年之后，在德国有这样一个外交场景：2020年2月14日，在年度慕尼黑安全会议首日上演了一场精彩问答，这段精彩的视频问答在东西方社交媒体上广泛传播，成为点击率极高的舆论热点。这段视频问答之所以能够引起国内外公众的广泛关注，除了参与活动的两位当事主角是重量级大咖——另一方是在主席台上作为

---

① 马克思，恩格斯. 马克思恩格斯全集：第7卷. 北京：人民出版社，1959：263-264.

演讲嘉宾的美国民主党政客、美国众议院议长佩洛西（Pelosi），另一方是在观众席上作为本场活动听众的中国第十三届全国人大外事委员会副主任委员、外交部前副部长傅莹之外，更重要的还在于场上局面的戏剧性变化和由此形成的反差。从传播学的角度看，在主席台上就座的佩洛西女士掌握着麦克风和更多话语权，处在绝对优势地位；而在听众席上的傅莹女士由于只能提问、不掌握麦克风，处在相对弱势的地位。美国众议院议长佩洛西当时讲话称，各国在建设5G网络时应远离中国科技公司华为。佩洛西表示，中国正试图通过其电信巨头——华为，来输出其"数字专制"，威胁那些还没有采用中国技术的国家实行经济报复。傅莹当场向佩洛西发问，她首先提到佩洛西曾经对中国的"成功"访问以及双方"建设性的对话"。接着傅莹话锋一转："就我所知，世界运作的方式是，技术是一种工具，自从中国40多年前开始改革后，引入了各种各样的西方技术，微软、IBM、亚马逊，它们在中国都很活跃。自从我们开启1G、2G、3G和4G以后，所有的技术都来自西方发达国家，而中国保持了它的政治体制，共产党领导的政治体制取得了成功，没有受到技术的威胁。""可为什么如果把华为技术引入西方国家的5G，就会威胁政治制度呢？您真的认为民主制度这么脆弱，华为区区一家高科技公司就能威胁到它？"傅莹的挑战式提问引来了观众席中的笑声与掌声。佩洛西则喃喃回答："我们不想效仿中国的体制……"两位强势"铁娘子"的对话，展示出了世界事务中攻守大势的新变局。

第一次工业革命形成的世界经济政治大变局，在中国是以鸦片战争的故事嵌入中国人的心中的。工业革命是一次革命，英国取代了中国、印度这样在工业革命之前封建社会"优等生"的地位。要知道，中国即便是在鸦片战争时期经济总量还占世界三成，在宋朝甚至达到过六成，工业革命也彻底改变了这种情况，以至于今天人们还在探讨为什么中国和印度没有能够顺利地"长"入现代化（可参阅关于"李约瑟之谜"的各种论述）。15—17世纪，西班牙和葡萄牙的殖民帝国建立，葡萄牙于1415年占领休达，1492年哥伦布发现美洲大陆后，西班牙展开了对美洲的征服和殖民运动，大量贵金属经西班牙流入欧洲，使得欧洲其他地区产生了物价革命并促进了工商业的发展，商业资本确立了世界的统治地位。1588年，英国击败西班牙无敌舰队后，开始了对北美洲的殖民。1600年，英国商人建立了英国东印度公司，开始了在印度的扩张。荷兰在16世纪末迅速发展成为世界上最大的航海和商业国家，1602年设立荷兰东印度公司。同一时期，法国则在北美洲建立了新法兰西殖民地。第一次工业革命时期，英国成了世界工厂，传统的以蔗糖、烟草和奴隶为主的殖民贸易已经不再具有重要意义，对棉花、羊毛、铁、铜、锡、煤炭等工业原料的需求大幅度提高，同时迫切需要开辟海外市场，以消化本国生产的工业制成品。1776年美国发表《独立宣言》后，英国的殖民事业受到很大打击，殖民经略重点转至资源更为丰富、市场更为庞大的印度。此外，英国还占领了澳大利亚、新西兰、缅甸、开普殖民地等地，形成了所谓"日不落"帝国。法国在这一时期也建立了北非的殖民地。殖民体系成为第一次工业革命期间形成统一的世界经济的重要工具和手段。

第二次工业革命时期，英国仍是最大的殖民帝国，广阔的海外市场仍然存在，但由于英国的经济发展速度相对缓慢，逐步被美国、德国两个新兴国家赶上。第二次工业革命时期，资本输出的重要性逐步取代商品输出。英国是最早进行殖民地资本输出的国家。随着英国向垄断资本主义阶段的过渡，英国进一步扩大资本输出，1885年，英国对外资本输出为13亿英镑，到1913年它的对外投资总额已达40亿英镑，相当于当时英国国民财富的四分之一，占当时资本主义工业国家对外投资总额的一半，是世界最大的国际食利者。资本输出给英国的资本家阶级带来了利益，但资本输出也导致英国国内投资减少，有的年份甚至对外投资超过国内投资，影响了工业部门本身的技术革新和整个工业的发展速度。垄断资本家在殖民地建立的企业获取的高额海外投资回报，使英国国内产生为数多达百万以上的食利者。这导致在第二次工业革命中，英国在世界工业生产中比重下降，工业生产总值在19世纪90年代被美国超过，进入20世纪后又落在了德国后面。1860年以前第一次工业革命时期，英国的工业产值占到世界工业产值的一半，1894年美国工业产值超过英国，而1930年美国工业产值占世界工业产值的32%，德国占13%，苏联占12%，英国和法国分别占7%（不含殖民地）和6%。经济实力的变化，导致各国在世界经济中的地位发生了变化。

第二次工业革命促进了资本主义世界经济体系的最终确立，世界经济逐渐成为一个整体。与此同时，资本主义各国在经济、文化、政治、军事等方面发展不平衡，争夺市场和争夺世界经济主导权的斗争更加激烈。过去的百年，国际社会经历了两次世界大战和一次冷战。第一次世界大战是自由资本主义向垄断资本主义过渡所产生的不可调和的矛盾的结果。在20世纪初期，世界经济实力最强的国家是美国，但美国在对外政策上奉行孤立主义，不愿参与世界事务，国际事务的发展由欧洲强国英国、法国、德国、俄国所主导。后起的德国向老牌的帝国主义国家英国和法国发起挑战，于是形成了以英国、法国和俄国为首的协约国集团和以德国和奥匈帝国为首的同盟国集团，1914年7月两大集团在欧洲大陆展开厮杀。战争的结果是挑战霸权的德国遭到惨败，奥匈帝国、奥斯曼土耳其帝国解体，美国成为赢家，英国和法国虽然取得了胜利，但实力遭到严重削弱，俄国则发生了社会主义革命。第一次世界大战后，传统欧洲大国主导世界的格局开始被打破，苏联这个世界上第一个社会主义国家经济迅速发展，"脱亚入欧"的日本经济崛起，战败的德国努力复兴，大国力量进入了重组时期。20世纪30年代，德国、意大利和日本结成同盟，重又向英国和法国发起挑战，第二次世界大战爆发。第二次世界大战结束后，美国和苏联逐渐演变成为超级大国，形成了不同的军事与经济联盟，改变了长期由欧洲列强主导世界历史进程的局面。1946年，时任英国首相的温斯顿·丘吉尔（Winston Churchill）访问美国，访问中他发表了著名的"铁幕演说"："从波罗的海的什切青到亚得里亚海边的的里雅斯特，一幅横贯欧洲大陆的铁幕已经拉下。""铁幕演说"被认为是冷战的开始。1949年8月24日，美国与西欧、北美主要发达国家针对苏联和东欧国家，为实现防卫协作，建立了一个国际军事集团组织，该组织总部设在布鲁塞尔，被称为北大西洋公约组织。1955年5月14日，苏联、捷克斯洛伐克、保加利亚、匈牙利、民主德国、波兰、罗马尼亚、阿尔巴尼亚8国针对美国、英国、法国决定吸收联邦德国加入北约这一事件，在华沙签订了《友好互助合作条约》，正式成立了军事政治同盟——华沙条约组织，该组织总部设在莫斯科，旨在防范北大西洋公约组织的大规模军事入侵。此后在冷战的氛围中开启了美苏争霸的局面。冷战决定着世界经济的演进方向，出现了并行、不交叉的"两个平行市场"的情况。苏联和东欧国家于1949年成立了经济互助委员会，总部设在莫斯科，相当于欧洲社会主义阵营的经济共同体，后扩大到非欧洲的社会主义国家（中国曾经是观察员）。1991年6月28日，经济互助委员会在匈牙利的首都布达佩斯正式宣布解散。欧洲在1952年成立的欧洲煤钢共同体基础上，1957年签署《罗马条约》成立了欧洲经济共同体（欧盟的前身）。这两个经济集团的主要成员国在地理上相邻，却分属东西两大阵营。1988年6月，经济互助委员会与欧洲共同体签署联合声明，双方互相承认，并正式建立关系。

第三次工业革命的发展，伴随着1991年华沙条约组织解散，继而苏联解体，冷战结束。美国成为唯一的超级大国，世界政治经济格局在经历了短暂的"单极时刻"之后，呈现出所谓的"一超多强"的态势。除了美国是政治经济的超级大国之外，作为联合国安理会常任理事国的俄罗斯仍然是唯一能够与美国相抗衡的拥有核武器的国家，在世界政治中的作用不可低估，但在经济上处于相对困难境地；欧共体向欧盟的成功转变，并开始东扩，有力地展示了欧洲仍然是国际政治经济中的一支重要力量；以中国、印度和东盟等为代表的亚洲在经济发展中的崛起，同样显示出该地区除了日本以外的其他国家正在确立在世界经济、政治事务中的作用；而占有联合国多数席位的发展中国家作为一个整体，对国际经济政治事务的影响也不容忽视。

第三次工业革命对世界经济格局产生了深刻的影响。它一方面使得世界原有的发达国家经济增长不平衡，因经济结构的差异而使得经济地位发生了变化；另一方面使新兴工业化国家经济发展获得了强大的新动力，后发优势得以发挥，增加了在世界经济中的话语权。与此同时，第三次工业革命扩大了世界范围的国与国之间的贫富差距，扩大了一个经济体内不同群体的财富占有差距，造成了世界范围内方方面面关系的变化。第三次工业革命不仅极大地推动了人类生活方式和思维方式的变化，而且造成了人类的衣、食、住、行、用等日常生活的各个方面发生重大变革，同时也推进了人类社会经济、政治、文化领域的进步。这种情况在不同的经济体中显示了极大的示范作用，不同经济体追求趋同的力量，正在影响着世界经济的演化方向。如果说第一次工业革命靠大机器生产和殖民体系形成了世界经济，第二次工业革命靠的是金融，通过英镑、美元统一了世界经济，第三次工业革命靠的是各个领域中的游戏规则统一世界经济，那么第四次工业革命统一世界经济的基础是什么，值得探讨分析。

随着世界经济中各个经济体经济体量的相对变化，国际货币体系多元化或"去美元化"获得新动力，是近年来非常值得关注的现象。2019年美国产出按汇率计算约占世界24%，如按购买力平价计算则仅为15%，但美元在全球计价、结算、储备、流动性和融资中所占比率均超过50%。美国利用美元在世界经济中的地位获得了巨大利益，包括随美元作为储备货币而来的巨额铸币税、各种金融风险规避、低货币金融交易成本、大宗商品（尤其是石油）定价权、向世界输出金融服务等，甚至对其他国家进行货币干预都可以获取相应的经济好处。美国长期巨额的贸易赤字、庞大的财政赤字、利用以美元为核心的国际资金清算系统对全球经济金融活动进行的控制，以及以此作为实施制裁手段的做法，让世界主要经济体对于继续将美元作为世界中心货币的信心受到打击，并对美元的前景产生了怀疑，摆脱对美元持续依赖开始见诸行动。1999年欧元的创立和此后开启的人民币以及其他货币的国际化试探，显露出国际货币体系多元化逐渐进入了人们的视野。

2018年，土耳其抛售美元资产，伊朗宣布其石油交易的计价、结算不再使用美元并且代之以其他货币。俄罗斯将美元看成有风险的结算工具，开始逐步在能源资源贸易中加大使用本币或欧元、人民币，同时俄罗斯、中国、日本开始逐步减少手中的美元资产，并购入黄金。上海国际能源交易中心以人民币计价的石油期货交易额稳步增长，人民币跨境支付系统（CIPS）二期开始运行。国际货币体系改革是二十国集团，尤其是金砖国家的峰会常被提及的话题。金砖国家建立应急储备安排和新发展银行，以及服务于"一带一路"的亚投行，世界也在讨论去中心化的数字加密货币的可行性。美元中心被货币多元化逐步取代将是未来世界经济发展的重要趋势之一。在第四次工业革命推进的金融科技前所未有的演进下，区块链、加密电子货币的未来布局，颠覆了作为第三次工业革命后统一世界经济的美元的地位，未来世界经济将会围绕什么计价、结算工具展开，目前还不明确。

从世界经济权重变化的角度探讨，第四次工业革命形成的百年未有之大变局，使得世界经济的国际主导力量继已有的三次工业革命之后再次出现洲际转移形成多元分布。世界经济的最高权重占比曾经从亚洲转移到欧洲，形成了欧洲对世界经济的支配，继而从欧洲转移至北美，北美成为世界经济的中心；现在，随着亚洲经济的崛起，拉美、非洲经济的平稳发展，全球经济权重正在逐渐形成多元化分布，不同的产业在不同的地方形成世界级中心。亚洲国家的经济发展程度不同，既有发达的日本、韩国、新加坡，也有新兴的中国、土耳其、越南、泰国等，经济结构层次分明，产业互补，这一地区在市场活跃度、创新研发投入、工业制造规模、电子商务普及度、移动支付普惠性、基础设施便捷化等方面，甚至包括时尚、旅游、电影、小说等消费文化行业的各方面，具有的硬实力与软实力越来越多地可以和西方比肩。与亚太地区相比，欧美在经济活力上存在差距，甚至是相形见绌。2010年，中国经济总量超越日本，成为世界第二大经济体，同年中国超越美国成为世界制造业第一大国，出口第一大国。在冷战结束后，中国经济的快速发展，使得世界面对了一个在意识形态和政治体制上不同于西方世界，同时在经济上快速崛起，政治制度无法趋同的大国。美国、日本和欧洲作为现行世界经济体系的主导者和维护者，当然不愿意看到非西方国家的崛起，但这三方出于地位和心态的不同，又对中国持不同的态度和立场。

第四次工业革命给全世界各国经济的发展，既带来了很大机遇，又带来了严峻的挑战。美国通过第三次工业革命建立的世界经济体系，因为中国经济的迅速发展，实力的不断加强，发生了有意思的变化：美国已经无法形成类似北约的集团来和中国争斗，欧洲、日本及其他经济体很愿意与中国开展经济交往与合作，共享中国经济发展的红利。由此世界进入了大国竞合状态，美国最强，中国快速追赶，欧盟、日本、俄罗斯和印度在世界经济版图中也举足轻重，在多元格局中，美国追求自身的绝对优势。对于中国经济的快速发展，美国一直心怀警惕。特朗普政府在2017年底发布的首份国家安全战略报告中，将中国确定为战略竞争对手，再加上美国实行的经济单边主义和贸易施压政策，更使中美关系面临着诸多的不确定性和不稳定性，也对整个世界经济格局的变迁产生着微妙的影响。从目前来看，双方在经济贸易领域中的冲突仍然会继续，甚至不排除激化的趋势，但破局的可能性并不大。2010年，中国终结了日本自1968年以来作为世界第二大经济体的时代，近年来双方逐渐改变了甲午战争以来各自在东亚地区的相对地位。中日两国经济总量的此消彼长带来了中日经济关系的结构性变化，日本开始把中国视为经济上的竞争对手。对此，日本一方面加强研发力度，拉大与中国的科技差距，另一方面通过经济援助等手段拉拢东南亚国家，并力图通过国际经济的制度规则"规范"中国，但日本也寻求从中国经济的快速发展中获利。欧洲在经历了几次格局变迁之后，对于自身实力地位和发展目标有清晰的认知，对待中国经济的崛起比美国和日本务实，但依然在2019年3月宣布中国是制度性全面竞争对手。所以，欧洲一方面会与美国和日本共同制衡中国在世界经济中的快速崛起，另一方面又会抓住中国崛起带来的机遇，通过合作促进自身的经济发展，这可以从以英国为代表的欧洲国家不顾美国阻拦加入中国倡导的亚投行、对华为5G技术的态度中可见一斑。拉美国家和非洲国家近年来经济发展相对较快，而且较平稳，世界经济的区域权重多元、运行多中心、地位动态相对变化的趋势（相信印度的经济总量在不久的将来会超过很多发达国家），在第四次工业革命即将来临之时已经开始显现。

第四次工业革命将会为世界教育、科学、文化的多元发展提供新的、更加雄厚的物质基础，并使得全球的科学文化联系越来越密切，现代化的人的全面发展也将呈现出多元化的特点。在学术上，由于人的全面发展，将会出现各学科发展之间的相互渗透、彼此交叉、强力支撑，新的学术与科技思潮百花齐放、不断涌现，成为开放型世界经济新的特点。第四次工业革命下的国际竞争主要是以经济、科技、文化和军事实力为核心的综合国力的竞争，因此教育的战略地位日益受到各国的重视，将会引发世界性的教育改革新潮，教育服从人的全面发展，教育服务于世界的发展，教育的多元包容，将会是趋势。未来世界经济中的强者将是文化、教育、科学的输出者，弱者将会是输入者，但在文化、教育、科学发展上，一定会呈现为多元化。

第四次工业革命造成了世界经济力量对比的变化和秩序的变革，多元化将是大趋势。我们在研究中提出了若干预言式的判断：一是我们在前面提到过的，第四次工业革命的方向将在2015—2035年间较为清晰地展现在世界面前；二是第四次工业革命可能会导致世界经济在向稳定、公正和进步的方向发展之前，造成世界经济陷入无可避免的阵痛，甚至是严重的衰退。我们在探讨第二、第三次工业革命的进程时，发现驱动工业革命发生和进行的因素中，都有世界经济出现较大危机和衰退的情况。19世纪末资本主义从自由资本主义阶段转向垄断资本主义阶段时，世界经济在工业革命的推进下并未顺利发展，而是衍生出战争、重大世界经济危机和经济大萧条。这种世界经济的阵痛以第二次世界大战的结束而告终。之后的冷战使得世界分裂成两大集团——以美国为首的资本主义集团和以苏联为首的社会主义集团，双方的争斗一直到1991年苏联解体才算告一段落。百年的历史进程给了人们一个重要的启示：世界经济的发展不是线性的，旧的生产力的危机和因新工业革命发生的力量对比变化，给各国提供了经济发展的机遇，但绝不会自然地导致经济的平稳发展。今天的百年未有之大变局与百年前的变局有相似之处：生产力已经到了面临重大变革的前夕，原有的新自由主义世界经济秩序的继续维持遇到了极大的挑战，世界经济的力量对比正在发生重大变化，但这并不能保证世界经济在新工业革命到来之后能够得到平稳发展，世界经济目前正在发生嬗变，处在转折阶段，但当前还很难确定未来的走向趋势。一方面，原有的世界经济体系的金字塔形结构的合法性受到挑战，另一方面，重新塑造世界重要经济体集体引领的经济协调合作的新秩序还没有诞生，很可能需要一次世界性的经济危机或衰退作为催化剂，才能够使得全新的世界经济格局展现在人类面前。

第二部分　开放型世界经济建设中的经济全球化变局

党的十九大报告指出，在今天的经济全球化下，各国相互联系和依存日益加深，"没有哪个国家能够独自应对人类面临的各种挑战，也没有哪个国家能够退回到自我封闭的孤岛"[①]。中国将"推动经济全球化朝着更加开放、包容、普惠、平衡、共赢的方向发展"[②]。世界经济正在经历一轮新的调整、新的变革和新的发展。各国之间的联系日益密切，人类命运共同体在许多基本问题上越来越成为现实，例如环境影响的你中有我、我中有你，抗击各种疫情时的相互协作。与此同时，人类社会继续进步面临的问题与挑战也日益彰显，经济全球化进步的一面，不断遭遇逆全球化说法的抹黑，经济民粹主义抬头，世界经济增长的周期因素和非周期因素造成的不稳定性、不确定性风险有增无减，经济全球化前行的方向成为被讨论的热点。我们认为经济全球化是人类社会发展的客观历史进程和固有的内在规律，是新时代的世界潮流，有起有伏很正常。正如习近平主席2018年在首届中国国际进口博览会开幕式上的主旨演讲中所强调的，经济全球化是不可逆转的历史大势，其发展是不依人的意志为转移的，历史大势必将浩荡前行。在第二届中国国际进口博览会开幕式主旨演讲中，习近平主席以江河为喻，"长江、尼罗河、亚马孙河、多瑙河昼夜不息、奔腾向前，尽管会出现一些回头浪，尽管会遇到很多险滩暗礁，但大江大河

---

①② 习近平在中国共产党第十九次全国代表大会上的报告. 人民日报，2017-10-28.

奔腾向前的势头是谁也阻挡不了的"①，阐述了经济全球化的不可逆转性。

经济史学家通常将1846年视为经济全球化的起始年份，那一年英国议会废除了《谷物法》，单方面、主动地实行了自由贸易政策。他们认为，150多年来经济全球化经历了三次高潮。第一波经济全球化高潮发生于1870—1914年，在第一次工业革命发生后，由于蒸汽机替代帆船、铁路的大规模建设、大机器生产普及等，提高了主要工业化国家的劳动生产率，促进了交通运输系统的发展，国与国之间的经济联系日益紧密，彼此的经济活动相互影响，国际经济关系已经成为工业化国家经济增长的重要因素。因此，各国通过谈判降低关税壁垒，增加商品、资本和劳动诸要素的全球流动，使得第一次经济全球化得以迅速展开。第二波经济全球化高潮出现于1950—1970年，第三次工业革命进一步推动了国际分工的深化，在国际货币基金组织和关贸总协定框架下，美元成为世界经济的计价与结算货币，世界贸易量大幅增长，资本的跨国流动促进了生产的国际化，以美国、欧洲和日本等发达国家和地区为主开展了多边贸易自由化和投资便利化的谈判，进一步促进了国际贸易、生产的跨国化以及技术和产业的转移。第三波经济全球化高潮发轫于20世纪80年代末，随着计算机和网络技术的发展，国与国之间出现了从未有过的紧密的经济联系，世界经济得到了快速发展，贸易、金融、投资、技术、人员、服务在全世界的流动频繁，不仅发达国家，而且发展中国家也纷纷参与或被卷入国际经济分工，全球化势头得到了前所未有的扩张。虽然有着今天很多人谈及的逆全球化现象，但迄今全球化仍在逐步变革和发展之中。正如习近平主席2016年11月19日在亚太经合组织工商领导人峰会上所述："总体而言，经济全球化符合经济规律，符合各方利益。同时，经济全球化是一把双刃剑，既为全球发展提供强劲动能，也带来一些新情况新挑战，需要认真面对。新一轮科技和产业革命正孕育兴起，国际分工体系加速演变，全球价值链深度重塑，这些都给经济全球化赋予新的内涵。"②

---

① 习近平出席第二届中国国际进口博览会开幕式并发表主旨演讲.人民日报，2019-11-06.

② 习近平在亚太经合组织工商领导人峰会上的主旨演讲.人民日报，2016-11-21.

一、经济全球化的概念与定义

1983 年，美国学者西奥多·莱维特（Theodore Levitt）在他题为《市场全球化》的文章中，首次提出了全球化的概念，认为全球化已然来临，不久之后全球性公司将在世界的每一个角落以同样的方式销售它们的商品与服务。随即这一术语在国际经济学、国际政治学和国际文化学中得到了普遍使用。

经济全球化迄今被认为有三次高潮，它是客观的历史过程。伴随着第一次工业革命的到来，资本主义现代工商业、交通运输业迅速发展，商品交换日益跨越国境，世界市场形成并迅速扩大，除商品交易外，资本也开始走出国门，世界经济开始真正形成。第三次工业革命以信息技术、计算机、网络发展为先导，涉及了生产、分配、交换、消费、金融投资各个领域，涵盖了世界经济运行的各个方面和全过程。从马克思主义经济学出发，经济全球化的渐进发展过程，是世界经济中的一个非常重要的趋势，是社会生产力发展到一定水平，生产社会化和生产关系的自我调节，表现为社会在生产、分配、交换、消费各个环节的自我演进和扬弃，各种生产过程、生产关系和资本形态跨越国界的运动、运营。因此，我们认为，经济全球化的本质是生产社会化和经济关系扩展化发展的客观趋势。

目前的经济全球化在曲折发展中发生着转型，为不同的全球化参与者提供新的经济增长机会。在经济全球化的发展过程中，商品和生产要素的跨国流动是物质基础，最初是商品的跨国流动，然后是资本和劳动力的跨国流动，目前是各种要素的全面跨国流动。在经济全球化的进程中，科技、管理和数据要素的流动是非常重要的，在流动过程中促成了全球生产网络的形成和价值链、供应链的布局。因此，生产要素在世界范围内流动、寻求最佳配置的过程是经济全球化含义的重要组成之一。随着经济全球化重要性的加强，世贸组织 1995 年年度报告指出，对全球化的定义和描述，首先应着重"质"而不是"量"；1996 年联合国贸易和发展会议召开的一次题为"全球化与自由化"的讨论会上对经济全球化定义如下：全球化是世界各国在经济上跨国界联系和相互依存日益加强的过程，运输、通信和信息技术的迅速进步有力地促进了这一过程；1997 年联合国贸易和发展会议报告指出,全球化的概念既指货物和资源日益加强的跨国界流动,也指一套管理不断扩大的国际经济活动和交易网络的组织结构的出现,但今天的世界经济与超国家范式相距还很远,对现状较为恰当的描述是全球在经济上的相互依存,市场、生产和金融活动的跨国界联系已加强到如此地步,以至任何一国的经济都不能不受到国界以外的政策和经济发展的影响。国际货币基金组织为经济全球化下的"权威"定义是:跨国商品、服务贸易及国际资本流动规模和形式的增加,以及技术广泛迅速传播使世界各国经济的相互依赖性增强。至今,关于经济全球化的主流定义基本有三种:一是把经济全球化描述成生产要素在各国之间流动加快的趋势,以及各国经济联系日益紧密、相互依存和影响不断加深的过程。二是把经济全球化看成是由以美国为首的西方发达资本主义国家主导的、对世界经济的支配和控制过程,其本质是资本主义生产方式在全球的扩张。三是认为经济全球化的标志是在世界范围内建立共同遵守的经济规则,最突出的表现是市场经济规则在全球绝大多数国家得到推广。

我们认为,在考虑经济全球化定义时,由于世界经济不断发展,应该将它看成是一个动态的过程,强调参与国家的互相依存性与竞争性,而不应该将其认定为一种结果、一种制度或体系,这样可以为未来分析国际经济活动预留足够的理论空间。人们可以从三个方面来认识经济全球化的内涵:一是世界各国经贸投资联系的加强和相互依赖程度的日益提高,形成了全球价值链的分布;二是随国际市场的形成和扩大,各国国内经济游戏规则逐渐趋于一致;三是国际经济协调机制强化,即各种多边或区域组织对世界经济的协调和约束作用越来越显现出来。

经济全球化是各国在经济上相互依存不断加深,但竞争也在不断深化的历史过程;其突出表现为商品和资本、技术等要素的国际多边流动日益加强;其主要因素是信息革命以及贸易和金融的自由化,即技术创新与制度变革的深刻过程。

由于对经济全球化的定义存在不同的看法,因此关于经济全球化对经济的影响也必然存在着不同的见解。在经济全球化的进程中,发达国家的学者大多认为这一进程带给它们的主要是经济的负面影响,将国内出现的失业、收入下降、产业外流等归咎于经济全球化,并认为由于在这一进程中发展中国家的廉价产品可以自由进入发达国家，因而这一进程只对发展中国家有利。这样的观点在美国、欧洲的学者发表的论文、专著甚至政府研究报告中均有反映。美国诺贝尔经济学奖获得者保罗·萨缪尔森（Paul Samuelson）在《比较》第91辑（2017年第4辑）上发表的文章以中美两国为例讨论了自由贸易。他运用李嘉图（Ricardo）、穆勒（Mill）等古典经济学家的比较优势理论，分析了自由贸易的全球化如何把国外的技术变化转变成两国都获益。但是，文中的进一步分析却表明，有时一国生产率的提升可能仅对该国有帮助，这降低了两国之间的潜在贸易收益，从而持久地伤害另外一个国家，甚至引发了世界经济的失衡。发展中国家正好持相反观点，认为经济全球化的主要利益由发达国家获得，发展中国家在获得一定利益的情况下，"边缘化"的趋势被加强，与发达国家的经济差距在不断拉大，从经济不发达向发达转化的过程似乎比过去更为困难。在这一方面，我们通过建模、计算，基本认定世界经济失衡尤其是中美之间贸易巨大失衡的原因是双方国内因素以及比较利益优势发挥的失衡。[①]

二、经济全球化的主要动因

一国经济运行的效率可能很高，但总会受到本国要素、资源种类、它们的质量及数量以及市场规模与潜力的限制。如果要素、资源和市场供求形成全球化，便能使单一经济体在当前条件下最大限度摆脱要素、资源和市场对其进一步发展的限制和约束。经济全球化，理论上可以实现生产在最适宜的地方、以最有利的条件展开，销售可以在最有利的市场进行，达到世界经济中要素的最优配置，以及最终产品、服务的最优实现，提高经济效率、效益，使商品更符合消费者的需要。世界经济事物的发展有其内在规律，经济全球化发展的动因大体被归结为以下几个方面：各国经济发展的客观要求是经济全球化的根本推动力；科学技术的进步，尤其是第三次工业革命为经济全球化提供了全新的物质基础；各经济体市场化经济体制改革大潮为经济全球化发展扫清了体制上的障碍，并为经济全球化的发

[①] 参见附录二中的Ⅶ部分。

展提供了基于市场经济相对一致的游戏规则环境；微观经济主体（主要是跨国公司）的趋利动机，是推动经济全球化发展的基本动力；国际经济与其他方面的协调机制不断加强，成为经济全球化发展的重要条件；冷战后两极格局的结束为当时经济全球化的发展消除了人为障碍。随着世界经济格局的变化，新的经济全球化的进一步前行，有了与过去不同的新动力。

首先，各国经济发展的客观要求是经济全球化的根本推动力。马克思曾经指出，不断扩大产品销路的需要，驱使资本主义奔走于全球各地，它必须到处落户，到处开发，到处建立联系。但在客观上，在那个时代，各国都程度不同地存在着自然资源、资本、劳动力、技术、市场等不足的矛盾，需要通过要素的跨国界流动实现资源的最优配置，通过国际分工和国际交换实现成本最小化生产，最终实现利润的最大化。在现实的世界经济中，生产的社会化不断扩大，能够提供的产品日益丰富，而人们的恩格尔系数却随着经济的发展出现逐步下降的趋势，这是一般的经济规律：人类追求美好生活是没有止境的，当满足基本刚性生活需求（如吃穿住）之后，必然在物质生活上有更高的多样化需求（如住房、彩电、冰箱、洗衣机、汽车）产生，当有形物质需求得到进一步满足之后，无形的、多元的服务需求（旅游、艺术、文化、体育、康养）便会提上人们追求生活质量的日程。在当代经济生活中，活在后工业化时代的人们，其生活方式产生革命，需求正在发生着全面的变化。随着新一轮科技革命与工业革命的到来，生产力水平提升和消费需求升级的水平空前提高，单纯依赖国内生产，不仅越来越受到国内资源和市场的限制，而且无法满足消费者日益提出的更加多样性的物质以及无形服务消费的需求。要解决这些矛盾和问题，必须充分利用国际市场和资源，利用世界经济多元化的特点，这必然导致各国经济继续增长，在质、量、结构上的相互依赖性大大增强。

其次，科学技术进步和工业革命为经济全球化提供了最深厚的物质基础。人类发展历史上，每次科技革命的发生都带来了生产力发展的大飞跃和经济社会结构的剧烈变革。第一次工业革命之前，西方商业资本推动世界进入大航海时代，航线的发现标志着各国经济交往的开始，世界经济渐渐出现了雏形。第一次工业革命中以蒸汽机作为动力,形成了火车的运输和轮船的航海,海底电缆的铺设促进了商业的跨洲来往,世界经济终于成形。第二次工业革命中,内燃机的大规模使用、无线电的问世以及飞机的应用,推动了全球化的一波高潮,世界经济得到了长足的发展。当前的经济全球化,就是20世纪后期以计算机技术进步、网络技术革命为核心的科技革命和第三次工业革命推动下的产物。据统计,1930—1990年,国际空运的平均成本从每英里68美分降至每英里11美分,纽约至伦敦3分钟的电话费从244美元降到3美元,目前仅为几美分。而随着移动通信在全世界的迅速普及,通过互联网进行通信的成本对个人来说近乎为零。运输和通信成本的大幅度下降使得各种物质和信息在全球范围内的流动和交换成为可能,大大缩短了人与人之间绝对与相对的距离,促进了国际贸易和国际金融活动的开展。第三次工业革命使产业在全世界形成价值链、供应链和生产链,使生产在最适合的地方展开、最有效地运行,使金融资本在配置资源中起到了极其巨大的作用,使社会福利普遍得到提升,使发展的可持续性得到了极大的重视。目前,人类面临着第四次工业革命,生产力在这次革命中将会发生根本性变革,对经济全球化必将产生巨大的推动作用。第四次工业革命将从根本上改变人在时间、空间中的地位,或是从根本上改变人类生存的时间、空间的绝对和相对状况,极大地降低交易成本,扩大交往范围,便利商品和资本的国际流动,促进各国经济的联系,从而加快经济全球化的进程。新工业革命已经能够看到的在新能源、新材料、人工智能、新交通、5G的使用、物联网、虚拟现实、远程医疗、金融运作等方面的进步,都会对经济进步和全球化产生作用和影响。例如,2020年春天在湖北发生新冠肺炎疫情时,世界卫生组织的专家们到该省基层医疗单位考察,询问基层医生如何对患者进行诊断时,看到的是外地三甲医院高级专家组通过5G实时的诊断帮助,新的科技成果正在全方位显现出它的作用。北京在新冠肺炎疫情期间形成的"互联网+"的求医问诊、快递送药也发挥了应有的作用。这些科技革命的巨大进步和应用,都会为将来经济全球化朝着全新的方向演进提供新的物质基础。

再次,世界各经济体市场化取向的改革为经济全球化提供了制度基础。经济全球化在宏观上有利于资源和生产要素在全球的流动与合理配置，是市场化的经济规律作用的必然结果。各国经济的发展，需要市场的微观主体——企业进行符合经济规律的真正自主经营，根据自身经营和发展的需要，按最有利的条件生产、在最有利的地方销售。这必然要求各国政府尽量避免对宏观经济活动的人为限制，减少对企业经营活动的行政干预，为企业发展创造宽松的营商环境。但在1929—1933年世界经济大萧条中，以及第二次世界大战之后的几十年里，无论是在发达的工业化国家还是在发展中国家，市场机制的作用均受到了不同程度的抑制，这不利于经济全球化的发展。20世纪70年代从东欧开始，各国都相继不同程度地走上了市场化改革的道路，更多的国家对国内市场开放和全球贸易投资自由化持积极态度。中国始自1978年的改革开放，在全球大规模地开启了市场取向的经济浪潮，此后在20世纪90年代后期，中国逐渐走上工业化的快速路，在很短的时间里成为世界工厂，并促成了全球价值链的形成和发展。经济全球化促进贸易、投资、金融、生产等活动在世界展开，它在客观上要求生产要素在全球范围内得到最佳配置，从根源上说是生产力和国际分工的高度发展，生产、分配、交换、消费活动进一步跨越民族和国家疆界的产物，这要求各国经济运行的游戏规则应该大同小异，逐步趋同。20世纪80年代以来，传统的计划经济国家大多放弃计划经济体制，向市场配置资源、市场决定价格的经济体制过渡。发达国家也逐步摆脱了凯恩斯主义干预经济带来的滞胀局面，从而有了减弱国家对经济干预控制的条件，强调市场机制、"看不见的手"的自发调节作用，在世界范围内推进了市场在经济中发挥主导作用。关贸总协定向世界贸易组织的转变，国际金融资本作用的大大加强，贸易金融自由化和投资自由化的进程不断加快，为国际资本的自由流动、国际贸易的空前扩大、国际生产的大规模进行提供了适宜、趋同的制度环境和政策条件，促进了一波经济全球化的大发展。

最后，20世纪90年代初，国际政治格局的急剧变迁是第三波经济全球化得以大发展的重要前提。苏联解体，苏联东欧军事联盟（华沙条约组织）崩溃，经济联盟（经济互助委员会）解散，世界经济"两个平行市场"完结。冷战结束，两个阵营激烈的政治、军事对抗终结，国际政治发生了深刻的变化，朝着所谓"一超多强"和多极化趋势发展，追求和平与发展成为时代的潮流，世界关注的焦点开始放在满足需求和经济发展方面。与此同时，人们认识到经济安全、社会安定、生态环境已日益成为世界安全具有共性的重要问题，各国只有进行经济合作、寻求共同问题的解决、争取共享式发展才能真正使得本国经济利益最大化。另外，发达国家与发展中国家对共谋和平与发展逐渐形成共识，国与国之间的经济往来相互依存和相互渗透的程度不断加深，这为世界经济的发展提供了前提条件，也为经济全球化的发展提供了前所未有的环境。

我们认为，作为世界生产力发展、科技革命的产物和资源市场配置、经济规则趋同的结果，经济全球化具有客观必然性，是历史的潮流。但也应看到，全球化的进程总是伴随着国家利益与国家利益之间的矛盾、局部利益和整体利益的冲突等，这些矛盾和冲突经常会干扰整个经济全球化的进程，甚至在一定阶段出现所谓逆全球化也在所难免。从一定的理论和实践角度来看，全球化促进了利润（量）在全球区域平均化的过程，降低了发达国家在获取全球化利益中一支独大的地位，触动了资本的核心利益，是对资本争取最大经济利益回报的现实挑战。发达国家在全球化中不愿与世界其他国家分享更多的利益，也不愿承担应有的责任，希望对现有的经济全球化重塑新规则，通过有利于自己的游戏规则谋取更多好处。2008—2009年由美国次贷危机引发的金融危机席卷全球，世界各国经济遭到重创，经济衰退使世界经济发展放缓，由此引发了金融、生态、政治危机，世界经济出现纷争状态。与此同时，也出现了全球化进程导致全球化赢家与输家出现的民粹性提法。如果把全球化看作一个动态的进程，现代化输家应该是指在经济、社会、文化与政治持续变迁过程中出现的、不适应现代化进程、原有地位和声誉受到影响并遭受社会排斥的群体和传统既得经济利益群体，这些群体表现出反全球化的态度。今天，世界经济领域确实存在全球增长动能不足、全球经济治理滞后、全球发展失衡、增长的经济利益分配不公、世界的资源生态无以为继等突出矛盾，并且由于方方面面的原因，一直没有办法得到根本解决，但我们认为逆全球化的存在，是对现有全球化进程的反思，经济全球化在曲折中继续前进的趋势是不会发生根本性改变的。

三、经济全球化运行的主要内容与特点

经济全球化可以从商品、资本、生产、技术、服务的跨国快速流动和扩散，以及跨国公司实力的极度强化等角度进行分析探讨。它的主要内容包括：(1) 国际贸易数量、结构的迅猛发展和变化。国际贸易是世界经济发展的重要动力。(2) 生产全球化的展开与跨国公司大发展。生产全球化，使得跨国公司遍及世界各地，成为世界经济运行的主导力量，跨国的贸易、投资行为已经越来越多地成为跨国公司内部的运营过程。(3) 金融全球化与当代贸易和投资大发展。来源和去向多元化的国际直接、间接投资迅速增长，格局特点已经完全不同于过去；国际金融的跨国天量交易数量大大超过了世界经济的总规模。(4) 科技全球化与全球科技资源大流动。(5) 国际经济协调机制的不断强化。为协调国际经济正常有序的运行，在发达国家主导下，国际经济组织，尤其是国际货币基金组织、世界银行和世界贸易组织（WTO）的建立，力图使世界经济体系和制度按照发达国家的安排进行，也是经济全球化得以发展的重要因素。

第一，国际贸易数量、结构的迅猛发展和变化。

国际贸易是各国经济联系中一个古老和最基本的纽带。在社会分工发展背景下，生产的各个环节实行的劳动分工和产品分工向国际范围扩展，便会产生国际分工，国际分工是国际贸易和世界市场的基础。基于当代国际分工迅速发展，国际贸易高速增长，1980—2016 年，世界货物贸易总额的平均增长速度为 4.7%，规模日益扩大，结构发生巨大变化，在各国经济发展中的作用越来越重要，成为拉动世界经济增长的重要因素。据世贸组织统计，经过多个回合的谈判，关贸总协定成员的平均关税由 1948 年的 40% 降至世贸组织成立后 1997 年的 4%[①]，发展中国家的贸易依存度已从 1970 年的不足 20% 达到 1998 年的 38%。2016 年从出口角度计算的世界贸易总额（包括货物贸易和服务贸易）达 20.77 万亿美元，相当于

---

① 发达国家的平均关税税率不得超过 5%，发展中国家的平均关税税率为 11%。

1980年的8.5倍。2006—2016年，世界货物贸易总额增长32%①，世界服务贸易总额则增长了64%。2005—2017年，世界服务贸易总额年均增长5.4%，增速远超世界货物贸易总额的年均增速4.6%。2017年世界服务贸易总额的实际价值为13.3万亿美元，服务业贡献了全球2/3的经济产出，吸引了超过2/3的外国直接投资，在发展中国家提供了2/3的就业，而在发达国家则提供了4/5的就业。从大趋势来分析，第三次工业革命以来，世界贸易总额的增长速度在正常情况下是超过世界生产总值产值的增长速度的，世界服务贸易总额的增长速度又超过世界货物贸易总额的增长速度。世界贸易的商品结构发生重要变化，新商品大量涌现，制成品、半制成品（特别是机器和运输设备及其零部件这些中间产品）的贸易增长速度加快，占比加大；在制成品贸易中，非耐用品的比重下降，而资本货物、高科技办公用品的比重上升。世界石油以外的初级产品在国际贸易中所占的比重下降，但军火贸易增长迅速。

随着科技的发展，国际交易的产品已经从传统的有形商品扩展到技术、专利、专有技术、金融服务等无形贸易领域。近几年，出现了EDI（电子数据交换）、电子商务等便利快捷的网络化国际贸易手段和平台，促进贸易顺利开展的贸易便利化措施，以及更顺畅的贸易结算过程，这些都对国际贸易产生了根本性影响。

近年来，尤其是2008—2009年全球金融危机引发的世界经济持续下行和低位徘徊，贸易紧张局势加剧，各国经济增速放缓压力和凸显的消极因素交织，使得全球贸易陷入疲软态势。在单边主义和保护主义抬头、中美贸易摩擦升级、世界贸易组织陷入改革纷争、英国脱欧后不确定性凸显、非关税壁垒措施激增、大宗商品依赖度加重、数字经济发展不均衡、地缘政治局势紧张，以及气候、环境危机迫近等复杂多变的形势下，国际贸易负重前行，随着全球化发展速度的放缓和逆全球化的出现，国家之间的贸易摩擦愈加频繁，增长承压。2020年春天新冠肺炎疫情在全世界的

---

① 2019年世界货物贸易总额下降了0.4%。以美元计，2019年中国进出口货物贸易总额为4.57万亿美元，同比下降1%。据美国人口普查局数据，2019年美国进出口货物贸易总额达4.14亿美元，同比下降约1.7%。

蔓延，表明世界仍然是有难同当的命运共同体，但是世界贸易的增长承受了巨大的压力，再次呈现出负增长的现实可能性。

第二，生产全球化的展开与跨国公司大发展。

生产全球化是指大规模的跨国直接投资导致资源在世界范围进行配置，全球生产分工体系形成，生产在最适合的地方进行，达到成本低、流通好的状态。与当代国际贸易相比，外国直接投资的发展更为迅猛。据联合国贸发会议统计，2000年外国直接投资额为12 710亿美元，是1980年的22倍，外国直接投资占世界各国同期国内投资的比重由2.3%提高到22%。2016年，外国直接投资额则达到1.75万亿美元，存量为26.7万亿美元。据《2019年世界投资报告》（2019年9月）统计，由于世界经济增长速度放缓，美国税制2017年改革，美资跨国公司纷纷回流收入，全球外国直接投资于2015年达到顶峰后连续三年下降。尽管2018年流入发展中经济体的外国直接投资呈现小幅增长态势，增幅为2%，吸引全球外国直接投资额占全球总额的比重升至54%，创下历史新高[①]，但全球外国直接投资总额2018年比2017年下降了13%，2018年流入发达经济体的全球外国直接投资总额减少27%，降至2004年来最低，其中美国税改导致美国跨国公司海外资本回流，使得2018年欧洲吸引外资总量减半。2018年在对外投资方面，日本对外投资额排名世界第一，为1 430亿美元；中国排第二位，为1 300亿美元；法国位居第三，为1 020亿美元；中国香港以850亿美元位列第四；美国因资本大规模回流，排到第20名开外。

跨国公司是国际直接投资和生产全球化的主要载体，它通过构建全球生产网络，将研发、生产、采购、销售和服务等活动配置到全球。2017年，全球约有10余万家跨国公司，86万多家子公司，占据着全球生产总量的一半以上、全球商品出口总量的近一半、全球跨国投资的九成、全球技术交易总量的八成多。许多国际贸易和投资实际是跨国公司设在不同国家的子公司之间的贸易和投资。跨国公司是世界经济全球化的主要微观载体，作为当今世界经济中集生产、贸易、投资、金融、技术开发和转移于

---

① 2018年中国吸收外资创历史新高，达1 390亿美元，占全球吸收外资总额的10%以上，世界排名仅次于美国。

一体的经营实体，是世界经济全球化的主要体现者。近20年来，伴随着经济全球化第三波浪潮的展开，跨国公司迅猛发展。以全球战略为出发点的跨国公司以利润最大化为目的，以争夺全球市场份额为目标，以在世界各地展开生产经营活动为手段，带动了商品、资本、技术和服务在各国间的流动，极大地促进了生产和资本的国际化。特别是近几年跨国公司大量从事兼并与收购，建立了多种形式的跨国公司战略联盟，再加上利用交易内部化保护知识产权，以及跨国公司本地化经营战略，有力地推动了经济全球化的发展。在第四次工业革命的条件下，跨国公司在生产活动、产业链的构建、对于供应链的掌控以及全球布局等方面的新动态，非常值得关注。

第三，金融全球化与当代贸易和投资大发展。

金融全球化是经济全球化的重要组成部分，主要表现为金融市场全球化、金融交易全球化、金融机构布局全球化和金融监管国际化。第二次、第三次工业革命使得金融资本靠游戏规则统一了世界经济，将世界的经济活动提升到了从未有过的水平。计算机和通信技术的进步，提供了即时、低成本处理大规模金融交易的技术手段，特别是网络技术革命使得国际市场中金融信息传递的物理距离几乎为零，世界范围的资金调动和交易结算瞬间即可完成，而KYC（Know Your Customer）平台使得金融机构对于客户和其业务有了透明的了解，为金融国际化提供了强大的技术基础。值得一提的是，中国的互联网金融交易规模目前居世界第一位。20世纪80年代初开始，主要工业化国家相继放松金融管制、实施金融自由化措施，在利率市场化、放宽市场准入和营业限制方面进行改革，并进行了各种金融创新。发展中国家也在一定程度上推进金融深化，开放金融，引入新的金融工具。各经济体金融市场化、自由化取向的改革，使得各国金融监管体系和制度发生了根本变化，形成了金融走向全球化所需要的新游戏规则，为金融全球化提供了相应的制度基础。在20世纪60年代末，世界开始出现金融创新浪潮，使得新型金融机构、新型的有形与无形金融市场、新的金融交易工具层出不穷，目不暇接。例如，跨国银行、离岸市场以及各种金融衍生工具等不断涌现，成为金融国际化不同于传统工具的新的有效载体。

在这样的情况下，世界的跨国贷款业务、跨国证券发行、跨国金融交易、跨国债务交易以及跨国衍生品业务等跨国金融业务大幅度增长，世界金融机构的并购也得到长足发展。2016年，世界包括硬币、纸币、存款账户、储蓄和支票存款在内的广义货币的总价值约为90.4万亿美元，股票市场规模为73万亿美元，黄金市场也有8.2万亿美元的规模。自从1880年有了外汇交易开始，其交易量不断增长，2019年全球平均每天外汇交易量就达到6.6万亿美元。全球主要金融市场（如纽约、伦敦、香港）已经形成了价格上相互联动、24小时相互接续的全天候交易网络，是世界经济中最具流动性的市场。金融全球化的一个重要内容是跨国并购和全球化的产权交易市场加速形成。虽然2009年以后受全球经济大气候等各种因素的影响，跨国并购业务有所萎缩，但2014年已经出现了积极的恢复增长势头，2015年达到5.8万亿美元。2016年，全球跨国并购10.45万起，并购额高达4.9万亿美元。金融行业的全球并购交易额从2017年的4620亿美元增长至2018年的6160亿美元。随着金融全球化的发展，世界级金融中心不断涌现，但"纽伦港"居于绝对领军地位，"纽伦港"是全球最重要的三座金融城市纽约、伦敦和香港的合称。《时代》周刊首次提出这个名词时曾写道："纽伦港"的金融网足以主导全球经济。但其中伦敦才是全球最大的金融中心，2019年日均外汇交易量达3.5万多亿美元，占全球外汇交易量的40%以上；香港排名第四，占比为7.6%；上海在2019年跻身世界第八大外汇交易中心，日交易量超过1360亿美元，占比为1.6%。

第四，科技全球化与全球科技资源大流动。

科技全球化是指科技研发资源在世界范围内的优化配置，研发活动全球布局，全球管理，研发成果能够广泛共享，这是近年来经济全球化中最新的发展领域。首先是研发能力的大规模跨国布局、转移和交易。据联合国统计，20世纪70年代中期，世界技术贸易总额只有110亿美元，到90年代中期骤增到4000亿美元，而2016年涉及技术的并购就达到8000亿美元，尽管金额数字并不说明一切，但可以从一个侧面反映出科技跨界展开的情况。其次是跨国界联合研发广泛存在。例如，欧盟著名的尤里卡计划自1985年提出后，到2000年先后有25个欧洲国家的4000多家企业和科研单位参加，目前该计划已扩大到巴西等发展中国家。中国在2017年

5月也宣布将建立联合研究中心来接纳世界科学工作者，尤其是"一带一路"沿线国家的年轻科学家进行联合研究。再次是外部技术来源对企业的重要性增加。在1992—2001年的10年间，美国、日本和欧洲跨国公司中高度依赖外部技术资源的企业比重从平均不到20%迅速上升到80%以上，同时这些跨国公司也正在逐步扩大海外研发的比重。又次，各国技术标准越来越趋同，甚至由世界相关的协会统一制定，这方面以信息技术产业为典型。在全球生产网络和价值链上，研发与生产巨头通过技术标准和专利的使用，控制和左右着行业的发展，获取大量的利润进而反哺科技研发，推进标准专利进步，真可谓体现了"得标准者得天下"的道理。最后，世界专利制度的统一和知识产权的保护也有力地促进了科学技术全球化进程。发达国家积极推进知识产权保护和专利制度普及，如2001年进行《专利合作条约》（PCT）制度改革，2004年对《专利法条约》（PLT）与《实体专利法条约》（SPLT）进行协调，统一各国专利制度各项内容，并在世界贸易组织中强力推行知识产权保护。专利制度国际一体化授权的制度协调，加之知识产权的强力保护，最终可能会出现全球专利制度的统一游戏规则。

我们认为，无处不在的科技合作全球化是人类发展的共同需要和产物。今天，人类在经济社会发展中需要共同面对生态承载力，如资源枯竭、气候变暖、生物多样性丧失等的挑战，世界也需要共同应对重大疾病（如新冠肺炎疫情）、粮食安全等威胁。越来越多并且日趋严峻的全球重大问题正在给人类的生存、发展、追求美好生活提出相应的问题和挑战。这些无法躲避的挑战只能由全人类共同面对，共同探讨解决办法。

然而在今天的现实世界中，"科学无疆，技术有界"，现实的科技全球化既有主旋律也有杂音，在"美国第一"的口号下，逆全球化在科技领域表现得似乎更为明显：从已经解散的巴黎统筹委员会到《瓦森纳协定》的执行，技术封锁给科技全球化"撤火"；从盎格鲁-撒克逊五国的技术协同计划到五眼联盟，排他性技术情报集团威胁着科技全球化的前行；2018年以来中美贸易战逐渐演变为科技战，步步紧逼，对华为等公司的围剿无所不用其极。相信由于科技的社会化和促进世界进步的自身属性，以及未来第四次工业革命的推进，科技逆全球化的情况必定会发生转变，当然，这也有赖于人类在推进科技全球化过程中的智慧与对策。

第五，国际经济协调机制的不断强化。

为解决各国经济联系日益密切过程中产生的复杂矛盾和摩擦，国际经济协调机制也逐步建立和完善起来。国际经济协调是指在各个国际组织或国家之间，就宏观经济政策，如财政政策、货币政策、产业政策、贸易政策、投资政策等开展协调，共同进行逆周期调整，平抑经济风险，实现世界经济和各国经济的稳定增长。国际经济协调机制包括的范围更广泛，目前主要包括全球多边和区域两个层面，即它既包括全球范围的多边经济行为协调，也包括区域经济活动的协调；既包括由世界性经济机构所进行的国际经济协调，如国际货币基金组织、世界贸易组织安排的多边协调，也包括由主要国家和地区进行的国际经济协调，如西方发达国家政府首脑和部长定期举行的对全球经济有重大影响的协调行动；等等。今天人们谈论最多的，是多边经济治理结构中起主要作用的世贸组织、国际货币基金组织和世界银行，它们被称为当代世界经济的"三大支柱"。世贸组织和国际货币基金组织分别是世界贸易和世界金融领域的多边协调机构，而世界银行的主要职能则是促进发展中国家的经济发展和协调南北经济关系。

从经济全球化的维度看，国际经济协调机制是在以下几个方面促进经济全球化发展的：一是通过协调鼓励世界范围内各个经济体进行市场取向的改革，促成世界范围内市场机制的广泛建立，为经济全球化推进创造制度条件；二是通过协调促进世界范围的科技进步和生产力水平提高，为经济全球化提供根本的动力；三是通过协调推进国际金融的发展，国际金融机构、金融交易、金融工具等更加现代化，使得经济全球化深入发展具有强有力的催化剂；四是通过协调使得跨国公司蓬勃发展，成为推动经济全球化的微观主体，它们的全球性经营活动带动贸易、资本、科技等的进一步国际化；五是通过协调为经济全球化创造有利的国际政治和社会环境，和平与发展成为时代的主题。近年来，在世界范围内，国际货币基金组织、世界银行、世界贸易组织等国际经济协调机制日益受到挑战，越来越多的国家参加了区域性经济组织，协调区域的经济和社会问题、政策立场，并制订相应的行动计划，削弱了这些国际经济组织的地位和作用，国际经济组织必须进行改革的呼声逐渐强烈。除了国际经济三大组织之外，伴随着经济全球化的深入，国际宏观经济政策协调机制的不断演进，世界经济中主要国家之间的经济政策协调也日益显现出重要性。最早是世界 7 个主要发达国家美国、英国、德国、法国、日本、意大利和加拿大举行所谓七国集团峰会，协调彼此经济政策，1997 年七国集团将俄罗斯纳入，讨论问题的范围也进一步扩大到政治与安全领域（2014 年乌克兰危机后俄罗斯被排除在外）。2008—2009 年全球金融危机的爆发进一步凸显了国际宏观经济政策协调的必要性，也凸显了七国集团面对世界经济危机的无奈。为了应对危机，各国推动建立了新的国际宏观经济政策协调机制——20 国元首和首脑峰会，即二十国集团峰会。世界 20 个主要发达国家和主要发展中国家，通过二十国集团峰会这一开放平台进行广泛的宏观经济政策协调，避免世界经济的进一步衰退，自此二十国集团逐渐取代七国集团成为国际宏观经济政策协调的最主要的新机制。

四、经济全球化格局下的中国与其他国家的定位

在经济全球化下，一个国家或地区的经济，总是在一定的内部条件和外部环境的基础上建立、发展起来的，外部经济环境的演变及其结果的传导，不仅左右着一个国家或地区经济发展战略的制定，在很大程度上也决定着一个国家与地区未来的经济发展结果。一个经济融入经济全球化可以获得经济利益，同时也有可能因此而付出相应的代价。由于世界经济发展存在不平衡性，以及国际经济关系的基础是参与者之间的利益平衡，因此，判别是否参与世界经济，进行开放程度的标准应该是，参与世界经济并进行开放得到的利益必须大于不参与或少参与。若参与世界经济和进行开放客观存在着必然的负面影响，则参与世界经济或进行开放造成的损失必须小于不参与或少参与，否则便不是经济上的"合乎理性"。

在经济全球化的现实大环境中，有的国家或地区从它们的内部条件和实际情况出发，只能是国际政治经济事件的单纯接受者，有的国家和地区从其内部条件、实际情况和对外联系出发，则除了具有接受者的身份外，还具有国际政治经济事件的制造者和引领者的身份。因此在国际经济环境中，后面这类国家和地区除了被动地参与之外，更具有主动引领的一面，它们在国际经济中的地位与表现、行为与反应、动机与结果，就需要从主

动引领和被动参与两个方面进行探讨。世界的若干经济大国由于其所具备的各种内部条件以及基于利益的各种外部联系，显然属于应予以探讨的。

在21世纪即将来临和跨世纪之际，人们发现自己所处的世界发生了巨大的变化：美国成为唯一的超级大国，此前虚张声势的星球大战计划和倾全力支持的新思维搞垮了最大的对手苏联，在新科学技术的基础上建立了美国自己的所谓新经济结构，海湾战争的胜利确立了美国在世界上的政治霸权地位，而亚洲金融风暴又使得它确立了在世界经济中的绝对控制地位，伴随着高科技在美国的进展，尽管发生了"9·11"事件，这一经济地位在21世纪前10年并没有受到来自其他国家的根本挑战。

苏联的解体，内部种种矛盾的爆发，使得俄罗斯这一昔日的超级大国在经济发展转型上举步维艰，已经跌出世界一流强国行列，对世界经济的影响明显下降。"给我20年，还你一个强大的俄罗斯"，普京的话言犹在耳，但迅速复兴并不容易。当然，作为世界科技、军事、资源的强国，俄罗斯确实具有再次复兴的机会与再次强大的可能。

日本从20世纪80年代的经济顶峰急剧下滑，受房地产泡沫影响，于90年代陷入困境，金融领域频频出现问题，一直在进行经济结构调整。面对经济全球化的浪潮，日本"安倍三支箭"的改革开始迈出了步伐，取得了一些成效。

中国继续保持人口超级大国的地位（据预测，中国人口数量即将被印度超越），与此同时，中国在改革开放的40多年间维持了高速的经济增长（年均增长率达到9.4%），已经成为经济总量居世界第二位、制造业附加值居世界第一位、货物贸易进出口额位居世界第一的经济大国。按照党的十九大部署的三个发展的时间节点，中国已于2020年全面建成小康社会，目前正在通过第十四个五年规划，为向2035年基本实现社会主义现代化打下坚实基础。

欧洲经济一体化的巨大发展，是近20年来世界经济一个具有划时代意义的大事——经济一体化发展到了经济货币联盟阶段。但是欧盟自美国次贷危机引发的全球金融危机之后，经济复苏乏力，竞争力相对下降，南欧主权债务危机、乌克兰的政治危机、英国彻底脱欧、民粹主义盛行、难民危机、俄罗斯的安全挑战以及美国对传统盟友体系的有意破坏等，更是对欧洲经济一体化施加了重大压力。这些矛盾既对欧洲经济一体化继续向前发展的基础及一体化机制产生了显著挑战，同时也触动、改变甚至破坏了欧盟已有的对外经贸关系的地缘格局。尽管存在着种种矛盾和困难，但今天欧盟仍然保持着在世界经济中举足轻重的一极的地位，而且对于多边化的开放有着较为坚定的立场。

考虑到世界经济史上，一波一波全球化高潮之间，存在着各个国家经济地位的相对变化，也存在着世界经济滑向低谷的必然，各国经济和全球化应该是波浪式前进的，会随着经济周期出现潮起潮落，很难说世界经济滑向谷底就一定是全球化的根本逆转。某些国家的相对败落，应该是在进行相应的调整，使之更符合世界经济发展的客观要求，可以被看成是在积蓄下一次发展的力量，等待下一次发力的时机。我们认为，目前经济全球化的进程事实上并没有出现根本逆转，而只是表现形式与过去有所不同。在新的科技革命下，经济全球化过去的重要表现，即商品和资本等有形资产的国际流动，逐步转向技术、信息、服务等无形要素的国际多边流动，而且趋势日益加强。如果再考虑到承载诸多要素的平台的出现、全球价值链的伸展，以及游戏规则也正在发生着深刻的变化（如在无形网络中知识产权的传导），对于全球化的全然迥异的看法，就需要进行更为全面的分析才能够找出具有规律性的联系。

五、开放型世界经济中经济全球化发展的新动向

对于始于 20 世纪 80 年代的这一波经济全球化，学者们大多认为其具有科技进步推动、跨国公司先行、美国主导以及发达国家引领、新兴经济体参与的特点。它塑造了过去半个多世纪的开放的世界经济格局。然而，随着世界经济动力从供给到需求的弱化，至今并无新亮点的事实，这一波全球化增长势头已经逐渐减弱，尤其是 2008—2009 年由美国次贷危机引发的全球金融危机之后，世界经济进入新常态，加速了全球化进程进入相对的低谷时期。在今天的世界中，贸易保护主义盛行，金融的全球监管在各国趋紧，区域经济一体化机制安排出现裂隙和离心化[1]，英国前首相布

---

[1] 最显著的例子是英国脱欧和欧盟成员国中的民粹主义抬头。

朗（Brown）撰文称，全球化机遇已经成为全球化危机，全球化幻想已经破灭，出现了逆全球化的过程。各种争论的出现，使人们认识到世界经济发生了变化，经济全球化出现了新的演进，并酝酿着不同于过去的转型。我们认为新的演进和转型，主要表现在以下几个方面。

第一，促成经济全球化的动力没有发生逆转，却产生了不同于过去的变化。

首先，开放条件下的世界经济供求关系在改变。在全球化发端的时代，各国程度不同地存在着自然资源、资本、劳动力、技术不足的矛盾，这种量的不足需要通过要素的跨国界流动实现资源的最优配置，通过国际分工和国际交换实现成本最小化生产，最终实现利润的最大化。在面临着新科技革命和工业革命的当代经济生活中，生产力和消费需求多元化水平空前提高，仅仅依赖国内生产，不仅越来越受到国内资源结构和要素市场层次的限制，而且无法满足消费者更加多样性的需求。解决这些质和结构的矛盾和问题，必须更进一步地充分利用国际市场和资源，这必然导致各国经济的相互依赖性大大增强。这一客观进程并没有发生逆转，世界开展互联互通的要求没有逆转，只是矛盾的主导从供给不足，转变为供给与需求结构的错位，发展不均衡不充分。

其次，正在酝酿的科学技术跃升式进步，将为经济全球化提供不同于过去的物质基础和新动能。近代人类发展的历史上，科技革命、工业革命的发生都会带来世界经济的巨变。目前，人们公认世界处在第四次工业革命的前夕，酝酿着生产力的巨大跃升。可以预见，移动互联网、大数据、云计算、量子计算、量子通信、物联网、网络金融、区块链等新技术、新经济模式，尤其是未来以人工智能、生命科学、新能源革命、储能进步、新材料为主要方向的新工业革命，将把世界经济更加紧密地联系在一起，科技创新与进步倒逼世界经济必须互联互通，你中有我、我中有你的趋势无法改变。交通的进步、信息的互通、各种网络的出现已经把世界变成地球村。若未来的科技革命取得突破性进展，人类自身成为科技革命的对象，则人类与生存的时空的关系会发生革命性变革，经济全球化也会随之产生新的进程和特点。

最后，全球价值链的发展为经济全球化提供新的生产和市场基础。经济全球化的微观主体——跨国企业根据自身经营和发展的需要，按最有效的方法在全球配置资源、从事生产、进行销售，这形成了全球价值链。全球价值链促进了资本和企业进一步的跨国流动，生产在世界范围的布局，世界市场的扩张，也必然客观要求各国政府尽量为外国企业在本国的发展创造宽松的环境，使得各国经济运行规则普遍趋同。另外，全球服务贸易的长足发展，贸易自由化的客观推进，服务于世界经济的新商业模式的出现，区块链形成的新信用体系，数字货币的通行，等等，都为经济全球化的纵深进展和横向拓宽构建了新的载体，开辟了新的视角。经济全球化将会具有发展的新物质基础。

第二，随着经济全球化的发展，人们对于它所带来的影响与作用的体会在逐渐深化，这使得世界对于经济全球化从质到结构层面的理解出现了一些新的认识。

首先，人们对于全球化的可持续性产生了新的认识，这可以综合为全球范围经济发展的可持续性、社会发展的可持续性和环境发展的可持续性。

在20世纪80年代末，伴随着经济全球化的浪潮，世界经济转轨在许多国家并行展开，经济活动迅速脱实入虚，使得金融全球化在发达世界得到了迅猛发展，实体"硬"经济纷纷转移到了新兴经济体。进入21世纪，尤其是美国次贷危机后，世界经济在反思中再次转轨，发达国家均在强调"再工业化"，全球出现了脱虚入实的新趋势。伴随着新的技术进步在不同国家的运用，传统就业在一定程度上相对减少，"铁领"和所谓"红脖子"工人的岗位出现实质性的减少，人们误认为这些现象都是全球化的后果。美国次贷危机后，全球范围内资本和劳动的收益差距的不断扩大，又使得人们认为这种差距拉大是经济全球化在收入分配中的倾向性作用使然。世界金融资本的全球化运作给世界经济稳定带来了巨大风险，全球的社会与环境赤字越来越严重。与此同时，尽管新兴经济体和发展中国家连续数年成为世界经济增量的主要贡献者，2016年新兴经济体和发展中国家对世界经济的新增长贡献超过四分之三，例如中国对世界经济新增长的贡献率一直在三成左右，但它们在世界利益的分配格局和治理结构中处于弱势群体的地位，世界经济的天平并没有体现出这种经济增量贡献的转变，使得人们对于现行经济全球化国际格局，尤其是收入分配和话语权的格局产生了巨大的质疑。正是在这样的情况下，随着经济全球化理论和实践的发展，人们开始在各个层面更加注重全球化的深层次影响，经济全球化必须能够使世界经济发展可持续、各国的社会发展可持续以及世界的环境可持续逐渐成为共识，这些将在未来的全球化发展中成为新的趋势，逐渐取代过去全球化被诟病的造成世界贫富差距的加大、世界环境的破坏以及收益与损失的失衡。

其次，经济全球化造成了世界各个国家在世界经济中地位的变化，人们对于经济全球化的格局有了新的认识与理解。中国对于经济全球化所倡导的"共商、共建、共享""合作、发展、共赢"正在逐步成为新时代经济全球化的重要方向，在维持原有的世界经济传统供求平衡循环的同时，正在逐步形成在新的物质基础上的供求平衡循环。

现代化大生产超越国界，造成世界范围内新的分工、交换，产生要素的流动和配置，并以此为基础扩大了国际贸易、国际金融、投资和生产，形成了全球产业链和价值链，进而形成了由科技进步推动、金融资本主导、跨国公司先行、美国及其他发达国家引领、新型经济体快速发展的，目前经济全球化的利益格局。随着第四次工业革命的来临和经济全球化的进一步发展，上述格局将会产生变化。过去那种新兴经济体低成本创新、大规模生产、低利润追求与世界市场份额扩大并举的变化过程，以及中国制造、美欧消费的供求平衡循环，造成了世界经济的失衡，产生了诸多矛盾：一些发达国家和新兴市场经济国家（尤其是中国）之间巨额的货物贸易差额和服务贸易差额的失衡，使得一些主要经济体的经常账户存在不可持续性，贸易保护主义抬头；世界经济失衡的另一个重要表现也日益明显，那就是伴随欧美国家国际收支逆差的加大，发达国家出现了私人债务国家化、国家债务国际化，利用其在国际金融领域中的强势地位将国家债务向发展中国家转移的现象。在全球化的进程中出现了国内民众不同群体之间的利益矛盾、国与国之间各方面利益的矛盾、民族国家经济利益和世界经济整体利益的矛盾。这催生了人们对于经济全球化的再思考：全球化趋势将会以一种什么样的新特征继续发展下去？这种新特征的主要表现是什么？如何在加强全球化的同时，注意世界经济格局的动态变化，在利益分配上有所改进？不同国家将立足本国实际，在经济主权与经济发展之间重新作出权衡，并付诸行动。

六、世界价值链格局变化的全球化意义

马克思曾经说过，生产工具的变革是划分生产力不同发展阶段的标志。从生产力的角度分析，人类历史上具有标志性的里程碑总是和生产力的变革结合在一起的，四大发明不仅是古代中国繁荣昌盛的证明，而且彰显了全人类的文明进步。国际互联网络的建立则使得美国人从"汽车轮子上的民族"跃进为"网络上的民族"，进而借助经济全球化过程，意图以游戏规则将世界"一网打尽"。发达国家与发展中国家经济结构存在的差异确定了它们各自在经济全球化中的位置，从而形成了全球价值链的分布与不同国家在经济全球化中分工格局和利益格局中的不同地位，任何国家或经济体要想彻底改变在世界生产链、供应链、价值链中的地位，均必须能够将先进生产力引入自己的生产体系。

在经济结构转换的分析中，经济结构的差异决定着不同国家和地区在经济全球化中的位置，高层次的产业结构几乎可以完全控制低层次的产业结构，或主导世界经济的方向——这就如同20世纪帝国主义的英国可以打败民族主义的阿根廷，美国的计算机、网络、金融创新、人工智能的出现一样具有这样的作用和影响。在现实的经济运行中，低层次的产业结构中的设备机械，在高层次的产业结构的眼中，大抵只能属于废铁和原料。产业结构是从原始的采摘开始，其次加工，再次加工他人原料，继而提供加工的标准、工艺、市场规则，最后是出售知识产权，如电影、软件。人们普遍认为，美国发明了半导体，却在规模生产和市场占有上败给了日本甚至韩国，并认定这是美国在产业上的失败与悲剧。但很少有人从逆向角度来分析：在高技术时代，半导体仅仅是一种原料和中间产品，完全受到高技术发展趋势的左右，美国人有什么理由不去让日本人、韩国人生产这种投资大、产品率低的"原料"，而自己集中全力去发展IT产业，向芯片中凝结高智力产品，以金融运作为武器，从而可以居高临下地控制后者的产成品在市场中的实现，集中力量发展更具方向意义的人工智能呢？2018年开始的中美贸易战中，美方对中兴实行制裁，所谓"一剑封喉"就体现

了这一点，即从一个角度看中兴在产业链上仍然是一个打工者的身份，而美国则掌握着产业链的命运。另外，由于产品生命周期过程的加速，产品的无形损耗日益加大，加工出来的产品很可能在短时间内就已经成为过时的压库负担了，计算机从386、486、586到奔3、奔4、迅驰的发展，到今天的超薄本、iPad，直至智能4G、5G手机，非常有力地说明了这一进程，谁生产这些硬件产品，无形损耗便由谁承担，美国则脱身去进行其他的更有"意义"的生产，至少目前在苹果手机、网络、AI控制上，仍然没有国家能够与之争锋。见微知著，今天全球价值链的发展可以认为存在这样一种趋势：高技术的微型（如芯片）无形（软件）产业最终将控制有形的标准化的规模制造产业，具有了研发、制定游戏规则的权力，在产业链上就是"链主"。以知识为基础的经济体现在所谓"五T""两I"工程的高科技，即AI（人工智能）、IT（信息技术）、BT（生命科学）、MT（材料技术）、AT（空间技术）、OT（海洋技术）和金融创新（FI），以及新能源中。它们左右着世界经济的发展方向，而美国以及其他发达国家在这方面所体现出的先行特点，中国等新兴经济体具有的后发特点，使得它们在经济全球化中地位的变化，也可以从上述探讨中得到部分说明。

日本曾经是东亚地区技术的重要供给者，这也是它在本地区地位强大的基础，但是在20世纪90年代，它自身失去了调整的方向，已经不是世界原创新技术的重要来源地，近年来随着经济的转型，情况有所好转，却失去了对世界技术要素流动方向的控制，加之它很少能大量吸纳亚太本地区的产出，因此日本经济地位在亚太本地区的相对下降便成为定局。美国和中国的情况正好相反，美国是今天世界经济中唯一从根本上既可以控制生产要素流动方向，又可以控制经济产出流动方向的国家，加上前面提到的强大的创新能力，奠定了它在世界经济中的地位。中国以世界第二的经济总量，大量吸纳世界的要素和产出，加工能力和地位也在不断提升，对世界要素与产出流向的影响力在日益增强。

20世纪90年代以来，东欧、北非、中东地区的动荡，造成大量资金流入美国，为美国提供了廉价的货币资本，又因为美国良好的基础设施和科研设备，大量的代表着科技、经济未来的高技术人才也纷纷流向美国，美国实际是在利用世界的资金、他人的头脑，形成科技领先，获取全面的利益。另外，在今天的世界贸易中，从贸易盈余和赤字出发来进行分析，世界主要贸易国家和地区，如日本、中国、欧盟、拉美的贸易均是盈余，只有美国是赤字。换一个角度看，人们可以认为，美国是世界上商品的最后实现者和吸纳者。在经济学中，只有贸易逆差者才真正占有他人的资源（请读者从这个角度想想美国对全世界发起的贸易保护行为），正是在这个意义上，美国在世界范围中既控制着要素（尤其是高科技人才）的流动方向，也控制着商品实现的流动方向。一方面，国外高质量要素的流入提高了美国的科技竞争力，压低了原本高昂的要素成本；另一方面，世界产出的大规模流入则进一步增强了竞争，刺激了技术的进步，而廉价商品的流入又能够进一步压低要素的成本压力，提高美国产业的全球竞争力。

在世界经济中有能力控制要素和产出的流向，事实上就有可能控制住他国经济发展的方向，甚至是社会的发展方向。试想美国如果不再吸纳东亚生产的商品，将会导致东亚商品的大量过剩，如果不能自我消化，将引发经济之外的社会问题，如严重的失业和收入下降。在经济上控制要素的流向，可能会导致更加严重的后果。如果将问题仅仅局限于经济运转，可以看到的是，每年大量其他国家的学者、留学生从世界各国流向美国，不仅带去了凝结在这些学者、留学生身上的各国已经支付的人力资本，而且带去了未来美国产业创新的生力军，这是经济增长和结构转换最根本的要素，是未来新生产力的创造者，控制了这种要素的流动方向，也就控制了未来经济创新的机会、方向与可能，左右了未来世界经济方向的根本趋势。应该承认的是，如今，美国在上述这些方面的控制力量即便是欧盟或某些方面的中国，也无法与之匹敌。这也是它至今仍然非常强大的另一个重要的原因。

总之，美国今天仍然是经济全球化中方向的主导者，它以高新技术创新为基础，以控制世界资源的流向和经济产出的流向为手段，以游戏规则的制定保证自己在世界经济中的根本利益，因而与美国反经济全球化人士所说的相反，它是已有全球化进程最大的利益获得者。

我们认为，在现行的世界经济中，国际经济关系的有序总比无序要好得多，新国际经济秩序的基础是旧秩序，二者的转换与替代将是明显的改良过程的累积，是一个渐进的量变到质变的过程，而转换绝非人们善良意志的使然,它是利益与实力妥协的结果。高新技术的开发与使用,第四次工业革命的来临,需要有强大的研究能力和经济实力作为后盾,因此发达国家在新科技革命、新工业革命的诞生和应用中占据着绝对的、先手的垄断地位。伴随这一现象而来的是,高新技术所需要的规则、标准、协议暂时完全仍然是由发达国家制定,发展中国家只能是这些规则、标准、协议的接受者,而非制定者甚至不是参与者。从根本上讲,对于规则、标准、协议的控制,是更高层次的控制,不仅控制了今天的生产过程,而且控制了明天的生产过程,控制了未来发展的趋势。在高科技领域中发展中国家的从属地位本来就极其明显,规则、标准和协议由发达国家制定,使得技术的层次愈高,这种从属性就愈强,从属的持续时间也愈长,因之丧失的利益就愈多,这方面"中心-外围"结构的后果对发展中国家经济发展的影响是非常大、非常重要的,甚至在未来是极其关键的。美国今天的制造业在很大程度上不是制造硬件产品,而是在创新、制定标准和规则,是全过程的服务商。美国以其强大的创新能力、制定的标准和品牌优势,让新兴工业化国家加工、组装美国品牌的产品(IBM、CISCO都是这样运营的),他国按照美国的标准从事生产和提供服务,是美国今天"推销"标准、规则这种无形"产品"的表现,是经济实力的表现之一。

  发展中国家在确定自己的经济目标时,会不自觉地总是把发达国家的生活水平作为奋斗目标。事实上,发达国家过去那种以人的生活舒适为中心,以资源大规模耗费为基础,以破坏自然为代价的生活方式,实在不是广大发展中国家所应该、所能够仿效的。发展中国家,或者说人类应该对经济发展的目标和我们梦寐以求的生活方式进行反思,尝试着为自己、为子孙摸索出新的可持续的经济发展目标和战略,尝试着创造出一种舒适但是可持续的生活方式。在现实中,生活方式对社会生活潜移默化的影响是深远而且超过意识形态宣传的(这是内心追求与外界灌输的差异),它所具有的不可逆性很可能给一国的社会经济发展进程带来出乎人们意料的、戏剧性的影响。如果承认这一点,应该说发达国家的今天,不应该成为发展中国家的明天。在谈论高新技术的作用时,发展中国家对于这一点实在是需要注意的,未来的生活方式一定要在社会福利普遍提高的基础上具有可持续性。这是经济全球化共商、共建、共享,朝着更加开放、包容、普惠、平衡、共赢的方向发展的必需。美国一位诺贝尔经济学奖获得者，哥伦比亚大学教授、世界银行前副行长约瑟夫·斯蒂格利茨（Joseph Stiglitz）也一再提出，高新科技与高质量、低报酬劳动力的结合将是中国在未来强大的一个重要的基础，这种结合在世界上只有中国能够做到。1999年诺贝尔经济学奖获得者、美国哥伦比亚大学教授罗伯特·蒙代尔（Robert Mundell）教授，在中国人民大学授予他名誉博士学位的演讲中，着重强调中国必须在看到地区经济合作的同时，作为世界性的国家，更加重视世界经济全局性的动态。中国在未来世界经济中只有也只能这样定位才符合中国经济发展的根本目标。国际货币基金组织、亚洲开发银行的多位经济学家反复强调，在经济全球化的条件下，中国和美国的地位是很特殊的，必须合作才能够使世界受益。根据经济全球化、世界产业结构转移的一般状况进行分析，中国在21世纪上半叶结束、完成社会主义现代化强国的建设后，将真正成为世界的研发中心、世界最大的产品供给者之一、世界最大的消费国家，并成为拉动世界经济最重要的火车头，也将承担起经济全球化正常运行自己应该承担的责任，与全世界同舟共济，促进贸易和投资自由化、便利化，推动经济全球化朝着更加开放、包容、普惠、平衡、共赢的方向发展。

第三部分　开放型世界经济建设中的区域经济一体化嬗变

　　2018年6月10日，习近平主席在上合组织青岛峰会上指出，经济全球化和区域一体化是大势所趋。此前在2014年11月9日，习近平主席在亚太经合组织工商领导人北京峰会上指出，全球新一轮科技革命、产业革命、能源革命蓄势待发。亚太经济体相互联系日益紧密，区域经济一体化的必要性和迫切性更加凸显。中国共产党第十九次全国代表大会强调，中国将推动构建人类命运共同体，建设相互尊重、公平正义、合作共赢的新型国际关系，促进贸易和投资自由化便利化，推动经济全球化朝着更加开放、包容、普惠、平衡、共赢的方向发展。区域经济一化在未来的开放型世界经济中有着重要的地位，近年来它的发展方向尤为人们所关注，并正在一定程度上左右着经济全球化的发展方向。1991年中国加入亚太经济合作组织（APEC），开启了中国融入区域经济一体化的进程，对于中国后来加入世界贸易组织，参与经济全球化，以及今天能够参与、推动构建全球经济治理具有非常重要的历史意义。2000年，建立中国-东盟自贸区成为中国与东盟各国领导人的共识，中国与东盟于2002年11月4日共同签署了《中国与东盟全面经济合作框架协议》，这是第一个由中国政府批准的自贸协定。至2019年底，中国已经与16个国家、经济组织和地区签署了自由贸易区的协定，涉及24个国家和地区，零关税税率产品覆盖近90%，服务部门开放了近120个。① 区域经济一体化的历史已近百年，在今天面临

---

① 在世贸组织规定的140个服务业部门中，入世承诺为开放100个。

百年未有之大变局的背景下，将会在开放型世界经济中发生相应的变化。

一、区域经济一体化的概念与理论、法理基础

早期的经济一体化，从广义讲是指世界各国经济之间彼此相互开放，形成相互联系、相互依赖的有机体，狭义的解释则是指加入经济一体化联盟的国家，对内对外有区别地减少或消除贸易壁垒的一种商业政策。今天在解释区域经济一体化时，大多将它看成是区域经济合作形式之一，也是开放型世界经济发展的一种重要表现形式。区域经济一体化有广义和狭义之分。广义上，区域经济一体化是指两个以上国家或单独关税区以地域为基础开展的任何形式的经济技术合作，例如中国参加的太平洋经济合作理事会、亚太经合组织、亚欧会议、上海合作组织等；狭义上，区域经济一体化则是指两个或者更多的国家或地区，以加强经济贸易合作、增强经济竞争力为目的，通过签署自由贸易协议或经济一体化文件等形式组成的区域经济贸易合作组织。区域经济一体化的区域贸易安排，是指若干国家或单独关税区相互降低和取消进口关税，减少非关税壁垒，扩大货物、服务和投资市场准入，进一步协调技术标准、海关手续、政府采购和知识产权等问题，实现区域内部贸易和投资的自由化。传统上，自由贸易区是其主要形式。

区域经济一体化与经济全球化在关系上并非绝对排斥，是对立统一的。经济全球化是指各经济体的经济活动，如贸易、金融、资本、技术、服务等活动跨越国界，相互联系、相互依存，在世界经济范围内呈现出你中有我、我中有你的经济客观过程。区域经济一体化是国家或地区之间的制度安排，存在着经济主权的让渡，即将原本由一个国家或经济体实行的部分经济主权的行使权力，让渡给一个集体组织，由其统一制定政策并统一执行。区域经济一体化要通过参与的经济体政府授权，由超国家的共同机构行使共同的经济政策，在规定的范围内制定统一的宏微观经济政策、财政金融政策、外经贸政策、社会政策等，实现区域内资源、要素的优化配置，一般还具有对内自由化、对外统一形成共同差别待遇的特点。而经济全球化则是一个经济上互相依存而产生的客观过程，不存在经济主权的让渡，无强制力，逐渐在经济相互依存的基础上协调经济活动的过程，不存在经济政策的差别歧视。

第二次世界大战结束后区域经济一体化实践催生了相关理论的诞生、形成，而这些理论又对后来的区域经济一体化产生了指导性的反作用。德国贸易保护主义经济学家李斯特（List）1885年指出，关税同盟通过对工业的保护，可以促进工业发展。经济学界一般认为，最早系统地对区域经济一体化进行理论研究的是美国经济学家雅各布·瓦伊纳（Jacob Viner）1950年在其经典著作《关税同盟问题》中对关税同盟所做的局部均衡分析。在这之后，西方学者进一步从一般均衡分析角度对关税同盟的福利效应（贸易创造、贸易转移效应）进行了分析，在研究角度上，也从早期的静态分析向动态分析转变。最近20多年，除经济学分析之外，随着贸易政策政治经济学理论的流行，从政治经济学和国际政治经济学视角来研究区域经济一体化的影响因素及可能模式的相关理论也越来越多。20世纪90年代后期兴起了区域经济一体化的新浪潮，经济学家埃斯尔（Ethier）等对新区域主义特点做了相应的总结。为有别于战后初期的区域化热潮，这时出现了新地区主义（De Melo and Panagariya, 1993；Perroni and Whally, 2000）的概念。新地区主义是指盛行于20世纪90年代的区域经济一体化浪潮。根据埃斯尔的总结①，新地区主义的特点主要表现在以下五个方面：第一，新地区主义通常表现为较小的国家与大国的一体化结合。第二，新地区主义中较小的成员大都通过改革发生了根本的变化，如加入欧盟的东欧国家。第三，新地区主义并不以强烈的贸易自由化追求为特征。加入一体化组织的国家更注重获得一种"一体化身份"，而不仅仅是要扩大与原一体化成员国的贸易，可能要的是比贸易自由化程度更深的经济一体化，例如瑞典加入欧盟。第四，多数新地区主义自由化的实现，大多是较小国家作出更多单边让步。第五，各成员国不仅仅着眼于相互间贸易壁垒的消除，而是更进一步寻求在更深程度上进行国家间各种经济贸易政策的协调。这样的理论对于欧盟在东扩时形成了一定的指导作用。②

我们认为，在区域经济一体化的诞生、发展上，与指导理论同样重要的，还有关于区域贸易协定、组织形成的各国国内法，尤其是国际法的法

---

① Ethier, W. J. The New Regionalism. *The Economic Journal*, 1998, 108 (449): 1149-1161.

② 这部分更多的分析内容请参见附录三参考文献部分。

律基础。事实上，在GATT/WTO框架内，有三部分内容体现了区域贸易协定法律地位的规定。《关税及贸易总协定》（General Agreement on Tariffs and Trade，简称GATT）第24条界定了在这一方面最惠国待遇原则的例外，是允许区域贸易组织成立、运行的重要法律依据。该条将区域贸易协定的形式规范为以自由贸易区和关税同盟为主。1996年2月世界贸易组织成立了区域贸易协定委员会（Committee on Regional Trade Agreement，CRTA），负责设立各种相关规定的标准，并处理各成员提出有关区域贸易协定的事宜，评估区域经济一体化双边、诸边行为对世界贸易多边体制的影响。

(1) 1947年GATT第24条及《关于解释1947年GATT第24条的谅解》。

GATT第24条明确规定关税同盟和自由贸易区的目的是便利成员领土之间的贸易，而非增加其他缔约方与此类领土之间的贸易壁垒。第5条和第8条则规定了区域贸易协定的一些限制条件。在建立关税同盟和自由贸易区或订立临时协定时，成员方之间对产于此类领土产品的实质上所有贸易取消关税和其他限制性贸易法规，对非一体化成员的其他GATT缔约方实施的关税和其他贸易法规，总体上不能超过之前的水平，同时还要求区域贸易协定中包括"在一个合理持续时间内形成此种关税同盟或自由贸易区的计划和时间表"。

乌拉圭回合对第24条进行了深入的讨论，各成员方签署了《关于解释1947年GATT第24条的谅解》。这一谅解意在对设立新的或扩大原有的关税同盟或自由贸易区加强审查，设立了评价对第三方影响的程序和标准，对GATT原第24条存在的，如过渡期、争端解决机制在区域贸易安排中的作用等问题进行了澄清，同时对缔约方的若干义务也作出了规定。这样便形成了以GATT第24条为主、以授权条款和解释谅解为补充的调整有形贸易领域与区域贸易协定的多边规则体系。通过这一规则体系，区域贸易协定的合法性得到确认，第三方成员的贸易利益得到保证，签订区域贸易协定成为GATT/WTO缔约方保有的附带条件的权利，并能够使区域贸易协定与以规则为基础的多边世界贸易体制相容。

(2) 授权条款。

由于受经济发展水平所限，大多数发展中国家在结成区域贸易组织时很难完全符合第 24 条中的限制条件。为此，1979 年东京回合的谈判通过了《对发展中国家差别和更优惠待遇、互惠和更全面参与的决定》(The Agreement on Differential and More Favorable Treatment, Reciprocity and Fuller Participation of Developing Countries)，即授权条款。其主要内容是授权工业化国家可以不遵守最惠国待遇原则，给予发展中缔约方更优惠以及有差别的贸易待遇，该条款不是强制义务，故称授权条款。该条款规定，缔约方给予发展中缔约方有差别的更优惠的待遇，不需要按照最惠国待遇原则将其给予别的缔约方，也无须 GATT 的批准。授权范围包括：普遍优惠制；多边谈判形成的非关税措施；发展中国家之间区域性或全球性的优惠关税安排；最不发达国家特殊优惠待遇。在此类区域贸易安排中，发展中国家之间可以相互给予关税优惠，但这种优惠不必延伸到安排之外的其他成员。

(3)《服务贸易总协定》(General Agreement on Trade in Services，简称 GATS) 第 5 条对服务贸易领域区域贸易协定的规定。

该条与 GATT 第 24 条作用类似，只是体现在服务贸易领域。GATS 第 5 条对于成员之间各类型的经济一体化的利益予以肯定和保障。GATS 第 5 条包括实体要件和程序要件，对服务贸易经济一体化作出规定，内容包括涵盖众多服务部门、不得提高贸易壁垒总体水平、取消实质上所有歧视（实体要件）以及通知、定期报告、审查等（程序要件）。GATS 第 5 条涵盖了区域经济一体化中涉及服务贸易的各方面，而且界定了区域经济一体化组织制定各种服务贸易规则的合法性。GATS 规定不得阻止任何成员参加或达成在参加方之间实现服务贸易自由化的协定，只要此类协定涵盖众多的服务部门，取消在成员方之间现存的歧视性措施，并禁止新的或更多的歧视性措施；不对协定以外的非成员缔约方实行更高的贸易壁垒政策。

二、区域经济一体化的历史与演进

据专家考证，1942 年之前经济一体化这个术语在学术文献中并没有出现过。1950 年开始，经济学界用此术语描述将不同独立经济整合构建为范围更加广泛的经济的情形或过程。然而，区域经济一体化重组的事实很早就存在，几乎与世界经济同时诞生，但在20世纪之前的所谓关税或经济同盟，在今天看来事实上是一个国家内部的经济政治事务。例如，1703年，英格兰与苏格兰建立了政治和经济同盟；1789年，法国各省建立了关税同盟，废除了彼此间的贸易壁垒；普鲁士在统一为德国之前，在1818年建立了关税同盟，1833年建立了德国的单一关税同盟。世界经济中真正意义上的区域经济一体化雏形始自1921年，是年比利时与卢森堡建立了经济同盟，之后荷兰也加入进来，比荷卢经济同盟诞生。1932年英帝国特惠制诞生，英国与殖民地、自治领（英联邦成员）组成英帝国特惠区，区内实行特惠制。特惠区成员国彼此减让关税，但对特惠区外的国家仍使用原来较高的关税，不实行特惠制。而在《关税及贸易总协定》签署前夕，1944年，荷兰、比利时、卢森堡成立了荷比卢关税同盟。今天，世界上绝大多数经济体不同程度地参与了形式各异的区域经济一体化组织。世界银行曾经统计过174个经济体的情况，每个经济体都不同程度地参与了各种区域经济一体化的进程，即参与区域贸易协定的平均数为5个，最多的则为29个，世界上只有极个别经济体（12个岛国和大公国）没有参与任何区域贸易协定。许多世贸组织成员同时又是各区域经济一体化组织成员，具有世贸组织和区域经济一体化组织"双重成员资格"的国家和地区近150个，有些世贸组织成员交叉参与了多个区域经济一体化组织。发达经济体签署的区域贸易协定平均一国达到13个，许多发展中经济体与发达经济体之间签署了双边优惠贸易协议，但多数发生在拉美、北非和东欧，东亚各国间签署的贸易协议相对较少，而南亚各国与发达国家签署的协议则极少。

世界区域经济一体化从20世纪50年代开始先后经历了三次发展浪潮。

世界区域经济一体化的第一次发展浪潮开始于20世纪50年代的西欧，其标志是欧洲煤钢共同体（ECSC）的成立，然后是在1956年成立的欧洲经济共同体（EEC）以及由英国提议并于1960年成立的欧洲自由贸易联盟（EFTA）。① 这种区域经济一体化组织是以建立一个单一市场为

---

① EFTA现有成员为冰岛、列支登士敦、挪威和瑞士，原有的一些成员如奥地利、芬兰、瑞典都加入了欧盟。

目标的。随后，拉丁美洲和非洲的主要发展中国家也紧随着欧洲开始签订区域贸易协定，这些协定大都采用关税同盟的形式。然而，到20世纪70年代初，只有西欧的区域贸易协定获得了成功，其他地区大量的区域贸易协定基本都失败了。

这一时期，欧洲原殖民地纷纷独立，独立后的发展中国家与欧洲的经济关系依然密切，建立了区域性的优惠经济贸易协定。欧盟与非洲地区、加勒比地区、太平洋地区（简称非加太地区）国家的经贸关系经历了很长的调整过程，大致可以划分为以下阶段：

第一个阶段（1958—1962年），即《罗马条约》时期。1957年签署的《罗马条约》建立了联系制度。该条约及其附件《关于海外国家及领地与本集团联系的实施专约》（简称《联系专约》）规定，欧共体成员国提供关税优惠，逐步取消数量限制，但仅仅针对纳入专约范围殖民地国家、领地的产品。《联系专约》促进了欧共体及其他受益方经贸关系的发展。

第二个阶段（1963—1974年），是两个《雅温得协定》时期。1963年7月在喀麦隆首都雅温得签订的协定为第一个《雅温得协定》，全称为《欧洲经济共同体和与共同体有联系的非洲和马尔加什国家联盟公约》。该协定规定欧共体与非洲18个国家订立自由贸易协定，是一个有选择性和非互惠的协定，有效期为5年。1969年7月，欧共体与18国又续签了第二个《雅温得协定》，基本的贸易优惠内容没有更改。

第三个阶段（1975—2000年），即《洛美协定》时期。《洛美协定》是欧共体（1993年11月后为欧盟）与非加太地区46个国家在多哥首都洛美订立的，包括贸易、经济援助等内容的重要区域经贸协定。该协定于1975年2月28日签订，次年生效，有效期为5年。此后协定续签了三次，2000年第四个协定到期时共涵盖了非加太地区71个国家。《洛美协定》的有效期长，涵盖国家多，覆盖经济领域广，发挥的作用大，政治经济影响深远，不仅是欧共体与非加太地区国家经济关系的支柱性协定，而且在世界范围内南北关系史，以及发达国家对发展中国家的经济援助上，也具有极大的意义。

第四个阶段（2001年至今），即《科托努协定》时期。该协定全称为《非加太地区国家与欧共体及其成员国伙伴关系协定》，于2000年6月23

日在贝宁首都科托努签订以替代到期的《洛美协定》，因此被称为《科托努协定》。该协定有效期为 20 年，每 5 年修订一次，内容涵盖欧盟与非加太地区国家（非加太地区共有 79 个国家）经贸关系、发展援助以及政治对话，目前参与协定的有 106 个国家。该协定是发达国家为消除贫困、实现《2030 年可持续发展议程》设立的目标而作出的努力，同时对于发展中国家来说也是最为重要、规模最大的经贸与政治社会合作协定。

世界区域经济一体化的第二次发展浪潮发生在 20 世纪 80 年代中后期，和第一次一样也是从西欧开始的。这一时期，欧共体迅速扩大，向更高级的一体化目标前进，并在 1992 年取得突破，成立了欧盟。在《关税及贸易总协定》乌拉圭回合谈判停滞甚至止步不前之时，美国与加拿大形成了双边的自由贸易协定意向，随后美加自由贸易协定在 1989 年开始生效。美加自由贸易协定的成立，是美国放弃了自己主导的世界多边经贸游戏规则统一的做法，希望以双边、诸边区域自由贸易协定重塑全球经贸游戏规则的尝试。

西方发达大国的做法直接刺激了拉美和非洲地区主义思潮的复兴。它们在一些过去的双边或多边协定的基础上，经过谈判形成新的区域贸易协定，如安第斯共同体、南方共同市场、西非经济货币联盟等。亚太地区 1980 年成立太平洋经济合作理事会，探讨亚太地区的区域经济合作发展，1989 年形成亚太经合组织，在 1992 年成立了东盟自由贸易区（AFTA）。与其他地区的经济一体化进程不同的是，亚太经合组织虽然也在贸易便利化方面进行了一些合作，但至今仍主要是一个官方论坛，它代表了区域贸易协定在亚太地区的逐渐崛起。

世界区域经济一体化的第三次发展浪潮出现在 20 世纪 90 年代后期，过程起起伏伏，一直延续至今。中国在第三次发展浪潮中开始参与世界的区域经济一体化进程，并在这次浪潮中，努力推进、引领双边、诸边以及行业的经济一体化合作。区域贸易协定如雨后春笋般在全球各地涌现，已经很难以某一个或几个自由贸易协定作为这次浪潮的典型标志了。这次浪潮席卷全球，包括欧盟与非洲、拉丁美洲、欧洲、中亚等地区的新兴经济体之间的数十个南北自由贸易协定的实施，美洲自由贸易区（FTAA）开始谈判以及亚太地区大批自由贸易协定的孕育出现。到 2005 年 1 月，向世贸组织通报的区域贸易协定一共有312项,生效的有170项。其中,1995年1月之后向世贸组织通报的共有196项,生效的有132项。同期,亚洲国家实施中的自由贸易协定已达81个,谈判中的有52个,规划中的有50多个。特别是,亚太地区主要国家纷纷提出经济一体化的路线图:美国提出"亚太自贸区"构想,日本提出"10＋6"构想,韩国支持从"10＋1"过渡到"10＋3"的发展路径,东盟坚持以"10＋1"模式为基础。根据世贸组织的统计,到2017年底,全球向世贸组织通报了433个区域贸易协定;根据世贸组织的统计,2020年3月6日,累计通报的区域贸易协定多达484个,累积有效的区域贸易协定有304个,其中根据GATT第24条建立的有265个,根据GATS建立的有161个,根据授权条款建立的有58个。这一时期区域经济一体化的动议之多、规模之大、设想之深都是过去没有出现过的,例如美国倡导的《跨太平洋伙伴关系协定》(TPP)①,中国、东盟推进的《区域全面经济伙伴关系协定》(RCEP),美国、加拿大和墨西哥之间的《北美自由贸易协定》(NAFTA),美国和欧盟设想的《跨大西洋贸易与投资伙伴协议》(TTIP),中日韩自贸区,这些区域经济一体化的构成和设想,动辄都是涵盖世界经济总量、贸易总量巨大百分比的设计,世界进入了区域经济一体化的全新阶段,没有一个经济体可以掉以轻心或置之度外了。

三、区域经济一体化的形态与内涵

在区域经济一体化合作的形态中,区域贸易协定(regional trade agreement,简称RTA)占比最大,它是指所有双边、区域和诸边的国家和地区之间的优惠贸易安排,目前是区域经济合作的主要形式。区域的概念具有地理方面的意义,即这种安排通常在地理相邻者之间进行。但区域贸易协定的发展实际已经大大超出了传统上的地域限制。② 另外,从存在的区域经济一体化合作实体来看,目前各国向世贸组织通报的区域贸易协定主要是三种类型,即局部自由贸易协定(partial scope agreement)、自由

---

① 在特朗普领导的美国行政当局退出之后,其他国家将其更改为《全面与进步跨太平洋伙伴关系协定》(CPTPP)。

② 参见中国商务部国际贸易谈判代表办公室网站。

贸易协定（free trade agreement，简称FTA）和关税同盟（customs union）。其中，自由贸易协定所占比例最大，尤其是近年来大国与小国签订的区域贸易协定中，自由贸易协定占了绝对优势地位。在经济全球化的条件下，绝大多数发展中国家也在发展区域贸易组织。根据世界银行统计，平均每个发展中国家参与了5个自贸区，其中平均每个拉美国家参与了7个，平均每个非洲国家参与了4个；智利和墨西哥则与40多个国家建立了自由贸易关系。已经生效的区域贸易协定中，绝大多数是自由贸易协定，占区域贸易协定总数的84%，而优惠贸易协定和关税同盟各占8%。1948—2020年每年生效和累积生效的区域贸易协定数量如图3-1所示。

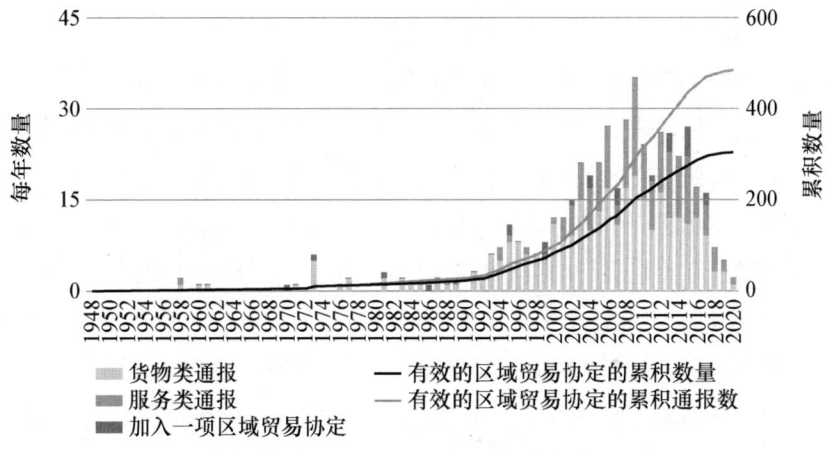

图3-1 1948—2020年生效的区域贸易协定数量

资料来源：世界贸易组织网站。

对于世界上已有的区域经济一体化合作组织，我们按照贸易壁垒被清除的程度来划分，通过参考已有资料或实地考察，基本归为以下六大类（见表3-1），并且总结了它们的经济一体化措施。

表3-1 区域经济一体化合作组织的分类

特点形式	减少彼此间的贸易壁垒	取消彼此间的贸易壁垒	共同的对外贸易壁垒	生产要素的自由流动	宏观经济政策的协调	由中心机构决定共同的货币、财政政策
优惠贸易安排	有	无	无	无	无	无

续表

特点形式	减少彼此间的贸易壁垒	取消彼此间的贸易壁垒	共同的对外贸易壁垒	生产要素的自由流动	宏观经济政策的协调	由中心机构决定共同的货币、财政政策
自由贸易区	有	有	无	无	无	无
关税同盟	有	有	有	无	无	无
共同市场	有	有	有	有	无	无
经济联盟	有	有	有	有	有	无
完全经济一体化	有	有	有	有	有	有

(1) 优惠贸易安排，也称特惠贸易安排 (preferential trade arrangement)，是指各成员通过协议或其他方式，对部分或全部商品规定特别的优惠关税，但各成员仍各自保留原有的关税制度与结构，对源自非成员的进口，仍按照原有的关税政策实行差别关税、进口限制。这种优惠的贸易安排是一体化进程中较低级别的形式。历史上英国与自治领、英联邦成员在20世纪30年代实行的英联邦特惠制，东盟 (ASEAN) 国家之间在20世纪70年代签署的特惠贸易安排协议便是这种优惠的典型案例，其特点是以特惠关税为主要手段，贸易优惠安排为主要形式。

(2) 自由贸易区 (free trade area)，是指参加成员按照彼此间的协议，互相取消进口关税和其他贸易壁垒 (具有关税同等效力) 措施的经济一体化组织。它仍然是层次比较低的经贸合作形式，其特点是区域内成员间取消贸易壁垒，实现经贸自由化，但区域并未设置统一的关税及其他壁垒，区域内成员继续保持各自的关税制度与结构，独立地对来自非成员 (第三方) 的进口商品征收差别关税。有的自由贸易区只对部分商品实行自由贸易，如欧洲自由贸易联盟的贸易优惠只限于工业品，并不包括农产品，这种自由贸易区因而被称为工业自由贸易区；有的自由贸易区则涵盖全部工农业产品，免除关税和数量限制，如北美自由贸易区；有的自由贸易区还含有自由生产的内容。自由贸易区是今天全球区域经济合作最广泛的形式，如北美自由贸易区、中国-东盟自由贸易区均属于这种形式。自由贸易区在运行中会产生诸如商品流向的扭曲和避税的情况。例如，非成员可以将货物先出口到一体化组织实行较低贸易壁垒的成员，然后再转运到实行高贸易壁垒的目的地达到避税或规避非关税壁垒的目的，除非这时有其他相应贸易措施作为补充，例如制定原产地原则，即只有原产自自由贸易区成员的产品，才能够享受成员间规定的自由贸易待遇。在实践中，源自区域外进口商品越是能够与区域内成员产品形成激烈竞争，则原产地要求就会越严格，对产品区域内增加值含量标准就会越高，如新的《北美自由贸易协定》对于汽车享受优惠待遇的规定，是美国、加拿大和墨西哥生产的零部件必须达到75%的要求。原产地原则实际是自由贸易区对非成员的某种排他性和歧视性。

（3）关税同盟（customs/tariff union），是指在自由贸易区的基础上，所有成员之间不仅取消了贸易壁垒，实行贸易自由，而且对非成员实行统一的进口关税，即征收一样的差别关税，如普通税率、普通优惠税率、最惠国税率、协定国税率、特惠税率等，以及其他贸易保护政策措施（如数量限制、卫生检疫标准等）。因此，关税同盟与自由贸易区的主要区别是成员在相互降低直至取消进口关税和数量限制的同时，设立共同关境，实施一致的对外关税和非关税限制措施，成员之间的产品交易不需要原产地证明。关税同盟规定统一对外关税，非成员的商品不论进入同盟内的哪个国家，都将征收相同的关税和面对一致的非关税限制措施。这意味着成员将关税和某些非关税措施的制定权让渡给了关税同盟。它不像自由贸易区那样，只是相互之间取消关税，而不作关税制度的权力让渡。因此，关税同盟是更高层次的经济一体化形式，相对于自由贸易区对成员具有更大的约束力。从历史上看，普鲁士是关税同盟的先行者。普鲁士在1818年废除了内地关税，1826年建立了北德意志关税同盟，1828年建立了中德、南德两个关税同盟，1834年组成了以普鲁士为盟主的18个邦参加的德意志关税同盟，之后建立了全德关税同盟，从今天来看这一过程已经是一个国家内部的事情了；1865年法国和摩纳哥建立的关税同盟，1924年瑞士和列支敦士登公国建立的关税同盟，是大经济体与袖珍国家之间的同盟；而1948年荷兰、比利时、卢森堡建立的关税同盟，1958年欧洲经济共同体各国缔结的关税同盟则是具有巨大经济意义的关税同盟。发展中国家之间也有着大量的关税同盟，如南部非洲关税同盟、中非关税和经济联盟以及安第斯条约组织等。在关税同盟的成立上，《关贸总协定》规定，如果不是即时成立，则应该在合理期限内完成过程，可以经过一段时间逐步达到设定目标，期限不应超过10年。

（4）共同市场（common market），是指成员之间不仅完全废除贸易的关税与数量限制，实现了贸易自由，建立了共同对外关税，而且生产要素在成员间实现自由流动，即实现资本、劳动力、服务的自由流动，是比关税同盟更高层次的经济一体化形式。共同市场要做到商品、资本、人员、服务的自由流动，这是成为所谓的单一市场（single market）的基本要求。资本自由流动是指成员的资金可以自由地在共同体内部流出和流入；服务贸易自由化意味着成员之间在运输、金融、通信、信息、咨询以及其他服务方面实现自由提供，不进行人为设限；劳动力的自由流动除了人员出入各成员自由之外，更重要的是成员之间在技术标准、产品的课税税率、间接税制度、社保、市场管理、学历承认等方面协调统一，便于人员创业、就业，促进人员自由流动，等等。典型的共同市场有中美洲共同市场、东南非共同市场、东非共同市场、南方共同市场、海湾共同市场以及欧洲煤钢共同市场等。

成立共同市场需要成员多方面的让渡权利，主要包括贸易关税、非关税制度、卫生检疫、技术标准、动植物检疫标准、国内间接税率，甚至资本流动的制定权与协调权，等等。更多权利的让渡，表明区域经济一体化组织作为总体，干预经济事务的能力在增强，有利于区域经济一体化的发展。

（5）经济联盟（economic union），是指成员之间不但实现了商品、资本、人员、服务的"四大自由"，而且各成员在形成共同市场的基础上，通过协调，共同制定、逐步推进某些经济、社会政策的统一，包括财政政策、货币政策以及某些社会政策，逐步取消成员在这些政策方面的差异，使各个方面的经济活动能够统一协调地进行。

当经济联盟成员之间货币、汇率政策得到协调，能够建立成员的货币联盟或货币能够统一时，经济货币联盟便由此诞生，使得区域经济一体化进程涉及了生产、分配、交换、消费整个国民经济运行的全过程，最终区域经济一体化便会逐步形成经济实体。

经济联盟意味着各成员不仅让渡了一国涉外的经济权利,更重要的是让渡了更多的财政、金融,甚至就业等权利,即让渡了某些干预本国国内经济、社会运行的宏观政策的制定和使用权利。这使得成员在保持内部平衡、维持外部平衡时将更多地依赖于经济一体化组织,这会推进一体化进程,但也会产生新的矛盾和负面影响。

(6) 完全经济一体化（complete economic integration）,世界上目前还没有这样的一体化组织问世,它是经济一体化的最高形式和阶段,意味着成员在经济联盟的基础上,进一步在各方面制度,如经济制度、政治制度和法律制度推进一体化进程,逐步实现体制化、法制化的协调、统一,实现经济和其他方面制度的一体化。从大一统的欧洲理念出发,关税同盟、欧洲单一市场、欧盟、欧元区、申根区这些欧洲的一体化组织继续演进的目标,应该是最终成为统一的经济体,即类似于一个统一的国家的经政一体化组织,这是为理想中的"欧洲合众国"的形成而努力的重要的阶段性组织。完全经济一体化的形式类似于邦联制,即各成员的权利仍然会大于超国家的一体化组织,最终理想中的"欧洲合众国"应该是联邦制,超国家一体化组织的权利则会大于各参与成员的权利。

自由贸易区、关税同盟、共同市场、经济联盟和完全经济一体化是处在不同层次上的经济一体化组织,根据让渡成员方经济主权的不同程度,一体化程度从低向高演进,但并不是经济一体化组织一定要从低级别向高级别升级。各成员通过权衡参与经济一体化的利弊得失,决定是保有原有的一体化形式,还是向更高的经济一体化形式过渡。

四、当前区域经济一体化的动因与作用

我们仔细考察了全球范围区域经济一体化迅速演进的过程,发现它们主要是通过三种方式发展的:一是升级、深化现有的经济一体化组织形式,增加、丰富现有区域经济一体化的内容;二是将更多的非成员国和地区纳入一体化组织,扩展现有组织的成员数量;三是启动更多的区域经济合作谈判,达成新的区域贸易协定,增加区域经济一体化组织的数目。现有的区域经济一体化组织能够发展与扩张,并显示出相应的活力,是有着深厚的基础与现实动力的。

区域经济一体化第三次发展浪潮起起伏伏，既有很快发展和扩张的阶段，也有近来因为各种原因，面临着众多风险甚至是危机的情况，这种矛盾的状态有着深刻的经济原因和政治原因。我们认为区域经济一体化近期矛盾表现的经济原因主要有：

首先，在当今世界经济中，一个经济体参加某个区域经济一体化组织可以获得经济利益，但同时也有可能因此而付出相应的代价，如让渡部分原本属于自己的经济权利。而且一个国家或地区参与了某一区域经济一体化组织，就会发生经济增长的一定内部条件和外部环境的转换，原来作为外部经济环境的内容，就会演变成经济增长的内部条件，利益平衡便会成为参与者的首选。在今天经济全球化的条件下，各个国家和地区积极参与区域经济一体化组织，肯定已经权衡了这种经济利益的得与失，认定参与区域经济一体化组织能够获得更好的经济以及其他利益，这是最基本的。

其次，区域经济一体化中的新现象是世界经济竞合演进大格局的结果。在经济全球化的促进下，科技进步和生产力的发展，要求生产体系和市场体系在全球范围、区域范围内需要互相适应、匹配，但由于民族国家和利益的存在，经济发展不平衡规律的作用，全球竞争不断加剧，二者往往出现错配。此轮区域经济一体化浪潮是发达国家通过建立、扩大区域经济一体化组织，形成生产体系和市场规模的适应，增强竞争实力的结果。随着经济全球化的展开，发展中国家尤其是新兴工业化国家，经济体量已经在世界经济中不断上升，它们更希望在参与世界经济活动中，与其他经济体平等互利、合作共赢。通过参加区域经济一体化组织可以借助集体力量，维护经济利益，促进经济发展。发达国家和发展中国家对于参与区域经济一体化组织的积极性，推进了当前世界经济的一体化进程。可以说，当前区域经济一体化的发展体现的是开放型世界经济的多极化，经济全球化背景下的区域经济一体化组织的涌现，是世界经济协调多元化的大势所趋，同时也是经济发展不平衡规律作用下的产物。

再次，多边贸易体制本身存在的问题，以及近年来世界贸易组织的贸易谈判遭遇的挫折，也刺激了区域经济一体化的发展。世界贸易组织由于成员多，程序繁杂，而且其各项议题谈判，在遵循一致同意的原则与"一揽子接受"的情况下才能够实施,但让所有成员消除矛盾、达成共识在短时期内很难做到。因此,2001年11月在卡塔尔首都多哈举行的世界贸易组织第四届部长级会议启动的新一轮多边贸易谈判一直举步维艰,直到2013年12月7日,在世界贸易组织第九届部长级会议上,"巴厘一揽子协定"以159个成员全数通过,成为多哈回合第一份成果,实现了所谓"零的突破"。2019年底,随着上诉法院大法官纷纷退休,美国阻扰增补新法官,上诉机制停摆。世界贸易组织出现的种种情况,为地理位置相邻、社会政治制度相似、生产力发展水平相近、具有类似的文化历史背景的各个经济体参与双边、多边的区域贸易协定提供了机遇,也为参与经济全球化的竞合增加了选择形式和方便条件。

又次,经济一体化需要参与的国家和地区具备大体一致的经济制度和市场游戏规则,否则没有办法形成一体化。即便是在苏联没有解体,东欧没有发生巨变时,经济互助委员会这一经济一体化组织也是在计划经济的体制和游戏规则下整合的。自20世纪80年代开始,经济生产社会化、国际化程度不断提高,各国生产和流通的分工与相互依赖程度日益加深,经济活动走出国界,要求消除阻碍经济国际化的市场和体制障碍。这时在世界范围内展开的市场化取向的改革,消除了商品、服务、各种生产要素在国家之间流动的制度障碍,形成了区域经济一体化发展所需要的制度和规则基础。

最后,需要指出的是,自由贸易安排与区域经济一体化合作往往都有着背后的政治推动因素。例如,欧洲经济一体化的重要目的,就是通过经济整合逐步走向政治联合,"用一个声音说话",实现欧洲的和平稳定与安全。东南亚的合作背后有很强的政治推动力,是"先政治后经济""以政带经,以经促政"的典型案例。中国与东盟在2003年确立了战略伙伴关系,双边的经贸合作使得双方的政治关系得到了极大的改善。目前展开的新一轮区域经济一体化浪潮,更重视区域政治和平、经济增长与发展,以及社会生活的稳定进步,对于开放型世界经济的发展有着很好的推进作用。

我们对于区域经济一体化当前的发展,尤其是这一进程的影响与作用进行了归纳与总结:

第一，区域经济一体化使得参与者的经济增长与发展获得了新动力。

第三次区域经济一体化浪潮的出现，促进了参与区域经济一体化组织各成员的贸易自由化，推动了世界贸易数量和结构的发展与变化。区域经济一体化的发展促进了生产要素跨国自由流动，使得成员的要素配置优化，有利于资源配置效率的提高。区域经济一体化同时也造成了区域内市场的整合与扩大，所有这些既推进了区域内各成员的经济增长，也为世界经济发展作出了贡献。东盟于2015年建成经济共同体，2019年，东盟以3万亿美元的体量跃升为全球第五大经济体，较2015年排名上升两位，对外贸易规模达2.8万亿美元，较2015年增长了23.9%，吸引外国直接投资规模达1547亿美元，较2015年增长了30.4%，实现了经济一体化的目的。但2018年欧盟28国（包括英国）的GDP总量约为18.74万亿美元，2019年增长速度低迷，加之英国脱欧成功，欧盟希望通过进一步改革，应对面临着的巨大挑战。

第二，区域经济一体化使得一体化区域内部政治、社会相对稳定。

世界银行的研究表明，区域经济一体化不仅能够促进贸易流动、经济增长，也是缓解区域内各种冲突、缓和矛盾、稳定局势、维护长久和平的重要因素。经济一体化组织内部一般不会出现兵戎相见的情况，欧洲经济合作的最初动机和最终目标就是维护欧洲和平与实现政治统合，东南亚地区的经济合作也使得地区很多非经济矛盾相对缓和，正逐步走向和平。欧洲是两次世界大战的主战场，痛定思痛的欧洲人意识到要实现欧洲的长久和平稳定，必须通过经济一体化实现联合，使各国形成命运共同体。时至今日，欧洲各国通过关税同盟、欧洲单一市场、欧盟、欧元区、申根区等一体化组织的发展，为实现持久和平、经济平稳增长、人民生活水平持续提高的欧洲梦奠定了坚实基础。在亚洲与非洲，各国也试图以经济合作、政治稳定来推动经济发展，人民的生活水平逐步提高，形成了可持续发展的局面。

第三，参与区域经济一体化，推动了参与国国内的经济、政治体制改革。

一些国家和地区，尤其是转轨国家和发展中国家把参与区域贸易协定、执行承诺作为促进国内经济体制改革进程的倒逼机制（类似当年中国入世倒逼国内经济体制改革深化的过程）。20世纪90年代，欧盟东扩，东欧诸多转型国家与欧盟签订区域贸易协定，以此推动了本国市场取向的改革，并最终成功地加入了欧盟。希腊在2001年通过达到《马斯特里赫特条约》确定的加入单一货币（欧元）联盟的标准，即通货膨胀率、长期利率、财政赤字、政府债务、汇率波动幅度标准，成为欧元区国家，也促进了整体经济进一步向欧盟其他国家趋同。马其顿为了能够消除邻国的疑虑，参加欧盟，甚至连国家的名称也正式改为北马其顿共和国。

第四，以区域经济一体化寻求区域层面的政治团结以抗衡其他区域集团。

抗衡、制衡其他区域集团的压力，是区域经济一体化发展的重要动因之一。美国组织签订《北美自由贸易协定》，积极参与跨地区的亚太经合组织，组织签订《跨太平洋伙伴关系协定》，目的之一是制衡中国在国际经贸中的崛起，并扩大在经济一体化事务中的话语权；欧盟则利用区域经济总体的强大，在拉美和亚洲等地积极开展经济合作，努力地平衡中国、美国、日本等大国的影响。日本、东盟与俄罗斯也在构建区域经济一体化集团，以巩固和加强自身在开放型世界经济中的地位，维护自身利益。

第五，区域经济一体化对世界贸易的总格局作用是矛盾的。

区域经济一体化在一体化区域内清除各种贸易壁垒，实行内部商品自由流动原则。自由贸易政策的实施所带来的利益有助于开放型世界经济的发展，也使得人们对于自由贸易原则的认同提高。同时区域经济一体化也存在着经济效应、示范效应和约束效应，有助于经济一体化参与国对经济游戏规则的遵从。区域经济一体化的贸易政策事实上是"内外有别"的，一体化区域内部实行成员间贸易自由，但对非成员仍然执行歧视性贸易政策，这实际背离多边贸易体制非歧视原则，会产生区域内外的贸易矛盾，降低世界经贸的效率及效益。另外，区域经济一体化使得自由贸易的目标由多边贸易协定转向区域性的双边、诸边安排，在一定程度上对世贸组织多边体制和机制发挥作用形成挑战。

五、当前区域经济一体化的困境与挑战

二战之后，西方国家的领袖力图建立一个防止战争再次发生，同时促进经济繁荣和各国间的相互依赖的体系。自欧洲经济一体化进程开始之后，西欧再没有出现过类似过去那样的战争冲突，扩张的全球贸易提升了世界各国的收入。然而，英国脱欧的结果显示出欧洲经济一体化倒退的事实。20世纪90年代，美国哈佛大学教授丹尼·罗德里克（Dani Rodrik）在其著作《全球化的悖论》中提出了关于经济一体化的三元悖论（三难理论）。他认为，更深层次的经济一体化需要参与国法律层面的深化协调，一体化的深化，要么导致民族国家的消失，要么导致民主的侵蚀。经济一体化的演进会导致三难困境，各国无法同时实现全球经济一体化、完全主权、完全民主，只能三者取其二。三元悖论认为，当发生矛盾时，经济一体化是最容易被放弃的。

哈佛大学的阿尔贝托·阿莱西纳（Alberto Alesina）和塔夫茨大学的恩里科·斯波劳雷（Enrico Spolaore）在2003年出版的《国家的规模》一书中对全球经济一体化表达了相关看法。他们指出，成为大国会获得诸多资源优势，但也存在代价：国家越大就越多元，政府越难以满足国民的政治偏好。这样的论述也适用于区域经济一体化。在一体化的进程中，一体化组织内部产生不同意见与分歧是很正常的。这种情况在多数一体化组织中都存在，但这种看法一旦与政治制度结合起来，往往会使得一体化组织的发展受到影响，甚至是阻滞它的进程，当然也有人将一体化组织内的不同看法的存在看成是一种制衡机制，防止有的成员将正确的方向绑架为歧路。

区域经济一体化组织内部看法的矛盾导致一体化组织前进出现困境的案例比比皆是，我们将以经济一体化进程堪称典范的欧盟为例进行分析。当前欧盟内部面临经济增长缓慢、债务危机、恐怖主义阴影、难民问题、移民问题、民粹主义抬头等政治问题，法国的"黄马甲"运动、极右势力发力、绿党主张得到支持，都给欧盟继续前进造成了巨大的困扰，以至欧盟内部都称之为多重危机，并认定这些情况已经阻滞了欧盟自身的正常运转，甚至有些分析认为这会影响到欧盟未来的存在。但这些问题并不

容易得到解决，欧盟的多重危机已经造成了杯弓蛇影的效应，使得欧盟的政客们草木皆兵。

首先，欧盟内部的各种政治势力在重新洗牌，未来趋势扑朔迷离。

欧洲传统的左右两大政党欧洲人民党、欧洲社民盟在无法再维持绝对多数的情况下，被迫结成更广泛的政党联盟，看似联盟更广泛，但因其彼此意见差距很大，更难在各个党派之间达成一致和形成决策，分歧更加明显，欧盟的运转也将因为分歧的加大效率更低。可以说，欧盟在这种多重危机的压力下，将更加难以团结一致应对内部和外部挑战。今天的欧盟，生态和环保并不是最紧迫的关键问题，但绿党却出乎意料地崛起了。民众对于传统左右政党的分裂、对立、运行低效深感失望，但对全力支持极右政党又心存疑虑，因而绿党脱颖而出。未来欧盟面临极端的环保政策的提议，将会进一步使得欧洲经济充满不确定性。事实上，不只是欧盟，其他国家也存在这样的情况，政治问题确实会对一体化产生影响。

英国脱欧这一事件真实地反映了当下区域经济一体化进程的困境。英国同欧洲大陆的关系一直争议不断。作为欧洲国家，英国与美国有着更为紧密的关系，但与欧洲大陆的关系又是剪不断、理还乱。1946 年，丘吉尔（Churchill）在发表的名为《欧洲的悲剧》的演讲中，公开称"我们是和欧洲连在一起的，而不是属于它的。我们可以与它利害与共，但并不被它所吸纳"，但丘吉尔主张建立一个以法国和德国为核心、英国不参与的"欧洲合众国"。1960 年，法国总统戴高乐（de Gaulle）否决了英国加入欧共体的首次申请，13 年后，英国首相希思（Heath）重新开始加入欧共体的谈判，经过艰苦磨合，英国终于成为欧共体成员国。1975 年，面对国内对于欧共体的种种质疑，英国首相威尔逊（Wilson）举行了脱欧或留欧的公投，其结果是英国继续留在了欧共体。2016 年 6 月 23 日，英国再次公投决定英国未来是否留在欧盟。最终结果是，支持脱欧占总投票数的 52%，支持留欧占总投票数的 48%，脱欧得以通过。2020 年 1 月 29 日，欧洲议会议员对脱欧协议的具体条款进行讨论并投票通过，投票后欧洲议会议员们高唱《友谊地久天长》，送别英国离去。

欧盟的"统派"也在不断努力。在欧洲经济一体化的演进过程中，法国和德国两国的作用最为重要，"欧洲的前途最终取决于法国与德国能否构建密切的友好关系",这是 1958 年 9 月,法国总统戴高乐邀请联邦德国总理阿登纳(Adenauer)首次访法举行会晤形成的共识。1963 年 1 月 22 日,戴高乐在否决英国申请加入欧共体之后,却与阿登纳共同签署了消除法国和德国历史积怨的《爱丽舍宫条约》,促成了两国的真正合作,被认为是欧洲在 20 世纪最重要的双边条约。今天在欧盟遇到严重挑战之际,法国和德国再次担起了促进欧洲经济一体化向前迈进的重任。2019 年 1 月 22 日,德国总理默克尔(Merkel)和法国总统马克龙(Macron)在亚琛签署了被称为是《爱丽舍宫条约》2.0 版的《德国和法国关于合作与一体化的条约》(简称《亚琛条约》)。该条约共 7 章 28 条,列举了两国将在外交政策、防务安全、文化教育、气候变化、科学技术、环境保护、跨边境地区等各个领域深化合作、互相支持,把法德双边关系提升到一个更高层级,从而实现多重目的,通过两国的一体化合作带动欧洲的一体化建设。在条约签字仪式后,两国领导人走进民众,与青年学生和市民进行了长时间对话,回答了他们关心的问题。

其次,欧盟内部各国经济发展水平的不一致,对一体化的发展造成了相应的困扰。

2004 年的欧盟东扩是欧盟经济一体化发展的标志性事件。但在此之前,因为东欧国家转轨存在遗留问题的实际情况,1993 年 6 月,欧盟哥本哈根首脑会议为申请入盟国制定了严格的入盟标准,即《哥本哈根标准》,主要内容有:采用民主政体、建立法治、尊重人权、保护少数民族;建立市场经济体制。欧盟以此来缩小新入盟国家与老成员之间的差距,试图通过几十年的时间,利用经济杠杆使财富从比较富裕的国家如德国、卢森堡等,比较平稳地流向较为贫困的国家,最终形成一个贫富差距不大的统一体。但是,欧盟内部对给予东欧国家的直接补贴和财政补偿一直存在争议,尤其是原本从欧盟内获得补贴较多的老成员国如西班牙、葡萄牙的民众对此颇有微词,由此产生矛盾。1989 年,法国地理学家布吕内(Brunet)提出了"蓝香蕉"的概念,即欧洲经济发展强劲的地带,包括英国、荷兰、比利时、联邦德国、瑞士以及意大利。欧盟东扩后,西欧国家利用东欧廉价的劳动力、东西欧地理接近等优势,大量到东欧国家投资设厂,"蓝香蕉"变成工业的"金足球",更多的生产集中到了德国南部,延伸到波兰、匈牙利、捷克、斯洛伐克、奥地利和罗马尼亚等国，形成了世界级的生产网络，这在一定程度上加剧了中东欧国家在工业制成品方面与西欧的竞争。另外，由于中东欧国家竞争力相对较弱，入盟后为了自身的利益，推动扩大后的欧盟对非成员国产品进口设置更多障碍，提高欧盟的贸易门槛，这与欧盟希望扩大对外经贸关系是相悖的。

即便是在老欧洲国家，经济发展情况也存在着巨大的差异，欧猪国家与北欧国家的经济差距在不断扩大，在欧债问题上也存在着较大的矛盾。2009年11月，希腊财政部长宣布，该年财政赤字与GDP之比将为13.7%，远高于欧盟规定的3%，市场出现恐慌。2010年4月，面对即将到期的200亿欧元国债偿付，希腊政府急需融资，宣布如果在5月前得不到救援贷款，将可能发生违约。由于担心希腊政府难以通过发行新债还旧债，国债偿还会发生违约（总额为3 000亿～4 000亿美元），希腊国债遭大规模抛售，引爆希腊主权债务危机。希腊主权债务危机波及、扩散到葡萄牙、西班牙、爱尔兰、意大利等国家，受危机影响国家的经济体量占欧元区总经济体量的37%左右，投资者信心低迷，资金开始外逃，市场流动性不足，导致利率上升，欧元对外贬值。面对动荡，国际货币基金组织、欧盟、欧洲央行紧急救援7 500亿欧元，欧洲央行一方面在国债市场上大量购买希腊国债，另一方面放松贷款的抵押条件、扩大对银行的短期贷款，以缓解货币市场流动性短缺。

按照经济学规律，当一国出现希腊这样的经济困难时，可通过三条途径解决：一是实施扩张性财政政策，促进经济增长；二是实行扩张性货币政策，如降息等来刺激经济增长；三是通过货币贬值，刺激出口进而形成经济增长。然而，希腊加入欧元区后，取消了自己的货币（德拉荷马），将货币政策权利让渡给了欧盟，丧失了在货币方面的作为；但欧盟各国的财政是独立的，因此希腊只能走财政扩张刺激宏观经济的这条路，加之希腊人的天性闲散，经济增长缓慢，社会福利过滥，累积下巨额债务。债务危机爆发，这时开始实行财政紧缩政策，降低生活水平，便引发了社会不满。近年来，欧盟仍未解决货币政策统一、财政政策不统一的矛盾，有人建议使后者也逐渐向统一的方向发展，但阻力非常大。

最后，欧盟内部不同成员对于未来一体化组织发展的最终目标思路不一致，引发了现实的困境。

我们在厘清不同区域经济一体化组织的演进目标时发现，不同的成员对于一体化组织的未来，出于自身利益考虑，往往想法相悖，形成难以统一的窘境。在欧盟，老欧洲国家的基本想法是通过经济一体化、社会生活一体化、政治立场一体化，最终能够形成所谓"欧洲合众国"，并为此不断地推进一体化进程，从共同体到单一市场，从单一货币到申根协议，甚至呼唤欧洲统一部队进行防务的一体化，但其他的欧盟成员，尤其是新入盟的中东欧国家，在一体化目标上的思路，和老欧洲国家是非常不一样的，以经济实惠为主的目标非常清晰。

如土耳其入盟问题就是欧盟面临的一个棘手问题。欧盟在这一问题上存在较大分歧。法国前总统德斯坦（d'Estaing）表示，土耳其不是欧洲国家，作为伊斯兰国家的土耳其入盟等于"欧盟的终结"，目前欧盟应致力于消化东扩的成果，而非其他。在土耳其正义与发展党取得大选胜利时，该党主席埃尔多安（Erdogan）到欧盟各主要国首都游说，包括比利时在内的欧盟多数国家也都认为，土耳其是否有权加入欧盟值得考虑，但确实涉及欧洲建设的未来构想。再有就是北非难民的大量涌入，将对欧盟未来产生怎样的影响，欧盟不同国家和不同政党看法并不一致，存在着支持和激进的反对力量的对立。欧盟内部的这些矛盾很难得到统一的答案。

六、区域经济一体化发展的新方向与中国

中国积极倡导将习近平主席提出的新型伙伴关系和命运共同体的理念纳入区域经济一体化合作的进程。这一理念的核心，一是开放、包容、共赢；二是以合作为动力，共同搭建平台，共商、共建、共享，共同制定规则，平等参与，以共享为目标。中国一贯认为，区域经济一体化组织是一个大家庭，它的未来发展攸关每个成员的根本利益，打造创新发展、联动增长、融合利益的开放型世界经济格局，符合各个区域经济一体化组织成员和一体化组织自身的共同利益。面对新形势，应在经济全球化下深入推进区域经济一体化，共建互信、包容、合作、共赢的经贸伙伴关系，将

共识转化为行动，为开放型世界经济发展增添动力。区域经济一体化合作在新科技革命、新工业革命的冲击下，将会产生新的特点和趋势。

第一，目前总的区域经济一体化发展趋势是，发达国家在区域经济一体化推进上守成，希望稳中求进，逐渐通过变革克服随一体化进程而来的种种矛盾；与此同时，发展中国家则大力推进南南合作类型的区域经济一体化进程，全面铺开，快速发展，已经在世界经济中占有一席之地。

发达国家在区域经济一体化的路上，比发展中国家起步早，走得远，但是在区域经济一体化的进程中碰到的问题与挑战也更多、更严峻，因此在推进时显得更加谨慎。仍然以欧盟为例，欧盟在经济一体化的过程中，从欧洲煤钢共同市场走到今天，通过经济合作，逐步实现了关税同盟、单一市场、单一货币、经济货币联盟、申根区的发展，并设想在政治上用"一个声音说话"，进行防务合作，为实现大一统的欧洲梦作出了极大的努力。但当前欧盟内部矛盾重重，经济长期增长缓慢，难民潮、移民问题、民粹主义运动抬头、极右和绿党势力及主张得到民众的支持，给欧盟继续推进一体化造成了困难，因此当下急需解决这些问题，使一体化已有成绩得以巩固。与此相反的是，以发展中国家为主的南南合作式的经济一体化进程得到了长足的发展。例如，非洲的经济一体化组织蓬勃发展，现存的有阿拉伯马格里布联盟（UMA）、西非国家经济共同体（ECOWAS）、西非经济货币联盟（UEMOA）、萨赫勒-撒哈拉国家共同体（CEN-SAD）、东南非共同市场（COMESA）、东非政府间发展组织（IGAD）、中部非洲国家经济共同体（CEEAC）、东非共同体（EAC）、南部非洲发展共同体（SADC）等。2015年1月，非盟在埃塞俄比亚首都亚的斯亚贝巴召开峰会并通过了作为"非洲愿景和行动计划"的《2063年议程》，提出了七大愿景，描绘了2063年非洲的宏伟蓝图。2015年6月非盟通过了该议程的第一个十年实施计划，其中的旗舰项目便有建立非洲大陆自贸区（2020年具体实施）、颁发非洲统一护照、实现非洲大陆内部的人员自由流动等内容，对于一体化追求是非常强烈的。

第二，区域经济一体化存在的形式日益多元化，混合型、嵌套式的经济一体化组织形式层出不穷，反映了开放型世界经济发展中呈现多元化的趋势。

区域经济一体化存在着水平型经济一体化和垂直型经济一体化。前者是指由经济发展水平大致相同或接近的国家共同组成的一体化，如欧盟、中国-东盟自由贸易区；后者是指经济发展水平不同的国家组成的一体化，如北美自由贸易区、亚太经合组织，以及中国、日本、韩国等国家与东盟制定的《区域全面经济伙伴关系协定》。前者可以归纳为经济世界的北北、南南合作，后者则可以归纳进南北（北南）的经济合作中。区域经济一体化组织内部，各经济体有一种倾向，即在一体化组织内部建立更进一步的自由化双边自贸协定的趋势苗头。这在今天的世界经济中形成了WTO下的多边区域经济一体化组织，而诸边区域经济一体化组织内又套有双边经济一体化协定的错综复杂局面。以东亚地区为例，围绕中国、日本、韩国和东盟10国缔结的双边自由贸易区超过24个，正在谈判中的有29个，有意向或正在协商的则更多。其中，中国和日本各自分别缔结了11个双边自贸协定，韩国缔结了7个。当前统计下来，东亚地区各国间签署的自贸协定超过50个，自由贸易协定网络错综复杂。在这种复杂的情况下，甚至出现了大的区域经济合作中的次区域的经济一体化合作。次区域经济合作是通过各种商品、服务以及生产要素，在不同国家接壤地区之间跨越国界的自由流动形成的经济合作活动，带来生产要素有效配置和生产效率、效益的改善，以及生活水平的提高，一般表现为在这个地缘范围内的贸易和投资自由化，如大湄公河次区域经济合作、图们江国际次区域合作，就属于区域经济一体化范畴。但是，区域经济一体化除了具有很大的正面租金作用之外[①]，这种层层叠叠的嵌套，使得区域经济一体化的"意大利面碗效应"（spaghetti bowl effect）逐渐显现，影响了经济一体化的总体实际效应。随着经济全球化与开放型世界经济的变化，在区域经济一体化的进程中，各种一体化组织结构界限逐渐模糊，你中有我、我中有你成为趋势，混合型的经济一体化模式正在逐渐凸显出来。图3-2在论述区域经济一体化的著述中是非常有名的，它显示了美洲和亚太地区各个国家和地区一体化组织的交叉状况。

---

① 中国参与区域经济一体化的量化分析请参阅附录二Ⅸ部分。

第三部分 开放型世界经济建设中的区域经济一体化嬗变 / 81

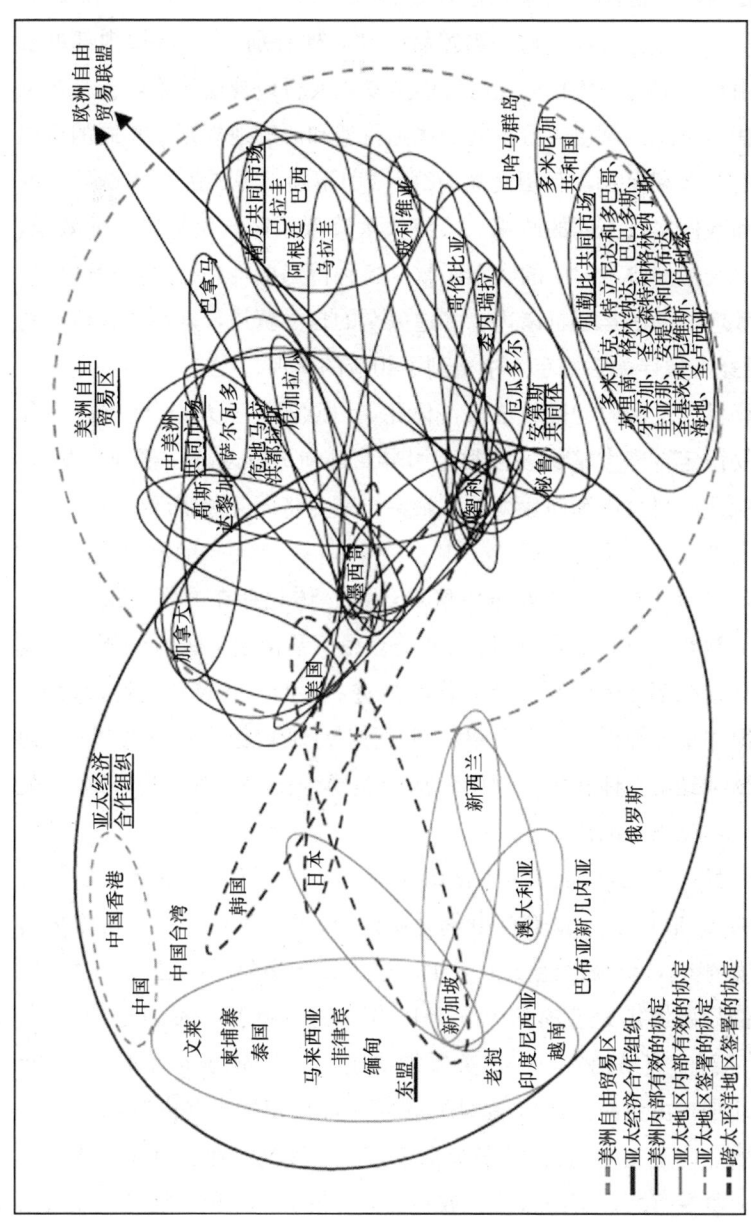

图 3-2 截至 2004 年 5 月美洲和亚太地区出现的自由贸易协定相互重叠的情况

资料来源：Devlin 和 Estevadeordal (2004)。

亚太地区区域经济一体化组织的重叠，会产生所谓意大利面碗效应。这一效应是著名的国际经济学家巴格瓦蒂（Bhagwati，1995）提出来的。由于区域经济一体化的特点是特惠贸易的"内外有别"，在区域内部的贸易实行自由化，但与一体化区域之外的贸易则实行歧视性政策，于是各国所签订的诸多贸易协议包含着不同的优惠待遇和原产地规则，不同的待遇就像碗里的意大利面条，互相交叉缠绕，"剪不断，理还乱"，"碗"中的不同国家和地区实行不同的政策，最终大大降低了区域贸易协定的效果，如最新的《美墨加协定》中的汽车条款，各种待遇缠绕并行。消除这种意大利面碗效应的办法是实行诸边、多边完全的自由贸易，这在亚太地区的《区域全面经济伙伴关系协定》中得到了相应的体现。

第三，世界范围内的区域经济一体化，以欧盟、亚太经合组织、《北美自由贸易协定》三大集团多种类型引导，都在进行改革、整合、发展，未来的区域重心将会逐渐向亚太地区聚集，重点将向各种生产要素流动自由化方向发展。

我们对当前开放型世界经济中区域经济一体化存在的影响最大的三大集团——欧盟、亚太经合组织、《北美自由贸易协定》进行分析，发现经济一体化组织都在适应经济全球化的演进，不断自我调整，迎接挑战。欧盟的情况本章已经做了很多介绍，面对种种矛盾，德法两国给出了一份继续推进欧洲经济一体化的《德国和法国关于合作和一体化的条约》，显示了欧洲一体化轴心的决心。

当今，另一个区域经济一体化组织在2018年完成了改造，那就是《美墨加协定》取代了《北美自由贸易协定》。《北美自由贸易协定》自1994年开始生效，至今已经二十多年。过去二十多年世界已经发生了巨大变化，修订该协定是应有之义。2018年11月30日，美国与墨西哥、加拿大签订新的贸易协定——《美墨加协定》（USMCA），取代1992年签订的《北美自由贸易协定》，新协定保留了原协定的主要内容，于2020年7月生效。协定文本包括30多个章节，内容涉及农业、市场准入、原产地规则、争端解决、贸易救济、数字贸易、投资、知识产权等，以及附加的美墨、美加就部分问题达成的双边协议。由于特朗普认为原协定对美国不公平，经过博弈对协定进行了一些关键性更改，尤其是在乳制品和汽车行业。例如，任何在北美销售的汽车，其中 75% 的部件必须是在美国或墨西哥生产，才能够享有优惠待遇，高于此前的 62.5%；此外，美国农民进入加拿大乳制品市场的机会略有增加。美国也在加墨关注的问题上做了相应的让步，如继续同意当争议发生时应由双方而非单方解决，使得新协定总体能够得到三个国家的接受。协定将来的效果，尤其是对于墨西哥的经济影响还有待时间的检验。

从 2008—2009 年美国次贷危机引发全球金融危机以来，亚太地区的区域经济合作已经在全球范围内引起关注和重视，因为世界经济中总量排名前三位的国家都在其中，而且具有非常明显的南北经济合作性质。亚太经合组织成员通过协商一致、自主自愿、灵活渐进的方式形成合作，这与它成员多、彼此差异大、发展路径多样化，以及必须很好地平衡各成员的利益诉求等因素相适应，从而能够使区域经济合作得到保证，向心力和凝聚力得到增强。我们认为，现实中的亚太经合组织既不是欧盟那样通过经济权利让渡形成的强约束性的区域一体化组织，也不是区域贸易规则制定、贸易谈判、争端处理的场所，而是具有非强制性约束的经济论坛的性质，通过经济利益、市场力量整合推进亚太地区的贸易便利化和投资自由化进程，并助推 WTO 多边贸易体制的改革发展的经济一体化合作进程。它的未来应该如同习近平主席所讲，倡导平等参与，以共享为目标，以合作为动力，共同搭建平台，共同制定规则，共商共建共享，大家分享经济合作发展的成果。

第四，区域贸易协定的内容更加丰富，知识产权、技术标准、绿色环保、服务贸易合作、劳工相关条款在区域贸易协定中逐渐出现，并且分量在加大。

在当前经济全球化和开放型世界经济中，在新区域贸易协定或新修订的区域贸易协定中，服务贸易、知识产权、绿色经济、劳工标准等方面有所体现或有所加强。服务贸易自由化，尤其是金融服务贸易自由化，在许多区域贸易协定中得到重视，在区域层面接受了更多的金融服务的流动，并规定了金融市场准入的规则。另外，除少数情况外，在大多数国家，劳动力跨国流动仍然是属于国家决策的部分，属于移民当局的管辖范围，主要关注的问题是规范和限制，而不是促进，但近来，这一问题伴随着世界范围的难民与移民问题的出现,在区域贸易协定中经常被关注,但得到的处理却很不一样。美洲和亚洲发展中国家签署的一些自由贸易协定中,有促进临时劳工流动程序和开放劳动市场准入机会的条款;在加拿大与哥伦比亚和秘鲁谈判达成的两个自由贸易协定中,将劳动力进入加拿大市场扩大到了 50 类技术人员;日本与印度尼西亚和菲律宾的自由贸易协定中,放宽了劳动力市场护士和护理人员的类别,而且规定了某些类别的熟练劳工的配额规模。但欧盟因此产生了极强的民粹主义倾向,甚至劳动力自由流动成为英国脱欧的主要原因之一。与此同时,区域贸易协定逐渐将劳工标准纳入,例如,新的《美加墨协定》中,要求 40%~45% 的汽车组成部件由时薪不低于 16 美元的工人生产,汽车制造商才有资格享受《北美自由贸易协定》的免税待遇,这实际使得墨西哥处于较为不利的地位,因为它的汽车工人时薪达不到这么高,全球汽车制造商未来将难以在墨西哥廉价生产汽车,北美的汽车将会因成本提升涨价,而这样做的目的是为美国带来更多就业机会。

我们认为,在开放世界经济条件下,在区域经济一体化进程得到长足发展,面临新科技革命和工业革命的情况下,为进一步推进世界的区域经济一体化,中国提出的两个基本原则值得很好地重视,那就是:"开放、包容、共赢",以及"共商、共建、共享",以共享为目标,平等参与,共同分享经济一体化的成果。

第四部分　开放型世界经济建设与全球价值链重构

在 2010 年之前，美国、德国交替为世界上最大的出口国。2010 年，中国超越它们成为世界上最大的出口国，但美国由于进口额巨大，仍然是世界上最大的货物贸易进出口国。2013 年，美国第一大货物贸易进出口国的地位为中国所取代。2014 年开始，全球三大货物贸易进出口国依次为中国、美国、德国，世界贸易格局已经从美国一家独大，变成了由中国、美国、德国形成第一梯队的"三驾马车"新贸易结构。与此同时，世界经济中的另一个巨大变化是，2010 年中国制造业的附加值超过了美国，中国取代美国成为世界上最大的制造业国家。贸易、生产二者之间有机联系的桥梁是世界生产网络、供应链、价值链的形成、不断变化和发展。世界银行发布的《2020 年世界发展报告：在全球价值链时代以贸易促发展》提出，全球价值链的兴起推动了 1990 年后国际贸易快速增长。这一增长促进了前所未有的经济差距的缩小：穷国经济出现更快速增长，并开始追赶富国，贫困大幅下降。这些收益来源于生产过程分散在各国以及企业间联系的加强。生产链、供应链和价值链成了世界理论界、产业界、企业家以及政治家都关心的重大题材。2018 年中美贸易摩擦的一个重要方面，就是美国的政客们希望把重要产业的供应链从中国转移到他们认为放心的其他地方，甚至是只要离开中国就行。我们发现，中国从生产链的追求转向价值链的安排后，则在整个生产过程中获得的价值增值很有限，但出口数量巨大，实际是在价值搬家，将其他国家的价值通过中国的加工贸易转移给了使用者，引发了贸易矛盾，由此可见价值链各环节增值的重要性。我们认为经济理论界对价值链的分析是围绕着两个主题展开的：一是价值活动的价值性，即对活动创造出来的价值、效益与成本的探讨；二是价值活动的组织性，即产业组织和分工形式，生产者和消费者的市场组织形态，上下游生产者的交易、沟通和组织模式，产业内专业化和规模化的选择。我们主要讨论第一个主题。未来开放型世界经济的主要支撑就是价值链和生产网络，未来产业链、供应链，乃至由此形成的世界生产网络会发生什么变化，全球价值链在新的科技革命、工业革命中会呈现怎样的变化，新冠肺炎疫情在全球蔓延导致后疫情条件下的全球供应链会产生怎样的变化，中国在这些变化中的定位及地位均是非常值得探讨的课题。

一、价值链的概念与生产网络理论

我们认为，在进行本部分内容的阐述之前，应该对一些常用的概念和与之相关的理论予以厘清，以便后面内容的展开。这些概念是产业链、生产链、供应链、价值链和生产网络。

产业链是指具有某些时间、空间、物理、化学、信息等内在联系的企业构成的有序群结构，它除了具有结构属性外还具有价值属性，即存在结构的上下游接续关系和价值相互交换关系。在结构上，各个产业部门之间基于一定的技术经济关联，并依据特定的逻辑关系和时空布局关系客观形成链条式关联形态，接续、对接、整合是产业链形成与运行的关键。

生产链是英国经济地理学家迪肯（Dicken，1986）分析跨国企业全球转移五阶段模式时，在价值链理论的基础上提出的概念。生产链主要研究的是，确定参与生产的主体及其活动过程，商品形成的流程等，着重强调在某种商品或服务不同的生产、价值增加过程中，功能各异但作用关联的生产活动集合。各个生产环节需依据不同技术投入，并由信息、物流加以联结，通过企业组织的整合与控制，并将其置于特定的财务体系中，最终形成完整的生产系统。当生产链内部分工形成国际化配置时，便产生了国际生产链。

供应链的概念是生产链概念的扩大和发展，它将企业的生产活动做了前后的延展。美国的史蒂文斯（Stevens，1989）认为："通过增值过程和分销渠道控制从供应商到用户的流就是供应链，它开始于供应的源点，结束于消费的终点。"美国宾夕法尼亚州立大学的哈理森（Harrison，1995）将供应链定义为："供应链是执行采购原材料、将它们转换为中间产品和成品，并且将成品销售到用户的功能网链。"因此，供应链就是通过计划、获得、存储、分销、服务等活动，在顾客和供应商之间形成某种衔接，使企业生产过程顺畅，并能满足顾客的需求。

价值链概念的出现，最早见诸学者们对世界生产的探讨和研究，源于分工模式的改变，价值链概念是由产品价值链和生产链等概念演化而来的。哈佛商学院教授迈克尔·波特（Michael Porter）1985 年在《竞争优势》一书中提出了价值链理论。波特将价值链（value chain）定义为："一种商品或服务在创造过程中所经历的从原材料到最终产品的各个阶段，或者是一些群体共同工作，不断地创造价值、为顾客服务的一系列工艺过程，每一个企业都是在设计、生产、销售、发送和辅助其产品的过程中进行种种活动的集合体，这些互不相同但又相互关联的生产经营活动，构成了一个创造价值的动态过程，即价值链。"也就是说，企业生产产品的过程包含了如波特所述的设计、生产、销售、分配、服务等诸多相互联系的环节，每个环节都会形成价值，成为整体价值创造的组成部分，从而形成了一个产品完整的生产和服务活动构建的价值链。波特和米勒（Porter and Millar，1985）还指出："任何企业的价值链都存在于更广泛的价值系统之中，这个价值系统由供应商、制造商、分销商和消费者所形成的价值链相互连接而构成。"从价值链出发，波特认为，企业的竞争力并不是单方面的，而是需要在价值链中有一个集中体现，同时，企业的竞争力最终取决于其在价值链中相对地位的高低。波特等学者开创性地提出了生产的价值链概念，并对价值链进行了分析。克鲁格曼（Krugman，1995）在企业如何分割生产过程以及空间布局的分析中运用了价值链理论。此后，格雷菲（Gereffi，1999）首次界定了全球商品链的概念，又于 2001 年提出全球价值链的概念，为全球生产活动的布局提供了研究方法，也为全球经济运行的动态特征提供了描述。

在价值链基础上，学者们又提出了基于价值链的世界生产网络理论，霍普金斯（Hopkins）和沃勒斯坦（Wallerstein）提出它是"旨在完成商品的劳动与生产过程的网络结构"，并将各商品链中的网络节点特征概括为：(1) 紧邻个别节点前后的商品流动；(2) 各节点内存在独立生产关系；(3) 存在包括技术与生产单位规模在内的主要生产组织；(4) 生产的地理位置全球性。全球价值链理论突出了其"链"式特征（陈静，2015），包括了线性链式以及网状辐射型链式特征。信息网络的发展和产业不确定性的增加，使得企业供应链正在从线性的单链转向非线性的网链，而且更加注重围绕核心企业展开的网链关系，即核心企业与供应商之间，以及全部层次的前向关系；与用户，以及用户的用户之间的全部后向关系。霍普金斯（Hopkins，1986）通过对生产过程的分解与重构，更加抽象地描述整个生产过程，形成了较早的关于生产网络结构的描述，这一概念抽象地描述了商品生产的结构过程：(1) 生产过程中，前后工序间存在中间品的贸易流动；(2) 尽管各工序相互衔接，但互为独立主体，并且一个生产主体可能对应多个商品链中对该中间品的需求；(3) 商品链具有从研发到销售的完整系统性；(4) 根据东道国的禀赋特征进行生产地的布局。寇伊（Coe，2009）认为，全球生产网络（global production networks）指的是生产性公司与非生产性公司控制的全球范围内的生产、运输、交易、消费系统。国内学者则大多认为全球生产网络是指几个国家参与一个特定产品的不同生产阶段的制造过程，从而形成了以跨国公司为中心的国际化生产网络（刘春生，2006）。

在学者们研究和全球化实践的基础上，国际经济组织对价值链等给出了较为权威的定义。2004年，在《通过创新和学习来参与竞争》报告中，联合国工业发展组织（UNIDO，2004）指出："全球价值链是指在全球范围内为实现商品或服务价值而连接生产、销售、回收处理等过程的全球性跨企业网络组织，涉及从原料采集和运输、半成品和成品的生产和分销，直至最终消费和回收处理的过程。"2013年经济合作与发展组织对全球价值链给出了一个定义：企业把产品和服务的设计、生产、销售、运输和其他辅助行为等过程，从一个国家的企业内部分离，把这些价值链生产活动的环节分散在多个国家共同进行，这样一个企业的生产活动从国内范围延伸到了全球范围，变成了全球性的生产活动，价值链从区域范围扩大到了全球范围，这类生产活动被称为全球价值链。世界银行2020年发展报告给出了一张关于全球价值链的图形（见图4-1），同时表达了最新的定义：全球价值链是指将生产过程分割并分布在不同国家。企业专注于特定环节，不生产整个产品。

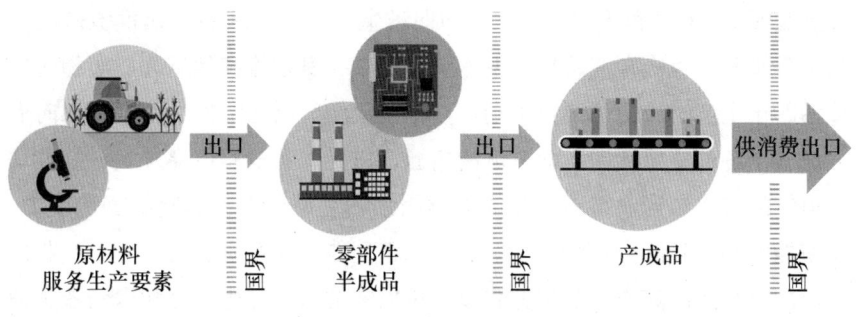

图 4-1 全球价值链

二、开放型世界经济下的价值链形态与内涵

全球价值链分工已成为当今国际分工最重要的形式之一，它的形成与生产社会化的进程分不开。为实现商品或服务价值而连接生产、销售、回收处理等过程的全球性跨企业网络组织，其产品开发、设计、生产、制造、营销、物流、销售、消费、售后服务、循环利用等各种增值活动分布于全球，整个过程已经不仅仅是由最终出口国或地区所独有，生产、分配、交换、消费的价值产生为多个国家共同创造，全球价值链的形成已经非常明显。经济合作与发展组织在 21 世纪第二个十年中期的调查报告显示，营业额超过 10 亿美元的 300 家跨国公司中，平均有 51% 的元部件生产、47% 的最终组装生产、46% 的仓储、43% 的客户服务、39% 的研发工作都是在本国以外完成的。

价值链形态的定义说法各异，有的学者从全球价值链的驱动者地位、全球价值链的治理类型、全球价值链的治理者和全球价值链下的产业集群这四个方面的整体特征界定全球价值链形态。若价值链形态具有价值创造、不可模仿和不可替代的特征，那么它将是企业国际竞争力的重要源泉（李军，2008）。全球价值链动力主要来源于供给侧和需求侧两个方面，因而形成了全球价值链的不同类型。供给侧推进型的全球价值链形态，含义是由生产者主动促进提升市场需求，形成全球生产供应链的垂直分工体系，尤其是耐用消费品、资本品、中间产品等产业，如芯片巨头美国的高通公司是生产者驱动的典型。需求侧推进型全球价值链形态的形成主要靠商业资本努力，非耐用消费品供求链是这类全球价值链的代表，美国零售业翘楚COSTCO和沃尔玛是以采购促进生产的典型代表。在价值链的各活动类别和节点上存在两项重要的流动要素：实物流和信息流。实物流主要活跃于生产、市场和消费活动，呈单向流动。反之，信息流则以双向形式流转于各项主要活动，信息流的内涵、质量、数量和传导方式，是推动价值链的技术和产业组织革新的关键因素，它象征着价值链的创造能力、学习能力和革新能力，企业对信息流的掌握能力决定企业的边界，产业信息流的总流量决定产业组织方式以及价值链的形态。生产者和采购者驱动商品链的特征如表4-1所示。

表4-1 生产者和采购者驱动商品链的特征

性质	生产者驱动商品链	采购者驱动商品链
驱动力量	工业、技术资本	商业资本
效益优势来源	规模经济	范围经济
产品类型	耐用消费品、中间产品、技术型产品	非耐用日常消费品
产业类型	汽车、电脑、航空	服饰、鞋、玩具
产业网络连接	技术导向	贸易导向
产业网络结构	纵向一体化	横向网络
产业生产要素密集	资本密集	劳动力密集
主要生产制造商	发达国家的跨国企业和散布全球的协作生产企业	发展中国家的地方企业
主导企业核心能力	以技术开发为中心；研究、开发、生产	以建立销售网络为中心；设计、市场营销
最终商品流动方向	供应本地消费，在发达国家之间流通，部分流向发展中国家	从发展中国家到发达国家
产业价值链长度	较长，涉及大量原料供应、中间产品、市场管理和服务	较短，主要是从生产商到零售商

资料来源：Gereffi. A commodity chains framework for analyzing global industries. Institute of Development Studies, 1999. 本文另作部分增补和修改。

如果从其他的角度进行分析，价值链形态的动态性对任何国家、任何产业都具有极大的意义。图4-2在很多的管理学书籍中都能够找到，即微笑曲线图。微笑曲线最早是由台湾宏碁科技创始人施振荣先生提出来的。图形类似人在微笑时，嘴的形状的一条曲线，曲线两端向上，表示在产业链中，在曲线两端附加值率高，即新产品研发设计和销售、售后服务阶段有着高附加值率，处于曲线中部的制造组装附加值率低。微笑曲线中的研发和制造组装阶段属于全球性的竞争；销售和售后服务则主要是本地化竞争。由于产品制造组装技术成熟且门槛低，大量企业的涌入已经呈现供大于求，因此附加值率难以提升，而研发与销售以及售后服务的附加值率高，因此各国均将产业的未来定位于微笑曲线的两端发展：一方面在转型调整，加强研发、产品转化，寻求新动能；另一方面则加强营销，改进销售模式与售后服务，尽力在世界经济竞争中争取主动。

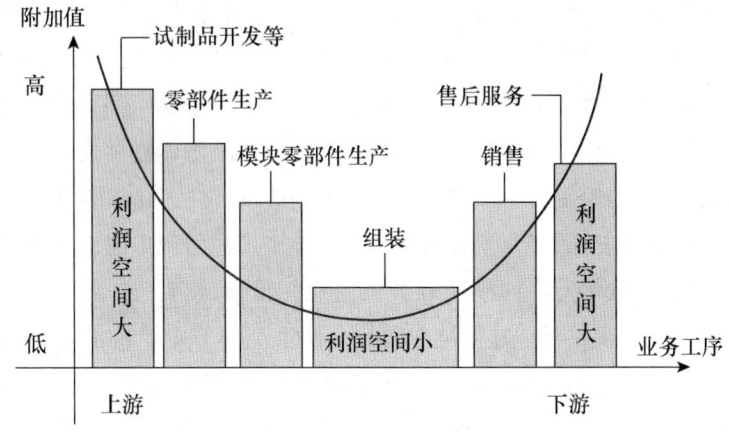

图4-2 微笑曲线

微笑曲线描述的是世界各国在产品价值链环节中的位置。20世纪60年代至80年代，制造组装环节由"亚洲四小龙"来承担。到21世纪，中国由于要素禀赋优势在产品制造组装环节占有优势。

传统微笑曲线的理论依据是古典及新古典经济学的要素禀赋论的国际分工，属于垂直型国际分工范畴，即发达国家生产资本和技术密集型产品，而发展中国家生产劳动密集型产品。随着经济全球化的发展，国际分工开始出现了产业内甚至是产品内的跨国分工，即国际分工格局按照同一产业、产品内部不同的价值链活动来进行，最基本的就是把研发环节、生产环节以及销售环节按照禀赋差异安排在不同区域来进行。用微笑曲线表示就是发达国家专注于微笑曲线的两头，而新兴发展中国家则停留于微笑曲线的中间环节。

传统微笑曲线分析中，横轴表示的是业务工序，纵轴是附加值，曲线表明了产业链的分工状况，同时也表明了价值链的增值分配。传统的微笑曲线按工序阶段分工甚至细化到按产品的不同子工序或零部件的不同技术含量进行生产。产品研发、生产技术形成、工序管控以及关键零部件由发达国家或新兴工业化国家完成，发展中国家主要负责产品的加工装配，关键零部件要依赖国外进口。这种同一产业及产品内的国际分工格局表现得越来越清楚。比如美国罗技公司整合全球运作的方式和方法是：公司在中国进行生产，在瑞士和美国加州进行基础的研发工作，把设计工作安排在爱尔兰，而在加州进行协调和市场运行工作。再如东亚区域的国际分工格局可以用东亚走廊（East Asia Corridor）（东亚走廊是对东亚区域制造中心的描述，20世纪90年代初中期东亚走廊是"亚洲四小龙"，90年代后期东亚走廊西进到中国沿海，中国成为世界工业的制造中心）来概括，日本提供技术和核心部件，由韩国等新兴工业化经济体提供关键的零部件模块，再由中国等发展中国家来完成生产制造及最终产品组装活动。价值链不同环节所创造的产业增加值不同，在整个产品生产中的重要性和贡献不同，从而导致负责不同生产环节的企业在价值链分工中获得的增加值（利润）也就出现差异。在微笑曲线的全部生产环节中，技术研发和市场销售位于价值链的高端位置，可以创造更多的增加值，同时为企业带来更多的生产利润。相比之下，加工组装的环节则位于价值链最低端，其所创造的附加值较低，从而导致负责该环节生产的企业在生产中获得的利润也就较低。在整个的产品生产过程中，最终的价值增值（利润总额）按照生产过程的设计科技含量、管控的复杂程度、技术掌握难度、加工的成本以及利润状况等在不同的生产者之间分配。

从国家来讲，微笑曲线的含义在于给出了相对落后国家通过加入价值链，可以获得相应的技术进步以及一定的加工利润，体现为进一步的开放和工业的总体发展，但不可否认的是，在传统的微笑曲线中，利润分配的天平倾向于有技术含量的工序，因此发达国家一定是价值链运行的最大获益者。中国商务部 2018 年发布的《关于中美经贸关系的研究报告》显示，全球价值链中，贸易顺差在中国手中，但利益顺差则在美国，总体上双方互利共赢。据中方统计，2017 年，中国对美出口前十位的企业均为外资企业，货物贸易顺差的 57% 来自外资企业，59% 来自加工贸易。中国从加工贸易中只赚取少量加工费，而美国从设计、零部件供应、营销等环节获利巨丰。在 21 世纪初，美国罗技公司 WANDA 牌无线鼠标的利益分配如下：一只鼠标销售价为 40 美元，其中 15 美元归分销商和零售商，13 美元归零部件供应商，只有 3 美元归位于中国苏州的装配厂，剩下的留给罗技公司自己。这一情况在几乎任何微笑曲线的价值链中都存在，是一种普遍现象（黄卫平，2005）。德里克（Derick，2010）对在中国制造的联想和惠普笔记本电脑进行的调查研究表明，在中国境内生产的增加值部分只占电脑价格的 3% 左右。坦佩斯特（Tempest，1996）发现，美国将芭比娃娃的加工部分外包给中国，而设计环节停留在美国国内，从而获得大部分的增加值。此外，林登（Linden，2009）对 Ipod、哈姆菲里等（Humphrey et al.，2003）对波音飞机、拉尔（Lall，2004）对汽车和电子业、拉瓦尔森等（Lavarsson et al.，2011）对家具等行业的全球生产情况进行了调查分析，这些研究从微观层面揭示了全球价值链形成的过程和价值分配特征。[①]

三、开放型世界经济下价值链形成的动因

全球价值链产生的根本原因在于生产的社会化演进和生产过程对利润最大化的追求。同时根据对全球价值链的基本解释，全球价值链的形成需要同时至少满足这两个条件：其一是必要条件，即某种产品的生产可以分割成不同的生产阶段；其二是充分条件，即不同的生产阶段在不同的国家或地区完成。我们将从以下几个方面进行相应的探讨。

第一，全球价值链的形成在于通过链的运行获得利润最大化，产业链是产业价值和增值实现的根本途径，而价值链在不同国家和经济体的最终

---

① 关于中国参与全球价值链的增加值分析，以及前后向的增加值联系的定量分析，请参阅附录二的Ⅷ部分。

分布是各个价值链的参与国及经济体的经济基本面和比较优势决定的。对企业来说，为了做到分工最合理，利润最大化，在哪里生产成本低，在哪里生产对企业更有利，就会在哪里从事生产。在国际上，能够吸引外资、建成供应链且顺利生产的地区，一定具有固有的比较优势，或是营商环境、劳动力、土地等要素优势，或是自然资源、市场资源以及政府的政策优势，这是吸引全球价值链落地的重要因素。全球价值链形成的过程以及链条自身的特性，需要适宜的物质基础和制度基础，即生产需要资本、管理、技术等要素的自由流动，而完善的制度必然会促进技术、管理和资本等要素更加自由地流动，这些会促使跨国公司把一些自身不具有比较优势的生产环节转移到其他经济体，在不同经济体之间进行水平、垂直分工以达到利润最大化目的。跨国公司不断追求在全球化中实现利润最大化的过程，导致了全球价值链的不断普及、扩大、升级和本土化，以及从有形产品生产的价值链逐渐发展到服务业的价值链。与此同时，价值链的区位特点促进了某些特定价值链的形成并具有相应特性，区位驱动指向引导产业环或者集中或者分散地布局在不同的经济区位，表现为主流价值链发展成为价值链群的空间集聚、集群。

第二，第三次工业革命的成果是使得地球村形成，物流运输和通信技术的超常发展使得地理的相对距离被极大缩小，为全球价值链的发展提供了良好的物质基础和外部条件。随着全球信息技术的日新月异和更新换代，世界已被"一网打尽"，通信几乎没有时间间隔和差异，即时性声音、画面的传递使得企业在全球范围内的通信成本和管理控制成本不断下降，生产、管控效率提高和效果突出，企业有积极性把自身价值链生产中的某些环节分散在其他国家或地区，同时形成有效的管控体系，成本效益得到很好的兼顾。由于科技进步，全球价值链在布局上存在着空间上的选择。首先，这种选择可能是基于资源禀赋差异性而形成的价值链分布。如果生产在某种程度上极大依赖区域的资源禀赋，产业链布局便会依赖资源分布，形成对资源比较区位优势的追求，类似古代游牧民族逐水草而居，空间布局也只能具有分散性的特点。玻璃大王曹德旺在美国形成生产链便是这种情况。其次，这种选择可能是基于国际分工的地域特点产生的价值链分布。价值链服从于地域自身的技术专业化特点，即产业链对专业化分工效益和技术精益的追求造成了产业链上各个环节的空间分布特点，例如世界芯片的设计、制造、封装、使用的分布以及高档乘用车的设计、制造、销售形成的分工和分布。最后，生产链也可以基于区域特定的传统经济进行分布。传统经济通常是由区域特定资源禀赋和区域特色决定的，经济活动对于传统路径的依赖性和生产的传统惯性，使得区域在产业链分工中具有极大影响力，例如法国、意大利葡萄酒产地，从葡萄种植到酿酒、销售的分布，促成了葡萄酒产业链的布局。

第三，科技和管理的进步形成了生产过程的可分性和标准化，生产过程被划分为一系列有内在联系的环节，产生了碎片化、专业化的标准生产过程，与此同时，对于碎片整合（管理、治理）能力的提升客观上促进了价值链的迅速发展。过程的可分性导致生产环节被不断拆分和细化，为了适应这一过程，企业组织结构的形式、数量随分工的发展而不断增加，这又进一步造成生产标准化和管理精度的日益提高，从而使得即便是一些非常细微的生产环节例如汽车或者手机的零部件可以被分拆到全世界不同的工厂中进行标准化生产，这些分散化的生产过程通过中间产品的（国际）贸易联系起来，采用全球化的精细管理，最终又被整合进总的生产链体系，完成最终产品和服务的生产全过程。反过来，分工和管理的精细化发展也促进了生产环节的进一步碎片化和增加值贸易的产生和发展。产业链的可分性也造成了价值链的可分割性。随着产业链进一步专业化、碎片化、标准化，产业价值由过去在不同层次、不同部门间的分割，转变为在不同产业链节点上的分割。产业链节点间的关系整合也能够创造增值：进行更符合规律的分割能够产生更高的效率和效益，即在管理、治理的统合下，通过产业链关联会产生乘数效应，当产业链中的节点更为通畅时，产业链中的其他关联节点和生产会相应地发生倍增效应（如物流的畅通将导致零部件库存减少以及生产的省时），创造出节点之间联系的价值增值效应。

第四，全球价值链的形成不仅与各国的技术水平相关，还与制度环境高度相关。社会法律、人文环境等制度因素对全球价值链的发展有重要的影响。全球化中的贸易、投资、劳工流动、知识产权、金融自由化确立了新的有选择的制度设计和全球市场取向变革的发展，为全球价值链的发展提供了良好的制度、治理和服务环境。在今天的全球化趋势下，一方面，要素流动自由化使得全球价值链得到发展，这使得各国的资本在自由流动的前提下，回报率出现趋同化；但另一方面，全球某些要素流动受到限制，如劳动力的跨境流动存在很多障碍，导致不同国家的劳工薪资水平差异巨大。这一方面使得全球价值链可以通过金融自由化、投资自由化、贸易便利化展开，另一方面又因为劳动力的区域化配置和生产流程的标准化，而使得生产链在全球分布，而不是通过劳动力的流动使得产业链集中在世界某些工业区域（如同第一、二次工业革命形成的英国曼彻斯特工业区、德国鲁尔工业区、美国波士华城市群、日本阪神工业带）。在全球化背景下，关税的消除是导致全球价值链形成的重要因素，以垂直化生产为特征的全球价值链布局因关税消除会更有成本优势，更有效率，能够带来更大的收益。世界贸易关税壁垒的消除、直接投资的盛行和金融市场的快速发展，以及许多经济体市场取向的改革的进行，阻碍生产全球化和碎片化的障碍日益消除，加上第三次工业革命的展开，工作距离的绝对和相对缩短（如美国消费者对于IT服务的咨询，是由身处印度的低工资工作人员提供的），人员流动的加快，各种制度障碍的消除，推进了全球价值链的发展。

第五，跨国公司的发展和壮大以及新兴市场的发展既是全球价值链得以扩张的重要原因，又是全球价值链发展的结果。从实际运作看，一方面，跨国公司是全球价值链运营的重要载体，跨国公司的全球发展进一步促进了生产和经营在全球范围内的内部化，甚至使得国际贸易演变成跨国公司内部的物流过程；另一方面，全球价值链的推进又会使得一些公司走向跨国化，或已有的跨国公司在全球进行新的、更大的生产布局，从而促进了各种类型的跨国公司在世界经济中的大发展，提高了跨国公司在开放型世界经济中的地位。现实中的全球价值链，很大部分是在发展中国家，尤其是新兴工业化国家展开的，这些新兴国家承接了价值链的部分环节，从而加入世界分工的大局中，带动了本国的工业发展和产业结构的变化，同时也赋予全球价值链进一步发展的增长潜力。通过融入世界分工，新兴工业化国家逐渐摆脱贫困，其消费能力不断增加，生产能力不断提升，发展中国家的公司在微笑曲线中的位置也在动态变化，即向曲线两端延伸，覆盖更多的生产环节，本国的公司也因此逐渐走向世界，形成新型的发展中国家的跨国公司，这在一定程度上也促进了全球价值链的发展。

另外，研究表明，基础设施状况与价值链发展程度正相关，而物理距离、营商环境与价值链专业化程度负相关。在今天，世界各国尤其是发展中国家的基础设施的逐步完善，对全球生产链的布局有着很大的促进作用。在开放型世界经济中，一方面，区域经济一体化的多边协议逐渐增多促使更多的国家参与到区域经济一体化中，市场就会以诸边和双边为基础进一步开放，全球价值链就能够带动生产要素更有效率地进行配置，从宏观到微观的参与者都将获得更多的利益。另一方面，当有更多国家参与经济一体化进程时，全球价值链也就能够得到更大的空间，得以进一步展开。

世界银行发布的《2020 年世界发展报告：在全球价值链时代以贸易促发展》给出了关于价值链应有的驱动因素、作用与结果的形象图，我们把它附在这里，如图 4 - 3 所示。

全球价值链如何发挥作用？
企业之间的业务往来通常都建立在持久关系基础之上。
经济基本面对于国家是否参与全球价值链有很大影响，而政策对提高参与度、拓宽利益面十分重要。

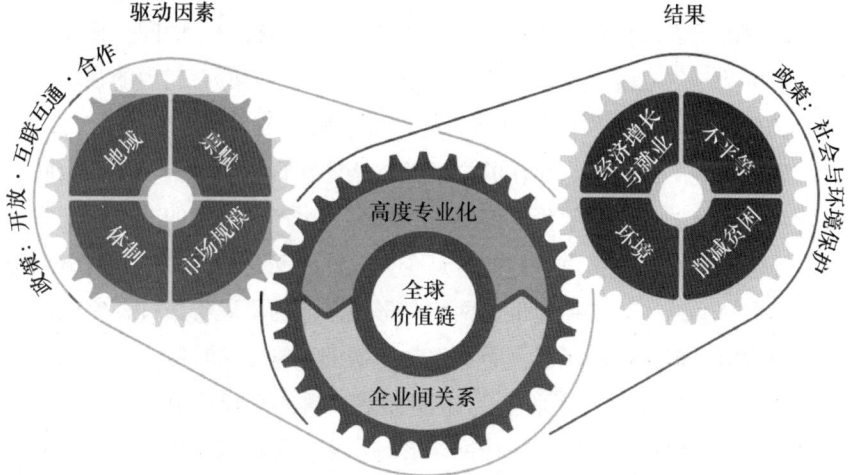

图 4 - 3　关于价值链应有的驱动因素、作用与结果的形象图

四、开放型世界经济中价值链网络类型与新视角

现实生产中的供应链是在产品生产和流通过程中形成的全方位网络结构,涉及原材料供应商、生产商、分销商、零售商以及最终消费者等,它们通过与各自的上下游成员的连接形成网络,是由从物料获取、物料加工、将成品运送到用户手中、进行售后服务所涉及的所有企业和生产、流通环节组成。我们以手机生产的产业链为例。供应链是节点企业和它们之间供求关系的网链结构,手机供应链网络的若干主要特征可以总结如下:

首先是生产网络的复杂性。因为手机生产供应链节点企业的技术专业跨度不同,供应链大多是由多家、多类型(元器件生产、组装、销售)甚至不同国家的企业构成(例如芯片、存储器、电声元器件、摄影元件是在不同国家生产的),所以手机供应链网络的结构模式远比单个手机企业的结构模式复杂得多。其次是生产网络的动态性。供应链网络的整合与管控要适应企业战略的变化,尤其是要适应本国的内部条件和外部环境的不断变化(如国内外要素供给市场与最终需求市场的变化),时刻在进行新的整合调整,这使得供应链的动态性是其明显的特征之一。再次是价值链生产网络应该具有响应性。生产网络对来自生产、市场的各种信息应该有迅速的反应,这是生产网络能否适应外界变化的根本。供应链网络的形成与变化是对市场需求信息变化的反应,在供应链的运行中,中间、终端用户的需求拉动是供应链运作方式变革的根本动力,企业应对能力的强弱一般会体现在对于已有和预计的物流、生产流、财务流等的信息整合与处理上。最后是生产网络节点存在的交叉性。企业在日常经营中,往往会同时身处若干价值链上,若干价值链的交叉形成了生产网络上的节点,这些节点上的企业可能是这个供应链的节点企业,同时又是其他供应链的节点企业,产生交叉结构,支撑起生产网络,形成产业的集聚与集群,完成价值倍加的增值,但也增加了节点企业整合、协调、管理的难度。

由于亚太地区,尤其东亚在 20 世纪后期融入全球价值链的进程引人瞩目,学者们对亚太地区的生产网络形态类型与形成因素进行了大量的研究(Zysman,1997)。研究发现,决定亚洲生产网络类型的是主导厂商的结构及其生产动机和主导厂商母国的治理结构。研究者从合作关系特性

以及合作的进入难度等角度将网络类型区分为垂直型或水平型网络，以及开放型或封闭型网络，并据此将亚洲的生产网络分为四种类型：

一是垂直封闭型生产网络。日本、韩国的跨国企业网络大多为此类型。日本、韩国企业治理结构大多为层级型垂直管控模式，为维护总部的权威和核心技术能力，其海外分支机构受总部的严格控制。以日本企业为主导的跨国生产网络中，核心企业首先将附加值低的生产环节转移到发展中国家，继而本国供应商跟进，投资建立配套厂家。为保证质量和技术要求，在东道国本土企业的采购大多仅限于能源、原材料和低附加值的中间产品，技术含量要求较高的中间产品则由跟进的日资企业提供或直接从日本采购，形成典型的垂直封闭型网络。

二是垂直开放型生产网络。美国跨国企业网络大多为此类型。在这种类型下，东道国的供应商在原材料、中间产品使用上有较大的市场自主权和灵活性，但美资主导企业会严格管控价值链的关键环节。为了提高供应商的能力，主导企业有向东道国供应商提供技术、配套、营销支持的动力，更多地将生产、配套、服务等外包，这使得美国企业跨国生产网络在境外产生的价值较高。由于主导企业转向管控附加值更高的新产品设计研发、应用软件生产、管控系统集成、信息整合等环节，因此仍然有很高的附加值率。

三是水平开放型生产网络。中国台湾企业的生产网络大多是这一类型的代表。在这类生产网络中，主导企业与网络中其他企业之间的地位（规模、技术水平甚至创新能力）并不存在极大的差别，网络中各个企业的专业化程度都比较高，技术、设备力量也相对均衡，网络中的企业彼此业务联系广，与网络外的企业关系比较灵活和复杂，价值链上的企业经常会变更合作伙伴，运营的开放性好。企业适应内部条件与外部环境变化的能力较强，有人形容它们是"船小好调头"，但经营的变动性因此也相对大些。

四是水平封闭型生产网络。一般认为海外华人企业形成的网络大多为这一类型。这种类型在欧美的华人企业（如在西欧的温商、浙商企业）中较为普及。共同的种族、血缘、地缘、文化、语言和人际关系形成纽带，为企业间的合作协调、形成网络带来便利，同时也使得局外企业难以入局。这种类型的企业之间的关系平等，运营中相互帮衬，利益大家共享。

与封闭型生产网络相比，开放型生产网络对于相对落后的发展中国家的产业嵌入发达国家已有的价值链和生产网络，以及嵌入之后进行产业升级更为有利。例如，找到定位嵌入以欧美企业为主导的全球开放型生产网络对发展中国家的工业发展是非常有利的，这对于全球发展中国家的经济发展有着正面的促进作用。

20世纪90年代以来，价值链的全球分工新模式的演进，使得世界产业分工格局乃至经济全球化发生了重大变化。这一新的价值链全球分工有两个基本特征。首先，从中间产品投入的角度看，生产某一特定最终产品（比如在中国生产的苹果手机和手表）需要各种相关的中间产品（如芯片、电声元器件以及各种服务性投入），这些中间产品可能来自不同经济体（中国、美国、日本甚至印度等）的不同行业或企业，而这些中间产品（比如电声元器件）的生产又需要投入其他厂商生产的必需中间产品（比如塑料、橡胶、金属件等）。这就形成了全球产品链、产业链，以及与之相关的各个次级链，这些链条的交叉便会形成生产网络。其次，最终产品（手机）或中间产品（芯片、塑料、金属、商务服务等）的生产都需要投入初始的、最基本的生产要素，如资本、劳动力、土地、管理、技术、信息、数据等，这些要素的回报形成了增加值，或者说这些最终产品和服务、中间产品和服务都含有来自不同国家、行业或企业所贡献的（直接或间接的）新附加值，其综合架构便形成了全球价值链。而价值链网络的形成，对于在链上、网络节点上进行参与的国家、行业、企业会产生必然的影响。表4-2展示了当代国际分工格局，它体现出了生产网络各个节点的复杂性。

表4-2 当代国际分工格局

国际分工 基本类型	产业间分工	产业内分工	产品内分工	
			垂直产品内分工	水平产品内分工
基于价值链视角的界定	不同产业价值链的分工	同一产业中不同产品价值链的分工	同一产品价值链中上下游价值环节的国际分工	同一产品价值链中技术水平和密集度相似环节的国际分工

续表

国际分工基本类型	产业间分工	产业内分工	产品内分工	
			垂直产品内分工	水平产品内分工
基本分工结构	垂直型	水平型	垂直型	水平型
分工的国别区位结构	发达国家与众多发展中国家之间	1. 发达国家之间 2. 发达国家和新兴工业化国家（或区域）之间 3. 发达国家与部分发展中国家之间	1. 发达国家和新兴工业化国家（或区域）之间 2. 发达国家与部分发展中国家之间	1. 发达国家之间 2. 发达国家和新兴工业化国家（或区域）之间 3. 发达国家与部分发展中国家之间
分工的主要方式和手段	产业间一般国际贸易	1. 产业内一般国际贸易 2. 公司内贸易 3. 国际直接投资等	1. 一般国际贸易 2. 加工贸易 3. 全球外包 4. OEM 5. ODM 6. 国际直接投资 7. 公司内贸易	1. 一般国际贸易 2. 全球合同外包 3. 国际直接投资 4. 公司内贸易 5. 战略联盟等
分工的基本理论依据	比较优势理论；资源禀赋理论	规模经济理论；竞争优势理论	比较优势理论；规模经济理论；竞争优势理论；交易成本理论；内部化理论；等等	

资料来源：刘春生. 全球生产网络构建的理论与实证研究. 北京：中国人民大学，2006：7.

关于全球价值链造成的影响的研究可以追溯到20世纪60年代，巴拉萨（Balassa，1968）经过研究发现，二战以后全球贸易发生了很大的变化，中间产品贸易的比重在整个贸易行为中所占的份额越来越大，已经超过了最终产品贸易的比重。而其他学者也相继发现了这一现象并对其进行了深入的研究，对这一现象的定义出现了各种术语。例如，琼斯等（Jones et al.，2002）把这种现象称为离岸外包（offshoring outsourcing），克鲁格曼等（Krugman et al.，1996）和蒂默等（Timmer et al.，2014）则将其定义为碎片化生产（slicing production），芬斯特拉和汉森（Feenstra and Hanson，1995）将之定义为生产离散化（production disintegrating），亨默尔斯与易（Hummels and Yi，1998）称之为垂直专业化（vertical specialization），鲍德温（Baldwin，2007）提出了"第二次全球化离散"（globalization's second unbundling）的观点。国内的学者也对全球价值链进行了比较详细的分析。比如，盛洪（1991）解释了垂直专业化产生的内在原因，从理论上阐述了产品内分工和交易成本之间的联系。吴敬琏（2003）认为在全球化背景下，跨国公司通常将产品生产分割成不同的部分，将之分散到全球各地，通过各地的比较优势在全球优化配置生产要素，这种产业转移是跨国公司增加利润和加快自身发展的重要途径。虽然许多学者用不同的名词对这一现象进行定义，但是基本的含义都是描述全球价值链的实质是生产分工的增值过程的转变。就产品生产而言，它的价值已经不再是由单个国家完全独自生产并占有，而是由许多国家一起创造并共同享有。在价值链理论深化的过程中，人们对于因为价值链而产生的贸易如何更准确地计算，从而更合理地反映价值在不同阶段的产生，与在不同生产国家与经济体之间进行分配形成了新的思维。

随着国际分工的深入和扩大，工业品的生产遍布的地区越来越广，工序越分越细，生产链条越来越长，中间产品贸易得以飞速发展，产品跨越国界的现象越来越普遍，许多产品的价值生产已经被许多国家所共同创造，而不仅仅是最终出口国或地区所独有。我们在前面曾经提到过，经济合作与发展组织在21世纪第二个十年中期的调查报告显示，营业额超过10亿美元的300家跨国公司中，平均有51%的元部件生产、47%的最终组装生产、46%的仓储、43%的客户服务、39%的研发工作都是在本国以外完成的。但是，目前大多数贸易统计方法却无法精确地描述这样的生产过程，只能统计出产品的进出口总值，这样的统计方法造成了重复计算的后果，可能会造成双边贸易统计失衡，扩大双边贸易不平衡状态，造成对外贸易政策和宏观经济政策的决策不当。全球价值链还表现在商品和服务的多次跨境上，不仅进口的投入品用于国内的商品生产和服务，出口也会反映国外的增加值，对于中国这样的贸易大国来说，重复计算问题尤其严重，引发了多重争议，甚至成为中国与他国发生贸易摩擦的重要原因之一。在这种情况下，增加值贸易（trade in value added）的提出，可以从真正意义上解释价值链各个环节增值的发生，以及增值是如何在这些环节中进行分配的。为了说明这一情况，我们引用邢和德特尔特（Xing and Detert，2010）关于苹果手机生产过程的案例来阐释这一价值分解过程。

苹果手机是美国的产品，但只有研发、市场营销等几个价值链环节是在美国本土完成的，中间产品的生产环节绝大部分都是在海外进行的，最终的组装环节在中国进行，然后销往世界各地。一台苹果手机完工后的成本大约是178.96美元，其中中国所创造的增加值部分只占3.6%左右。中国在整个手机组装过程中使用了大量从国外进口的中间投入品，而这些中间产品的增加值，日本占了33.9%，德国占了16.8%，韩国占了12.8%，美国也有6%。日本提供了触摸屏和内存，德国提供了基带，韩国制造了处理器，美国制造了芯片。而上述这些国家企业制造零部件的过程中，还要使用投入品，又会包含来自其他国家投入品中的增加值，这是现在全球价值链生产的普遍模式，价值是层层嵌套的，只计算最后商品的总价值，而不重视这些价值是如何在不同国家、不同层级企业、不同生产环节进行分配、再分配的，最终商品的价值是无法反映出开放型世界经济中价值链和生产网络的总体运行面貌的。但上述这台成品苹果手机在由中国卖到美国时，整体价值都算作中国出口额，但中国真正的增值部分只占总价值的不到4%，其他都是在为他人转移价值，为他人作嫁衣裳。因此，中国领导人总是在强调，贸易顺差在中国，但贸易利益则在其他国家。当然，这也可以惠及世界经济总体，惠及世界生产网络的其他积极参与者。

我们观察到各个经济体在参与全球产业链和价值链的分工时，由于所处的分工定位不同，参与分工的层次与程度不同，以及为最终产品形成、为生产全过程贡献的增加值不同，因此各经济体参与价值链和产业链网络的国内环节与国际环节，在内容、结构和占比上均有较大差异。一种商品和服务往往是由多个经济体的多家企业协同完成的，不同经济体在各自的价值链生产环节进行了中间产品增加值生产分工，最后形成最终产品，因此而产生的贸易被经济学家们称为增加值贸易或者任务贸易（trade in tasks）。比如，有许多在中国完成最终产品生产并出口的商品都标有"made in China"（中国造）的标签，但如果仔细探讨产品生产的每个环节，就会发现由于很多中间产品和服务的增加值来自其他各国，所以最终产品和服务更应该被称为"made in the world"（世界造）或"global made"（全球造）。图4-4显示的是2011年若干国家的贸易额价值构成。

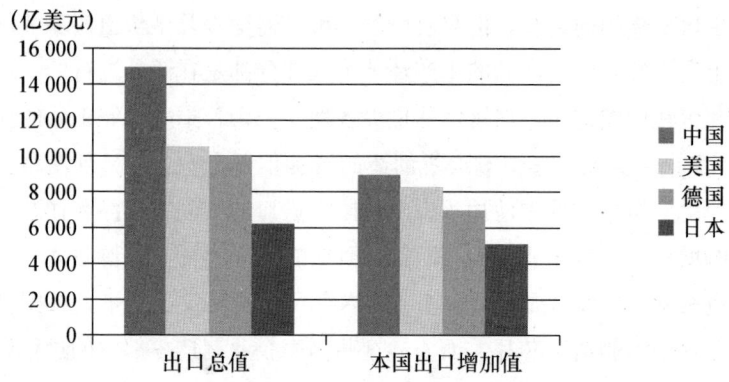

图 4-4 2011 年主要四国的制造业出口总值与出口增加值比对

资料来源：张晓攀（2017）。

全球价值链网络形成的贸易，其复杂性还表现在商品和服务的多次跨境上，不仅进口的投入品用于国内的商品生产和服务，出口也会反映国外的增加值。霍默尔斯等（Hummels et al., 2011）的研究认为，全球价值链环节中，进口投入品用于出口的现象在 1970—1990 年发展非常迅速，差不多可以解释这一时期贸易增长的 1/3。今天已经深度参与全球价值链网络的国家和地区，如墨西哥、中国、韩国和亚洲其他新兴经济体，国外增加值可以占到本国总出口的 40% 左右。全球价值链引发的贸易在世界范围内的扩张和增长使得中间产品贸易占全球贸易总量的比重逐渐上升。根据世界贸易组织 2013 年统计数据，中间产品贸易占全球贸易的 40% 左右。米洛多特和兰兹（Miroudot and Lanz, 2011）经过测算认为，商品贸易中，中间产品贸易大约占全球贸易的 56%，而服务贸易中，中间产品贸易约占全球贸易的 73%。1994—2007 年，商品、服务的中间产品贸易增长率每年大约分别是 6% 和 7%。与此同时，全球价值链的发展对贸易相关数据统计也提出了新的挑战，当出现全球价值链和中间产品的多次跨境流动参与到生产和流通中后，贸易总量数据就无法准确全面地记录和反映参与全球价值链的每个国家和地区的真实情况，从而引发了相应的贸易矛盾。这一情况引起了国际经济组织的高度重视，联合国贸易和发展会议认为，全球价值链的出现导致全球贸易统计数据失准。一方面是重复计算，联合国贸易和发展会议的报告显示，2010 年 19 万亿美元的全球出口中，重复计算的约为 5 万亿美元；另一方面是服务贸易的比重因价值链和生产网络被低估。

具体分析中国的制造业，出口产品中的本国增加值含量大概略高于 60%，即出口中由本国实际创造的增值部分不足三分之二，其余超过三分之一的增值部分实则是由其他国家和地区创造的，是通过进口到中国再加工进而再次出口给其他国家和地区来实现的。我们认为，由于传统的总量贸易统计方法存在较大程度的重复统计，如果继续采用贸易总量统计方法对世界贸易局势和国际分工状况进行分析或进行科学研究必然会带来一定程度的误差。另外，增加值贸易视角下对国际分工的研究需要从"产品流"层面转变为"价值流"层面，也就是说，应该从研究产品的进出口流向进一步深入探索产品背后的价值量构成和价值流转。对这一情况的深入研究，对于开放型世界经济研究具有理论意义，同时对于中国如何在世界价值链网络中提升产业结构具有一定的启发作用，而且对于缓和世界贸易矛盾（如中美贸易战），解释国际价值转移形成的国际"剥削"，找出问题的实质，具有很强的政策意义。

五、开放型世界经济中价值链的发展新趋向

开放型世界经济中全球价值链的发展是以生产网络存在为前提的，全球价值链迅猛扩张的基础是生产网络跨越大洲的全球延伸。世界经济中的生产网络，从网络参与者的北北合作、南北合作向混合型的合作发展；价值链的网络节点之间，从垂直分工、水平分工向混合分工发展；微笑曲线不同阶段参与者的定位正在经历着历史性的变化，新兴工业化经济体正在向曲线两端扩展，试探完整供应链的建设；对于价值链的管理、治理，以及整合全生产网络资源的重要性日益显现；等等。

首先，全球价值链网络不同阶段的参与者在发生着变化，地位和定位都在改变。有研究证明，北美-西欧生产网络和北美-东亚生产网络是当下最具全球价值链特征、最典型的跨大洲生产网络。美欧之间的历史传统、意识形态、文化宗教相同，经济联系紧密，产业基础基本同质又存在分工差异，制度基础则完全相同，两大区域间具有相互投资的一切充要条件，这推动了彼此间北-北国际水平分工，促成了北美-西欧跨洲生产网络的形

成。北美-东亚跨洲生产网络则是具有北-北、南-北混合性质的生产网络，但主要的合作轴心基本体现的是南-北合作的性质。这一跨洲生产网络属于垂直型分工体系，基于比较优势，网络中各经济体的企业进行着生产过程不同阶段的工作，如投资、研发、零部件、组装、营销、服务等环节，东亚地区经济体，尤其是新兴工业化经济体，通过切入这一生产网络参与到符合自身比较优势、自然禀赋的生产阶段，接受直接投资，接受主导企业的整合，建立企业，从事生产，获得了经济的高速发展，主导企业及其母国也因此获益，维持了本国居民生活水平的提高。

从微笑曲线来看，在北美-东亚跨洲生产网络中，东亚的新兴工业化国家和经济体最初参与分工主要根据的是本土的比较优势和自然禀赋，如丰富的劳动力、廉价的土地、富集的自然资源和原材料等，大多处于生产、组装阶段。处在微笑曲线附加值率最高端的是北美公司，它们掌握着产品研发创新、关键零部件生产、全球营销、提供售后服务等环节，日本、韩国公司提供高附加值中间产品、集成高技术含量中间产品模块以及从事部分创新，部分新兴工业化经济体的企业也在一定程度上参与这一过程，而多数本地区的发展中国家、新兴经济体基本上从事产品的组装和生产。这是典型的跨国公司主导型的垂直专业化北-南国际分工模式。随着开放型世界经济的演进，这种微笑曲线形成的价值链模式开始发生变化，在今天的世界经济中微笑曲线不同阶段的参与者发生了更替，附加值的分配也因此有所消长，曲线本身也出现了某些变化，呈现了混合型分工合作的特点。

其次，不同参与者在微笑曲线上的位置变化体现了开放型世界经济发展的基本大方向。随着经济全球化和区域一体化进程的不断深化，全球经济分工格局出现了进一步的深化和转变，各个国家和地区根据自身的比较优势和要素禀赋打造异质性企业出口优势，国际分工格局从产业间分工、产业内分工到产品内分工不断进化，各个参与者在微笑曲线上的位置在动态变化。在传统的微笑曲线中，美欧日居曲线上游，开发产品、服务，生产关键零部件和模块，新兴工业化经济体从事产品的组装和生产，美欧日在世界市场中居主导地位，并提供全部的微笑曲线资源的整合、价值链不同阶段的管理，以及整个生产网络的治理。伴随着世界经济的发展，科技革命和工业革命的进程，生产网络的所有参与者均动态地调整、改变自己，寻找更适合自己的定位，使得微笑曲线发生了相应的变化（见图4-5）。

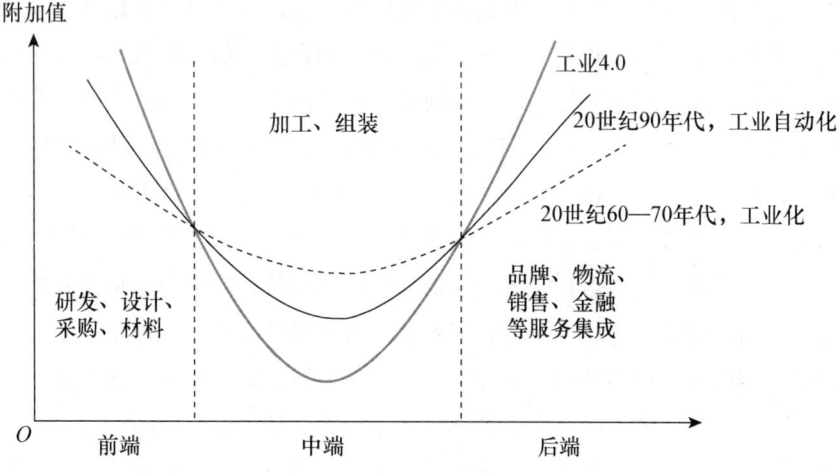

图4-5　微笑曲线的变化

从生产网络运行的过程看，生产的碎片化、阶段化日益明显，价值链对于处在微笑曲线不同生产阶段的参与者进行了不同的增值分配。随着科技革命和工业革命的特征变化，微笑曲线更加陡峭，这意味着在全生产链中，研发、设计的地位在提高，高新核心元器件生产被垄断，模块组装、产品组装可以分布到世界任何具有适宜比较优势的地方，品牌、物流、金融、销售、售后服务等基本掌握在价值链的链主企业（主导企业）手中，新增附加值的分配向微笑曲线的两端倾斜。一个明显的趋势是，新兴经济体和发展中国家在微笑曲线中的定位处于附加值率较低的位置上，但由于经手组装的产品量极大，出现了得到的增值率很低，但得到的增值量却很大的实际情况，从而也促进了经济的增长。

再次，在全球化的背景下，融入全球价值链的参与者，在运行过程中不断地有中间产品、中间服务在周转，在不同国家和地区间不断地流转，这种流转的分布和嵌入程度也反映了一个经济体对全球价值链的参与和依赖程度。在这种情况下，参与者所具有的对于全球价值链的整合能力、管理能力、治理能力，在经济全球化国际分工中的作用凸显。各经济体都在加强对国际价值链的整合和控制，这已经成为一个经济体在开放型世界经济中地位的重要体现。我们以企业，尤其是链主企业在产业链上所处的位置作为出发点，将价值链的整合划分为横向、纵向以及混合三种类型的整合。横向整合是指提高链上企业的集中度，通过强化对链上相同类型企业的管控，横向整合资源，提升研发能力，加强相关信息处理，增加对市场的掌控，以获取垄断性利润。纵向整合是指产业链上的核心企业（往往是链主企业，即主导企业），对上下游企业施加约束性影响，以金融为导向，以标准与程序为核心，使之按照产品标准和纵向程序从事生产，形成规模经济，通过产量、价格或市场的管控，实现产业链整体利润最大化。混合整合又称斜向整合，它既包括横向整合也包括纵向整合，是两者的结合。它成功的关键是对与本产业有着紧密横向或纵向相关的企业，能够有效实行一体化约束即管控。这种整合对于价值链的管控能力要求很高，实践中也只有产业链上的链主企业才有可能做到。在今天的价值链实践中，能够驾驭产业链，整合资源，形成利润最大化的企业，一般都具有在标准制定、金融、技术、管理、营销或规模上的独到整合能力。

另外，在开放型世界经济中，未来全球价值链的发展态势将取决于生产网络产生的利益的分配和再分配。在今天南-北型合作的价值链，以及垂直和混合整合的生产网络发展方向上，我们主要关心的是以下几个方面的情况：一是世界主要制造业大国能否在新的价值链体系中互相协调，竞合共存，避免贸易保护主义，带动其他国家加入全球生产网络，惠及全球化进一步发展。二是广大发展中国家，尤其是非洲和南亚的廉价剩余劳动力是否能够通过能力建设，充分融入全球生产链中，成为世界生产网络中新的生力军。三是即将来临的新的科技发展和工业革命能否创造出全新的价值链，同时进一步降低通信、交通等贸易成本，推动传统全球价值链继续发展。四是全球的海外直接投资的增长能否在促进全球价值链生产网络的形成和发展中起到重要作用。20世纪80年代以来，全球海外直接投资已经增长了约五倍，占全球GDP大约30%。目前大部分海外直接投资属于水平型，通过跨国公司兼并国外类似附属公司来实现水平扩张。一般认为，水平型海外投资的主要目的是进入市场或获取技术，而垂直型海外直接投资则主要是为了降低成本。五是亚太地区的价值链是典型的南-北合作价值链，其给予世界生产网络的方向引导作用有多大，能否通过推动亚太价值链生产网络的区域分工，使各国在 APEC、RCEP、中日韩一体化合作等区域合作框架下，在区域经贸合作中和平共处，利益共享，一起实现亚太经济的共同繁荣。

六、中国在开放型世界经济中的价值链布局

随着科技的进步，交通运输、信息沟通等成本的降低推进全球价值链在全球范围内快速增长，而且在过去几十年里，由于跨国直接投资壁垒的降低，跨国兼并愈演愈烈，专业化分工进一步深化，因此，价值链生产网络的迅速铺开，已经成为全球化的重要表现形式。在这样的前提下，人们提出了人尽皆知的事实：1993—1994年，即20世纪90年代初，没有人把中国称为世界工厂，而到21世纪第一个十年的中期，中国变成了名副其实的世界工厂。但人们接下来的问题是：为什么中国可以在短短的十年左右成为世界工厂？中国的这一飞跃，其他国家能否复制？答案是由于世界经济的变化，世界的价值链体系和生产网络在变化，其他国家或经济体"抄作业"的可能性虽然存在，但很难。

第一，中国能够成为世界工厂，具有其自身的必要条件和充分条件，也存在着独特的内部条件及适宜的外部环境。中国形成世界工厂的条件和环境，今天已经不复存在。这个得以迅速转变为世界工厂的必要条件是国内的独特努力，而充分条件应该是在全球化高潮中，华尔街为追逐利润最大化在全球重新配置资源，发达国家在全球重组生产网络、重组供应链、重构价值链。这一过程已经基本定型，若要再发生根本性变化，需要有新的科技革命和工业革命的发生，目前这一过程还在酝酿中，中国正在展开的新型基础设施建设，就是在动态地迎接这一过程的到来。

21世纪第一个十年世界贸易增长的主要动力是东亚国家、新兴工业化经济体和资源型国家，其中中国对于世界贸易快速增长的贡献是有目共睹的。这主要出于以下四个原因：首先，发展中国家劳动力成本低，中国数亿廉价劳动力进入世界生产体系，在全球分工中得以发挥劳动力比较优势，深入由发达国家主导的生产网络，尤其是低端加工生产环节。几亿中国工人进入世界生产网络，使得世界生产提升了一个数量级，也使得世界市场规模能够得以扩大并得到满足。其次，中国基础设施，如路、电、水

等在这一时期得到了快速的发展,加之交通运输、通信、电子通关等技术的进步使得生产和贸易成本大幅下降。再次,贸易障碍逐渐降低,尤其是发展中国家关税从 20 世纪 70 年代的 45% 左右降到目前的 15% 以下[①],同时其他各种贸易成本也大幅下降,全球各类自由贸易协定又使得区域内贸易流动更加自由。最后,全球价值链的发展极大地推动了中间产品贸易的快速增长,发达国家把一般制造业的诸多环节大规模转移到了中国,尤其是珠江三角洲、长江三角洲,中国加工贸易增长迅速,并且成为中国主要贸易形式之一。这四个原因导致了全球贸易格局从美国、德国出口最多,转变为中国出口最多,贸易总额第一也由美国转变为中国。

第二,从长期趋势看,由于科技的发展、运输条件的改善和成本的降低,虽然价值链正在全球范围内扩张,并且日益突破了距离的限制,但是地理因素仍是价值链分布的重要影响因素。中国在全球价值链网络中与亚太地区的亲和度最高,因此中国在价值链中的布局与日本、韩国及中国台湾企业的生产网络关系密切。芬斯特拉和汉森(Feenstra and Hanson,2007)调查发现,一半以上的墨西哥出口商品是美国企业以外包形式在墨西哥境内加工后出口的,即这些商品大部分由美国外包到墨西哥,加工后又从墨西哥流回美国。事实上欧盟地区也存在类似的情况,欧盟东扩后,主要欧盟国家如德国、法国、意大利等从相对落后的中东欧等新入盟国家进口商品的现象日益增多,而且跨国公司与自己投资的子公司的内部贸易成为各国非常重要的贸易形式。地缘接近使得全球价值链贸易不仅会在发达国家和不发达国家之间展开,也可以发生在相似的两个国家之间。如果两个国家要素禀赋相似,由于存在地区溢出效应,价值链的形成也变得有利可图。这种中心-外围模式的形成会使得处于中心的新兴国家由原来的从发达国家进口转为从外围国家进口。当然,企业是否决定参与全球价值链,绝不仅考虑地理因素,也会从企业内部加以考虑,即从上下游购买、销售中间产品进行比较而决定是否参与到价值链中。这样做的结果就是公司内贸易会在国际贸易比重中占据更大的份额,国际贸易在一定程度上表

---

① 世贸组织规定发达国家平均关税税率为 5%,发展中国家为 11%,中国加入世贸组织后,平均关税税率为 9.8%。

现为公司内贸易，即表现为国与国之间的贸易过程并未走出一家公司的大门。中国加工贸易的形式曾经占贸易总量的接近60%，但公司内部贸易是近年来中国贸易的重要特点，原因是西方跨国公司即使在中国拥有子公司或附属关联企业，但是这些企业与跨国母公司也不一定处于同一价值链上，即便处于同一价值链上，两者也并不一定必然会产生贸易。因此，中国在价值链上的贸易还是具有浓重的地域特点，亚太地区是中国对外贸易的主要地区指向，而中国与欧盟的贸易则是非地缘贸易的重要体现。中国已经很深地嵌入了东亚地区的全球供应链体系，这符合价值链、生产链的价值增加的核心部分正逐步区域化、国内化的趋势。当然，特殊的事件往往也会对供应链产生一定影响，如美国特朗普当选总统后加大产业回迁的力度，全球新冠肺炎疫情蔓延后，发达国家突然发现医疗防护用品和设施严重依赖国外生产的危险性，开始着手推动某些供应链的回归，这会在一定程度上对一些产业生产网络的全球布局产生影响。

第三，科技进步、服务接入价值链、制度因素的变化、营商环境的改善、市场规模是中国能够在全球价值链中发展的重要原因和前提。中国吸收了世界信息技术、通信设备和交通运输等领域的进步，使得管理和协调全球各地的生产更为方便，在有形产品交易增加的同时，当今全球化过程已经逐渐从工业实体经济向服务经济倾斜，服务价值在全球价值链中的比重日益提升，作用日益突出，各类服务如港口、保险、金融、通信的发展，对中国在价值链网络中发挥软实力，进行整合、管控，提升在市场网络中的地位，起到了非常重要的作用。中国参与全球价值链市场网络，最初是利用低廉的劳动力，之后则利用逐渐降低的交通运输成本、快捷的通信以及地理优势等因素参与全球价值链的生产过程。再之后，中国在不断深化的改革开放过程中，利用日益完善的制度因素将发达国家转移生产流程的部分环节吸引到中国的主要经济区域，如珠江三角洲和长江三角洲。价值链生产网络的发展总是倾向于选择更大的市场规模，同时会在更大的范围内寻找更加优质的供应商。在这一过程中，基础设施的改进有利于全球价值链的布局发展，市场规模会增大吸引力，而制度因素，如营商环境会更好地推进生产网络的发展。2019年对中国营商环境的评估大幅度提升，甚至排到了法国之前，这对于中国在未来进一步布局市场网络、重构有利于中国的价值链,是非常有帮助的。

第四,中国在当今世界价值链生产网络中的价值分配地位中,仍然处于与其规模甚至结构不匹配的位置,在增值贸易中处于不利地位,以至于中国领导人(如中国三任总理朱镕基、温家宝、李克强)多次在不同场合直陈,贸易顺差在中国手中,但贸易利益却在逆差国那里,并指出中国并不刻意追求贸易顺差。我们在前面分析的美国罗技公司在鼠标生产过程中的价值形成与分配,就反映了这一情况。

中国在价值链生产网络中的定位可以用所谓贸易三角形的变化来表示:20 世纪 70—80 年代,东亚和中国各经济体单独向世界其他国家出口产品,获得贸易顺差。但在 1997—1998 年亚洲金融风暴之后,世界的贸易三角形得到了极大的修正,中国从东亚和世界其他地方进口技术、中间产品、能源及其他材料,之后通过生产、组装,形成最终产品,并将其售与世界其他地方的市场。在这一过程中,人们能够很好地理解在生产过程中,增加价值的产生和附加值的分配。图 4-6 明确显示,中国单独从世界获得大量的出口收入,形成巨额顺差,但将从东亚及其他地方进口的中间产品等刨除,中国在这种贸易中真正的收获并不像很多人分析的那么大。另外,尽管某些中国出口产品在国际市场上占到了相当大的比重,从局部看甚至居于垄断地位,但是将它放在全球贸易的总量中,甚至是放在中国进出口贸易的总量中,事实上占比很小。

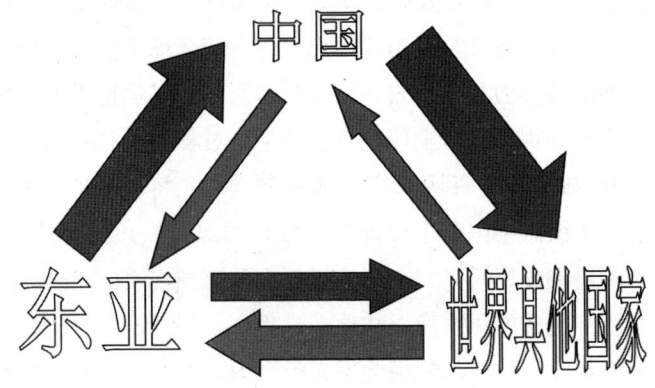

图 4-6 世界贸易三角形

分析中美贸易纠纷时,按贸易数据的传统统计方法计算的中美贸易逆差，与按增加值贸易的全球价值链方法统计的结果存在比较大的差异。中国从2001年入世以来，对美国贸易顺差每年增长10%以上，这让中国承受了很大的国际压力。而从全球价值链测算角度衡量，中国科学院用增加值计算的中美之间的贸易顺差，在2010—2013年间，要比用传统方法计算的低50%左右。以前文的苹果手机为例，该文的作者经过计算指出，如果从价值链角度核算，美国2009年在苹果手机上的贸易逆差会从19亿美元减少到7300万美元。因此，在全球价值链发展日益深入的新型分工模式背景下，传统的贸易统计会造成一些"假象"（这是由于中间产品在国家之间多次来回跨境参与价值链各个环节，会引起重复计算），进而引发各国对实际贸易情况的误判从而导致一些国际争端。因此，从全球价值链的视角，通过价值链贸易来统计和测算各国之间的真实进出口获益（而非单纯从出口收汇角度）情况就显得尤为必要（定量分析请参考附录二的Ⅷ部分）。

我们在欧盟官网上寻找到一家荷兰女鞋商业公司，该公司向欧盟提出向原产中国女鞋征收附加关税的申诉案例非常具有典型意义：即便是劳动密集型产业的产品出口，新增加价值的分布也会向非制造业环节倾斜，尤其是倾向于整合资源和实施价值链管理的环节和阶段。

这家荷兰公司外包给中国制造的女鞋价值，包括三大部分：

（1）制造前过程创造的价值，包括研发成本和质量监控成本。

（2）制造过程创造的价值，包括原材料成本、劳动力成本、利润，以及运输费、保险费。

（3）制造后过程创造的价值，包括关税、物流成本、零售加价。

该公司95%的制鞋都外包给中国，中国参与制造环节，即第二个过程，欧洲公司控制第一、三个过程。这是全球化下鞋生产的典型过程。

我们看一下该荷兰公司外包给中国制造的女鞋的价值分配：

在制造前过程中，一双女鞋的研发费用为0.90欧元，质量监控费用是0.05欧元，全部价值属于欧洲。

在制造过程中，一双中国境内生产的女鞋价值构成为：原材料成本为2.18欧元，劳动力成本为0.93欧元，其他成本（电费等）为0.44欧元，利润为0.37欧元，这部分利润为中国制造的利润。而运输费为0.46欧元，保险费为0.04欧元，基本属于欧洲获得的价值。

在制造后过程中，这双中国鞋被贴上"made in China"的标签后运往欧洲。关税为8%，费用为0.35欧元，物流费为0.22欧元，销售管理等费用为0.67欧元，加上利润，该荷兰公司卖给零售商的价格是6.65欧元。零售商加价三倍，卖给消费者的价格是19.95欧元。在欧洲市场上，这是一双廉价的中国制造女鞋。在这双女鞋的制造增值（而非总成本）过程中，中国所获得的是大约10%的制造业利润，而其他所有利润全部归属包括该荷兰公司、零售商、海运公司、欧洲政府（关税收入）等在内的欧洲实体。由此可见，一双中国制造鞋的绝大部分利润都归属了欧洲的各个环节。

这一案例的价值分配的具体比例在今天肯定会有变化，但价值链各环节、生产网络各节点上增值分配的总体格局、中心-外围的倾斜结构仍然基本成立。这也是今天包括中国在内的新兴工业化国家在融入开放型世界经济，更深地对接世界生产网络，进入全球价值链，参与世界制造业、国际金融、国际资本整合时非常值得注意的情况，也是开放型世界经济治理如何体现共商、共建、共享的重要方面。世界银行《2020年世界发展报告：在全球价值链时代以贸易促发展》的结论为："只要发展中国家深化改革，工业国奉行开放、可预测的政策，全球价值链就能继续促进增长、创造更好的就业岗位和削减贫困。技术变革对贸易和全球价值链可能利大于弊。如果所有国家都加强社会和环境保护，参与全球价值链的收益就可以被广泛共享，并且得以持续。"中国与美国、德国、日本并列，是当前全球产业链四大中心之一。过去的20年间，中国正在由初级制造国升级到先进制造和服务业供给国，产业链中的前向和后向参与度都比较高，目前居于全球产业链的枢纽位置。在中国融入世界产业链的过程中，20世纪90年代主要依靠的是低成本的劳动力和资金，21世纪第一个十年依靠的是积聚效应和规模效应带来的成本优势，第二个十年则主要依靠供应链完整、科技创新和庞大的国内市场规模所产生的吸引力。下一个十年，中国正努力实现在全球产业链中从先进制造和服务业供给国，逐渐向创新驱动国升级的战略目标。中国一贯坚持经济全球化中发展中国家的经济发展应该得到根本重视，将发展中国家对接世界产业链视为落实联合国《2030

年可持续发展议程》的重要方面，积极帮助其他发展中国家和地区参与到世界生产链的环节中，提高工业化水平。与此同时，中国通过提升自身研发、生产、整合、管理的能力，改变在世界生产网络节点中的地位，尽量通过动态地调整在微笑曲线中的定位，在参与世界价值链的增值创造与增值分配中，优化中国目前在世界经济中心-外围格局下获得生产和贸易实际利益不成比例的状况。

第五部分　开放型世界经济建设中贸易便利化与投资自由化推进

2017年2月22日,世界贸易组织一则重要的经贸信息让全世界的人们欣喜:世界贸易组织总干事罗伯托·阿泽维多(Roberto Azevêdo)宣布,《贸易便利化协定》正式生效,这是世界贸易组织成立以来达成的首个多边贸易协定。2013年12月,世界贸易组织第九届部长级会议达成"巴厘一揽子协定",内容涵盖贸易便利化、农业以及发展相关议题,《贸易便利化协定》谈判结束。2014年底,世界贸易组织总理事会批准将《贸易便利化协定》正式纳入世贸规则体系,并开放供成员核准接受,该组织超过2/3成员核准该协定才得以正式生效。2017年2月22日,阿曼、卢旺达、约旦、乍得4个世界贸易组织成员向世界贸易组织递交了《贸易便利化协定》的批准文件。至此已有112个成员批准了该协定,超过协定生效所需2/3的法定门槛,协定正式生效。这项多边协定被认为是多哈回合谈判启动以来取得的最重要突破,对世界经济具有重要意义。据世界贸易组织估算,《贸易便利化协定》的落实将使全球贸易成本减少约14.3%,到2030年将会使得全球出口额外增加2.7%,推动全球经济额外增长0.5%。阿泽维多强调,这些贡献比取消全世界所有关税的意义更大。中国是入世后第一次参与世界经济与贸易中的重大协议谈判,中国所作出的努力以及在关键时刻起到的作用,得到了世界的广泛认同。与此同时,在开放型世界经济中,价值链与世界生产网络的发展,以及各个国家和地区对接加入世界生产网络获得利益的事实,促使各经济体,尤其是发展中经济体对外资实行优惠政策,吸引外国投资。发达国家为了促进生产要素的国际自由流动，实现全球资源的合理整合及有效的配置，谋求利润最大化而积极推动投资自由化。发达国家积极要求发展中国家开放投资市场，后者也存在着大量引进外资促进发展的需求，使得投资便利化体现了规则重心从"边境议题"向"边境后议题"转移的趋势，鼓励投资自由化的措施被纳入了世界贸易组织多边讨论和制定规则的范畴。

中国国家主席习近平在首届中国国际进口博览会开幕式上提出，中国将进一步提升通关便利化水平，营造国际一流营商环境。中国是世界第一大贸易国家，第二大外资引进国家，21世纪面临国际环境的剧烈变化，尤其是国际大环境的冲击（中美贸易战、全球新冠肺炎疫情、世界经济萧条、经济民粹主义抬头），同时国内要素条件发生变化、基本动能转换成为可持续发展的必需。如何在以国内大循环为主的情况下，通过投资自由化的制度安排和贸易便利化政策措施的制定，降低贸易及投资壁垒、促使要素充分自由流动、扩大市场准入，形成陆海内外联动、东西双向互济的开放格局，促进我国区域经济平衡发展、与开放型世界经济更进一步深度融合，形成国内国际两个循环互动的新发展格局，关系到中国在全面建成小康社会之后，在21世纪中叶建成富强、民主、文明、和谐、美丽的社会主义现代化强国这一根本任务的实现。我们通过对已有研究的拓展，探讨在开放型世界经济条件下，贸易、投资和技术转让有序自由化的形成机制以及世界贸易组织贸易便利化政策措施的落地及其影响等。

一、贸易便利化与投资自由化概念与内涵分析

在开放型世界经济条件下，资本、劳动力、技术等要素在国际范围内大规模流动已经成为常态，全球价值链生产网络在世界各个地区大规模建设，最终产品和中间产品等公司的内部交流转化为跨国交易，自由化的制度安排已经成为实现贸易便利化及投资自由化的重要基础和基本框架。通过政策制定、技术进步及管理创新促进贸易便利化及投资自由化，有助于促进开放型世界经济进一步发展，以及在经济稳定增长以及国民福利水平普遍提高等领域取得相应的突破。

第二次世界大战结束后，以美国为主导的发达国家先后通过创建联合国、国际复兴开发银行（IBRD，又称世界银行）、国际货币基金组织和关

税及贸易总协定（GATT，世界贸易组织的前身），作为支撑战后世界政治（国家关系）、金融及贸易运行的支柱，重新构建全球政治与经济的治理结构体系，这几大体系的正常运转基本实现了战后四分之三世纪的世界和平与发展。1995年在《关税及贸易总协定》的基础上，世界贸易组织成立，其宗旨是通过贸易自由化推动国际社会的分工和商品流通，从而促进世界经济发展。在关税及贸易总协定最初运转的50年间，通过自由贸易推动世界经济发展的实现路径主要是降低关税和制定与贸易有关的规制和规范。

20世纪90年代中后期，世界贸易组织成员经济体之间消除关税及限制壁垒的水准趋近极限，进一步促进贸易自由化的目光逐步转移到了新的领域，如非关税措施、服务贸易、政府采购以及通关制度等方面。2001年11月，在卡塔尔首都多哈举行的世界贸易组织第四届部长级会议（2001年11月11日中国在多哈加入世界贸易组织，成为世界贸易组织第143个成员）上，新一轮多边贸易谈判启动，这轮谈判被称为多哈发展议程，或简称多哈回合。多哈回合谈判涉及了大约20个议题，包括农业、非农产品市场准入、服务业、规则、贸易便利化等，其中最关键也是分歧最大的是农业和非农产品市场准入两个议题。2013年12月7日，在世界贸易组织第九届部长级会议上，多哈回合第一份成果为包含有10份文件，主要涉及贸易便利化、农业、发展等内容的"巴厘一揽子协定"，以159个成员全数通过，实现多哈回合"零的突破"。"巴厘一揽子协定"涵盖三个主要内容：一是重新明确发展中国家的粮食安全与补贴计划；二是同意将《贸易便利化协定》纳入世界贸易组织规则体系；三是争取在2015年7月前制订出"后巴厘工作方案"，解决多哈发展议程其余问题。其中，《贸易便利化协定》是世界贸易组织1995年成立以来达成的第一个多边的正式贸易协定，其他内容则以部长级会议决议形式存在。《贸易便利化协定》也是2001年中国入世后，世界贸易组织达成的唯一正式协定，它被认为是在逆全球化出现后，包括中国在内世界各个经济体在推进经济全球化进程方面的重要努力，中国在促成协定谈判的成功方面做了大量的协调、磨合工作，先后提交和参与联署了8份提案，发挥了公认的积极作用，受到了其他成员的赞誉。

贸易便利化一词在学术文献、经济体的贸易政策文件中出现频率很高，但至今在全球范围内并无统一的权威定义。这里将各主要国际经济组织对贸易便利化的概念归纳如下：世界贸易组织（1998 年）和联合国贸易和发展会议（2001 年）认为，贸易便利化是指国际贸易程序（包括国际货物贸易流动所需要的收集、提供、沟通及处理数据的活动、做法和手续）的简化和协调。经济合作与发展组织（2001 年）对贸易便利化的表述是：国际货物从卖方流动到买方并向另一方支付所需要的程序及相关信息流动的简化和标准化。联合国欧洲经济委员会（2002 年）将贸易便利化定义为：用全面的和一体化的方法减少贸易交易过程的复杂性和成本，在国际可接受的规范、准则及最佳做法的基础上，保证所有贸易活动在有效、透明和可预见的方式下进行。亚太经合组织（2002 年）的提法是：贸易便利化一般是指使用新技术和其他措施，简化和协调与贸易有关的程序及行政障碍，降低成本，推动货物和服务更好地流通。尽管各个国际经济组织对贸易便利化的定义各有侧重，但是它的基本含义是很清楚的。我们认为，贸易便利化就是一个经济体、经济一体化组织的贸易行政管理机构，对进出口货物实施管理（包括通关、商检、卫检、动植物检验）的时间更短、成本更低、手续更加简便以及具有明确的流程和充分的可预期性。上述管理职能在有些国家由若干边境管理机构承担，但绝大多数均由专门的海关机构负责，中国在机构改革后也属于后一类（将商检等功能并入海关）。所以，一般而言，贸易便利化的简单理解就是通关便利化。今天，更多的经济体在实施通关便利化方面采取了很多政策和做法，其中包括我们将在后面介绍的被广为接受并实施的所谓"单一窗口"的做法。

贸易、金融和投资的自由化被认为是经济全球化最根本的内容。经济全球化从贸易自由化起步，逐渐才形成金融自由化和投资自由化，三者合一才是全面的经济全球化阶段。投资自由化随着跨国公司在 20 世纪 70 年代世界经济的大发展中得到了推进，越来越多的发展中国家开始引进外资、技术，建立生产企业，投资自由化逐渐在全球范围内发挥了日益重要的作用。进入 21 世纪第二个十年，发达国家实施准入前国民待遇原则以及负面清单管理模式，新兴国家和经济体推动现代服务业、制造业、农业对外开放，并在更多领域允许外资控股或独资经营，建立自由贸易区和自由港，加快制定配套法规。在多边和诸边层面，如世界银行建议将开放外国投资准入作为外资立法的重要内容，WTO框架下的《与贸易有关的投资措施协议》及《北美自由贸易协定》中对外资的国民待遇和最惠国待遇的条款，经合组织的多边投资准入自由化规则等，都极大地推动了国际投资自由化进程。

国际投资自由化是指消除国际投资中的各种壁垒，在国际上自由地进行直接、间接的各种投资，鼓励各种类型的资本在国际自由流动。投资自由化的含义就是对国际资本流动减少管制，消除障碍、打破壁垒。但自由化是相对的，对资本流动绝对的放纵和失去管控是不可能的，也有着各种教训。国际投资自由化所能达到的程度取决于各经济体引进外资的目标，对外资的管理能力，以及双边、诸边、多边协议赋予成员国和地区对于资本流动的管理权限。根据联合国贸易和发展会议的解释，投资自由化主要包括以下几个方面：第一，减轻、消除市场扭曲的不利影响。造成市场扭曲的原因有多方面，既可能是外国投资法中特别规定了对外国投资者的限制性措施，也可能是内、外资不能同等享有某种待遇、优惠措施或补贴。第二，给予外国投资者以国民待遇、最惠国待遇以及在运营中的公平公正待遇。第三，改善营商环境以保障市场机制的正常运转，如制定知识产权保护法规、公平竞争规则、信息披露规则，等等。推进投资自由化通常会涉及：首先是投资准入。由于各国和地区对直接或间接投资管制的程度不同，从禁止、选择性开放、大部分开放到完全自由准入的各种情况都存在。其次是进入后的待遇。外国企业进入后要服从东道国管辖，东道国则对准入和进入后的经营实行最惠国待遇和国民待遇，但在具体应用过程中允许存在例外和限制，最常见的是涉及公共秩序、健康以及国家安全方面的例外和限制。另外是商业便利，主要是针对外国投资者经营的跨国特征，处理与其相关的具体问题并提供一定的保证措施，例如涉及外国投资者向东道国之外转移资金（利润、资本、版税等），以及雇用外国管理人员和专门人员免除相应的居留限制，等等。

二、贸易便利化与投资自由化的国际法律体系

为了保障国际贸易便利化与投资自由化正常、制度化地进行，国际上

进行了协商和彼此妥协，最终从各个角度形成了对正常的贸易便利化与投资自由化保护的国际法律体系。与此同时，各个国家和地区从本地实际出发，也纷纷制定了相应的有关法律和条例（如各国的外资法或外资保护条例），以便更好地对贸易便利化和投资自由化给予保护，并对运营进行监管。其中，最值得关注和重视的国际协议与协定包括与世界贸易组织相关的协议，如《贸易便利化协定》《与贸易有关的投资措施协议》等。在各个国家与经济体内部，涉及营商环境的相关法律、法规、条例对投资自由化有着重要的影响。

我们在上面的阐述中讲到过世界贸易组织的《贸易便利化协定》协商、磨合以及通过的情况：2013年12月，世界贸易组织巴厘岛部长级会议上，经过对印度的妥协，并积极与古巴、委内瑞拉、尼加拉瓜等国家进行沟通，全票通过了《贸易便利化协定》。2014年11月底，世界贸易组织通过有关议定书，交由各成员履行国内核准程序。2017年2月22日，已有112个成员接受该协定，超过了世界贸易组织协定规定的三分之二成员接受的生效条件。我们对各方给出的对这一协定基本内容的解释做了综合归纳（以中国商务部世贸司的解读为主要蓝本）。

《贸易便利化协定》全文分为三部分，共24条：第一部分规定了促进贸易便利化的实质性措施和义务；第二部分规定了对发展中国家和最不发达国家的灵活性安排（或称特殊和差别待遇）；第三部分包含了在世界贸易组织设立贸易便利化委员会、成员在本国（地区）设立协调机构确保协议实施，以及最终条款。

第一部分：该部分中前5条主要解决了透明度问题，与GATT第10条相关；第6条至第11条对货物进出口及过境的费用和手续作了进一步规定，与GATT第8条相对应；《贸易便利化协定》第12条则专门针对过境自由，对GATT第5条的规定进行了进一步扩充。

第1条：信息的公布与可获性（Publication and Availability of Information）

第2条：评论机会、生效前信息及磋商（Opportunity to Comment, Information before Entry into Force, and Consultations）

第3条：预裁定（Advance Rulings）

第4条：上诉或审查程序（Procedures for Appeal or Review）

第5条：增强公正性、非歧视性和透明度的其他措施（Other Measures to Enhance Impartiality, Non-discrimination and Transparency）

第6条：关于对进出口征收或与进出口和处罚相关的规费和费用的纪律（Disciplines on Fees and Charges Imposed on or in Connection with Importation and Exportation and Penalties）

第7条：货物放行和结关（Release and Clearance of Goods）

第8条：边境机构合作（Boarder Agency Cooperation）

第9条：受海关监管的进口货物的移动（Movement of Goods Intended for Import under Customs Control）

第10条：与进口、出口和过境相关的手续（Formalities Connected with Importation, Exportation and Transit）

第11条：过境自由（Freedom of Transit）

第12条：海关合作（Customs Cooperation）

第二部分：该部分规定了发展中及最不发达国家如何以更灵活的方式施行协议。发展中国家和最不发达国家可以选择三种方式接受协议。简单来说，发展中国家选择A类则意味着承诺协议生效时立刻在国内推进《贸易便利化协定》相关条款；选择B类的国家则可以根据其实际的发展状况确定《贸易便利化协定》生效后的过渡期；选择C类的国家则说明这类国家需过渡期且在施行《贸易便利化协定》时需要技术援助。该部分还详细规定了具体的推行工作如何展开，以及在推行过程中各成员的通报义务。

第三部分：该部分规定世界贸易组织设立贸易便利化委员会，各成员在本国（地区）设立专门委员会来处理贸易便利化相关条款的进一步实行与落实。

根据协定，发达成员须履行在协定生效后立即实施协定第一部分的所有条款的义务。发展中成员则如上所述，可以将协定条款的实施分为A、

B、C三类。

《贸易便利化协定》40项具体措施中有98%的内容和海关有关。这98%的内容中，30%由海关实施，40%海关是主要的实施机构，而28%是所有的边境机构参与。因此，各国将贸易便利化的重点放到了海关硬件、软件、经费等的建设上，同时大力推进"单一窗口"，实行一站式解决问题，积极减少通关手续，节省成本促进自由贸易。中国是世界贸易数量最大的国家，又是世界最大的发展中国家，基于中国的实际情况，在承诺《贸易便利化协定》时，对40条措施中除"单一窗口"、确定和公布平均放行时间、出境加工货物免税复进口、海关合作等四项在一定过渡期后实施，其余A类措施36条在《贸易便利化协定》生效时即实施，即《贸易便利化协定》94.5%的措施于2017年生效当年全部实施——B类措施只有四条，也于2020年2月份全部实施到位。

在经济全球化的过程中，投资自由化日益得到人们的重视。世界贸易组织及其前身关税及贸易总协定在这方面也进行了努力。1993年12月15日在日内瓦，乌拉圭回合的最后文件得到117个国家代表的一致通过，结束了历时7年的这一轮多边贸易谈判。谈判达成了近40个协议和决定，《与贸易有关的投资措施协议》便是其中之一，这是GATT第一次将投资问题纳入多边条约规范的协议。文本于1994年4月15日公布并生效。

《与贸易有关的投资措施协议》的宗旨是，促进投资自由化，制定避免对贸易造成不利影响的规则，促进世界贸易的扩大和逐步自由化，并便利国际投资，以便在确保自由竞争的同时提高所有贸易伙伴，尤其是发展中国家成员的经济增长水平。该协议由序言、9个条款以及1个附件组成。9个条款主要涉及：范围、国民待遇和数量限制、例外、发展中国家成员、通知和过渡安排、透明度、与贸易有关的投资措施委员会、磋商与争端解决、货物贸易理事会的审议。协议的基本原则是各成员实施与贸易有关的投资措施，不得违背《关税及贸易总协定》的国民待遇和取消数量限制原则。协议规定在货物贸易理事会下设立与贸易有关的投资措施委员会，监督本协议的运行，磋商与本协议的运行和执行相关的事宜。

协议的附件《解释性清单》列举了五种协议禁止的与货物贸易有关的投资措施：

(1) 违反 1994 年 GATT 第 3 条第 4 款的两种措施：

①要求企业购买或使用当地生产的或来自当地的产品；

②限制企业购买或使用进口产品的数量，并把这一数量与该企业出口当地产品的数量或价值相联系。

(2) 违反 1994 年 GATT 第 11 条第 1 款的三种措施：

①对企业进口用于当地生产或与当地生产相关的产品，一般地或在数量上根据该企业出口在当地生产的产品的数量或价值加以限制；

②对企业进口用于当地生产或与当地生产相关的产品，通过将其可获得的外汇数量限于可归属于它的外汇收入而加以限制；

③限制企业出口产品或为出口而销售产品，不管这种限制是以规定特定的产品、产品数量或价值的形式提出的，还是以该企业在当地生产的产品数量或价值比例的形式提出的。

《与贸易有关的投资措施协议》仅涉及与货物贸易有关的投资措施，基本针对的是各成员外资法中的规定。要求成员外资立法中不得含有如下条款：要求外资企业必须购买东道主一定的产品作为投入，包括当地含量要求和当地产比率要求；要求外资企业必须优先购买东道主产品；要求外资企业在生产中必须购买一定比例的当地产品；要求外资企业出口大于进口；限制外资企业使用外汇的数量；要求外资企业产品在东道国国内销售的数量；等等。同时，《与贸易有关的投资措施协议》对不同国家给予了差别待遇：《建立世界贸易组织的马拉喀什协议》于 1995 年 1 月 1 日生效，发达国家应自该日起 2 年内取消《与贸易有关的投资措施协议》所禁止的与贸易有关的投资措施，发展中国家为 5 年，最不发达国家为 7 年。

在经济全球化下，当国际资本跨境运营成为普遍形态，资本准入壁垒减少之后，如何在运行中建立一个友善的环境，以利于从事生产和获利，就成为重要的问题。于是，营商环境的话题便摆到了台面上。与上面两个协议不一样，国际上并不存在多边、诸边的营商环境标准可供各经济体遵照执行，而是由世界银行出面，按照一定的评估项目，形成了一个排行榜，年年发布。尽管世界银行强调这样做的目的不是要影响国际资本的流向，但全球各个经济体却对此高度重视，按照世界银行给出的方向努力完善自己的营商环境,中国也不例外。中国2019年10月8日经国务院第66次常务会议通过,以国务院令第722号的形式,于2019年10月23日发布《优化营商环境条例》,自2020年1月1日起施行。

世界银行所讲的营商环境是指市场运行主体在准入、经营、退出等过程中涉及的与市场环境、法治环境、政务环境、人文环境等有关的内外部因素和条件的总和。也就是企业在开设、经营、贸易活动、纳税、关闭及执行合约等方面,遵循政策法规进行活动所需的时间和成本等条件。营商环境是一个经济体有效开展国际经济合作、参与国际经济活动的重要制度基础,是经济竞争力的综合体现。营商环境源于世界银行集团国际金融公司2001年设立的"Doing Business"项目调查,该项目调查始于2002年,并将结果以报告形式发布。世界银行通过问卷进行一个经济体的营商环境评估,评估体系包括开办企业、办理施工许可证、获得电力、登记财产、获得信贷、保护中小投资者、纳税、跨境贸易、执行合同和办理破产等10个领域,多达数百个指标,问卷篇幅超过百页。为避免回答问卷时的主观因素影响,世界银行评估中涉及法律的问题均采用客观评价法,提问与回答的方式基本为"是""否","有""无",例如"法律有没有规定""能不能起诉"等,回答要么肯定,要么否定,不存在模棱两可的可能性。通过评估,世界银行每年发布报告,向全世界公布评估结果。世界银行的排名结果没有任何约束作用,但在国际资本流向上具有很强的指引性。表5-1是2020年报告中的一张表格,记录了2017—2019年营商环境评估排名前十的国家(地区)。

表5-1 2017—2019年营商环境评估排名前十的国家(地区)

排名	2017年	2018年	2019年
1	新西兰	新西兰	新西兰
2	新加坡	新加坡	新加坡
3	丹麦	丹麦	中国香港
4	韩国	中国香港	丹麦
5	中国香港	韩国	韩国
6	美国	格鲁吉亚	美国

续表

排名	2017 年	2018 年	2019 年
7	英国	挪威	格鲁吉亚
8	挪威	美国	英国
9	格鲁吉亚	英国	挪威
10	瑞典	马其顿	瑞典

我们通过查询该项目网站（http://www.doingbusiness.org）可知，中国在世界银行营商环境评估报告中的排名一直是在不断提高的，在世界银行评估的 190 个经济体中，中国营商环境全球排名继 2013 年的第 96 位，2017 年的第 78 位，跃升至 2018 年的第 46 位，2019 年进一步提升至第 31 位，排在了法国之前。这反映了中国的营商环境在不断改善，这也与世界资本大规模流入中国的现状是相符的。世界其他经济体也在努力提升本国或地区在排名中的地位。印度总理莫迪（Modi）上任后，雄心勃勃地进行改革，通过建立各种规章制度推进印度在世界银行营商环境中的排名，印度的营商环境从 2015 年排名第 142 位，跃升至 2018 年第 100 名，目前仍处于提升过程中。2012 年，俄罗斯在世界银行营商环境全球排名中为第 124 位。2012 年 5 月，俄罗斯总统普京签署法令，其中特别规定，到 2018 年，俄罗斯的营商环境在世界银行营商环境排名中的位次要上升至全球第 20 位。在五六年间，俄罗斯颁布和修订了大量法律，2019 年跃升至第 28 名。世界银行每年要对 190 个经济体进行全面营商环境评估并排名，尽管这份排名没有任何官方约束性，但是在没有其他国际经济组织作出更全面、更权威的评估报告之前，世界银行的这份排名无疑对世界资本的流向具有风向标的导向意义。

世界贸易组织的《贸易便利化协定》《与贸易有关的投资措施协议》和世界银行推出的营商环境评估，以及各经济体涉及贸易便利化、投资自由化的国内法律、条例、规章，共同构成了经济全球化下促进开放型世界经济发展的法规基础，从多边、诸边的角度保障着世界经济中商品、要素的自由、正常流动，推进着各国和地区的经贸交流和增长。当然，由于各个经济体的情况不同，这些法规条例带给各个经济体的利益不尽相同，甚至不同经济体会有截然相反的看法，但在促进贸易便利化、投资自由化的大方向上应该是取得了共识的，因为它们毕竟使得世界经济得到了长足的发展。

三、贸易便利化与投资自由化的动因

从贸易便利化的概念、内涵得知，它的基本精神是以国际公认的标准和做法为基础，简化和协调贸易程序，加速商品、服务的跨境流通。在理论分析中，人们更多地从宏观角度（如影响商品交易的环境、实施便利措施的利弊等）考虑贸易便利化问题；在实践中，则从各种具体措施入手，例如促进贸易程序和手续的简化、适用法规的透明与协调、基础设施的建设完善、数据信息的标准化等，最终为国际贸易活动创造良好的市场环境。20世纪80年代后期，各经济体主动开放投资市场，加强外资引进，发达国家通过资本自由流动，带动各种生产要素国际流动，实现全球资源的整合，形成有效配置，以获取更高回报。通过双边和多边努力，投资自由化的一些措施终于被纳入世界贸易组织多边管制的范畴，并且外国资本在东道国的运营环境也有了框架性的规范。因此，尽管有不同声音，但可以发现，各经济体在实践中，大都愿意在平等公正的基础上，协商贸易便利化、投资自由化，接受相应的法规，并履行相应的义务。我们认为，各经济体这样做一定是有其主客观原因的，分析这些原因对于探讨开放型世界经济发展的贸易与投资基础是十分重要的。

首先，实施《贸易便利化协定》《与贸易有关的投资措施协议》以及大力改善营商环境，一定会促进投资提升、贸易增长，以及经济的长足发展。但各个经济体在贸易通关环节存在的繁复手续、彼此不兼容的数据、各自为政的处理系统、卫生防疫检验的等待时间等都会阻碍国际贸易的顺利进行和投资的全面展开。世贸组织、联合国贸易和发展会议、世界银行认为，发展中经济体和最不发达经济体每年都因贸易的不便利而造成数十亿美元的损失，使得商品价格居高不下，降低了消费者的福利。据《人民日报》2017年2月24日报道，在《贸易便利化协定》谈判时，发展中国家贸易成本比发达国家平均高出1.8倍。联合国贸易和发展会议特别举例说明，《贸易便利化协定》的实施将使发展中经济体，特别是非洲国家和最不发达经济体的贸易成本大幅度降低：2010年在卢旺达边境入关的货车需要等待"惊人的"11天，2014年只需要34个小时，这得益于自动的"单一窗口"系统。贸易便利化举措对卢旺达来说经济效果尤其明显：2014年共约2.7万辆卡车运载进口货物进入卢旺达，每天每辆卡车的运营成本为225美元，仅从等待时间而言，进口商和消费者每年就可省600万美元。据研究，2002—2010年由于亚太经合组织成员采取了贸易便利化行动计划，区域内贸易成本降低了近10%。

其次，贸易便利化的开展，促成了世界贸易中的关税大幅度下降，极大地带动了通过贸易形成的世界经济的发展，以及世界福利的普遍提高。如图5-1所示，1995年的世界简单平均关税水平为12.5%，到2015年，关税水平下降到7%，降幅达44%，加权平均关税水平也呈下降趋势，降幅高达55.17%，全球平均关税水平大幅下降。而且，自1996年以后，全球加权关税水平均低于非加权关税水平，且加权平均关税的降幅大于非加权平均关税，由此可以看出，低关税水平国家的贸易额占全球贸易比重更大，以贸易额为比重的加权平均关税水平更能反映全球贸易自由化程度的深化及全球关税水平持续下降的态势。图5-2表明，尽管不同发展水平的国家加权平均关税不同，但总的方向是减税。

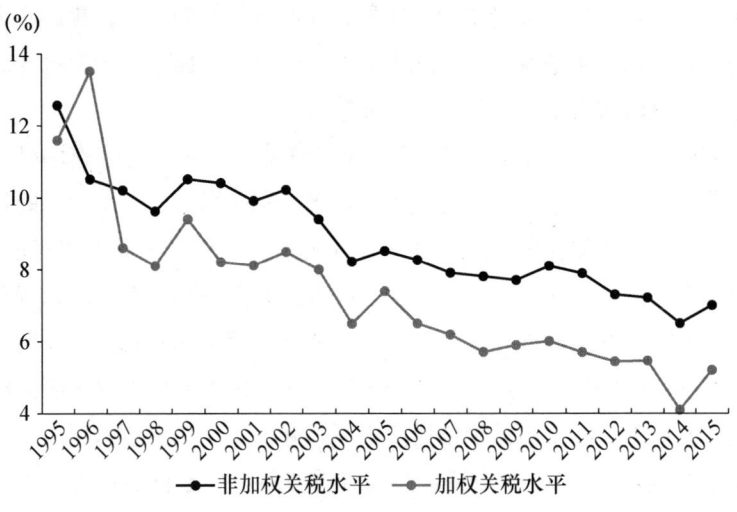

图5-1 1995—2015年世界关税水平

资料来源：世界银行WITS数据库。

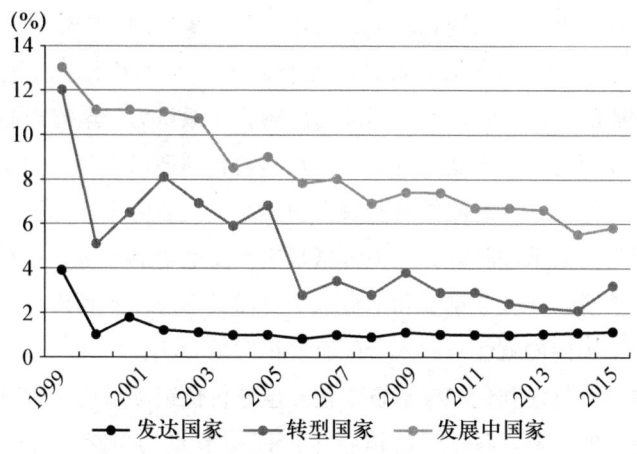

图 5-2 不同国家加权平均关税水平

资料来源：世界银行 WITS 数据库。

1978年，世界银行在世界发展报告中首次发布了国家收入分类标准以及按照人均国民总收入排序的国家位次情况，将各经济体按人均国民总收入高低划分为四个组别，即高收入国家、中上等收入国家、中下等收入国家和低收入国家组别。世界银行公布的 2019 年 7 月的最新收入分组标准为：人均国民总收入低于 1 025 美元为低收入国家，在 1 026～3 995 美元之间为中下等收入国家，在 3 996～12 375 美元之间为中上等收入国家，高于 12 375 美元为高收入国家。2018 年世界银行所统计的 218 个经济体中，高收入国家有 81 个，中上等收入国家有 56 个（中国在这一组），中下等收入国家有 47 个，低收入国家有 34 个。也有学者按照世界银行的标准，粗略地将所有国家划分为三类：人均收入超过 1.3 万美元的发达国家，人均收入低于 1.3 万美元高于 1 400 美元的转型国家（也叫新型工业化国家），以及人均收入低于 1 400 美元的发展中国家。随着时间的推进，世界银行所划分的不同收入国家组别中，低收入国家的数目在下降，中等收入国家的数目在增加，尽管造成这一变化的原因是多重的，但贸易自由化在全球的逐渐展开起到的作用是非常重要的。

我们研究发现，随着关税的普遍下降，关税对总体社会福利的影响是不一样的。如果是最终产品关税普遍下降，这一过程会减少企业的员工总数量和降低工资总水平，但如果是中间产品关税普遍下降，则会增加企业的员工总数量和提高工资总水平,当然,关税水平的下降带来的冲击则会由于企业情况的不同(如所有制、所处地区、生产率水平和进出口状态等,即企业的异质性)而产生不同的影响。一般认为,最终产品关税的下降使得企业面对进口产品的竞争,以及国内相同产品生产者的竞争,商品价格被迫降低损害其总体的营业收入和利润,企业为了转嫁压力,大多通过削减劳动力需求和降低劳动力价格来应对所遭受的冲击,这对于国内劳动力市场本身,在就业难度和工资水平方面又形成了不利影响。因此,关税降低对于国内的就业和收入分配有着很大的影响。

再次,贸易便利化和投资自由化对全球价值链的形成,世界的生产网络、供应链的布局,各个经济体在生产网络节点的位置,会产生较大影响。在今天世界经济制造业中心多极化的背景下,全球产业链形成了以区域为基本单位的延展,中日韩、美国、德国是深度参与全球产业链的三个生产网络中心,并带动了亚洲(东盟、中国台湾)、美洲和欧洲区域的制造业发展。其中,欧洲区域内贸易占比达到70%。亚洲区域对外区域输出产品最多,区域内贸易占比超过2/3,60%的最终产品出口给区域外国家,中国是亚洲区域的生产重心,进口的55%来自亚洲地区,对日本、中国台湾、韩国形成贸易逆差,是连接生产和终端需求的重要环节。美洲的制造业供应能力相对较弱,其中美国是全球科技和创新的引领者,区域内贸易占比为40%~50%,另外有40%出口给区域外国家(高科技产品、高端服务居多)。

当实施贸易便利化后,中间产品进口关税较大规模下降,企业生产中需要的中间投入品价格下降,企业生产成本降低,投资自由化又使得外资在东道国布置产业链的相关环节,即投资建厂更加容易,主导和配套企业有更大的能力和动力去扩大生产,从而带来更多的就业和推动更高的工资水平。我们发现,一般情况下,东道国国内较高生产率企业在面对贸易自由化进口增加和投资自由化增加的外资企业竞争时,产生的冲击有可能通过灵活调整工资来转嫁风险,而东道国国内较低生产率企业在面对贸易自由化产生的进口冲击和外资企业竞争加强时,则更可能会通过调整企业员工数降低成本以应对冲击。这样,贸易便利化和投资自由化对东道国较高生产率企业就业的影响不明显,但对其工资水平的影响程度要大于低生产率企业。同时，贸易便利化和投资自由化对较低生产率企业的工作岗位会产生负面影响。另外，我们也发现贸易便利化和投资自由化扩大了工资和就业水平在区域之间的差异，也加大了同一地区内部就业和工资的不均衡发展，尤其扩大了贸易便利化和投资自由化程度较高地区内部工资和就业的差距。还有一个值得一提的情况是，一个地区核心行业的贸易便利化和投资自由化程度越高，关税下降越多，由于就业创造机制的存在，该地区的就业总水平和围绕核心行业展开的非正规就业的增长幅度就越大，因而这些地区的经济活力、生活水平都会与其他地区有较大不同，更为繁华。例如中国长江三角洲、珠江三角洲等沿海地区经济发达，贸易便利化和投资自由化程度较高，这些地区的贸易部门和三资企业吸收了大量的就业，跨国公司建立子公司普遍，业务规模大，而且围绕着它们展开服务的正规和非正规服务范围广，因此正规和非正规就业的规模也大，不仅本地富余劳动力被吸纳，而且吸引了大量的外地劳动力到沿海地区就业，成为农民工进入城市，促进中国城镇化进程的重要推动力。这一过程也导致了这些地区在就业数量增加的同时，就业者的素质提高、工作技能养成、适应不同工种变化能力有较大提升，能力建设卓有成效。

最后，科技革命与进步对贸易便利化和投资自由化形成了不同于过去的物质基础，以及支撑平台。科技进步在很大程度上改变了人们的时间、空间位置，相对、绝对地缩短或延长了人们在时空中的距离和时长。这种进步可以使得过去在时间上完全不可能的事情变为现实。从本质上讲，科技进步在很多情况下可以直接降低成本（如贸易通关的无纸化），但更多的是提高生产率。据统计，1770—1840年的70年间，由于科技进步，英国的劳动生产率提高了100倍左右，生产率的提高可以使得贸易、投资过程中产生的成本大大降低。贸易便利化和投资自由化涉及的内容范围广泛，包括贸易、投资的所有环节，其中海关、税收、金融、营商环境与跨境制度是问题的核心，此外还包括注册、人力资源、生产、物流、仓储、运输、营销、许可、检疫、卫星网络的覆盖、电子数据的即时传输、转账支付、保险及其他金融结算、相关企业的信息等方面。随着科学技术的突飞猛进，运输工具的多元化，信息网络的互联及普遍运用，EDI的应用，大数据的跟踪与共享，物流的科学化，各种检测手段的现代化，远距离监测方法的现代化，数据标准化过程的运用，贸易便利化和投资自由化在现实中成为可能。例如，从节约时间角度出发，一件产品从设计一直到消费者手中，流通领域占时是整个流程占时的90%，节约流通成本就成为贸易便利化与投资自由化的重要因素。降低流通成本的最好方法，是掌握各种信息数据，有效处理数据，进行最低成本的最优化组合。以运输为例，货运水运加陆运，空运加水运，各种方式联运等，在科技进步的今天，运输设备的组合、货运信息的综合、货运管理方面的大数据处理都成为可能，这将大大推进贸易便利化和投资自由化。当然，在同一时间，也要考虑被科技替代下来的原本从事贸易便利化、投资自由化各个环节上工作人员的再就业问题。在今天分工日益精细化的情况下，每个人从事的工作都会是整体中的一个片段，甚至是片段中更为细小的部分，一旦这些片段性的工作被技术进步所取代，替换下来的工作人员便面临失业，而且几乎无法在过去熟悉的环境下从事熟悉的工作，因为毕竟这种替代是不可逆的，失业人员的再培训、再就业就成为必须考虑解决的实际问题。

四、贸易便利化与投资自由化的演进趋势

伴随着世界经济的发展，贸易便利化、投资自由化一方面是经济全球化的重要内容，另一方面又推进着经济全球化的进程。今天，贸易便利化和投资自由化逐渐从个别环节的具体措施发展到在经济全球化大局下的总体设计，从一个个细节片段发展成为世界经济中的集成体系，从贸易环节的具体做法上升到形成经济开放趋向全球的系统工程趋势，并且从个别国家的倡议逐渐演变为世界贸易组织成员的普遍共识。与此同时，在宏观的总体贸易和投资自由化大趋势下，一个个具体落实的做法又实实在在地将世界经济推向前进。我们认为今天的贸易便利化和投资自由化是在具体措施中得以普遍实施的。除了我们前面叙述过的《贸易便利化协定》以及《与贸易有关的投资措施协议》的法律含义在世界贸易与投资过程中的贯彻（对发展中国家和最不发达国家有一定的优惠或豁免）外，很多做法和措施，如标准的逐步统一、检验方法的互认、"单一窗口"的便利、单证的一致等等，都体现了贸易便利化和投资自由化在全球的演进。

上面曾经讲述过，贸易便利化是指为了推动商品和服务更便捷地流

通，在新技术和其他制度措施的基础上，简化、协调贸易相关的程序、行政手续，降低成本的过程。《贸易便利化协定》共有 40 项改革做法，涉及贸易发生过程的全部环节，但改革的核心集中在海关与跨境制度，此外还包括企业、许可、运输、仓储、商检、卫检、疫检、电子数据传输、支付、保险及其他方面的要求等方面，形成了贸易便利化的政策措施的完整体系。"万事开头难"，经过一段时间的努力，贸易便利化有了一定的起步与进展。联合国亚太经济社会委员会（ESCAP）2015 年 10 月 20 日在中国武汉发布的《贸易便利化和无纸化贸易实施调查全球报告》表明，南亚地区达成率只有 40%，低于全球 52.9% 的平均水平。印度是南亚地区达成率最高的国家，荷兰是全球表现最好的国家。发达国家的贸易便利化达成程度最高，为 75.4%，太平洋岛国达成率最低，只有 26.6%。这说明在现实的世界经济中，发达经济体即便是从自己贸易、投资更加顺利进行的角度出发，也应该大力帮助发展中经济体在贸易便利化、投资自由化软硬件方面的建设。

首先，贸易便利化和投资自由化要有相应的标准、信息、制度的一致性，即大家公认、互相接受的一致的产品、流程、信息、服务方方面面的标准和检验方法，这样同样的产品或服务，在不同经济体通过互相承认的检验方法，才能够被认定具有相同的内容、形态、功能、结构、质量，贸易便利和投资自由才具备最为根本的基础，否则各说各话，无法在同一平台得到相同的待遇。这方面的工作通过经济全球化、区域经济一体化的发展，尽管仍然需要大力推进，但已经卓有成效。同时因为技术手段的进步，世界已经形成的统一的标准、信息和方法具有了在世界所有经济体得到贯彻的可能性和现实性。

以美国为例，美国联邦通信委员会（FCC）、美国环保署（EPA）、美国食品和药品监督管理局（FDA）等机构对国际贸易能够施加强有力的管控，其关键就是拥有完备的认证制度，以及这些机构对美国各领域无所不在的认证和对认证结果的采信。例如，针对机动车，美国有 DOT 认证；针对食品，美国有 FDA 认证；针对电子产品，美国有 FCC 认证；针对日用消费品，美国有 UL 认证；等等。中国在这方面起步较晚，但发展很快，2001 年 8 月成立国家认监委，目前在认证企业数量、认证证书数量方面均已经居世界第一，经济效益显著，每年有6万多家企业获得国际电工产品安全测试证书（IECEE-CB），平均降低出口成本三成以上。在多边范畴，中国是国际电工委员会四大互认体系（IECEE、IECQ、IEC-Ex、IECRE）的成员，是国际认可论坛的创始成员，还加入了由国际实验室认可合作组织建立的多边互认体系（IAF/ILAC-MRA）。在双边范畴，2008年中国与新西兰互认协定作为《中国与新西兰自由贸易协定》的附件一并签署，这是中国首个政府间的互认协定，新西兰认可中国9类电子电器产品的CCC认证结果，凭此认证可直接进入新西兰市场；中国与越南、韩国、丹麦等国也就机动车、电子电器、食品等达成双边互认协定。

我们认为，标准的统一、贸易与投资信息的标准化、科学的检测手段和检验方法，应该是助推贸易与投资顺利开展的利器，而不应该成为变相阻碍贸易便利化和投资自由化的非关税壁垒措施。2020年暮春新冠肺炎疫情在欧盟肆虐的时候，中国驰援的口罩等防护用品仍然面临认证的阻碍，最后采用特批方法才得到解决。目前来自新兴产业领域的贸易、投资技术壁垒呈增多态势，来自新兴工业化国家的各种非关税壁垒做法也在逐渐增多。我们判断在新冠肺炎疫情冲击的背景下，世界贸易领域中非关税壁垒的做法将会较强抬头，而且会持续相当长一段时间，贸易便利化的一些手段（如强化认证、标准统一）滞后贸易发展的负面作用将会凸显，中国应加强对相关贸易壁垒动态的关注和应对的研究，提出预案。

其次，"单一窗口"的建立、建设与推广极大地方便了贸易的进行，这一措施得到了绝大多数国家的积极响应，是贸易便利化非常卓有成效的措施。简单来讲，"单一窗口"就是贸易商能够通过一个窗口，向各贸易的相关政府机构提交标准的货物进出口或转运所需要单证或电子数据，并得到处理。按照联合国贸易便利化和电子业务中心33号建议书作出的解释，国际贸易的"单一窗口"是指参与国际贸易和运输的各方，通过单一的平台提交标准化的信息和单证以满足相关法律、法规及管理的要求。由于国际贸易进出口货物涉及进出口商以及货物从启运国到目的国所在地所需的银行、保险、国际国内运输、港口、码头、仓储、堆场、报关、检验检疫、商品质量检测等十多个不同类型的机构及企业，它们是贸易便利化的实际参与方,"单一窗口"的设立与它们的利益息息相关,休戚与共。因此调动各个方面的积极性,建立、建设、健全"单一窗口"制度,是能否使之顺利运营的关键。另外,"单一窗口"的建设,因为是国际贸易全环节的系统工程,在任何经济体都会牵涉诸多政府工作部门的业务范围。例如在中国,"单一窗口"软硬件的建设,就需要财政部、商务部、海关总署、国家发展改革委、交通运输部、国家市场监管总局等共同参与,才能够形成统一的决策意见,迅速落实变为行动。

目前各国贯彻贸易便利化的"单一窗口"主要有三种模式:第一种是单一平台(机构)模式,即由一个平台机构处理全部进出口业务,平台收到企业进出口贸易申报数据后,直接进行各项业务处理;第二种是单一系统模式,是由一个信息系统处理所有的业务单据和流程;第三种是公共平台模式,通过大家建立的共同平台实现申报数据的收集和反馈,企业仅需要填制一张电子表格就可以向不同的政府部门申报,申报内容经各政府部门业务系统处理后自动反馈结果到企业的计算机中。各个经济体根据自己的实际情况采用其中之一,或有所结合。建成的"单一窗口"通常要具备四个要素:一是一次申报,也就是说贸易经营企业只需要一次性向进出口贸易管理部门提交相应的信息和单证;二是通过一个机构设施申报,该机构设施拥有统一的平台,对企业提交的标准化信息数据进行一次性处理;三是使用标准化的数据元,进出口贸易经营企业提交的信息应为世界认同的标准化的数据;四是能够满足相关政府部门和进出口及其他相关企业的需要。

例如,原产地证书是各个经济体出口货物在协定伙伴国享受优惠关税的法定凭证,也是贸易关系人交接货物、结算货款、通关验收的重要凭证。通过"单一窗口"可以有效解决进出口企业重复申报、多头申报以及单证的权威性等问题。例如欧盟实现了全欧盟关境通关一体化,进出口企业可以选择在全欧盟任一海关报关、任一口岸通关,同时欧盟关检业务深度融合,基本做到了货物"单一窗口"申报100%、舱单申报100%和运输工具申报100%。三个100%极大方便了欧盟进出口的进行。目前全球正在进一步深化国际贸易"单一窗口"的建设,正在从口岸通关领域向贸易管理全链条扩展,如进出口经营企业在平台网络系统上办理集装箱设备交接、原产地证明申请、提箱作业计划申报、费用结算等业务。

再次，世界贸易组织的国民待遇原则，是指一国给予外国人和本国人以相同的待遇。在国际投资领域，为了促进投资自由化，各方在推进施行准入前国民待遇和负面清单（又称消极清单、否定列表），实施准入前国民待遇加负面清单是开放型世界经济中新的投资规则趋势。《中华人民共和国外商投资法》第四条定义，准入前国民待遇，是指在投资准入阶段给予外国投资者及其投资不低于本国投资者及其投资的待遇；所称负面清单，是指国家规定在特定领域对外商投资实施的准入特别管理措施。国家对负面清单之外的外商投资，给予国民待遇。

20世纪90年代末，联合国贸易和发展会议将世界各国对待外资准入的模式归纳为5种，即控制模式、选择性开放模式、区域工业化项目模式、相互国民待遇模式、国民待遇和最惠国待遇结合模式。上述各种准入模式中，控制模式是完全将外资准入掌控在本国法律、法规和行政权力下，其余四种多少都会涉及外资准入阶段的国民待遇问题。因此，准入前国民待遇的实质是一种对外商投资的管理模式，在投资领域，国民待遇的适用范围按投资阶段可以分为准入前国民待遇（或准入阶段国民待遇）和准入后国民待遇。从法律角度讲，准入前国民待遇是指在投资准入阶段给予外国投资者及其投资与本国投资者及其投资同等待遇，但准入前国民待遇不是绝对的，允许有例外。世界各国较为普遍采用负面清单的方式，将其核心关注的行业和领域列入其中，保留特定形式的进入限制，未列入负面清单之中的行业和领域，则不能对外资维持限制。各个经济体之间的投资协定在国民待遇的范围、适用方面存在较大差异。在传统的投资管理模式中，国民待遇通常在投资完成、企业建立后才能享受。准入前国民待遇则是指外国投资者在投资发生和企业建立前便开始享受与东道国投资者一样的待遇。所以准入后国民待遇针对的是运营阶段，涉及的是外资拥有或控制的企业在东道国的运营条件，准入后国民待遇要求在国内法的适用上实行非歧视待遇，但同时允许国内法继续在进入、监管和税收待遇上实行差别待遇。准入前国民待遇将平等待遇扩大到了准入权，扩大到了投资建立之前，在监管、税收等待遇方面给予等同于国内投资者及其投资的待遇。准入前国民待遇原则的实施，是对外资采取控制模式还是开放模式的重要分水岭。20世纪80年代，美国就在双边投资协定中采用了准入前国民待遇原则，而后一些发达经济体，如加拿大、日本等也在投资协定中相继采用了准入前国民待遇原则。到21世纪第一个十年时，美国已经与42个经济体签订了以准入前国民待遇加负面清单为基础的双边投资协定，甚至与卢旺达签订的双边投资协定都采用了准入前国民待遇原则。但我们注意到，与美国签订双边投资协定的大多是发展中国家，二十国集团成员参与不多，以至在目前的国际投资协定中，准入前国民待遇还不是很通行的标准条款。美国与其他国家签订的双边投资协定中，早期都是按照产业大类说明，没有实行细则负面清单做法，而且大都对采矿、通信、航空、核能、金融、保险和其他金融服务规定了国民待遇和最惠国待遇的例外。中国是通过各地自贸区的先行先试逐步引入准入前国民待遇原则。2019年3月15日，第十三届全国人民代表大会第二次会议表决通过了《中华人民共和国外商投资法》，自2020年1月1日起施行，《中华人民共和国中外合资经营企业法》《中华人民共和国外资企业法》《中华人民共和国中外合作经营企业法》同时废止。这部投资法的第四条规定，国家对外商投资实行准入前国民待遇加负面清单管理制度，同时规定负面清单由国务院发布或者批准发布。

应该指出的是，对于一个经济体，实行准入前国民待遇说明对外开放的扩大、深化，对投资自由化的支持，但并不意味着东道国将丧失对外资的监管权，因为各经济体给予外资准入前国民待遇均有附带条件。考察各经济体已经签订的准入前国民待遇条款发现，它们并未因实施准入前国民待遇而放弃本国法律对外资的约束。东道国对准入前国民待遇可以提出一般例外、临时保障措施和列表方式保留的不符措施，其中实行不符措施是最为常见的。不符措施是对国民待遇、最惠国待遇以及其他义务的例外，例如《美墨加协定》中汽车零部件的北美含量、劳工工资标准、与第三方签订自贸协定等都可能触发不符措施的实行。

一个经济体在实行外商投资准入后国民待遇时，大多执行正面清单制度，明确规定外商可以投资准入或有限制要求的行业领域，清单之外的行业领域不予开放，那些仅针对外资的与国民待遇、最惠国待遇不符合的管理措施会以清单方式列明。而在实行外商投资准入前国民待遇时，大都会实行负面清单制度。负面清单是一个经济体依法明确设定禁止外资准入、限定外资最高比例或有其他限制要求的行业领域清单，清单之外的行业领域原则上完全开放。负面清单制度是国际投资准入管理的制度趋势，目前有70多个经济体已经采用准入前国民待遇加负面清单的国际投资管理模式。

实行负面清单的做法可以追溯到1993年签署的《北美自由贸易协定》，此后这一制度逐渐被更多的经济体接受，但各个经济体的具体做法并不一样，尤其在高科技、服务贸易、金融、投资领域，做法则更是各异。例如美国-新加坡、美国-韩国的自由贸易协定在跨境金融服务、投资的子领域就采取了正面清单的形式，用混合清单来规定双方在金融服务、投资领域开放的自由化程度。再如，各经济体在服务贸易领域的负面清单可能会提出本地市场份额的规定，投资领域可能会限定董事会成员和高管的国籍，并有业绩方面的要求，等等。在对国外进行投资时，知道什么行业领域是不允许投资的，或是存在什么限制，要比知道什么是可以做的要简单些，有利于外商理解在东道国如何开展业务。负面清单尤其有利于外国投资者进入新出现的业务领域，因为这些新的业务领域在自贸协定签订时可能根本就不存在，有利于创新者拓展投资业务。相比于正面清单，负面清单的做法更有利于投资自由化的展开。

最后，在开放型世界经济中，各个经济体内营商环境的提升是贸易便利化和投资自由化的重要方面。贸易便利化可以被看成是一个经济体营商环境的重要组成部分，而投资自由化的进程又是要极大地依托于各经济体内部的营商环境。我们综合各方面，认为营商环境包括影响企业进入、生产、分配、交换、消费、退出等活动的政治因素、经济因素、法律因素和社会因素等，是涉及多领域、多层次、多方面的经济社会全方位的系统工程，是市场主体面对的运营条件和外部环境的总和。

2001年，世界银行面对全球市场取向改革的推进，提出加快发展各国民营经济和私营部门的新战略，如何考察各国民营经济部门所处的发展环境，需要有相应的指标体系来体现，于是创立一套企业营商环境指标体系便成了当务之急。为此，世界银行成立了Doing Business小组来负责这项工作，创建能够反映企业营商环境的指标体系。2004年世界银行的企业营商环境指标共有五组，2005 年指标扩展为十组，世界银行依据指标体系出版了 2004 年和 2005 年的年度报告。世界银行的营商环境评估基本是由第三方机构进行的，评估过程一般遵循以下步骤：在学术顾问指导下，根据标准选择典型营商地（中国选择的是北京、上海），收集和分析现行法律、法规、规章制度；与当地有经验的专业人士如会计师、律师、咨询顾问等合作，设计评估分析工具及问卷，问卷设计遵循严格的前提，务必使各国数据具有可比性；Doing Business 团队与本地专业人士进行探讨互动；将初步结果提交给学者和实际工作者以进一步改进问卷和重新收集数据。企业营商环境指标排名表明，多数发展中国家企业营商环境落后于发达国家。近年来中国、俄罗斯、巴西、越南、印度尼西亚、巴基斯坦、比利时、芬兰、挪威、斯洛伐克、立陶宛、拉脱维亚、波兰、葡萄牙、西班牙、哥伦比亚、塞尔维亚、格鲁吉亚、埃及、罗马尼亚、印度等通过企业改革，以及经济市场化的深化改革，使得自己在世界银行的营商环境报告中的排名得到了提升。2019 年 10 月 23 日，中国国务院公布了《优化营商环境条例》，2020 年 1 月 1 日起施行。

通过上面的贸易便利化和投资自由化的政策与措施，可以体会到的是，这些措施的实施与进一步深化是大趋势，是开放型世界经济得以发展的动力，是经济全球化蹒跚前行的动力，也是各个经济体经济增长的动力。

五、贸易便利化与投资自由化的中国定位探讨

中国的总贸易额从 1978 年的 206 亿美元增长到 2018 年的 4.623 万亿美元，稳居世界贸易总额第一，成为世界上最大的贸易进出口国。在完成了核准程序之后，2015 年 9 月 4 日，中国常驻世界贸易组织大使俞建华向世界贸易组织总干事阿泽维多递交了中国对于《贸易便利化协定》的接受书，中国是第 16 个接受协定的成员。根据中国的承诺，除"单一窗口"、确定和公布平均放行时间、出境加工货物免税复进口、海关合作四项措施中国将在一定过渡期后实施，其余措施均需在《贸易便利化协定》生效时即行实施。2019 年 8 月，中国向世界贸易组织通报《贸易便利化协定》B 类措施补充情况，将原先承诺的"单一窗口"条款实施日期由

2020年2月22日改为2019年7月19日,即中国已提前完成实施"单一窗口"有关条款,协定实施比率提高至96.2%,2020年2月22日起100%实施。实施《贸易便利化协定》是中国进一步深化开放的需要,更是融入开放型世界经济的主动行为,同时中国也具有实施该协定的良好基础。

首先,中国在落实入世时关税减让承诺方面取得了巨大的成绩,也获得了极大的利益。20世纪90年代,中国为了"复关、入世",主动融入全球的贸易自由化进程,开始单方面自主降低关税税率,减少非关税的保护措施,给予越来越多的企业直接从事国际贸易的权利。为了鼓励国外直接投资进入中国,中国对外资企业为出口加工而进口的原材料、中间产品和资本设备免征进口关税。到20世纪90年代后半期,这种免征进口关税的企业类型扩大到国内企业。截至2000年,需要征收关税的进口额只占总进口额的不到40%(包括各种特批免税),因此中国从20世纪90年代开始,征收的进口关税率不断降低,从1992年的43.2%(HS8位码非加权平均关税率)降低到2001年的15.3%。中国2001年底加入世界贸易组织后,按照入世时承诺的不高于10%的约束关税税率进一步削减关税,到2010年已经把关税税率降到了9.8%,实现了入世时对所有世界贸易组织成员的承诺。到2014年简单平均关税税率下降到了7.74%,加权平均关税税率也从2001年的14.1%下降到了2014年的4.74%,到2018年,中国的加权平均关税税率已低至4.4%,对比同期美国的2.4%、欧盟的3%和澳大利亚4%的加权平均关税税率,中国的加权平均关税水平已经接近发达国家。为了进一步推进贸易便利化和投资自由化,中国在具体的关税减让和减少非关税保护措施,以及鼓励外商投资和中资走向世界落实等方面做了大量的工作。2018年在博鳌亚洲论坛上,习近平主席对全世界做了进一步开放中国市场、进一步融入世界经济的承诺,目前正在逐一落实。例如在中国入世时,世界贸易组织对服务业的规定为开放140个行业,中国经过谈判承诺开放100个,目前已经开放了120多个,并且进一步扩大了金融部门的对外开放。

其次,中国在贸易便利化和投资自由化的制度建设方面取得了长足的发展。我们认为,推行贸易便利化和投资自由化既需要各种基础设施、信息化网络、制造业、供应链、科技手段等技术硬件的建设，也需要财税政策、金融法规、贸易政策、市场监管、通关程序等营商环境软件的完善。在政策法规软件建设上，贸易便利化与投资自由化进程的发展程度主要取决于以下几个方面。第一是国家的法制、规制的建设能力，应能够为市场的内外主体提供公平竞争环境，健全市场治理机制，减少对市场不必要的干预，应用高科技和信息化手段，实现各种准入、监管、检测及流程的科学化。第二是政府各个相关部门和口岸机构、外资监管机构的整合协同能力，承担贸易管理、准入管理、生产监督、市场监管、口岸监管职责的各个行政部门应加强整合协同，推行准入前国民待遇措施，实行简化审批、"单一窗口"等贸易便利化以及投资自由化措施，避免重复，提高效率。第三是采用国际通行的标准、计量和各种评定程序，如遵循《贸易壁垒协定》《动植物卫生检疫措施协定》的规制，形成的各类标准化数据共享是简化市场准入、消除贸易壁垒的前提条件，同时也是规范贸易投资秩序的质量基础，市场准入的重要手段，以及解决贸易投资纠纷仲裁、裁决的依据。中国近年来在这些方面着力建设，依法治国，深化改革、扩大开放取得了长足的进展，促进了中国经济的高速发展。

再次，中国在"单一窗口"建设方面取得了重大突破，"单一窗口"的具体措施详尽，已经逐步落实落地。随着改革开放的深入，中国首先在统一认证、实行单一商检数据方面进行了努力。中国在过去的很长时间里，市场上有针对不同产品准入的两种认证，即对国产商品实施的"长城"标志认证和对进口商品实施的"CCIB"标志认证。2002年5月中国实施强制性产品认证制度（CCC认证），对内外贸实行统一的合格评定程序，实现了国产、进口商品的"四个统一"（统一目录，统一标准、技术法规和合格评定程序，统一标志，统一收费标准）。为全面更好地贯彻《贸易便利化协定》《与贸易有关的投资措施协议》以及提升营商环境水平，2016年12月中国发布了首个《中国贸易便利化年度报告》，全面介绍、梳理了中国的贸易便利化进程。2019年，为更好地融入开放型世界经济，推动高水平的对外开放，中国以更高标准提升贸易便利化和投资自由化水平，积极落实世界贸易组织《贸易便利化协定》条款并努力实施《与贸易有关的投资措施协议》，深入开展"放管服"改革，引进外资检验机构，加快推动"单一窗口"建设，取得相应的成绩。通过合资独资形式进入中国的境外认证检测机构已由中国入世前的不足10家，增长到2017年底的306家，境外机构在华加快拓展市场业务，例如通用公证行（SGS）在华业务已占其全球业务总量的三分之一，中国已经成为全球增长最快、最具活力的检验、检测和认证市场。2019年6月，海关总署、商务部等10部门联合印发的《关于加快提升通关便利化水平的通知》为10项具体措施设定改革时限。同年10月30日，上海海关启动了对进口贸易"两步申报"的改革试点。外贸企业开展进口业务可选择"两步申报"。第一步"概要申报"，过去企业进口一批货物需一次性向海关完整填报105个项目，业务复杂且要求高，现在只需填报9个项目并确认2个物流项目即可通关提货；第二步"完整申报"，即在规定时间内补充申报报关单的完整信息以及随附单证的电子数据。中国已经实现了全国通关一体化，企业可以选择在全国任一海关报关，任一口岸通关；推进关检业务深度融合，通关流程由原先的"串联式"改为"并联式"，进口便利化程度大大提高；同时优化对跨境电商、市场采购、外贸综合服务等新型贸易业态的监管，促进扩大进口。中国贸促会原产地证书申领自2018年9月20日上线"单一窗口"，只要有网络、打印机，企业能够不受时间、地点限制，全天候（365天，24小时）申领原产地证书，证书数据全球实时查询。一系列政策的实施使得海关工作效率大大提高。2019年9月，全国进口和出口整体通关时间分别为40.02小时和3.82小时，相比2017年分别压缩58.91%和68.95%。从成本角度看，进出口环节监管证件（书）数量大幅精简，从86个减为46个，实现了联网核查自动比对，企业在通关环节无须提交纸质证件，集装箱进出口环节的合规成本较大降低，出口从568.7美元降至387.6美元，进口从915.9美元降至448美元。目前，中国通过"单一窗口"的货物申报已达100%，舱单申报和运输工具申报也都达到了90%以上，目前正努力推进沿海口岸实现企业在互联网上办理集装箱设备交接、提箱作业计划申报、费用结算等主要业务，希望在不长的时间内应用率达到100%。

2018年，在财政部牵头下，商务部、海关总署、国家发展改革委、交通运输部、国家市场监管总局共同参与的清理口岸收费工作领导小组成立，其旨在统筹推进口岸降费工作。自 2019 年 4 月 1 日起，货物港务费、港口设施保安费的费率标准分别下调了 15% 和 20%，港口经营服务型收费项目也由 15 项压减到 11 项。从 2019 年 3 月 20 日起，中远海运、马士基等 62 家船公司主动公示下调码头操作费等一系列费用，比之前降低了 5%~10%。2019 年 9 月 30 日前，商务部、交通运输部对主要国际班轮运输公司、国际货代公司进行了降费措施的落实。除了上述举措外，中国进一步加大了监管证件和随附单证的精简力度。从 2019 年 1 月 1 日开始，商务部和海关总署发布公告取消了 15 类共 118 项商品的自动进口许可证。从 2019 年 6 月 1 日起，海关总署和国家外汇管理局全面取消了报关单收、付汇证明联和办理加工贸易核销的海关核销联。目前进出口环节 86 种监管证件中的 40 种 2019 年已退出口岸验核，剩余的 46 种证件除了 4 种证件有保密特殊需要不能联网以外，其他 42 种都已实现了联网核查、自动比对。2019 年底前全部实现了进出口环节监管证件网上申报和办理，提前 1 年实现国务院《优化口岸营商环境促进跨境贸易便利化工作方案》提出的"全面网上申报，网上办理"的目标。由于中国市场诚信体系建设相对滞后，信用激励约束机制不到位，恶性失信事件时有发生，增加了交易风险和交易成本。下一步中国将健全市场信用机制，通过国际通行的认证认可使得中国企业在国际市场上的地位得以提升，贸易便利化和投资自由化措施得以持久深入地贯彻。

最后，中国的营商环境在全国上下的努力下得到了极大的改善，对实施贸易便利化和吸引外资起到了很好的作用。我们在上面讲述过营商环境作为一种软实力，对一个经济体开展国际经贸活动、参与国际交流与合作具有重要意义。世界银行从 2003 年开始，对全球一百多个经济体的营商环境进行比较和排序，这个排序对各个经济体的经济社会生活有着广泛的影响，对外国投资者来讲具有重要的引导意义。世界银行的评估横跨企业全生命周期，评估体系极其庞杂而精细，查阅了与所调查问题相关的公开的法律、法规及文件，向所选定的中小企业、会计师事务所、律师事务所、建筑师事务所、报关公司等营商和服务机构发放厚达数百页的问卷（英文），进行调查。例如，世界银行对中国的排名由北京、上海两个城市的数据组成，上海的权重为 55%，北京的权重为 45%。调查问卷基本是设计一个场景，包括测评问题、中国答案、作为支撑的法律或规范性文件、具体条文、实践做法与典型案例五要素，请中国各类公司和服务机构根据中国法律予以"是"或"否"打勾的客观回答，最后由世界银行的专家打分。在世界银行发布的《2012年营商环境报告》中，中国的排名和2005年一样，在第91位，但在2019年10月24日世界银行发布的《2020年营商环境报告》中，中国营商环境全球排名继2018年从此前第78位跃至第46位后，2019年进一步提升至第31位（法国排名第32位），连续两年入列全球优化营商环境改善幅度最大的十大经济体。

为了进一步完善营商环境，2019年10月23日，中国正式颁布《优化营商环境条例》，这是我国为进一步优化营商环境颁行的第一部专门行政法规，这一条例起草参考了天津、黑龙江、吉林、辽宁、陕西、河北等省市先后出台的地方性试行法规。在起草过程中，广泛征求了立法机构、企业、专家、地方政府、国家机关、民主党派、行业协会以及国外驻华商会方方面面的意见建议，同时还向社会公开征求了意见建议。条例规定了十余项全国性制度、平台等的统一标准，"公平"的目标追求贯穿整个条例的制度设计，而"依法保护""依法探索""依法享有""依法保障""依法公开""依法设立""依法设定""依法保留"等用语高频出现。总之，条例围绕着法治化原则展开，它的落实不仅能够为营商提供良好的环境，同时也会为中国市场取向的改革奠定更为坚实的基础。

第六部分　开放型世界经济建设与绿色发展的回归

自从人类来到这个星球，就把树、草、矿、水、空气等自然资源看成是取之不尽、用之不竭的，是无偿使用的资源，而把大自然包括大气、江河湖海等当作废气、废水、固体废料等废弃物的承载场所，使用这样的场所不必付出任何代价。在生产规模不大、人口不多的时代，这种行为对人类自身以及自然和社会的影响，在时空和程度上都是有限的，不会超越承载力。但是，到了20世纪50年代，社会生产规模急剧扩大，人口迅速增加，经济密度不断提高，从自然界获取的资源大大超过自然界的再生能力（有些是不可再生资源），排入环境的废弃物大大超过环境承载的容量，出现了全球性的资源逐渐耗竭和严重的环境污染问题。人类向自然界索取资源，劳动把资源变为满足人们需要的生产资料和生活资料，对它们的消费则提高了福利。人类劳动和大自然的结合成为一切财富的源泉。从循环的角度看，社会经济再生产的过程，就是不断地从自然界获取资源，同时又不断地把各种废弃物排入环境，同时提高人们福利水平的过程。但是社会经济的再生产过程既存在着客观经济规律，也存在着自然规律，只有遵循规律，这一切才能顺利进行。

生态环境没有替代品，用之不觉，失之难存。以人为本，还是以自然为本，是两种不同的生态环保观。现实世界中，以自然为本的生态环保观是存在的，而且有逐渐被极端化的趋势。2019年8月30日，美国纽约联合国总部门口，近1 000名青少年抗议者齐聚示威，呼吁各国对气候变化采取更多的行动。人群中，来自瑞典的16岁少女格雷塔·桑伯格（Greta

Thunberg）是媒体大力宣传的这场运动的明星。2018年以来，桑伯格每周五在瑞典议会前罢课抗议，要求政府加紧应对气候危机，活动名称为"为了未来的周五"（Fridays for Future）。随后，因此出名的桑伯格被邀请参加了各种气候变化会议。2019年9月23日，联合国在纽约召开气候行动各国首脑峰会，她受邀在峰会上发表讲话。面对台下坐着的上百位各国领袖和政府首脑，桑伯格发表了充满激情的控诉："你们怎敢这样？如果各位真的了解气候变化实情却仍然不采取行动，那么你们就是邪恶的！你们怎敢这样？用空话偷走了我们的梦想和童年。所有后代的目光都在注视着你们，如果你们选择让我们失望，我们将永远不会原谅你们。"出席会议的各国领导人对她的演讲多不以为然，在世界上不同群体对她的评价也非常不同。中华文明孕育着丰富的生态理念，中华民族历来高度重视在顺应自然中实现人与自然和谐共生。中国自古以来的生态观讲求的是"天人合一"而非"人定胜天"。老子认为"人法地，地法天，天法道，道法自然"，自然是生命之源，顺之者则昌。我们认为，人与自然是生命共同体，人类社会要想获得可持续的发展，必须顺应自然，和谐共进。今天中国在全面实现中国梦的发展中，更是把建设生态文明看成是中国经济可持续发展的千年大计，把坚持环境保护和资源的节约作为基本国策。当人类活动排放的废弃物超过环境承载力的容量时，为保证环境质量可以自净，就必须投入大量的物化劳动和活劳动，这部分劳动必然会成为社会生产中的必要劳动。为了保障环境资源可以永续利用，必须改变对环境、资源无偿使用的状况，形成相应的成本和交易。实践表明，人与自然相处的最好方式就是遵循自然固有的规律，在利用自然资源方面秉持科学、合理、可持续的态度，而不能肆意破坏自然界，不顾大自然的承载底线，否则最终受惩罚的还是人类自己。我们在这一部分着墨较多，参考资料篇幅较大，一方面希望从理论上讲清楚"天人合一"才是开放型世界经济可持续发展的正确道路，另一方面也希望总结人类在征服大自然过程中的种种失误，以及逐渐觉醒的过程。

一、人口、资源、环境可持续发展的辩证关系

习近平总书记2013年11月15日在关于《中共中央关于全面深化改

革若干重大问题的决定》的说明中指出:"山水林田湖是一个生命共同体,人的命脉在田,田的命脉在水,水的命脉在山,山的命脉在土,土的命脉在树。"[①] 他认为:"环境就是民生,青山就是美丽,蓝天也是幸福,绿水青山就是金山银山;保护环境就是保护生产力,改善环境就是发展生产力。"[②] 生态环境保护的成效如何,归根到底取决于经济结构和经济发展方式。2015年10月29日,党的十八届五中全会首次提出"创新、协调、绿色、开放、共享"五大理念,以保障实现全面建成小康社会的目标,其中绿色是发展的普遍形态,在中国形成了普遍的共识,被大力弘扬。

在人类社会发展过程中,经济不断增长,人民的物质生活水平不断提高,但随之产生了一系列的问题,而如何妥善、科学地处理人口、资源以及环境的协调演进,已经成为当今社会最突出的问题。在经济社会发展中,环境和资源是必不可少的物质条件。我们认为,环境是人类周围外部世界的总和(包含自然环境与社会环境,我们的研究针对前者),是客观存在的一切物质、能量、信息等因素的集合;资源是人类生存发展的基础(包含自然资源和社会资源,我们的研究针对前者),是一个经济体拥有的人财物力等物质要素的总称,是经济发展的投入要素。在与环境资源世代共处之下,地球上的人口越来越多,2019年已达75.6亿之众,这数十亿大众追求美好生活的意愿天然合理。人类在资源利用方面的任何不合理,都会导致自然资源绝对额的匮乏与结构上的失衡,也会带来更多的环境污染,而资源匮乏以及环境污染也造成对人口数量和质量的限制,形成贫困螺旋。当人口出现相对过剩时(相对于资源和环境的承载力),社会就业面临更多的压力,失业最终又将阻碍人们追求美好生活的意愿得以实现。所以协调好人口、资源与环境之间的关系,形成良性发展螺旋,对于开放型世界经济的和谐发展至关重要。为此,我们认为,宏观经济实行资源的有效(最优)配置,大众(非少数人)福利的普遍提高,以及发展的可持续性,是世界各个经济体梦寐以求的最高境界。这一境界处理的就

---

① 习近平:关于《中共中央关于全面深化改革若干重大问题的决定》的说明. 人民日报,2013-11-16.

② 习近平在省部级主要领导干部学习贯彻党的十八届五中全会精神专题研讨班上的讲话. 人民日报,2016-05-10.

是我们所说的良性螺旋的互动关系：资源有效配置讲的是要妥善处理好人和大自然的关系；福利的普遍提高讲的是要妥善处理好世界上人与人之间的现实关系；而发展的可持续性则讲的是要妥善处理好人与人的代际关系。资源与环境的情况制约着经济发展，而经济发展必然又会给资源和环境带来影响。一方面，经济发展、技术变革带来社会进步，形成了人们新的生产、生活方式，能够减轻空气污染、水污染、固体污染等环境污染问题。另一方面，人们生活水平的提高，以及对于美好生活的日益追求，又会对既有的资源存量和环境承载造成相应的压力。能够处理好这些关系，在中国就意味着科学发展观的落实，以及发展的五大理念的落实。在世界则是发展经济学可持续发展理念的推进和《2030年可持续发展议程》的落实，以及现实中可持续发展战略的实践。

可持续发展是一种注重长远发展的经济增长模式。我们在搜寻前人研究成果时，发现从学者到政治家，给出的可持续发展定义达上百个之多，非常广泛。可持续发展的概念最初被提出时，指的是既满足当代人的需求，又不损害后代人满足其需求的发展，追求代际和谐。今天，可持续发展理念是一种新的发展观、道德观和文明观，在经济发展的理论和实践中，它是以自然资源环境承载力为出发点，以经济社会发展为手段，以满足人们日益增长的美好生活需要为目标，贯彻"天人合一"的发展理论和战略。

可持续发展的概念，最早在1972年于斯德哥尔摩举行的联合国人类环境研讨会上提出，由全球的发达国家和发展中国家与地区的代表，共同商讨人类在所面临环境上应有的权利和责任，随后被逐渐丰富并成为一种广泛被接受的共识。我们归纳综合了诸多可持续发展的定义，将其内涵大致概括为①：第一，发展的普世性。发展与增长既有联系也有根本的区别，增长是量的扩大与变化，而发展包含着结构的改进与变化，是经济、社会、文化、科技、环境等因素的集合，是发达经济体和发展中经济体，即全人类享有的共同和普遍的权利。第二，发展的可持续性。可持续发展

---

① 本处所综合归纳的内容，参考了诸多网站中的各种阐述，以及各种大百科全书及其他百科辞海、辞书的内容，由于涉及面极广，这里就不一一列出，特此说明。

的基本原则是人类经济和社会的发展应该能够为世界资源和环境的承载能力所支撑。第三，人与自然的共生性。人类必须敬畏自然、保护自然、师法自然，与自然和谐相处，建立新的理念和价值标准，促进人与自然的和谐共生。第四，人与人关系的公平性。一部分人的发展不能以伤害其他人的发展和利益为代价，且当代人应该使下一代人能够具有与自己相同的发展机会，形成代际发展的永续性。

从上述可持续发展的含义出发，针对可持续发展可以总结出以下三个重要的命题：首先是人类总体利益至高无上。当代科学技术和经济社会的发展缩小了人们之间绝对和相对的距离，以及对福利认识的差距，地球村级的命运共同体在一些基本问题上（如环境）是存在的。人类在很多情况下需要同舟共济，各种经济行为相互影响，甚至是相互间会产生非常重大的影响，一损俱损，一荣俱荣。新发展理念要求以人类生存的总体利益为基本原则来考察各种人类活动，人类的整体利益不能因少数个别人的利益，甚至是一个国家的利益而受到破坏，人类应当对超越资源和环境承载能力的各种欲望节制自律。其次是人类的生存利益高于一切。自然生态环境系统是人类赖以生存的基础，保持与自然生态环境系统的良性互动是人类能可持续生存、全面发展的根本。因此，人类对自然界的利用、占用和改造必须有度，即人类活动应该被控制在生态系统的承载力、自我修复能力之内，生态环境的稳定平衡的限度以内，维护这一系统的平衡稳定，否则人类的生存将受到挑战。最后是人类生存与发展的代际平等应该得到保证。当代人的需要得到满足，不能以侵害后代人生存和发展的固有权利为代价。地球由世代人类平等拥有，人们既没有侵犯其他人的权利，也没有侵犯后代人的权利。人类在继续前行过程中面对自然时，不仅人人平等，而且代际平等，这是人类生存与发展的可持续性命题。

我们在归纳综合人、自然资源、环境关系的基本原则时，从各种文献中，总结出了以下若干方面。

首先是满足人们日益增长的美好生活需要的原则。我们在前面论述过，人们追求美好生活的意愿是日益提高、没有止境的，而且是没有办法完全满足的。所谓宏观效率可以根据人们经济社会生活发展的总体高效性的原则、经济生产率来度量，更应该根据人们的需求得到满足的程度来衡量。重要的是随着时间的推移和社会的不断发展，人类的需求内容将不断增加，层次也将不断提升，对于基本需求和美好生活需要的满足本身，也会不断地从较低层次向较高层次提升，这是人们不断发展经济的根本动力，没有什么力量可以阻止它。如果进一步探讨，人们的需要是由当期和未来的经济社会和文化条件所确定的，是主观因素和客观因素相互作用的结果，与人的价值观和动机有关。可持续发展立足于人的需要，但强调人的全方位需要不仅仅是获取市场的物质商品，同时它也要使人自身得到发展。可持续发展应该满足的是全社会所有人的普遍需要，而不能只是少数人的需要，它还要向所有人提供实现美好生活愿望的机会和手段。

其次是公平性原则。公平在很大程度上是一种内心的感受，面对相同的事务，不同的人会有不同的感受，这种差异是客观存在的。今天人们能够做到的最大公平只是选择机会的平等性，而无法做到结果的平等和完全相同。这种机会的平等所反映的公平应该具有我们在上面表述过的三方面的含义：一是同一代人之间的横向公平性，二是代际的纵向公平性，三是人与自然之间的公平性。可持续发展要求在这三个方面实现同样的选择机会和空间，这是可持续发展与传统发展的重要区别。

再次是和谐性原则。在人类生存发展的空间里，社会系统、经济系统和自然系统通过人类的活动被耦合成复合生态系统。只有当各个系统彼此适应、输入输出总体平衡的时候，整个复合生态系统才能实现稳定的良性循环。可持续发展的本意就是要促进人与人之间、代际及人与自然之间的和谐。按和谐性原则发展，形成互惠共生关系，可持续发展才能真正实现。

最后是可持续性原则。资源的可持续供给和利用，生态环境系统可持续的保持和修复是人类经济社会可持续发展的重要前提。可持续发展要求人类根据各个方面的可持续性标准、现有的条件以及生态承载力来调整生活方式，保持适度的人口规模，合理开发和利用自然资源，处理好发展经济和保护环境的关系，在生态承载许可的范围内确定自己的经济和社会行为。人类的经济社会发展不能对生态系统产生不可逆的伤害，保护生态环境也不应该舍弃经济社会发展，而应该用于促进生态环境的稳定平衡。人类在同大自然的互动中生产、生活、发展，人类源于自然界，是自然界的有机组成，保护生态环境就是保护人类自己，从而改善生存空间和发展生产力。因此，必须主动地探索自然的规律，尊重自然、敬畏自然。

综上所述，开放型世界经济下的发展要坚持以人为本，以人与自然的和谐为主线。在经济发展中，要以普遍提高大众生活质量为根本出发点，以科技革命和体制创新为突破口，全面推进经济社会与人口、资源和生态环境的协调，促进人与自然的和谐互动，推动整个世界经济走上生产持续发展、生活方式科学、生态环境美好的可持续文明发展道路。

二、工业化社会中人与自然关系恶化的回顾

人类活动之所以会造成环境污染，是因为人类跟其他生物有一个根本差别：人类除了进行自身的生产，即繁衍后代之外，还能够利用自然资源进行更大规模的物质生产为自己服务，而这是其他所有生物都没有的，因此人类活动于自然的强度远远大于其他生物。我们在前面讨论过，在古代由于人口不多，人类的生产规模也不大，将自然资源看成是取之不尽、用之不竭、可以无偿使用的，把陆地、大气、江河湖海当作废水、废料、废气等废弃物的自然承载场所，使用而不必付出任何代价似乎是可以的。这时人类自身的经济社会活动给人本身带来的福利效应巨大，但对自然界的负面影响在时空和程度上都是有限的，并未超越大自然的承载力和自净的能力，新产生的福利远大于伴随而来的外部不经济。随着几次工业革命的爆发和扩散，人类改造自然的能力迅速发展，确实使得人类在利用、控制自然方面取得了辉煌的成就：在宏观领域，人类可以在月球上漫步；在微观领域，核聚变成果能够解决能源问题。在生命科学领域，基因编辑可以重造人的未来，破解延长寿命的秘诀，甚至把有生命的机体与无生命的人工智能机器重构。人类在这一过程中益发自信人定胜天：只要坚持现有的普世增长模式，人类的生活就会越来越美好。我们不去探讨伴随增长产生的社会代价，如贫富差距，就是单纯从增长来说，伴随着人类生产活动超越了自然承载力（包括环境和资源等承载力）的边界，违背了天人合一的规律，出现了资源短缺枯竭、环境恶化的问题，大自然的惩罚就随之而来，人类面临着诸多的困扰，如气候变暖、大气污染、臭氧层破坏、酸雨蔓延、生物多样性减少、土地荒漠化、森林植被锐减、各种水体污染、固

体废弃物污染、海洋环境污染、土壤污染等等。

人们最先体会到的是环境的惩罚。随着人类活动超越自然环境承载力，人类的经济社会活动受到了大自然的惩罚。我们在这里归纳总结了各大网站和各个国家广为流传的所谓 20 世纪世界十大环境公害事件，希望能够从中得出一些带有规律性的结论。①

（一）1930 年比利时的马斯河谷事件

1930 年比利时马斯河谷的严重污染事件被认为是 20 世纪记录最早的环境公害事件之一。20 世纪 20—30 年代，沿比利时的马斯河谷散布着许多诸如金属加工厂、玻璃厂、炼油厂的各类工厂。由于河谷位于狭窄的盆地中，1930 年 12 月 1 日至 5 日，河谷气候反常、浓雾弥漫，上空的气温发生逆转，出现了稳定而又很强的逆温层，扩散条件变差，致使工厂中排放的粉尘、烟气和其他的有害气体（如二氧化硫等）在贴近地表的空气中久久停留无法散去，从而造成了严重的空气污染。污染发生几天后逐渐有人开始患病，出现了咳嗽、胸痛、呼吸困难等病症，引发了心脏病、肺病患者的死亡，一星期内数千人患病，病亡人数竟高达 60 多人，空气污染甚至造成了许多家畜的死亡。

（二）1943 年美国的洛杉矶光化学烟雾事件

1943 年在洛杉矶发生的光化学烟雾事件，是引发人们对汽车尾气排放，以及驾驶汽车出行这种生活方式造成污染关注的重要事件。洛杉矶坐落于美国西南海岸、三面环山、依山傍水、风光明媚。这里在加利福尼亚发现金矿之前只是一个荒凉的小村落，金矿的出现使得人们相继涌入，不长的时间就成了美国西部的大都市，单是汽车就有数百万辆之多，每天有近 250 万辆汽车在路上行驶，燃油使用达千吨以上。这个美丽的城市变成了拥挤不堪的现代汽车城。每年 5—8 月，在强烈紫外线的作用下，汽油燃烧后产生的碳氢化合物会发生化学反应，形成臭氧层，并出现浅蓝色的

---

① 这些重大的环境公害事件的内容均来自国内外网站以及专业类读物，我们只是进行了资料的编写，并尽量保持了资料的准确性。

烟雾，人们称这种污染为光化学烟雾。洛杉矶城市空气透明度降低，变得浑浊，许多市民出现喉咙痛、眼红、鼻塞、头疼等病症，甚至失去生命，农作物因之减产，树木发生枯萎。1955 年和 1970 年洛杉矶又发生过多次光化学烟雾事件，前者造成 400 多人因中毒、呼吸衰竭而病亡，后者则使得洛杉矶近四分之三的人呈现各种病症。

（三）1948 年美国多诺拉烟雾事件

1948 年美国多诺拉烟雾事件是和 1930 年比利时的马斯河谷事件类似的空气污染事件。多诺拉是美国宾夕法尼亚州的一个小镇，小镇处在河谷中，建有许多大型炼铁厂、炼锌厂和化工厂。1948 年 10 月 26 日至 30 日期间，小镇受反气旋逆温控制，大气处于持续热稳定状态并有重雾，空气扩散条件极差，诸多工厂排放的烟气、粉尘、有害气体（二氧化硫）无法扩散，致使在近地层形成重度污染。全城 14 000 人中有 6 000 人发生眼痛、头痛、四肢乏力、喉咙痛、胸闷、干咳、呕吐、腹泻症状。最终导致 20 多人死亡，病亡者多为高龄人士。

（四）1952 年英国伦敦烟雾事件

英国伦敦过去被称为雾都，工业革命的结果是英国大量使用燃煤，伦敦也不例外，燃煤造成大量粉尘和二氧化硫排放，当气象扩散条件变差时，就会出现严重的烟雾，对人体造成伤害。1952 年 12 月 5 日至 9 日，伦敦重雾弥漫，烟尘是平时的 10 倍，二氧化硫是 6 倍，形成了酸雾。这种情况使得伦敦全城大量的人呼吸系统突然患病，不仅医院人满为患，病亡人数也直线上升，尤其是老年人和患有基础病如心脏病、肺病、气管炎的病人。由于重雾，伦敦城白天行车需要打开大灯，飞机被迫停航，甚至行人走路都感觉困难。据资料报道，这次重雾 5 天内造成 5 000 多人病亡，之后的两个月内又有 8 000 多人因病故去，是正常条件下的数倍，连牛等牲畜都发生了死亡。伦敦的烟雾事件引发了全球的人们对大气污染的真正重视，并通过立法开始进行治理，此后伦敦又发生过十余次浓雾事件，烟雾污染问题到 20 世纪 70 年代终于得到了根治。

(五) 1953—1956 年日本水俣病事件

发生在 1953—1956 年的日本水俣病事件，是日本典型的工业造成的汞污染公害事件，日本重视环保也是发端于此次事件。在日本南部九州湾的熊本县有个小镇叫水俣镇，大约有 4 万多居民，周边还有 1 万多村民，他们大多以捕鱼、农耕为生。1925 年，日本氮肥公司在这里设厂，生产氯乙烯和醋酸乙烯，工厂的废水直接排放入附近的水俣湾。工厂在生产中使用了含汞的催化剂，致使排放的废水中含有大量的汞，进而转化为甲基汞。这些汞成分在海水、海泥和海里的鱼类中富集，大鱼吃小鱼，小鱼吃虾米，经过食物链最终使食用者中毒。水俣镇最先出现症状的是猫，1953 年出现了第一个病人，1956 年水俣镇更多的人开始犯病，开始时由于搞不清病因，所以病名用地名来称呼，这就是水俣病病名的来源。前后受害者近万人。汞中毒造成的水俣病会侵蚀人的神经系统，使患者从口齿不清、失明失聪发展到周身麻木、精神失常，最终病亡。这种病还有较强的遗传性，竟然出现先天性的患者，一直到 1991 年，日本环境厅公布的中毒病人仍然有 2 248 人，其中有 1 004 人病亡。

(六) 1955—1963 年日本神东川骨痛病事件

发生在 1955—1963 年的日本神东川的骨痛病事件是日本典型的工业造成的镉污染公害事件，曾经被称为日本第一号公害病。日本富山县的富川平原上有一条神东川河，这条河两岸的农民一直用河水浇灌农田。自三井矿业公司在神东川上游开设了炼锌厂后，工厂洗矿石的废水直接排入神东川河，出现了草和灌木死亡的现象。1955 年开始出现怪病并致人死亡：患者女性较多，发病后身高缩短，能缩短 20~30 厘米，且极易发生骨折，有的死者身上竟然有 70 多处骨折。最初因为病因不明，且潜伏期为 2~8 年，甚至达 10 年以上，人们将这种病称为骨痛病。1963 年，经过反复调查研究，终于搞清楚中毒的原因是废水中的镉金属：工厂排放含有重金属镉的废水，农民用这种水灌溉农田，并饮用镉含量很高的河水，稻谷中的重金属随着食物进入人体，最终导致骨痛病爆发，前后有几十人病亡。

(七) 1961 年日本四日市哮喘病事件

这次公害事件发生在 1961 年的日本四日市，被称为四日市哮喘病事件。四日市位于日本东部的伊势湾西岸。1955 年后随着日本经济的发展，这里相继兴建了十多家石化工厂，这些化工厂终日向大气排放烟尘、二氧化硫气体和其他有害气体，一年能够达到十几万吨。它们的结合形成酸性空气，四日市以及附近的大气浑浊不堪，空气污染非常严重。在这种情况下，大气污染对人体产生了很大危害。1961 年开始，四日市的呼吸系统患病者数量出现了迅速增加，患者中三成为哮喘病，两成半为慢性支气管炎，每当四日市出现浓雾天气时，重患中死亡率就会上升。一直到 1972 年，日本全国患四日市哮喘病的患者仍然有 6 000 多人。

(八) 1968 年日本米糠油事件

日本米糠油事件发生在 1968 年日本九州的爱知县一带，后在日本全国蔓延，东京、京都、大阪曾出现，而福冈、长崎较多。1968 年春，九州、四国出现了大量鸡由于饲料而死亡的事件，后查明是因为将米糠油的一种副产品用于饲料导致这一情况发生，但并未引起重视。此后在年中时，出现了中毒的家庭群体，且此次发病，家庭单位的特性较强。经过流调，日本基本锁定了这种病的原因：食用米糠油。米糠油在生产过程中使用了一种叫作多氯联苯的材料，由于生产管理的失误，多氯联苯混入米糠油，这种油在食用加热过程中会产生毒性更强的副产品，最终造成中毒事件。米糠油价格相对低廉，因此受害面较广，有 1 万多人受到毒害，遍及日本 27 个县，一时间引起一定程度的恐慌。

(九) 1984 年印度博帕尔毒气泄漏事件

1984 年印度博帕尔毒气泄漏事件被认为是人类历史上最大规模的人为的工业污染公害。20 世纪 60 年代，随着世界人口的增长，粮食问题凸显，且日益成为各国尤其是发展中国家必须解决的困难。农药、化肥的使用是当时"绿色革命"的支柱，在一定程度上帮助人类缓解了粮食短缺的压力。当时的美国联合碳化物公司在印度的博帕尔市开办了农药工厂生产高效杀虫剂，年产达到 5 000 吨。1984 年 12 月 3 日，这家公司因为成本原因造成人手不够，加之管理和操作上的人为失误，造成了地下储罐内剧毒的异氰酸甲脂爆炸外泄。最终 30 吨毒气泄漏，形成浓密的剧毒烟雾，以 5 000 米/小时的速度飘向博帕尔市区，并将其笼罩覆盖。由于这家工厂建在城市近郊（一公里之内有火车站，三公里的范围内有两家医院），人口众多，最终这次毒气泄漏事件造成两万多人直接死亡，50 多万人受害，5 万人因此失明，还造成孕妇流产、产下死婴等，遭受毒气侵害的面积达 40 多平方公里，成千上万的牲畜也因中毒而死亡。这次事件后，1989 年美国联合碳化物公司向印度政府支付了 4.7 亿美元的赔偿金，该公司在 1999 年被陶氏化学收购。

（十）1986 年苏联切尔诺贝利核泄漏事件

世界出现过多次核泄漏和污染事件。1979 年三里岛发生核事故，由于处理较及时，核能安全形象并没有遭到严重影响，全球此后仍然在高速建造核电站；1986 年切尔诺贝利核能电厂事故后，核安全开始被许多人质疑；而 2011 年福岛第一核电站事故确实使许多人对核能安全产生极大不信任。这三大事件使得能源生产方面停核、去核在世界上形成了一定的声势。其中，最为典型的是 1986 年苏联切尔诺贝利核泄漏事件。

1986 年 4 月 26 日凌晨，离乌克兰基辅不远的切尔诺贝利市郊，由于操作的失误与处理失当，核电厂的第 4 号反应堆发生了爆炸，产生了震惊世界的切尔诺贝利核污染事件。据统计，在这场事故中，当时的苏联政府一共投入了大约 60 万人力，总耗费 180 亿美元，50 万"清理人"中 10% 都因为受到各种辐射而死亡——其中还不包括更多数量的终身残疾。第一批进入事故现场的抢救人员中，大约有 4 000 人已死亡；整个过程中，至少发生超过 10 万人的伤亡。在 2006 年乌克兰卫生局局长发布的报告中说，发现有约 240 万的乌克兰人（包括 42.8 万名儿童）受到这次事故的辐射。事故中有 1 万多平方公里的领土受污染，远期影响在 30 年后仍存在，甚至有专家估计，完全消除这场浩劫对自然环境的影响至少需要 800 年，而持续的核辐射衰减将持续 10 万年。

进入 21 世纪，环境污染的公害事件仍然不断发生。美国墨西哥湾原油泄漏事件是21世纪第一个十年世界最大的海洋原油污染事件。2010年4月20日，美国墨西哥湾英国石油公司原油钻井平台发生爆炸，造成了原油泄漏事件的发生，超过2 000平方英里面积的海湾受到污染的冲击，并有多人在事故中伤亡，致使当时的美国总统奥巴马前后四次到现场处理。一直到2010年7月15日，英国石油公司宣布，控油装置已成功罩住水下漏油点，再无原油流入墨西哥湾。近3个月的漏油造成了墨西哥湾的严重污染，对生态形成巨大破坏，成为21世纪最为经典的人类活动破坏环境事件之一。2010年12月13日，推特评出了当年十大热门话题，英国石油墨西哥湾漏油事件高居榜首。

我们通过案例分析，对人类生产社会活动给环境系统造成的污染从不同角度进行了分类。根据不同的分类视角，可分为若干大类的污染。一般而言，现实世界中存在的主要是人为造成的污染，诸如农业污染、土壤污染、工业污染、大气污染、海洋污染、酸雨污染、水体污染、交通污染、噪声污染、辐射污染、固体废物污染、废气污染、废水污染、细菌污染、病毒污染等林林总总的污染。大自然也会形成一些污染，如火山造成的火山灰的大面积覆盖。需要提及的是，有些环境污染和通过人为环境污染对人类产生危害的活动并非因为经济和商业经营，而是完全可以避免的人类社会活动，如战争。1962—1971年，在越南战争中，美军在越南为了避免树叶遮挡视线而使得对方得以藏身，大量喷洒了落叶剂（橙剂）。

这一行为造成了越南3 000多村庄，近500万人受害，癌症发病率明显上升，甚至导致孕妇产下畸形儿。就连参与越战的美国士兵也受到了橙剂的侵害。2004年，受橙剂危害的越南受害者首次对生产橙剂的几十家美国化学品公司提起集体诉讼，指控这些公司在1962—1971年期间供应落叶剂给在越南作战的美军，对大约400万越南公民犯下战争罪行，要求橙剂制造商赔偿数十亿美元的损失，并负责清理橙剂所造成的环境污染。2005年3月，美国联邦法院法官"依法"驳回了越南橙剂受害者的诉讼请求。但此后，有机氯农药逐渐在西方发达国家和一些发展中国家中被禁止使用，1983年中国禁止了有机氯农药的生产和农业使用，以避免对土壤形成污染。

三、从罗马俱乐部到《巴黎气候协定》

随着工业化时代的来临，人类对环境和资源的使用、破坏日趋严重。每年世界直接排放进入大气层的各种有害气体，以及直接排入河道、海洋的废水，遗弃在陆地的各种固体废物，已经远远超出大自然的承载力和自我净化能力，后果逐渐显现而且日益严重。全球气候变暖，大气质量恶化，酸雨覆盖加大，水质污染，城市垃圾遍布，海洋废弃物影响加大，各种疾病传染蔓延，放射性废物威胁，臭氧层空洞扩大，等等，使得人类生产、生活条件随着经济的发展反而变得令人忧心忡忡。世界目前有8亿多人口吃饭成问题，还有8亿多人口所居生活地空气污浊，12亿人淡水供应不足。与此同时，地球森林锐减，物种灭绝，生物多样性发生着严重的危机。世界森林，特别是中美洲、非洲热带雨林减少速度明显加快，致使全球生物品种多样化的消失和物种灭绝速度加快。据专家估计，地球上曾经存在的物种有四亿以上，现在已经不足1 000万。一些专家推断，当前每年消失的物种已达数千种之多，已经到了环境与资源威胁到人类自身生存的边缘，觉醒和行动迫在眉睫。

人们若去翻阅20世纪60年代以前的报刊，几乎找不到"环境保护""与自然和谐共存"这样的提法，长期流行于全世界的口号是"征服自然""人定胜天"，大自然仅仅是人们征服与控制的对象，而非保护并与之和谐相处的对象。美国海洋生物学家蕾切尔·卡逊（Rachel Carson）第一次对这一人类意识的绝对正确性提出了质疑。她的著作《寂静的春天》于1962年问世，是当时全球最具影响力的著作之一。该著作主要是向人们揭示化学合成农药的危害，它以故事的方式讲述了一个村庄的变化，并且从更为广阔的空间，即从陆、海、空的角度全面地描述化学农药产生的危害。这本书是世人公认的世界环境保护启蒙之作，但遭到了相关工业巨头组织的攻击，受到了严重的攻击和诋毁。应该承认的是，作为作家，书中的一些事实从科学专业角度看并不是必然的和得到了科学解释的。出版两年之后，身患癌症的卡逊身心疲惫、心力交瘁，与世长辞，但她书中所坚持的理念，环境保护意识的疾呼与启蒙，终于为人类普遍接受。自20世纪六七十年代开始，人类面对由于经济增长产生的种种环境与资源的实际后果，越来越发现，传统的近代工业发展模式和所谓文明的生活方式，完全不顾及世界环境与资源的承载力，不仅不可持续，而且日益显示出与经济增长目的的悖反，迫切需要思考，重新定位，重新找寻增长的道路与合乎理性的生活方式。换言之，当代发生的各种资源、环境危机都是人类活动造成的，即传统的旧工业文明的增长走的是掠夺大自然、摧毁大自然、毁坏自己生存条件的增长道路，在严酷的反思背景下，人类终于开始思考、选择可持续的增长道路。

（一）零增长理论

20世纪60年代末，西方国家开始流行一种主张：人类如果要避免资源和环境困境与灾难，必须做到人口和国民生产总值停止增长，即零增长的极端思潮。当时这种思潮和理论的代表作有：米香（Mishan）于1967年出版的《经济增长的代价》、福里斯特（Forrester）于1971年出版的《世界动态学》和梅多斯（Meadows）等人于1972年出版的《增长的极限》，尤其最后这部报告有着极大的影响。

以美国麻省理工学院梅多斯为首的一个17人小组，1972年向罗马俱乐部交出了一份报告《增长的极限》，讲述了人类面临的严重的环境状况和应该采取的办法。罗马俱乐部成立于1968年4月，是一个国际民间学术团体，进行未来学的研究，因总部在意大利罗马而得名。该俱乐部的主要活动是进行未来情况的研究，尤其是人类面临的主要困难，新科技革命对人类未来发展可能产生的影响，通过舆论影响政策制定者的思路，在全球性问题的研究、预测和宣传方面发挥着作用。《增长的极限》是当时最畅销的有关环境问题的报告，引起了全球公众的极大关注，被翻译成三十多个国家的语言，前后印刷、销售了三千多万册。由于这份报告与1971年出版的福里斯特的《世界动态学》一书，在研究对象、使用的分析方法、主要立论和得出的结论等方面异曲同工，因而，学界将两人的理论联系起来，称为福里斯特-梅多斯世界模型。建立这种高度集合的模型，旨在通过分析世界系统的结构、运行方式及发展趋势，了解世界系统中增长的原因和增长的极限。模型的结论是，如果世界人口、工业化、污染、粮食生产以及资源消耗按现在的增长趋势不变，这个星球上的经济增长就会在今后一百年内某一年达到极限。最可能的结果是人口和工业生产能力这两方面发生颇为突然的、无法控制的衰退或下降。这个理论被称为零增长理论。

零增长理论认为：按现实的增长速度，到20世纪末21世纪初，书中具体为2100年，不可再生矿产资源、能源首先将耗竭，届时所有的可耕土地也将被人类全部开垦耕种；如果现行增长速度不变，没有可替代的资源，实施完全的循环经济，即开发循环使用资源的新途径，即便有种种改良，也只是推迟世界末日到来而已；人类现实的经济增长、生活水平的提高、科学技术的进步使得资源枯竭和环境问题日益严重，承载力平衡被突破，最终会造成人类自身发展的危机；而只有经济零增长才可以使全人类免于这种灾难，即需要建立这样一种理念：人类的经济增长和生活方式必须绝对服从生态环境保护。零增长理论是在20世纪60年代末发达国家出现严重污染公害事件的背景下产生的。这种理论事实上在那个时候以及今天，无论是对工业化的发达国家还是发展中国家都是无法实现的。

（二）可持续发展的政策

从20世纪60年代起人们开始重视环境、资源问题，到现在关于环境、资源问题的对策已经演变成为有关发展的全面战略。1972年6月5—16日，联合国召开了人类环境会议，世界上113个国家和地区的1300多名代表出席了这次会议，这是世界各国政府共同探讨当代环境问题，探讨保护全球环境战略的第一次国际会议。会议提出了"人类环境"的概念，成立了联合国环境规划署，确定每年的6月5日为世界环境日，通过了《人类环境宣言》，形成了七大共识和26条行动原则，并提出了"人类只有一个地球"的口号，各国政府的环保机构也是从那时开始设立的。然而1972年的会议存在着明显的南北分歧，即北方国家已经发达，更关注环境；而南方国家还在发展中，更关注贫困。当时印度总理甘地（Gandhi）说过一句非常有名的话，即贫困是最大的污染，首先要把贫困问题解决了，才能解决环境问题。这是发展与环境矛盾的最初显现，在宣言中双方的意愿均得到了较好的体现。

可持续发展概念的提出可以追溯到1980年3月的联合国大会，但可持续发展真正作为一种理念和发展的战略,则是在 1987 年世界环境与发展委员会的报告《我们共同的未来》中得到阐述。在这份报告中指出,可持续发展是在满足当代人需要的同时,不损害人类后代满足其自身需要的能力。报告同时首创可持续发展战略,认为环境保护的最终目的是维系人类的续存和持续的发展。该报告作为文件在 1987 年纽约召开的联合国第 42 届大会上得到通过。1992 年 6 月,180 多个国家的元首、政府首脑或其代表以及 70 多个国际组织参加了在巴西里约热内卢召开的联合国环境与发展大会,通过了历史性的《21 世纪议程》,从理论到战略作出了明确的阐述,对于可持续发展的 40 个领域进行了探讨,并提出了 120 个可实施的项目。会议将可持续发展作为解决发展与环境矛盾的核心概念,提出可持续是资源环境承载力可以承受永续,并开放签署《联合国气候变化框架公约》。中国在 1994 年制定了《中国 21 世纪议程》,作为落实联合国大会决议的行动,并指出走可持续发展之路,是中国在未来和下个世纪发展的自身需要和必然选择。1997 年在纽约举行的第 19 届联合国大会特别会议,对可持续发展作出了相应的决议。

2000 年 9 月 6—8 日,在联合国千年首脑会议上由 189 个成员签署通过了《联合国千年宣言》,设立了 8 项千年发展目标,所有目标均以 1990 年为基础,到 2015 年达标完成。

8 项千年发展目标包括:消除极端贫穷和饥饿;普及初等教育;促进两性平等并赋予妇女权利;降低儿童死亡率;改善孕产妇保健;与艾滋病、疟疾和其他疾病作斗争;确保环境的可持续能力;建立促进发展的全球伙伴关系(见图 6-1)。这 8 项目标的进展通过 21 项具体目标和 60 项官方指标来监测。按照联合国相关部门评估,中国在 2007 年基本达到目标。

2002 年 8 月 26 日—9 月 4 日在南非约翰内斯堡召开的第一届可持续发展世界首脑会议,对《21 世纪议程》的执行情况进行了全面的审查和评价。

联合国于 2012 年在巴西里约热内卢召开了可持续发展大会。这次会议对可持续发展的重要贡献,一是达成了新的可持续发展方面的承诺,对已有承诺的进展和实施进行了评估;二是集中讨论了两个主题:绿色经济

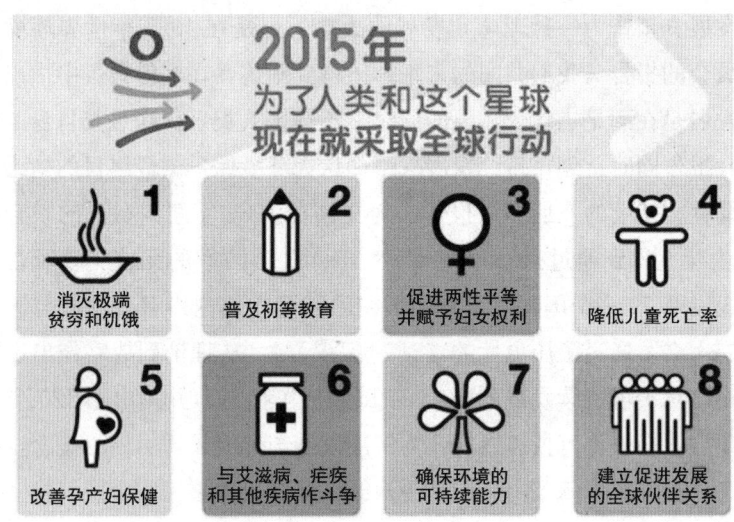

图6-1 千年发展目标

在消除贫困和可持续发展中的作用以及可持续发展治理合作框架。会议提出以全球合作治理来整合经济、社会、环境三者之间的冲突,可持续发展在全球形成了四大支柱,即在经济、社会、环境这三个发展要素之外,还必须加上国际合作治理,通过国际合作治理体制对多方、多元的利益相关者进行协调。中国1995年在制定"九五"计划时,梳理了中国发展的十大关系,第一次把可持续发展作为十大关系之一,提出人口、资源、环境和经济社会要协调发展。

2015年9月25—27日,联合国在纽约召开了可持续发展峰会,在峰会上193个联合国成员正式通过了《2030年可持续发展议程》,确立了17项联合国可持续发展目标(见图6-2),以便在千年发展目标到期后能够继续开展全球2015—2030年期间的可持续发展工作,希望2015—2030年间能够以全面的行动基本解决资源环境、经济、社会三个维度的可持续发展问题,并为人类下一阶段的发展奠定基础。

《2030年可持续发展议程》内容涵盖了人、地球、繁荣、和平以及合作伙伴等五个方面;一共17项总体目标,以及169项可持续发展的子目标,可以看成目的是结束世界贫困、为全球人类构建有尊严的生活,且包括涵盖全体地球人的路线图,该路线图从2016年1月1日起实施。

图6-2 可持续发展目标

2019年7月9日,联合国发布了《2019年可持续发展目标报告》,评估《2030年可持续发展议程》所确立的17项目标的实施情况和存在的问题。报告指出,可持续发展目标确立和实施以来,在消除极端贫穷等领域,人们取得了一定的进展,但离目标相差很大,有些目标如果不特别努力,有可能达不到要求,而气候变化以及国家之间、国家内部发展不平等问题则是当今世界面临的两大最主要的挑战。

(三)联合国气候变化大会

联合国气候变化大会一直以来都因其致力于协调各国进行环境保护而受到大家的强烈关注。而美国在特朗普任总统期间,退出了《巴黎气候协定》,引发了全世界的震动。

联合国于1992年5月9日达成了《联合国气候变化框架公约》,并于1994年3月21日生效。公约是具有法律约束力的文件,由序言及26条正文组成,公约所设定的最终目标是将温室气体在大气中的浓度维持在一个较为稳定的水平,即保持在人类活动对气候不会产生系统性危险的水平;应对气候变化需要国际合作,合作的基本原则主要为共同但有区别的责任原则、公平原则、各自能力原则和可持续发展原则等;发达国家承认发展中国家有消除贫困、发展经济的优先需要,并且承担率先减排和向发展中国家提供资金、技术支持的义务。从1995年起,全球各国每年召开一次缔约方会议，评估应对气候变化的工作进展情况。1995年3月底4月初，《联合国气候变化框架公约》第一次缔约方会议在德国柏林举行，通过了工业化国家和发展中国家《共同履行公约的决定》。1997年，《联合国气候变化框架公约》在日本京都举行了第三次缔约方会议，并通过了《京都议定书》。该议定书规定：在2008—2012年期间，主要工业发达国家温室气体排放量要在1990年的基础上平均减少5.2%，其中美国要削减7%，欧盟则将6种温室气体的排放削减8%，日本削减6%。这一规定具有法律约束力，该议定书在2005年2月16日开始生效。2000年11月，《联合国气候变化框架公约》第六次缔约方会议在荷兰海牙举行。大会期间，美国坚持要大幅度减少它的减排指标，会议陷入僵局。2001年3月，美国政府正式宣布退出《京都议定书》。2005年，《联合国气候变化框架公约》第十一次缔约方会议在加拿大蒙特利尔举行，达成了双轨路线的"蒙特利尔路线图"：在《京都议定书》框架下，157个缔约方将启动《京都议定书》2012年后发达国家温室气体减排责任谈判进程；在《联合国气候变化框架公约》基础上，189个缔约方也同时就探讨控制全球变暖的长期战略展开对话，以确定应对气候变化所必须采取的行动（此举主要是为了使美国不至于脱离全球控制气候变化的行动进程）。会议最终达成40多项重要决定。2007年，《联合国气候变化框架公约》第十三次缔约方会议暨《京都议定书》缔约方第三次会议在印度尼西亚巴厘岛举行，通过了"巴厘岛路线图"：进一步明确了《气候变化框架公约》和《京都议定书》下的双轨谈判进程，由于《京都议定书》2012年将到期，决定2009年在丹麦哥本哈根举行的《联合国气候变化框架公约》第十五次缔约方会议上将通过一份新的议定书，即2012—2020年期间的全球减排协议。2010年11月底12月初，《联合国气候变化框架公约》第十六次缔约方会议暨《京都议定书》第六次缔约方会议在墨西哥海滨城市坎昆举行，会议上共同但有区别的责任原则得到了坚持，确保了2011年的谈判继续按照"巴厘路线图"确定的双轨方式进行，并就适应、能力建设、技术转让、资金援助等发展中国家关心的问题谈判并取得了一定的进展。2011年11月底12月初，《联合国气候变化框架公约》第十七次缔约方会议暨《京都议定书》第七次缔约方会议在南非德班举行。由于《京都议定书》将于2012年过期失效，与会方同意延长5年的该协议法律效力，并就实施《京都议定书》第二承诺期以及启动绿色气候基金达成一致。2012年，《联合国气候变化框架公约》第十八次缔约方会议暨《京都议定书》第八次缔约方会议在卡塔尔多哈举行，从法律上确保了在2013年实施《京都议定书》第二承诺期（8年），但俄罗斯、加拿大、日本、新西兰明确表示不参加第二承诺期。

2011年，气候变化德班会议设立"加强行动德班平台特设工作组"，即"德班平台"，负责在《联合国气候变化框架公约》下制定适用于所有缔约方的议定书、其他法律文书或具有法律约束力的成果。德班会议同时决定，相关谈判需于2015年结束，谈判成果将自2020年起开始实施。2015年11月30日—12月12日，《联合国气候变化框架公约》第二十一次缔约方大会暨《京都议定书》第十一次缔约方大会（气候变化巴黎大会）在法国巴黎举行。包括中国国家主席习近平在内的150多个国家领导人出席大会开幕活动。气候变化巴黎大会最终通过《巴黎气候协定》，标志着全球应对气候变化进入了新阶段，该协定对2020年后国际协调应对气候变化的机制作出了相应的安排。截至2016年6月底，有178个缔约方签署了《巴黎气候协定》。2016年9月G20杭州峰会上中美两国元首将批准的《巴黎气候协定》文本交联合国秘书长潘基文存案。2016年11月，《巴黎气候协定》正式生效，这是继《京都议定书》之后，《联合国气候变化框架公约》下的第二份有法律约束力的气候协议。

《巴黎气候协定》的主要内容包括：重申2℃的全球升温控制目标，同时提出要努力实现全球升温控制在1.5℃以内的目标，并且提出在21世纪下半叶实现温室气体人为排放与清除之间的平衡。各国应制定、通报并保持其国家自主贡献，通报频率是每五年一次。新的贡献应比上一次贡献有所加强，并反映该国可实现的最大力度。发达国家被要求继续给出总体经济范围减排绝对量的目标，鼓励发展中国家根据国情逐步制定总体经济范围绝对量减排或限排的目标；协定同时要求发达国家应该协助发展中国家，并提供相应的资金，2020年后发达国家向发展中国家每年至少提供1000亿美元帮助应对气候变化（底线），各方应最迟在2025年前提出新的资金资助目标，鼓励其他国家以自愿为基础提供援助。建立强化的透明度框架，重申遵循非侵入性、非惩罚性的原则，并为发展中国家提供灵活性。透明度的具体模式、程序和指南将由后续谈判制定。每五年进行定期盘点，推动各方不断加强行动力度，并将于2023年进行首次全球盘点。

美国政府宣布，从2019年11月4日开始正式退出《巴黎气候协定》程序，这个过程将用时一年。美国国务卿蓬佩奥（Pompeo）在一份政府声明中宣布了这一消息，并表示美国已经向联合国提交了正式通知。根据协定规定，退出应有一年的通知公告期。也就是说，美国真正启动退出《巴黎气候协定》的程序最早要等到2020年11月3日。美国总统特朗普2017年在白宫曾宣布美国将退出《巴黎气候协定》，他表示该协定对美国有失公平，是将美国的财富与其他国家再分配。截至目前，全球已有超过190个国家签署该协定。美国成为第一个退出该协定的国家。但与此同时，作为世界历史上最大人均碳排放国家，美国却宣布对进口商品征收所谓碳关税（计算方法和公式请参见附录二的Ⅶ部分）。

2017年11月6—17日，《联合国气候变化框架公约》第二十三次缔约方大会在德国波恩举行，这是美国宣布退出《巴黎气候协定》后第一次召开的缔约方大会（正在退出程序中的美方依然参加）。2019年12月2—15日，联合国气候变化大会在西班牙首都马德里召开。因与会国家就减排力度、为受气候变化影响国家提供资金支持、国际碳信用额交易市场规则等议题存在分歧，大会未就《巴黎气候协定》第六条实施细则谈判这项核心任务达成共识。受新冠肺炎疫情影响，原定于2020年11月由英国与意大利共同在格拉斯哥举行的《联合国气候变化框架公约》第二十六次缔约方会议于2021年举行。

四、开放型世界经济下的绿色亡羊补牢

根据我们收集到的政府间气候组织的资料，今天随着工业化进程的持续，人类面临的资源环境承载力已经达到临界值，但亡羊补牢对于开放型世界经济的可持续发展犹未为晚。资料显示，1880—2012年，全球气温上升了0.85℃，据专家估算，气温每上升1℃，全球粮食产量就下降约5%。1981—2002年，由于气候变暖，全球玉米、小麦和其他主要作物的产量每年均有下降（一种说法是达到了4 000万吨/年）。由于海洋升温，极地的冰雪融化，海平面正在逐渐上升。1901—2010年，全球海洋因为海冰消融而

面积扩大，海平面上升了19厘米。自1979年以后，北极的海冰面积每年减缩超过10万平方千米，而2020年北极圈出现了30℃的历史高温。如果继续目前的排放水平，温室气体浓度将继续提升，专家估计到21世纪末，全球气温将可能比1850—1900年高出1.5℃，而这又将使得世界的海洋温度持续升高，海冰继续融化，预计再过50年，海平面将上升24～30厘米，而22世纪来临时，海平面将平均上升40～63厘米，世界许多岛国，甚至许多陆地城市将不复存在。专家们的意见是，哪怕即刻停止温室气体排放，气候变暖已经出现的多方面情况也将会持续几个世纪，问题是温室气体排放量的增长速度事实上并没有得到有效控制，随着一些发达国家态度的转变，以及发展中国家工业化高潮的来临，甚至可能会高于过去，从而使得人类已有的努力遭受挫折。联合国气候变化大会认为，目前还有可能通过人们生活行为的改变，以及新的技术革命使全球平均气温上升得到控制，如果制度上能够出现根本的变革，技术手段将会发挥更大作用，这样还有50%的机会把全球气温升高控制在2℃之内，关键在于全人类义无反顾的行动。

除了环境之外，人类对于不可再生资源的过度开发，也是可持续发展高度关注的话题。自然资源的一般定义是，大自然中与人类社会生存、发展相关的，能被利用来产生有用物品和服务，并影响劳动生产率的各种自然要素。自然资源是社会生产物质财富以及非物质财富过程中不可缺少的物质要素，是人类生存、发展的自然物质基础。自然资源类型既包括有形的土地、水体、生物（动植物等）、矿产，也包括无形的光、温度（冷热）、气体、气候甚至时空等。对于自然资源人们有着有多种划分方法：（1）按照资源用途，可以分为生产性和生活性的自然资源。前者为用于日常生产，成为劳动改造对象的土地、矿产、林木、水力、太阳能、风能等资源；后者为人们直接当作生活资料的如动物性食物（如鱼类等）、植物性食物（如稻谷等）以及天然纤维（如棉麻等）等。（2）按照存在位置，可以分为地表资源和地下资源。前者为分布于地球表面及空间的大气、土地、动植物、气候等资源；后者为埋藏在地下的矿藏、泉水、地热等资源。（3）按照循环使用的可能性，可以分为可再生资源和非可再生资源，也被称为耗竭性资源与非耗竭性资源。前者是不可再更新的资源，如石油、天然气；后者为可以更新或可以循环使用的资源，如太阳能、风力、动植物等。另外，有的资源数量以及质量长期相对稳定,如大气资源、气候资源,有的资源数量和质量则经常发生变化,如水力、土地等资源。由于过度开采使用,地球上有许多资源趋于枯竭,如矿产、林木、淡水乃至一些动植物资源等。例如世界上的淡水资源是由江河及湖泊中的水、高山积雪、冰川以及地下水等组成的,污染后便会失去使用价值,过度开采也会使之渐近枯竭。再如矿产资源通常分为石油、煤炭、金属和非金属四类,目前世界已知的矿产有170余种,其中一半是属于应用较为广泛的,但绝对属于不可再生资源,且储量大多有限,必须珍惜使用。

国际环境与发展研究所(IIED,1987)研究表明,在人类活动干扰以前,地球表面最初约60%的面积被森林覆盖,大概有67亿公顷森林,到1954年世界森林和林地面积减少到40亿公顷,到20世纪80年代则已经减少到25亿公顷多一点,其中温带森林减少了32%～33%,热带森林减少了15%～20%。由于丛林减少,草场破坏,地球上每天有50～100种生物灭绝。与此同时,世界沙漠和沙漠化面积已占陆地面积的近30%,达到了4 700多万平方公里,而且正以很快的速度在继续扩大。这种情况已经对人类自身的生存和经济社会发展产生了巨大的负面影响,而人类的进一步与自然的不和谐,又使得自然应有的平衡被打破,形成了负向的恶性循环。1987年全球约140亿立方米的水存量中,海水和其他咸水占到97.5%,可直接利用的淡水只占2.5%,大约有4.2亿立方米,其中约77.2%被冷储在冰盖和冰川中,22.4%是地下水和土壤水,只有大约0.4%为湖泊、沼泽和河水。20世纪以来,由于工业化迅猛发展和生活方式的根本变化,世界用水量大幅度增加,年用水量从1990年的约4 000亿立方米增加到1995年的3万亿立方米,增长了6.5倍。到2000年,全球淡水用量已达6万亿立方米。目前,淡水在全球分布极不均匀,大多数国家,尤其是发展中国家多为缺水国家,世界上已有43个国家和地区缺水,占全球陆地面积的60%,约20亿人用水紧张,10亿人得不到良好的饮用水。人类工业发展主要使用的是非再生资源(如金属矿产、化石燃料等),据估计,地球上(已探明的)各种矿物资源储量,可继续使用一二百年算是比较长的,有的只能够使用十几、几十年,需要依赖于科技发展创造出替代品,这在短时期内是非常艰巨的任务。

随着时间的推移,人们逐渐认识到,生态环境保护能否成功取决于世界经济的结构、发展方式，以及人类自身的活动。生态环境的可持续和经济发展、社会进步应该形成新的和谐关系。对自然资源和生态环境进行竭泽而渔的破坏，经济肯定得不到发展，也不能够持续，没有经济发展则生态环境保护也得不到资源的支持，它们是辩证统一的关系。实际上，绿水青山就是金山银山，保护、改善生态环境就是保护、发展生产力，社会系统、经济系统和自然系统通过人类的绿色经济活动，达到各个系统彼此适应、输入输出总体平衡的时候，整个复合生态系统才能实现稳定的良性循环。在认识提高的基础上，世界的可持续发展的政策脉络逐步完善，逐步深入地、有针对性地解决问题。最初是解决经济和环境的矛盾，之后是扩展到经济、社会、环境三个支柱，再到 2012 年变成经济、社会、环境、合作治理四个方面，近来提出了全面的绿色经济概念。目前各国政府基于对绿色经济的认识，都在积极推行绿色经济发展，使得经济、社会、生态得以和谐演进。2009 年欧盟启动了绿色经济发展的整体计划，并投巨资支持欧盟地区的绿色经济发展；美国在特朗普任总统之前，也曾经加大投入促进清洁能源以及绿色经济的发展；日本和韩国政府均对实施绿色经济表现出极大的积极性，希望能够通过绿色经济的发展，促进社会、经济、环境的一体化进展。可再生能源已经成为全球电力生产的第二大来源，2017 年它们在世界发电量中占比为 24.5%，仅次于燃煤发电（38.5%），高于天然气发电（23.0%）、核能发电（10.3%）和石油发电（3.3%）。绿色经济发展的新产业将会对就业产生巨大带动作用，国际劳工组织（ILO）认为，绿色经济会创造巨大的工作机会，在绿色新产业的带动下，能够形成几千万的工作岗位，推动大众福利的提升。

中国在坚持经济、社会、环境、合作治理发展方面，走过弯路，但也进行了艰辛的探索，取得了长足的进展。中国地大，但是人口众多，资源相对匮乏，经济在高速发展，资源制约日益凸显。经济发展的基本资源，如人均土地面积只是世界人均水平的三分之一，人均淡水资源则是世界人均水平的六分之一，而且分布极其不均衡，人均耕地面积是世界人均水平的三分之一，人均森林面积是世界人均水平的六分之一，人均石油拥有量则仅是世界人均水平的十分之一，绝大多数矿产资源人均拥有量只是世界人均水平的 50% 左右，资源使用严重依赖外部供给，成为可持续发展的重要制约。同时，中国在资源利用方面，由于生产方式的粗放，效率偏低，资源使用效率、效益都有待大幅度提高，而且低效率资源的利用也造成了中国生态环境的一系列问题。中国能效经济委员会发布的《中国能效2018》报告指出，中国的能源消费强度下降较为明显，但是工业部门特别是高耗能行业很多产品的单位产品能耗水平与国际先进水平相比，仍有10%～30%的差距。2011年国际能源机构（IEA）的报告认为中国单位GDP能耗是日本的6倍，美国的3倍，印度的0.8倍，2015年单位名义GDP电耗是欧美的3.5倍，世界均值的2.5倍，新兴工业化国家的1.7倍。① 2010—2018年中国GDP能耗降低率如图6-3所示。全球气候持续变化，资源趋于耗竭，对此中国向国际社会提出建立健全应对气候变化管理、组织机构等四大举措，并就我们的碳排放规模承诺如下：（1）到2020年单位GDP二氧化碳排放比2005年下降40%～45%；（2）二氧化碳排放2030年左右达到峰值并争取尽早达峰，单位GDP二氧化碳排放比2005年下降60%～65%。根据生态环境部披露的数据，2018年我国碳排放强度比2005年下降45.8%，已提前完成2020年碳排放强度承诺，2030年碳排放强度承诺有望实现，但碳排放峰值承诺存在不确定性。因为火电碳排放在中国占比最高，如果火电发电量无法在2030年前达到峰值的话，2030年碳排放达到峰值，2060年实现碳中和的承诺能否实现将存在较大疑问。

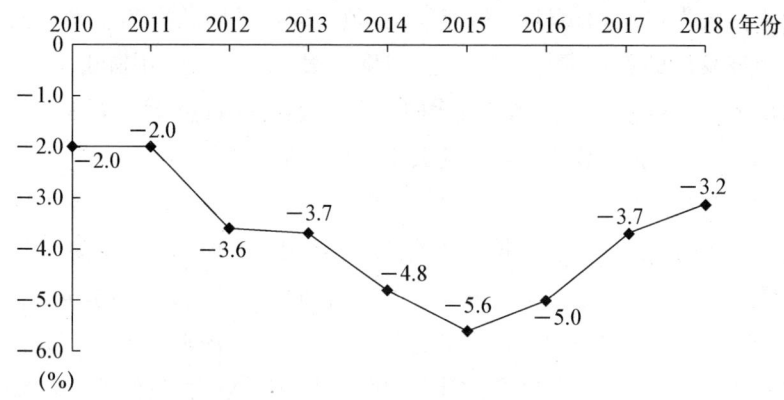

图6-3 2010—2018年中国GDP能耗降低率

① 以上数据是按照市场汇率时价计算的名义GDP，如果考虑不同国家产业结构差异，并按照购买力平价计算，结果会非常不一样。

中国将来是否能够以油、气、核发电为主呢？客观地讲，非常困难。根据 2019 年的数据，世界石油储量最多的前三个国家分别是委内瑞拉、沙特阿拉伯和加拿大，中国的石油储量在全球只能排到第十三名，但石油产量却排到全球第六。2019 年我国石油产量达 1.91 亿吨，表观消费量为 7 亿吨，天然气消费量为 3 025 亿立方米（人均值仅为世界一半左右），比上年增长 251 亿立方米，增速约为 9%，远高于煤炭、石油等其他化石能源消费。若是按照这个产量计算，那么我国目前的石油储量仅够再开采 20 年左右，天然气为 40 年左右，中国石油对外依存度高达 72%，而世界公认这一比例达 60% 就是危险线了，中国核燃料对外依存度也在 80% 以上，为此，中国只能够在提高利用效率的前提下，广开进口渠道来保证油、气、核的使用安全。

在邓小平提出中国式的现代化理念的基础上，随着经济、社会的进步，在现代化布局方面，中国面对开放型世界经济发展的大趋势，也动态地改变着目标、理念与行动。中国最初的提法主要是实现"经济现代化"，党的十六大提出了现代化的"三位一体"（经济建设、政治建设、文化建设）总体布局，党的十七大提出了"四位一体"（经济建设、政治建设、文化建设和社会建设）总体布局，党的十八大则提出了"五位一体"（经济建设、政治建设、文化建设、社会建设、生态文明建设）的总体布局。现代化提法的动态变化意味着中国进入 21 世纪后，在总体布局中，经济建设是根本，政治建设是保障，文化建设是灵魂，社会建设是条件，生态文明建设是基础。这五个方面相互影响，不断开拓经济可持续发展、人民生活水平日益提高、生态环境优美、社会和谐发展的道路。

第七部分　开放型世界经济的推动与全球经济治理变革的中国愿景

当今世界正经历百年未有之大变局，人类面临许多共同挑战（如恐怖主义、逆全球化、新冠肺炎疫情等）。第四次工业革命呼之欲出，信息化、全球化、多样化、多极化、一体化得到长足发展，世界面临变革前的不稳定性和不确定性，经济社会各个方面新游戏规则在酝酿。大时代酝酿大格局，大格局依赖大合作，大合作需要大智慧，大智慧则体现在大治理上。构建人类命运共同体是新时代促进世界和平与发展的中国倡议，对于人类携手共同发展，应对共同威胁和挑战具有重大意义，凸显出中国的全球视野、开放胸怀和大国应有的担当。习近平主席指出："我们要继承和弘扬联合国宪章的宗旨和原则，构建以合作共赢为核心的新型国际关系，打造人类命运共同体。"[①] 中国秉持共商共建共享和合作共赢的全球治理观，倡导国际关系民主化，坚持国家不分民族、肤色、大小、强弱、贫富，一律平等。配合联合国《2030年可持续发展议程》，积极行动，促进缩小南北发展差距，帮助发展中国家特别是最不发达国家摆脱贫困和饥饿。以人类命运共同体的构建为指导打造新型全球经济治理结构，推动国际经济秩序和全球化朝着更加公正理性的方向变革，为在开放型世界经济中实现包容性发展尝试提供新的途径。随着今天开放型世界经济出现格局的变化，全球经济治理体系的决策机制

---

① 习近平出席第七十届联合国大会一般性辩论并发表重要讲话. 人民日报，2015-09-29.

呈现出多元的发散和集体意志并存的现象。美国频频"退群",将承担国际责任视为巨大负担,欧盟内部经济一体化矛盾重重,国际组织作用显现式微,发展中国家希望加大话语权,凡此种种,进一步加快了这一转变。

中国作为联合国安理会常任理事国,世界第二大经济体,二十国集团的重要成员,以及发展中国家的一员,未来将会更加积极地参与共商共建共享的集体领导过程,与世界其他国家携手,推动人类命运共同体的建设,促进世界经济治理结构的改革。习近平主席指出,全球治理体制变革离不开理念的引领,全球治理规则体现更加公正合理的要求离不开对人类各种优秀文明成果的吸收。面对2008—2009年由美国次贷危机引发的全球金融危机,各国共同应对经济衰退,使得全球经济治理体系进入了变革时期,二十国集团开始发挥重要作用。2020年席卷全球的新冠肺炎疫情,凸显出全球治理体系变革的新理念应包括人类命运共同体中的人的维度,把维护全人类的生命权、生存权和发展权作为核心价值观,进一步显现了变革的迫切性。当前,全球贸易保护主义抬头,一些经济体内大众收入的金字塔差距已经成为社会问题,多种因素促成经济民粹主义泛起,作为经济全球化受益者的发达经济体面临着传统制成品产业空洞化的挑战(例如新冠肺炎疫情暴发时,一时难以重启口罩、防护服等防护用品生产的尴尬),现存的全球经济治理体系由于效率低下和种种掣肘,很难应对国际经济产生的诸多新问题,各国经济政策协调之难,世界生产网络的复杂和维系运行顺畅之难,使得全球经济治理体系面临新的挑战。全球经济治理体系必须变革已成为各国的共识,但对于变革的理念、目标、路径和方法,世界上存在不同甚至是极端相左的看法。在全球经济治理体系中如何加大发展中国家的话语权,使得这一体系更加切实反映出世界经济格局的变化,正逐渐得到广大国际社会的认同。在全球经济治理体系变革中,合作共赢是正确的方向,而片面坚持、强行推进本国利益第一,只会造成不必要的冲突和矛盾。中国对于全球经济治理的理念是合作共赢、共商共建共享,坚持的是国际关系的平等性、包容性和民主化。这是在全球经济治理上中国设想和中国方案的核心思想。

一、全球经济治理概念的演变

治理的内涵、范围是随社会经济发展而动态地被不断扩大的，在中国的西汉时期，司马迁就有了"礼乐刑政，综合为治"的提法。今天人们在分析治理时，基本上将它大致分成两个互相联系但又有区别的阶段，即传统治理与新治理。查找介绍治理的教科书，这一概念据说起源于希腊语 Kybernan 和拉丁语 Gubernare。一般认为，传统的治理或旧治理，在概念上与统治基本是同义词，均有着诸如引领、指导、掌舵、控制、操纵等含义，这两个词在绝大多数场合是可以相互替代、等同使用的，即治理与统治这两个词在相当长的时间内是同等和交叉使用的。英文中的治理一词，在过去曾经是表达政府从善如流的意愿与尊重市民社会的词汇，专门使用在与国家公共事务相关的法律、法规、条例的执行上，或使用在处理利害关系不同的特定机构或行业上。20 世纪 80 年代之后，第三次经济全球化浪潮在世界涌现并得到长足发展，在新形势下，世界以及各经济体公共事务运行日趋复杂，不确定性增强，协调与引导困难性加大，一种新的治理机制便应运而生，它与传统治理的理念、机制和模式有很大区别。从概念上对新治理和传统治理理解的根本差异在于：传统治理一般是指政府及其行为，新治理是指政府与社会之间的伙伴关系。1989 年世界银行的一份讨论撒哈拉以南非洲发展问题的报告，将当时非洲的失序情况概括为治理危机，这是国际组织首次使用治理危机一词。多数学术探讨认为，这是新旧治理产生的时间分水岭，此后，治理便成为国际多边与双边机构、学术团体及民间志愿组织等高频使用的词汇，而治理的理念遂被广泛地运用到政治学、经济学、社会学、管理学等各个学术领域，以及各种实际部门。目前治理的理论和实践已波及社会和政治生活的方方面面，而且伴随着诸多与治理关联词汇的诞生，即通过在治理前加上修饰限定性词语，形成了新的术语族，如"全球治理""全球经济治理""社会治理""地方治理""社区治理""多层次治理""多中心治理""市场治理""生态治理""网络治理"，等等。治理的词意不仅涵盖的范围越来越广，而且被赋予现代化的解释色彩。另外，随着治理定义的丰富与范围的扩展，这一概念频频出现在不同学科领域的文献中，并出现在经济、政治、国际关系的实践中。人们从不同的视角解读治理的定义、概念、范围、机制，并创立了许多治理相关的理论。这样做的结果虽然丰富了治理的内涵，但也出现了非常泛化的局面，治理似乎成了一只筐，什么领域的内容都可以装进去，因此我们需要对全球经济治理的概念进行规范，并限定在与研究主题相关的范围内。

全球经济治理的核心是解决经济发展和经济增长问题。时至今日，全球经济治理并未形成一个统一、权威的定义。从各种已有的文献看，我们认为，全球经济治理基本可以概括为：在开放型世界经济中，各种国际社会的参与者、行为体通过经济行为制衡、协商合作、建立共识、确定规则等方式开展世界经济事务协调与管理，形成具有约束力的国际规则、依据规则的制衡机制和有效的国际合作，来保障正常有序、相对合理的世界经济秩序规范，并对全球经济活动、政策以及结果进行协调、指导、干预和管理，解决从产业层次、地区层次到全球范围的经济稳定、结构变化，以及增长和发展的问题。从一定意义上讲，全球经济治理是对全球化市场经济运行的协调和干预，是对市场经济存在的失灵现象的调节以及经济运行结果不公平的理性纠正，是经济体国内宏观调控、干预和制约在范围上向全球扩展的结果，是世界官方、非官方集体对世界经济出现负面情况和结果时的干预行动过程。

全球治理和全球经济治理，在概念定义上，有相同的地方，也有存在较大差异之处。二者的基本区别可以从以下几个方面进行讨论。

首先，两个概念在产生时间上存在差异，全球治理的概念出现在先而全球经济治理的概念出现在后。第二次世界大战结束后，以布雷顿森林体系为代表的世界货币体系，以世界银行集团为代表的金融救助体系，以及以《关税及贸易总协定》为代表的世界贸易体系的出现，可以被认为是全球经济治理机制开始出现并按照游戏规则运行。但是超主权国家的经济合作或强力调控（具有法律效果的调控）仍然主要局限在少数工业发达国家，如七国集团，但这种治理并不具有世界性质和全球特征。冷战结束后，随着发展中国家（尤其是新兴市场经济国家）和转型国家的群体性崛起，它们具备了参与世界经济合作的可能，同时也具备了承担相应义务和责任的意愿和能力。2008—2009年期间，美国次贷危机引发了严重的世界经济衰退，为处理危机并使全球经济得以复苏，二十国集团的作用得以加强，这是全球经济治理变革的转折点。二十国集团是1999年9月25日由八国集团财长在华盛顿酝酿提出的，目的是通过世界各国在经济、货币等政策方面的非正式对话，稳定国际金融和货币体系，以防止类似亚洲金融风暴这样的危机在世界上重演。1999年12月16日由八国集团以及另外的十二个重要经济体组成的二十国集团在德国柏林正式成立，包括中国、美国、日本、俄罗斯、德国、法国、意大利、英国、加拿大、澳大利亚、韩国、印度、巴西、墨西哥、阿根廷、土耳其、南非、印度尼西亚、沙特阿拉伯以及欧盟共20个经济体。二十国集团的人口占世界三分之二，国内生产总值占全球九成，贸易额占世界八成。2008年9月15日美国第四大券商雷曼兄弟破产引发了世界性的金融危机，11月，为了应对危机，在华盛顿召开了首次二十国集团峰会，这次峰会可以说是正式启动了在协商基础上、具有真正意义的全球经济治理，中国参与了此次峰会，成为中国正式全面参与全球经济治理的开端。此后，全球经济治理成了热度极高的话题，各国纷纷就全球经济治理的理念和运行提出各自的设想，同时在非政府组织中也得到了广泛的重视，改革与加强全球经济治理，促进世界经济发展成为潮流。

其次，全球治理包括很多领域，全球经济治理是其中之一，它要服从于全球治理的总目标。和平、发展、平等、安全、人权、福祉是全球治理的总目标，而全球经济治理的目标是保持世界经济有序、可持续、稳定地发展和世界各国福利普遍提高，以及各国中的大众收入分配公平。由于不存在世界政府或世界权力中心，全球经济治理更强调各国政府的平等和共商共治，以及非政府组织的协作。今天世界经济中的正式国际经济组织，如国际货币基金组织、世界贸易组织、世界银行等，以及其他国际经济的多边、诸边、双边区域性的经济合作平台，如二十国集团、欧盟、东盟、金砖国家峰会等，加之世界非政府组织，在一些特定的领域，如生态、资源、环境、人权、脱贫、毒品、艾滋病等方面，集体发挥着越来越重要的作用。当然，全球公民社会、非政府组织能够取得显著效果的活动基本是个案和个别领域，主要是通过各种活动对官方决策过程的某些环节产生一定的影响，还没有对全球治理产生方向性和全局性的作用。在世界经济领域，跨国公司作为世界经济的运行主体，在全球经济发挥着日益关键的作用。但在全球经济治理中，由于其利润目标往往与全球经济的协调、合作相左，跨国公司的行为在绝大多数宏观场合是被诟病的。事实上，跨国公司在全球生产网络、供应链和价值链的运行中，可以在全球经济治理过程的许多具体环节中承担更多的工作，在社会责任方面，也可以作出更大的贡献，而目前许多巨型跨国公司也在身体力行进行着这方面的探索。

最后，从治理对象和内容来看，全球治理的内涵范围远大于全球经济治理，前者涉及全世界的问题，例如传统或非传统危机，安全和日常的世界事务，公共卫生或其他公共事务，均为其所涵盖；后者则只涉及例如世界经济失衡纠正，全球经济运行需要有序依规，全球化利益惠及各个经济体以及不同人群的普遍性，等等。

在理论分析中，很多学者从不同的角度对包含经济治理在内的治理概念进行了多方面的阐述。范科尔斯伯根（Van Kersbergen）和范瓦尔登（Van Warden）在理论上分析了9种治理概念，其中有关经济治理的内容可以概括为以下几类。

第一是经济善治。这一概念是由世界银行首先提出的，可以简单地理解为完善有效的经济治理。世界银行所说的善治可以解释为，通过制度改革使得私人部门在经济治理中的作用得到提升，使市场有效运行的机制在不同经济领域得到体现。它强调的合法合规性以及效率性体现在方方面面，如体现出经济、政治、社会的价值。另外还包括公共部门的善治，这种善治将民营企业的有效管理手段，如信息收集处理、客户价值提升、部门绩效考核、服务外包等应用于官方行政部门，提高效率，从而达到善治的结果，等等。

第二是没有政府的经济治理。作为经济政策的制定者和行动者，政府在经济政策制定与执行过程中的作用有以下几种情况：一是完全政府主导型，即行政部门完全主导经济政策的制定与执行；二是社会完全主导型，经济政策完全与政府治理无关，由市场力量主导，即"没有政府治理"的治理；三是政府社会混合主导型，即官方机构、半官方机构和私人机构及组织形成的治理体系。事实上所谓"没有政府治理"是政府不适用指令强制治理，往往是一种自愿的"积极不干预"的治理形式。因为世界上不存在超越国家主权的超级政府，各主权国家之间开展经济合作大多以自愿为基础，缺乏凌驾于各个政府之上的强制约束力，目前通行的办法是以主权国家之间达成协议来进行双边、诸边的合作，或通过国际经济组织形成多边合作。另外，国家之间有关经济的治理，也有来自社会组织层面的，这些组织通过各种所谓自治措施，形成自下而上的自发世界经济治理，这在生态保护领域，尤其是环境保护领域较为普遍，但事实上只是声势大，实际作用效果并不突出。

第三是网格化治理。网格化治理是指多重行为者参与治理而形成行动的网络、网格。例如水平、垂直以及混合型治理形式，私人治理网络、公共治理网络以及混合型治理网络，单一层级、中心或复式层级、多中心的治理网络，等等。网络、网格化治理的政策环境基础是信任，通过谈判、协议、合作、协调达到资源交换与共享，实现参与者的共同目标。公共治理网络的典型可以用欧盟作为例子。欧盟的治理特性是多层级、混合型治理。各参与成员国政府为了实现共同利益，采取让渡部分经济权利赋予集体执行，共同遵守具有约束力的欧盟机构制定的、统一的经济政策，实现共同的经济增长目标。企业治理是私人治理网络，通过集体协商，制定各种需要遵循的准则，这种治理网络的合作可以扩大企业获取各种资源的范围，规避单一企业难以抵抗的风险和损失，形成规模经济，企业协会和商会则是很好的抱团进行治理的形式。混合型治理网络的参与者进行合作大多涉及公共产品及公共服务的获取与提供，大多是政府调控与市场配置之间的中介治理机制，例如日本的海外协理基金、中国的各种工业联合会、各种商会组织等。

第四是市场及其制度的治理。这种治理从市场的自发性、盲目性出发，认为治理是法规、制度的产物，市场本身不会自发产生有益的治理秩序，只能通过法规与制度的制定、执行维系，治理就是市场法规、规则的制定和执行，这既适用于民营、公共经济领域，也适用于货物、服务的交易流通。用制度管理经济交易，可以减少交易成本并促进交易的产生与扩大。制度可以来源于政府，同时其他制度来源，如契约、志愿协会、宗教、家族和社区等也是非常重要的，因此经济治理是一个比政府宏观调控广泛得多的事务。正由于此，从理论和实践上讲，一个国家参与全球治理，可以理解为一国中央政府、区域行政机构、非政府组织、跨国公司以及公民社会全方位参与的过程与情况。一个国家参与全球经济治理，也可以理解为上述所有的行为主体与全球经济之间的各种关系总和。这一总和关系又可以具体表现为参与全球经济治理的方方面面，如理念、意愿、地位、能力、利益和责任等，以及对参与治理利益的诉求。这些内容我们将在后面章节中予以展开阐述。

二、开放型世界经济下全球经济治理的主要内容与特点

全球经济治理体系是针对全部国际经贸活动（贸易、金融、投资、技术、服务）以及国际经济合作、世界经济政策协调等跨境经济活动而形成的由指导理念、游戏规则、行为规范、国际经济组织、政府和非政府组织共同构成的开放型治理大系统。在开放型世界经济中，全球经济治理的主要内容或对象，一般认为包括以下几个方面：

一是世界贸易治理。世界贸易是全球经济关系的基础，世界经济失衡的重要表现体现在国际贸易范畴中，具体为经常账户的失衡，有些经济体为巨额顺差，有些经济体为巨额逆差。平衡贸易差额超过贸易自由化、便利化而成为全球贸易治理的重要内容，而处置贸易失衡的手段又体现为从多边转向双边，并阻碍贸易发展的保护主义。但很少有人讨论贸易差额与真实的经济利益之间存在着怎样的因果关系。我们研究发现，贸易顺逆差与经济福利的流向事实上并不一致，经济学理论证明，只有贸易逆差才占用其他经济体的资源，贸易顺差是给他人传递资源的。产业链、供应链、价值链的发展以及增加值贸易理论的诞生与争论，经济全球化的演进与经济民粹主义的抬头，使人们认识到，多边贸易体制需要通过改革进一步推动全球的贸易自由化、投资便利化的进展，并以多边国际贸易组织和国际游戏规则为基础调解和处理世界贸易中的各种纠纷。

二是国际金融治理。在20世纪80年代开启的第三次经济全球化高潮中，全球发达经济体转型的大方向是脱实入虚，大力发展第三产业中的金融产业，各种金融创新层出不穷，令人目不暇接。这些新的金融工具在平抑某些传统金融风险的同时，却极大地放大了新型的金融风险，将金融与实体经济之间的应有联系和客观规律破坏殆尽，伴随而来的债务危机、金

融风暴和全球金融危机不断发生。金融危机的过程，实际是对存量财富进行"薅羊毛"、掠夺式再分配的过程，这助长了世界穷者愈穷、富者愈富的两极分化的状况，阻碍了世界经济的正常发展。从某一视角出发，有些学者将这些金融贪婪和危机造成的世界经济受损，归因于对金融全球化、金融区域一体化以及金融产品虚拟化的监管不力，甚至无法监管，并指出为了有效防范和处置全球金融的系统性风险，全球金融领域必须形成对国际金融市场、层出不穷的金融产品以及各种金融机构监管的合作和协调机制。

三是世界产业网络治理。随着经济全球化和区域经济合作一体化进程的推进，世界的生产网络，以及价值链、供应链客观诞生，每个经济体根据自身的比较优势在世界供应链的某些节点融入世界生产网络，承上启下，在全球性分工合作的基础上，高效率地从事着世界所需产品的生产，并重新构建着世界贸易的格局（贸易结构中零部件、半成品占比提升）。经济全球化的主角之一是跨国公司，跨国公司在全球生产网络的布局，资源、半成品、产成品的内部流通，使得今天巨量的国际贸易事实上并未走出同一家公司的大门。但出于某些客观因素（如新冠肺炎疫情），以及不同国家的政治、经济战略，乃至意识形态的思考，世界生产网络在各种冲击下，开始产生较大不确定性，甚至有国家提出重新构建生产网络，并为此不惜毁坏已有高效率的供应链体系，去推进那些并不是以经济为目的的转移、重组目标。在这样的情况下，开放型世界经济确实需要建立基于更广范围、更深层次的生产、分配、流通、消费，以及经济政策的合作、协调机制，以提升效率、扩大效益为出发点，构建、布局生产网络，打通、理顺价值链和供应链，以做到资源配置更优、世界总体福利提高更快、全球经济有效运行的结果。

四是全球会计及核算体系治理。从宏观经济出发，国民经济核算体系的差异，造成了对于相同经济状况，会有极为不同的统计表现。例如，同样是核算国民经济，用购买力平价法和市场汇率法计算出的国内生产总值有天壤之别；用市价或用增加值计算不同国家在国际贸易中的得失，会使顺差、逆差的天平发生根本性的变化。经济全球化与全球核算体系、各国会计制度之间的矛盾，只能在协商一致形成的指导思想下，由国际经济组织、各国政府、专业社会团体、经济和财务专家，甚至包括非政府组织等，从经济运行和技术的层面出发，逐渐通过改革、改良、协调，最终使得全球的国民经济核算体系、各个经济体的会计准则与制度趋同、通用，形成都能够接受的核算准则、标准和方法，以及一致的报告、报表内容与格式。事实上，从宏观、微观角度形成核算与会计理念的统一，以及算法准则与标准的一致化，将会对世界经济发展产生巨大的推进作用。

五是全球贫困治理。经济全球化给世界带来总体经济增长的同时，确实也形成了全球各个经济体之间经济增长、发展不平衡的加剧，以及一个经济体内部贫富不均、收入差距拉大的矛盾。联合国在2000年和2015年，曾经分别通过了使世界摆脱贫困的决议，建立了千年发展目标和《2030年可持续发展议程》，前者有8项目标，后者则有17项目标。千年发展目标在2015年结束，其中最重要的是到2015年世界绝对贫困人口减半，在做到的减半绝对贫困人口中，中国脱贫目标的达到贡献了70%。而《2030年可持续发展议程》规定，到2030年，世界要消灭绝对贫困人口，要没有饿肚子的人口，这样的目标自打人类来到这个星球，就是梦寐以求的。中国承诺提前十年基本达到目标，即在2020年全面建成小康社会。但2030年可持续发展目标的完成，由于新冠肺炎疫情的影响，可能会遇到困难，因此，世界各国需要通过国际多边合作，加强和完善协调机制，将《2030年可持续发展议程》中以脱贫为主体内容，以全球收入公平为目的，向着缩小富国和穷国以及南北经济差距，促进世界经济社会发展的过程努力向前推进。

六是世界生态治理。针对经济全球化以及经济增长、发展带来的突破全球环境、资源承载力的矛盾，中国提出"绿色是永续发展的普遍形态"，强调在世界经济增长和发展中，世界各个经济体以及所有利益相关者需要对未来可持续增长和发展形成共识，不仅对现有的一代人担负起相应的责任，而且要对子孙后代担负起应尽的义务和责任，形成经济社会发展的可持续性。为此，全球经济治理必须将世界的生态可持续作为最重要的目标之一加以推进，并将其纳入全球经济治理的范畴，重视环境保护，维持各种资源承载力，达到人与自然的和谐，为目前一代人和未来的人类享有更可持续的生活，作出负责任的协调和行动。

七是全球宏观经济政策的协调。经济全球化条件下，世界经济开放性日益凸显，各经济体在享有经济全球化带来的利益的同时，经济的非均衡在全球通过贸易、金融、投资、劳动力转移、服务跨界、知识产权交易、生产网络形成、价值链和供应链、非传统事件（如国际恐怖行为、新冠肺炎疫情）等途径进行传导，造成了经济衰退、危机在全球的扩散。在现行的开放型世界经济中，面对贸易市场、金融市场、服务市场的全球化，要素、产品供求的多方化与全球市场管理主体基本缺位（尽管有世界贸易组织、国际货币基金组织和世界银行）的矛盾，世界经济的正常发展需要各个经济体完善全球货币与投资体系，建立各国货币政策、汇率政策和财政税收政策的合作和协调原则与机制，以解决宏观经济政策分化甚至是碎片化的状况，达到维护全球经济运行的稳定和可持续发展，减少全球经济的无序波动，预防衰退的发生或在金融、经济危机发生时，能够共同出手"救市"，达到熨平巨幅波动，减少不可逆损失冲击的目的。

另外，随着科技革命和新兴产业的发展，人类经济活动范畴的拓展以及各种活动时空的延展、扩大，网络、南北极、大洋深海、以太空间等原本属于全球公地式的领域被赋予了所谓"新边疆"的含义。世界主要大国在这些领域正在逐渐形成竞争、抗衡与合作，利益相关参与国的数量在不断增多，利益的重叠与冲突，产生了对相关国际协调机制、国际游戏规则建立的需求，这些新出现的情况和问题也将逐渐归入全球经济治理的范畴。

20世纪80年代以来，经济全球化的范围扩大、深入发展，世界各个经济体很深地融入了世界经济，"一损俱损、一荣俱荣"的特点日益显现。目前全球经济治理体系架构在这种情况下不断变化发展，逐渐形成了一些带有共识性的特点，我们将其归纳如下。

首先，全球经济治理的必要性和理念逐步为世界各个经济体所接受，促进国际贸易便利化、国际投资自由化正在成为全球经济治理的基本方向与核心内容。在18—19世纪，英国的亚当·斯密和大卫·李嘉图有过相近的分析阐述，被称为传统的国际分工理论，这些理论反映了分工从一国国内走向世界，有效在全球配置资源和生产要素成为世界各国的客观要求。尽管在国际经济领域中存在着现代重商主义、贸易保护、贸易政策等理论，但坚持贸易便利与投资自由成为国际贸易理论的主流和各经济体推出的经济政策的核心，也正在逐步成为全球经济治理的基本共识。正是因为这样，在第二次世界大战结束后的 70 多年中，尽管有着起伏，存在曲折，甚至是短暂的停顿，但全球经济治理体系沿着保障贸易便利化、投资自由化、金融国际化、资源配置合理化的大方向不断演进，有力地促进了经济全球化和开放型世界经济的繁荣发展。

其次，世界经济治理主体逐渐呈现出多元结构。世界经济发展关系到全人类的福祉，因此受到了人们的普遍关注和各经济体的普遍参与，这形成了全球经济治理主体的日益多元化。目前，各个国际经济组织和各经济体的政府在世界经济治理的体系和进程中居于主导地位，把握着大方向，拟定并推行相应的规则、规定，并努力执行以使世界经济得以正常运行。但在这一过程中，跨国公司、国际性非政府组织、重大利益相关者也发挥着越来越重要的作用。尤其是近年来，国际性非政府组织较快且大量涌现出来，数量急剧增加并极力提高话语权和影响力，有时甚至采取一些较为激进的做法（如历次反全球化的大游行），世界对于其影响的关注度在迅速加大。

再次，世界经济的治理体系在动态地演进着。随着开放型世界经济的发展和演进，全球经济治理体系和架构也在不断变化。一是随着不同经济体在世界经济中相对地位的变化，全球经贸格局发生变化，不同经济体的国际影响力出现相应变化，在世界经济中实力上升的经济体希望对现有国际经贸活动的游戏规则作出改变，力推全球经济治理体系进行改革。二是随着第四次工业革命的临近，经济发展动力正在发生变革，由此产生的新的现象、问题和矛盾要求全球经济治理体系发生相应的改革。三是全球经济治理在实践中，大多沿着由易到难、由浅入深、从行动到游戏规则制定的路径进行，其内在逻辑是依照经济增长和发展的实践，结合问题导向，全球经济治理也应该不断演进和完善。

又次，世界经济的治理规则内容在扩大，治理机制也日益呈现多层次性。在经济全球化的条件下，建立多层次的机构、健全游戏规则和机制在全球经济治理体系中居于核心地位。我们在前面分析过，全球经济治理体系是多层次、非单一治理机制构成的。各经济体政府、国际货币基金组织、世界银行、世界贸易组织、国际清算银行、联合国与经济运行相关的机构、国际非政府组织等国际组织，既在治理中各有侧重又在行动中相互联系合作。全球经济治理体系发展到今天，已经明显具有规则化、机构化、机制实操化的特征，经济全球化参与主体，无论是官方组织还是非官方组织，它们的规则主导意识在不断加强，对全球经济治理游戏规则主动遵循的程度有所提高，因而经济全球化的未来也被称为基于游戏规则和多边机制的经济全球化。在2008—2009年由美国次贷危机引发的全球金融危机爆发后，二十国集团、东盟、金砖国家在全球经济治理体系中的地位上升，区域经济一体化合作加强，以及各种贸易便利化安排有所增加，成为多边、诸边沟通、协调宏观经济政策，稳定世界经济发展的重要平台。

最后，全球经济治理在强制执行力上存在不足，对于明显违规行为显得无能为力。今天，具有强制力的世界中央政府并不存在，因为国际经济组织不具有一国政府那样的强制执行力，国际经济组织的治理机制很少有规则执行的强制性。今天的全球经济治理体系是以沟通、磋商、协调、调停、说服、谈判为主要方式，依靠参与者的合作来达到治理目标。世界贸易组织具有一定的执行强制性，但处罚也只是授权利益受损方采取贸易报复，在强制必须遵从规则指令方面实际上还是很弱的，甚至束手无策（如美国对世界贸易组织的指责和威胁，世界贸易组织表示美国单方面对中国实行关税惩罚和贸易战为非法，但美国全然不理睬）。

三、开放型世界经济中全球经济治理的架构演进

世界经济中形成了金字塔形全球经济治理架构，金字塔形状意味着在金字塔顶端的国家具有巨大影响力，过去曾经是威权主导型全球经济治理的主角，而金字塔的几面坡代表着全球经济治理的若干重要方面，它们拱卫着世界经济的正常运行。理论、架构、规则、机制便是支撑全球经济治理的几个重要方面，而从架构角度分析，一面坡是国际经济组织，如国际货币基金组织、世界贸易组织、世界银行以及各个区域性的经济合作组织等，另一面坡则是由各个经济体形成的政策协调组织，如七国集团、金砖国家组织、二十国集团等，当然也包括非政府组织。我们在前面的论述中讨论了全球经济治理的理论基础，尤其是治理的理念，也探讨其内容和规

则，此处将研究全球经济治理的架构和运行机制的特点。

把金砖国家（成员国包括巴西、俄罗斯、印度、中国和南非）与七国集团（成员国包括加拿大、法国、德国、意大利、日本、英国和美国），尤其是二十国集团结合起来讨论，对于研究全球经济治理架构是很有意义的。因为传统的全球经济治理体系由七国集团主导，存在各种不公平规则和制度缺陷，执行的偏颇，治理越位、缺位并存，在2008—2009年的全球金融危机爆发后，这一传统的全球经济治理体系正逐步转变为由二十国集团与国际经济组织共同考虑未来的方向和作为共同设定游戏规则的参与者所形成的新的全球经济治理体系。

二十国集团由世界上经济体量最大的二十个发达经济体和发展中经济体组成，金砖国家和七国集团是嵌套在其中的。二十国集团的构成大体上兼顾了主要发达国家和发展中国家以及不同地域的平衡，它们的GDP约占全球的90%，贸易额约占全球的80%，人口则约占全球的67%，国土面积总共约占全球的60%。可以讲，这20个国家整体在世界经济中地位举足轻重，它们的经济运行基本就代表了全球经济的方向与行为，它们之间的经济政策协调与合作对世界经济的正常发展有着根本性的影响。

七国集团和金砖国家嵌套在二十国集团中，它们的政策合力基本就是全球经济治理的现实方向。一直到2008—2009年美国次贷危机之前，代表西方发达国家利益的七国集团曾经是世界经济治理决策最重要的权力象征，全球的重大经济政策方向、规则机制基本都是由代表发达国家的七国集团决定的。七国集团的GDP占全球GDP总额的四成；集团所有成员的GDP总额均在全球的10名以内，人均GDP都排在全球的30名以内；出口额在前12位。美国的GDP占世界四分之一、七国集团总量的52%，人口、人均GDP及出口额都在七国集团中排名第一（这里将欧盟作为单一经济体排除）。

金砖国家的人口约占全球人口总数的42%，国土面积约占世界领土总面积的26%，它们的GDP约占全球GDP总额的四分之一，贸易总额约占全球贸易总额的五分之一。金砖国家所有成员的GDP总额均在全球的40名以内，人均GDP都排在70名以后，出口额在前38位。中国的GDP总量占金砖国家总量的67%，出口额和人口数量都是第一，人均

GDP 排在第三。2016 年，金砖国家的 GDP 总量是七国集团的一半，但超过除美国以外其余 6 国的总和。十几年来，作为发展中国家，尤其是新兴经济体的重要代表，金砖国家日益成为全球治理变革进程的参与者和推动者，并努力推动国际经济治理朝着聚焦于发展中国家经济发展的方向演进。金砖国家也从一个投资家定义的概念，发展成为新兴市场国家和发展中国家进行经济政策协调、合作的重要平台性的组织。近年来，金砖国家建立了工商理事会、智库理事会、新开发银行、应急储备安排等 60 多项协调、研究、合作机制。

二十国集团是由七国集团＋金砖国家＋七个其他国家＋欧盟组成。阿根廷、澳大利亚、印度尼西亚、墨西哥、沙特阿拉伯、韩国和土耳其既不是金砖国家成员国，也不是七国集团成员国，是代表着各大洲实力的经济体。欧盟在二十国集团中的地位和作用有点难以明确定位，一方面欧盟应该能够代表英国脱欧后的 27 个成员国，另一方面它的成员德国、法国、意大利又分别是二十国集团成员国，不需要欧盟代表自己。欧盟作为区域经济一体化组织在二十国集团中实际只是能够代表非二十国集团的其余欧盟成员国的意愿。事实上，在很多国际经济组织如国际货币基金组织、世界银行中，欧盟成员国也是各自行使自己的权利，履行自己的义务，欧盟的地位只是列席，作用也只是协调成员国的立场。

现实的全球经济治理体系实际是由二十国集团主导的。二十国集团的态度和意愿对全球经济治理的发展至关重要。除了自身组织结构和世界经济现实外，金砖国家和二十国集团中其他发展中国家，尤其是新兴经济体的代表国家，与全球大多数发展中国家有着基本的利益基础；七国集团则实际上是二十国集团中发达国家的代表，其与全球大多数发达国家有许多利益共同点。金砖国家与七国集团这两方面的交叉、结合可以看成是今天世界经济利益之所在和全球经济运行的基本现实。在开放型世界经济中，金砖国家领导人峰会的议题，与七国集团峰会越来越包容，与二十国集团峰会的议题也日益接近。在世界经济中，以金砖国家为首的发展中国家经济的逐步发展壮大，正在逐步形成全球经济治理金字塔中的金砖国家与七国集团统合一面坡中等腰三角形的"人"字形两边结构。七国集团这一条边已经存在了多年（1975 年形成）；金砖国家这一条边则刚刚形成（2008

年），正由虚到实，方兴未艾。这种"人"字形双边结构是中国传统屋顶的房梁结构，有相当强的坚固性，在世界经济中可以是稳定的支撑，但也可能相互制衡，甚至可能产生摩擦。2017年，"联合国与全球经济治理"决议在第71届联合国大会通过，从中可以看到以下表达："各方本着共商、共建、共享原则改善全球经济治理，加强联合国作用"，"联合国应本着合作共赢精神，继续发挥核心作用，寻求应对全球性挑战的共同之策，构建人类命运共同体"。这说明构建以互相尊重、合作共赢为核心，打造人类命运共同体的新型国际关系的理念得到了世界各国的广泛认同。金砖国家和七国集团双方如何形成公平、公正、合理的国际经济治理结构，最终发展到合作共治，形成共商、共建、共享的局面，是今天全球经济治理的重要课题。

世界经济及其运行是一个大系统，它的治理理念应该充分体现系统思维，建立在系统思维的基础上。应在兼顾世界整体和各个经济体的具体情况下，通过创新和完善相关治理规则，解决世界经济方方面面的结构失衡问题，在合作、协调与竞争中实现全球经济的开放和相对稳定的发展。全球经济治理体系最初涉及的议题相对较少，主要是规范和处理所谓"东西南北"的问题，即世界现存的与制度差异和贫富差距相关的问题与矛盾。随着经济全球化的发展和逆全球化的出现、经济民粹主义的抬头，世界经济的议题越来越广泛、多元、复杂、专业，在全球层面上的国际经济治理建立在诸边、多边基础上，一些传统上由政府主导的权力逐渐开始向国际经济组织甚至是非政府组织让渡和扩散。其中国际经济组织和跨政府组织，包括联合国及其下属机构、世界银行、国际货币基金组织、亚洲开发银行、经济合作与发展组织、亚太经合组织、欧盟、美加墨自由贸易区、东盟等，它们有的本身就是国际经济组织，有的则是与世界经济运行直接或者间接相关，在全球经济治理中发挥着越来越重要的作用。这样就形成了支撑全球经济治理金字塔架构的另一面坡，它也是"人"字形两边结构，一条边是国际经济组织，如国际货币基金组织、世界银行、世界贸易组织，联合国下属与经济相关的机构与区域性组织，另一条边则是欧盟、亚太经合组织、东盟、美加墨自由贸易区这样的区域经济一体化组织、跨国的非政府组织与跨国公司。它们根据世界经济发展中出现的困难和问题，协商、制定一系列游戏规则，以规范世界经济的运行，促进世界经济的发展。

1944年布雷顿森林会议以来，从贸易到货币金融和发展的各个领域都建立了多边国际经济治理体系。全球经济治理金字塔基本架构中重要的一面坡，主要是二战之后建立的重要国际经济组织和区域性经济组织，如关税及贸易总协定、国际货币基金组织、世界银行等，它们对推动全球经济治理均发挥了重要作用。推进全球经济治理，应加强多方面的制度协调，特别是在各国与贸易相关的财政税收、货币金融、产业行业、发展规划、垄断竞争、消费者保护、绿色生态等诸多领域的政策和法律协调，以解决各国可能存在的涉及行政干预、税收优惠、财政补贴、关税壁垒、金融抑制、汇率管制、产业促进、反垄断等方面的诸多问题。而上述经济政策和法律的协调，最终需要通过各国经济法制度的改革与完善来落实，且必须符合世界经济治理的原则。只有在法治框架下协调确立相关规则，才能形成有效的国际经济治理，推动国际经济新秩序的形成，最终促进世界经济的平稳发展。

在全球经济治理中，应该体现出公平与效率、生存与发展、竞争与秩序等重要的理念精神。今天的国际经济组织与区域经济一体化组织在规范全球经济治理时，主要集中于贸易、金融和生产领域，经过博弈，在兼顾价值理念、世界经济运行现实、经济安全与可持续发展等多种取向的前提下，形成相应的游戏规则，促进各国经济与社会的增长、发展及全球的繁荣与稳定。在经济全球化的背景下，人员、要素、资源、产品、服务等的跨国流动频繁，各种生产跨国经营的无国界性与各种游戏规则的有国界性之间的矛盾日益突出，给开放经济条件下的经济平稳运行带来了严峻挑战。贸易摩擦和金融危机是相关国家国内经济失衡的重要体现，但同时它们又会进一步加剧全球经济失衡，从而使世界经济系统的结构性问题更为突出，国与国之间的矛盾更加尖锐。由于贸易摩擦和金融投机有悖于市场经济的基本原理和理性的全球治理规则，会降低全球经济效率，影响各国公平发展，因此，一方面需要通过国内的改革克服国内的结构失衡，另一方面，也要加强国际经济层面的宏观调控，不断优化世界经济中贸易金融结构，使之有利于世界经济整体结构沿着资源有效配置、全球大众福利普遍提高、经济增长和发展可持续的方向演进。另外，在完善全球经济治理体系时，还要关注与贸易、金融、生产以及其他经济活动相关的补贴、干预、安全、管制等问题，防止、削减相关权力或某些国内制度的滥用，切实遵循全球市场经济或公平贸易的基本规律，推进全球治理现代化以及推进全球经济的稳定繁荣发展。从经济学的理性经济人角度出发，全球经济治理体系中的各主权国家都会始终将本国利益置于最重要的地位，尽最大可能大量把有利于本国利益的行为推向极致，哪怕这些行为将损害世界的整体利益从而伤及自身也在所不惜，特朗普的"美国第一"就是很好的诠释。如果没有相关游戏规则的约束，重商主义、贸易保护主义、金融特权会以各种形式不断抬头、泛滥，从而影响国际贸易、金融、投资的自由化和便利化，影响国际层面的经济效率和公平。在全球经济治理的框架下，所有主体都享有增长权和发展权，这就需要通过全球治理规则的不断完善来保障其发展权和增长利益。全球经济治理则需要协调多国甚至全球层面的政府与市场关系，更多地关注经济治理在多个国家和地区之间的协调决策、协定规范，以及由此对他国以及世界经济整体的影响。而这只有依靠主要国际经济组织、区域经济一体化组织，以及二十国集团共同携手，推动国际经济治理形成有效的游戏规则和贯彻机制，为全球层面的宏观调控和市场规制提供制度支撑，使得市场在全球资源配置方面发挥更为有效的作用，保障世界经济有序运行，经济增长与发展的利益才能够成为普世享有的权利，也即在全球经济治理中应尽力贯彻"共商、共建、共享"的基本理念。

四、开放型世界经济下全球经济治理发展的新动向

从20世纪90年代以来，全球新兴经济体经济增长速度加快，经济实力持续增长。但国际货币基金组织的数据表明，2019年全球GDP总和为86.6万亿美元，其中发达经济体占比为60.3%；新兴和发展中经济体占比则是39.7%。然而，提出金砖国家概念的高盛集团前首席经济学家奥尼尔认为，金砖国家的经济总量将在2035年超过七国集团，成为世界经济增长的根本动力，世界经济格局也将因此出现巨大改变，这客观上要求新兴经济体在全球治理中发挥更重要的作用。如何推动全球经济治理体系

变革适应世界经济当前和未来的发展情况和格局，已经成为当代开放型世界经济中必须研究的问题。我们分析，当前的全球经济治理体系是一个金字塔结构，由理论、架构、规则、机制等支撑全球经济治理的几个重要方面组成，既有影响力极大的成员在塔顶俯视，也有广大的发展中国家作为塔基，既有能够发挥重要作用的世界经济三大支柱和区域经济一体化组织，也有二十国集团、金砖国家形成的合力，如何理顺彼此的关系，让全球经济治理的金字塔能够稳固，关乎世界经济运行的顺畅。但在2008—2009年美国次贷危机后，世界经济出现了根本性变局，世界各国经济增长普遍减速，各个经济体结构分化已经成为新常态，更加强调自身利益的获取，甚至以邻为壑，同时逆全球化、经济民粹主义等现象泛起，在这种情况下，加强彼此协调、沟通、合作的需求突出，同时也表明已有的全球经济治理遇到了挑战，必须改革完善才能更好地发挥作用。

有学者总结[1]，全球经济治理存在的严重"赤字"不仅使经济全球化的负面效应难以得到及时消解，甚至成为发展失衡、治理困境、数字鸿沟、公平赤字的推手。当前，全球经济治理困境的深层次表现主要集中在以下几个方面。第一，全球经济治理的民主赤字。在现有全球经济治理体系中，新兴市场国家与发展中国家仍主要是全球经济治理规则的接受者和追随者，代表性和发言权明显不足。现有全球经济治理机制的决策程序都是美国等西方发达经济体主导建立的，主要目的是维护主要发达经济体的利益。第二，全球经济治理的责任赤字。一些经济全球化利益的主要享受者极力逃避相应的责任，却迫使后来者承担与自身权利不相适应的义务。这不仅加大了全球经济治理的责任真空，还导致了世界各国在全球经济治理领域权责关系的扭曲。第三，全球经济治理的效用赤字。所谓全球经济治理的有效性，既包括全球经济治理的效率，也包括全球经济治理的效果。无论是国际协调与谈判还是国际机构的内部治理，都越来越脱离全球经济治理的现实需求。我们经过研究探讨，认为当前全球经济治理的重要趋势可以概括为以下几个方面。

一是在治理目标的设定上，缺乏世界经济可持续发展愿景的考量。目

---

[1] 徐秀军. 全球经济治理困境：现实表现与内在动因. 天津社会科学，2019 (2): 81-87.

前的全球经济治理似乎存在着维系世界经济格局以及各方利益的做法,以及较为通行的游戏规则,但针对世界经济长远可持续发展的全球经济治理理念和阶段目标并未形成,而且如何能够动态地适应经济全球化发展、世界经济利益格局变化的思路也未见明确。面对贸易保护主义、逆全球化思潮,经济民粹主义抬头,世界经济中,国际经济组织、区域经济一体化组织、各个经济体,由于利益差异与冲突,并没有能够形成较为一致的看法,在经济治理中突出的是全球经济问题出现的短期应付,缺乏长远的思路,在具体问题和利益上斤斤计较,几乎没有从全球经济可持续发展的长期战略角度思考和布局,强调的是冲突,而很少提及从合作视角促进人类共同发展的意愿,这造成了世界经济发展中的巨大不确定性。

二是在全球经济治理的理念上,传统思路居主导,缺乏引领全球开放、协调、合作的新指导思想。在2008—2009年美国次贷危机引发的世界性衰退还没有得到完全复苏的情况下,新冠肺炎疫情又横扫世界,国际贸易、投资萎缩,世界金融动荡,大宗商品价格起伏不定,全球生产网络和供应链受到威胁,逆全球化和经济民粹主义抬头,英国脱欧,中美贸易战,这些均表明已有的全球经济治理体系已经无法适应世界经济的巨大变化。面对变局调整方向不明,世界部分发达经济体正在破坏由它们在二战后一手推出的世界经济秩序和规则,尤其是美国,甚至采取单边行动破坏全球经济的正常发展,屡屡"退群",抵制多边,推行双边、诸边,将全球治理体系的责任作为负担,挑战人们对于经济全球化发展愿景的底线,与中国以及其他经济体打贸易战,并将贸易战推向技术战、金融战,甚至威胁对中国展开全面"脱钩"的经济战,这些都凸显出当前各个经济体必须面对现实,提出以平稳、可持续发展世界经济为目标,多方包容的新全球经济治理思路的紧迫性。

三是治理主体存在多元化趋势,但治理架构却有失均衡,产生了缺失,缺乏高效的全球治理平台。现行由主权国家组成的几个主要的国际经济组织,事实上缺乏主权国家享有的排他性公共权力,因而无法有效行使协调、合作的话语权。与此同时,全球范围逐渐形成了数以百计的非政府国际组织,它们从不同层面介入、参与甚至推进全球经济治理。但世界经济的现实却是,七国集团曾经主导过全球经济治理,左右着治理的方向且有着较高的执行效率，但今天各个经济体实力的相对地位发生了变化，世界经济的多元、多层次、多目标、多情况使得传统的七国集团全球经济治理面临挑战，全球经济事务尤其是经济危机和衰退的应对需要新的治理架构和体系。在这种情况下，二十国集团应运而生，正在成为七国集团之外，更为广泛的、以合作为基础的新全球经济治理平台。但是二十国集团范围更广，宏观协调难度更大，显示出全球经济治理体系、架构进行改革和进一步完善的必要性。

四是在治理模式上已经无法适应世界经济变化的大趋势，缺乏促进、协调世界经济结构调整，调整世界经济失衡，形成全球经济新动态平衡发展的架构模式。例如，在世界经济失衡中，贸易顺差、逆差、货币汇率之间的关系一直存在争议。二战结束后的很长时间里，美国有着巨额贸易顺差，其他国家则存在着巨额逆差，如何形成世界经济的平衡，成了重要的问题和困难。当时以凯恩斯为首的经济学家建议实行对称调整，顺差国、逆差国共同努力调整失衡。在世界经济中，美国是最大的贸易顺差国，根本不愿意承担调整责任，而是希望通过融资使得逆差国能够继续购买它的商品。由于美国的经济实力和各国有求于美国，各国只能对美国妥协，但这种融资方式无法从源头上彻底解决世界经济的失衡问题。今天，美国成为世界最大的贸易逆差国家，面对巨额逆差的不可持续，却提出这种失衡应该由顺差国尤其是中国承担调整责任，逼迫人民币升值。但伴随人民币的大幅度升值，中美之间的贸易失衡并未发生根本好转，反而引发了一系列矛盾，凸显出治理世界经济失衡必须进行全球经济结构调整的事实，而现在经济民粹主义的做法是本末倒置的，只会伤害到世界经济的可持续发展。①

五是在全球经济治理的机制保障上，缺乏具有实操性、稳定性、持续性的有效机制。当前以国际货币基金组织、世界银行集团、世界贸易组织等三大支柱为中心，二十国集团为核心的全球经济治理体系和架构，为世界经济正常运行提供了一定程度的保障。在第一次工业革命时代，英国以殖民体系为主形成了统一的全球经济治理体系；第二次世界大战之后，美

---

① 人民币升值与中美之间贸易差额关系的数量分析，请参阅附录二的Ⅶ部分。

国以美元为中心，形成了统一的全球经济治理体系；今天，美国以游戏规则为中心，形成了新的全球经济治理结构。但是全球经济的发展变化产生了许多新情况。例如，美国正在进行的是摆脱自己过去推进的全球经济治理机制，甚至不惜以牺牲自己的长远利益来保证眼前的收益，以美元为主导的国际货币体系也面临着信誉的考验，信用货币的主权国别性，以及世界货币所需要的保证全球流动性与储备货币稳定性之间的平衡出现了不对称，造成全球发展资金匮乏，世界性金融危机时时发生，国际经济组织如国际货币基金组织、世界银行难以很好救助，或提供充足的发展融资。单边主义的危害更是使得诸如世界贸易组织等国际组织陷入近乎停摆的边缘，难以高效保障世界各国公平公正地开展经贸合作。全球经济治理缺少有效的保障机制，已经对于世界经济的可持续发展造成了很大的负面影响。

六是对于治理客体存在争议。世界经济运行中，各国对于哪些内容、哪些情况需要纳入全球经济治理范畴，哪些应该由主权国家自己妥善处理，一直存在争议。新冠肺炎疫情过后经济得到恢复后，世界各国面临各不相同的问题，关切的焦点存在着差异，对于全球经济治理将更加难以达成一致，甚至会意见相左产生冲突。缺乏有效协调、难以形成一致合作的全球经济治理，已经呈现了矛盾的苗头。在可以预见的将来，围绕治理规则制定和执行机制落实，世界的各种利益交集者将展开博弈，都会努力争取更大的话语权。

五、全球经济治理的中国理念与愿景

2018年11月30日，中国国家主席习近平在二十国集团领导人峰会第一阶段会议上指出："人类发展进步大潮滚滚向前，世界经济时有波折起伏，但各国走向开放、走向融合的大趋势没有改变。"① 当今世界经济又一次站在前行的"岔路口"：新工业革命呼之欲出，经济全球化面临挑战，全球经济治理体系需要变革，新的国际经济秩序正在孕育，这对开放型世界经济的未来具有根本性影响。中国作为世界第二大经济体，有责任

---

① 登高望远，牢牢把握世界经济正确方向. 人民日报，2018-12-01.

也有义务推进全球经济治理体系的改革完善,对开放型世界经济的进步和发展作出应有的贡献。"全球经济治理体系要想公平有效,必须跟上时代。我们应该秉持共商共建共享理念,推动全球经济治理体系变革。"[1] "国家不分大小、强弱、贫富,都是国际社会平等成员,理应平等参与决策、享受权利、履行义务。"[2] 习近平主席的论述,讲清楚了中国参与全球经济治理体系变革的理念与方向:共商共建共享,合作共赢。中国希望看到的是,在世界经济运行中,出现互利合作、共商共赢的局面,共建求同存异的治理方针,通过博弈与妥协,在和而不同的理念下,探求世界经济各方面相关者的利益与合作的"交叉点"。因此,在全球经济治理中只是一味地坚持本国利益第一的想法和做法只会给世界经济带来更多矛盾,甚至是尖锐的冲突。在有共同利益的世界经济中,能够做到求同存异、互相尊重、依规行事,寻求各国根本利益和合作最大公约数的交集,才是解决问题的适宜态度与首选之道。全球经济治理应以照顾彼此利益关切为出发点,以全球经济发展的成果共享为目标,以求同存异的合作为动力,共商游戏规则,共建落实机制,共迎各种挑战,提倡所有国家与经济体参与,世界大众共同受益,实现共赢目标,寻求利益的普世共享。

伴随着世界经济发展,以及发展中国家尤其是新兴市场经济国家在世界经济中地位的变化,包括中国在内的发展中国家开始逐步重视全球经济治理问题。近年来,由于中国经济发展外部环境的变化,以及中国日益深化开放,更加融入世界经济,全球经济治理变革问题已经成为中国继续深化改革、扩大开放必须重视的问题。中国在过去的 30 多年中,通过深化改革、扩大开放的努力融入了世界经济,参与了美国二战后主导形成的全球经济治理体系,在党的十九大以后中国扩大开放的重点之一便是开始转向注重参与全球经济治理的改革和完善过程。国家主席习近平多次发表重要演讲倡导推动开放型世界经济的形成和全球经济治理体系的改革完善,中国也将积极地参与到这一过程中。在寻求全球经济治理体系改革完善时,中国并不是对已有的治理体系进行全盘否定、推倒重来,而是在尊重

---

[1] 同舟共济创造美好未来. 人民日报,2018-11-18.
[2] 习近平在世界经济论坛 2017 年年会开幕式上的主旨演讲. 人民日报,2017-01-18.

现有、有效的治理规则的同时，积极创设新的全球经济治理增量机制，同时使得现有的游戏规则更加有效、更加公平。例如，共建"一带一路"愿景，就是对全球经济治理体系典型的增加增量和创新与完善，以市场原则为基础，为世界增加公共产品，同时在实施过程中，与多边贸易体制"普惠性和非歧视性"的理念一脉相承，体现出中国对现有全球经济治理机制的认可和作出力所能及的贡献。

对全球经济治理体系，中国始终认为应该在承认原有有效机制的基础上，改革其规则的不足之处，不能推倒重来，更反对另起炉灶，这一基本理念符合世界绝大多数经济体的意愿和想法。第四次工业革命到来的前夜，世界性的贫困问题、结构性失业、收入差距拉大、全球经济失衡、结构变革和动能转换滞后、突如其来的新冠肺炎疫情的肆虐、世界经济陷入前所未有的困境……现有以国际货币基金组织、世界银行和世界贸易组织等多边经济协调机构为主要架构，七国集团、二十国集团为主要参与者的全球经济治理体系面临挑战，推进变革适应形势已经成为各方普遍要求，国际社会成员理应为此发挥建设性作用。以世界贸易组织改革为例，随着国际贸易的发展和情况的日益变化，世界贸易组织规则确实有诸多跟不上形势和不足之处。例如，针对电子商务的兴起，生产网络的形成，知识产权的重视，等等，需要与时俱进对相关规则加以改革和完善，但在改革中，贸易自由化的大方向不能变，非歧视、包容、开放、透明的基本原则不应更改，应将发展中国家的发展问题放到更加重要的位置上予以重点考虑，否则就动摇了多边贸易体制的根基，将有可能导致全球贸易失序。为此，中国提出了关于世界贸易组织改革的三个基本原则和五点主张。三个基本原则即改革应该维护多边贸易体制的核心价值，也就是非歧视和开放，改革应保障发展中成员的发展利益，以及改革应该遵循协商一致的决策机制。五点主张包括：一是维护多边贸易体制的主渠道地位，不能否定多边贸易体制的权威性，更不能推倒重来、另起炉灶；二是中国主张优先处理危及世界贸易组织生存的关键问题；三是应解决规则的公平问题并回应时代需求；四是应保证发展中成员的特殊与差别待遇，中国愿意承担与自身发展水平和能力相适应的义务；五是改革应尊重成员各自的发展模式。世界贸易组织总干事罗伯托·阿泽维多先生在 2020 年 5 月 14 日宣布提前一年离任，于 2020 年 8 月 31 日结束任期。按照程序，世界贸易组织成员可以在 1 个月之内提名各自的候选人（已有 8 人推选，经协商最终将推选 2 人参加角逐）；随后，被提名的候选人要向世界贸易组织成员进行自我展示，并就相关问题发表意见或表达观点；最后是总理事会与成员协商，缩小候选人范围，并确定最终任命人选。世界贸易组织总干事遴选通常遵循成员协商一致原则，要在短时间内选出各个成员一致认可的候选人绝非易事，有时要经历数轮磋商和筛选，而疫情又增大了遴选难度。如果到 2020 年 8 月底不能按期选出新的总干事，总理事会将指定一名现任副总干事担任代理总干事，直至任命新总干事。世界贸易组织总干事人选有一个未成文的规矩，即在发达经济体和发展中经济体中轮流产生，但此次在多数世界贸易组织成员支持下，2021 年 2 月 15 日，世界贸易组织宣布尼日利亚籍候选人恩戈齐·奥孔乔-伊韦阿拉（Ngozi Okonjo-Iweala）成为新一任总干事，她成为世界贸易组织成立以来首位女性和非裔总干事。伊韦阿拉曾任尼日利亚财政和外交部长，她还曾担任过全球疫苗免疫联盟董事会主席。在世界经济面临百年未有之大变局，以及全球经济治理体系改革完善的关键时期，中国作为世界第二大经济体，在新冠肺炎疫情中率先恢复正增长，对全球经济增长的贡献进一步加大，在世界经济艰难复苏，格局加速调整的过程中，其他经济体希望中国承担更多的国际经济责任，尽更大的义务，在客观上也要求中国在全球经济治理的改革与完善中更深地参与和推进。

在当前全球经济治理体系改革完善中，中国应该秉持什么理念，倡导怎样的路径和做法？我们认为，中国关于全球经济治理改革与完善的建议，既要针对当前世界经济的重大问题，又要从世界经济的可持续发展中长期面临的挑战出发。中国对于全球经济治理的建议，其基础是合作共赢，强调各个经济体的共商共建共享，并将追求世界经济的可持续发展作为目标。中国合作共赢的全球经济治理理念与过去传统治理体系的根本区别在于，过去的全球经济治理基本是一般经济体要遵从经济强国属意并构建的治理规则，而后者较少顾及被强加者的感受以及因此而受到的影响，尤其是利益分配格局方面的影响。中国倡导的全球经济治理体系以合作共赢为基础、共商共建共享为理念，从目标上看，它将推动世界经济发展，促成人类命运共同体的建立；从理念上看，它将通过倡导共享性发展，促进人类福祉的普遍提高；从模式上看，它将帮助世界各经济体之间平衡发展，利益分配更加合理；从机制上看，它将推动各个国际经济组织、其他机构在全球经济各方面治理机制的互补整合，提高全球经济治理的综合效果；从治理保障上看，它将以合作为出发点形成世界各个经济体之间政策与运行的共赢协调。如果中国的这些全球经济治理理念能够得以落实，相信以合作共赢为基础的中国方案就真正可以做到既能够应对当前世界经济面临的困境，又将对世界经济的可持续发展、全球经济治理可持续地健康演进作出贡献。例如，当前全球经济治理中全球化进程面临挑战，重要的原因之一在于世界经济发展不平衡，使得一些经济体认为在全球化进程中自己失去的太多而未获益。如果合作共赢的全球经济治理体系能够实现，世界经济将会发展更加平衡，各个经济体通过合作会得到相应的利益。中国已经开始在一定范围内运用合作共赢、共商共建共享的经济治理新思维推动国际开放合作的实践。中国提出并推动实施的"一带一路"愿景，主导成立的亚洲基础设施投资银行，以基础设施建设推动沿线国家进一步开放合作，为政策协调创造条件，通过经贸投资活动，促进相关国家之间经济、社会、文化的全方位合作，形成合作共赢的局面，体现出了共商共建共享的中国方案的本质特征。

中国在推动国内治理体系、治理能力现代化的过程中，也高度关注并积极参与全球经济治理体系的改革完善，在变革中既要稳步推进现有体系缺陷的改进完善，也需要考虑到世界经济发展的新趋势、新格局和可能出现的新问题、新困难。为此，我们认为应从以下几个方面进行探讨：

第一，未来的全球经济治理应秉持世界经济均衡发展的理念。由于第三次工业革命和世界诸多经济体实行的市场化取向的改革与开放，世界经济在世纪之交时出现了较为平稳快速的增长和发展。然而，在世界经济的发展中，全球经济的不平衡和不均衡现象日益凸显，各个经济体之间，尤其是南北之间的经济差距没有显著缩小，各国国内的贫富差距不仅没有改善，反而有不断扩大的趋势，经济的公平与效率这一老问题严重影响到世界经济的可持续发展。未来的全球经济治理改革完善，应该通过合作共赢和世界发展的均衡性，让世界各国人民普世共享经济全球化的利益，共同提高福祉。

第二，未来的全球经济治理应坚持推进开放型世界经济的完善。世界经济发展的大方向是开放、合作、共赢。所谓逆全球化并不能阻断各个经济体之间日益紧密的经贸关系。因此全球经济治理的改革完善，反对经济民粹主义，提倡贸易便利化、投资自由化，提倡开放的区域经济合作，应成为世界经济多边、诸边合作的重要原则。应加强经济体之间的双边、诸边、多边沟通，以及经济发展战略、经济政策的协调，逐步形成合作共赢、共商共建共享的全球经济治理新体系，助推世界经济的平稳发展。

第三，未来的全球经济治理应促进国际贸易、金融、投资领域中非歧视性原则的很好贯彻。国际贸易、金融、投资关系到各国经济发展，也是一国经济增长与发展外部经济合作交流的重要方面。今天在国际贸易中涉及供应链产品比重加大，贸易日益呈现跨国公司内部化特点；世界主要货币发行国（集团）的财政货币政策可能会引发资本大规模的全球流动，对世界经济和金融产生巨大影响；国际投资是世界经济可持续增长的重要动力，目前尚未达成具有全球共识的国际投资游戏规则。进入21世纪，尤其在2008—2009年全球金融危机爆发及2020年新冠肺炎疫情大暴发时，美欧日等发达大国和地区实施超常规的量化宽松等货币政策与大规模资助型财政政策，都将对世界经济形成长久持续的影响。未来的国际经济治理应积极倡导贸易顺差国与逆差国的合作，推动国际货币投资领域的改革，促成主要货币发行国责任与权利的对等，落实国际投资的无歧视性原则的实施，保证世界经济发展的可持续性和稳定性。

第四，未来的全球经济治理应坚持各个参与者经济政策的相互协调与整合。全球经济治理体系各参与者必须具有广泛的代表性以及较高的运行效率与绩效。一方面可以推动现有国际经济组织，如国际货币基金组织、世界银行、世界贸易组织等，以及七国集团、二十国集团、金砖国家、东盟这类治理参与者进行改革完善提高效率，发挥更大作用，另一方面也可以通过新建全球经济治理参与者，或加强非政府组织的作用和影响，形成倒逼机制，促进现有经济治理体系的完善，同时进行有效的国际经济政策协调，使得各个经济体，尤其是主要经济体的宏观经济政策产生正能量的外溢效应，防止以邻为壑的宏观经济政策导致世界经济、金融危机的爆发。新的全球经济治理体系应特别注重各个经济体经济政策的协调整合，提升全球宏观经济政策的正溢出效应，从总体上促进世界经济的顺利发展。

中国是世界第二大经济体、第一制造业大国、第一大货物贸易国、第一大外汇储备国和120多个经济体的最大贸易伙伴，更是当下世界经济增长的最重要的动力源（进入21世纪，中国经济增长为世界新增财富提供了30%以上的份额）。如今也正在逐步从传统的全球经济治理的接受者，变成推进全球经济治理体系改革完善的主要参与者。全球经济治理是各个参与者权、责、利统一的过程，如何协调解决多元价值利益诉求的众多行为体的行动与总体利益并形成一致性，是进行有效全球经济治理的核心，未来的全球经济治理体系一定要使每个经济体的利益与世界经济整体利益形成双赢，相得益彰。全球经济治理体系面临的改革与完善，为中国的介入和发挥应有的历史作用提供了机遇，也是中国应该承担的重要国际责任和应尽的国际义务。未来的全球经济治理将以人类命运共同体为理念，以合作共赢为基础，以共商共建共享为宗旨，倡导各个经济体、利益攸关者共同参与，坚持各经济体的机会平等、权利平等、规则平等，共同攻坚克难，共享增长和发展的成果，推动世界经济有序、可持续地发展。

第八部分　开放型世界经济的推动与中国经济发展再探索

推动开放型世界经济建设，促进全球经济发展，实现生活幸福，社会进步，一直是世界大众的美好愿望。2000年9月，在联合国千年首脑会议上，189个成员的领导人和各国际组织负责人共同制定了千年发展目标，就贫穷、饥饿、疾病、文盲、儿童、环境、发展、妇女等人类的基本问题，商定了一套2015年要达到并能测度的目标和具体指标。千年发展目标中的第一个目标就是到2015年，世界绝对贫困人口减半，这一目标基本得到了实现（中国的脱贫为实现这一目标的实现贡献了70%）。在这一基础上，2015年联合国再次提出《2030年可持续发展议程》，提出了17个目标，第一个目标是到2030年世界绝对贫困人口清零，第二个目标则是到2030年消除饥饿。经过努力，中国已经从根本上完成了消除饥饿的目标（1990年基本实现了温饱），并提前10年，在2020年基本实现联合国确定的可持续发展目标，全面建成小康社会。中国在新时代推动建设开放型世界经济，提出不断完善全球经济治理，是为了提高全世界共享、包容的普世福祉，同时在这个过程中，中国也正在逐步实现自身"两步走"战略安排，借助改革开放，完成全面建成社会主义现代化强国的目标。

一、中国经济"两步走"战略安排的动态演化

中华民族的伟大复兴是近代以来中国仁人志士为之奋斗，中华民族最伟大的梦想。1987年邓小平提出了我国现代化建设的"三步走"发展战

略。党的十六大报告中提出，在21世纪头二十年，全面建设惠及十几亿人口的更高水平的小康社会，到21世纪中叶基本实现现代化，把我国建成富强民主文明的社会主义国家。2017年党的十九大报告提出了建设社会主义现代化强国的"三阶段"战略部署，即到2020年全面建成小康社会；从2020年到2035年，基本实现社会主义现代化；从2035年到21世纪中叶，把我国建设成富强民主文明和谐美丽的社会主义现代化强国。在实现全面建成小康社会的基础上，从2021年开始，按照动态的"两步走"发展战略，中国将开启基本实现社会主义现代化和全面建成社会主义现代化强国的征程，努力在未来30年的时间里完成经济发展的总体安排，实现第二个百年发展目标。我们将探讨在全面建成小康社会之后，中国避免滑入中等收入陷阱，在开放型世界经济中最终全面建成社会主义现代化强国的主要动能因素，以及为此所需付出的努力。

在中国改革开放后的社会主义建设过程中，我国的发展战略结合中国经济发展的实际情况在不断地动态调整着，因此，促进经济发展的动能因素也在动态地发生着变化，形成了清晰的轨迹。目前需要回答的问题是，中国小康之后的路怎样走，方向已经明确，需要进一步明确的是达到目的的动能因素应该发生怎样的变化，才能够助推中国经济真正从小康到基本实现社会主义现代化，最终全面建成社会主义现代化强国。

在中国的历史和文化中，小康一词最早源自《诗经》："民亦劳止，汔可小康。"而作为一种社会模式，小康早在西汉的《礼记·礼运》就有相当详尽的描述，在这段文字的上下文中，接连用了"小康""小休""小息""小憩""小安"五个词，其中"小康"中的"康"是指安乐、休息、安宁的意思，即要体恤民意，使民安定，而致安宁、康乐。"民亦劳止，汔可小康"，意思是人们有劳有逸，日子就能好过。后来儒家把比大同社会更低级的一种社会称为小康，成为仅次于大同的一种社会模式。可以认为，小康相对于"大道之行也，天下为公"的大同社会，是"大道既隐，天下为家"的理想社会的初级阶段。

1979年12月6日，邓小平在会见日本首相大平正芳时用"小康"来描述中国式的现代化："我们要实现的四个现代化，是中国式的四个现代化。我们的四个现代化的概念，不是像你们那样的现代化的概念，而是

'小康之家'。到本世纪末，中国的四个现代化即使达到了某种目标，我们的国民生产总值人均水平也还是很低的。要达到第三世界中比较富裕一点的国家的水平，比如国民生产总值人均一千美元，也还得付出很大的努力……中国到那时也还是一个小康的状态。"[1] 1982 年 8 月邓小平指出："我们摆在第一位的任务是在本世纪末实现现代化的一个初步目标，这就是达到小康的水平。如果能实现这个目标，我们的情况就比较好了。更重要的是我们取得了一个新起点，再花三十年到五十年时间，接近发达国家的水平。"[2]邓小平规划了中国经济现代化发展的"三步走"战略蓝图，按照邓小平的设想，第一步从 1981 年到 1990 年，基本实现温饱，国民生产总值要翻一番；第二步从 1991 年到 2000 年，达到小康水平，国民生产总值再翻一番；第三步从 2000 年到 21 世纪中叶，达到中等发达国家水平，这需要国民生产总值再翻两番。他提出"翻两番、小康社会、中国式的现代化，这些都是我们的新概念"[3]。1984 年，他又进一步补充说："所谓小康，从国民生产总值来说，就是年人均达到八百美元。"[4] 1987 年 4 月 30 日，邓小平在会见西班牙工人社会党副总书记、政府副首相格拉时指出："第一步在八十年代翻一番。以一九八〇年为基数，当时国民生产总值人均只有二百五十美元，翻一番，达到五百美元。第二步是到本世纪末，再翻一番，人均达到一千美元。实现这个目标意味着我们进入小康社会，把贫困的中国变成小康的中国。那时国民生产总值超过一万亿美元，虽然人均数还很低，但是国家的力量有很大增加。我们制定的目标更重要的还是第三步，在下世纪用三十年到五十年再翻两番，大体上达到人均四千美元。做到这一步，中国就达到中等发达的水平。这是我们的雄心壮志。目标不高，但做起来可不容易。"[5] 1987 年 10 月，党的十三大把邓小平"三步走"的发展战略构想确定下来，明确提出："党的十一届三中全会以后，我国经济建设的战略部署大体分三步走。第一步，实现国民生产总值比一

---

[1] 邓小平. 邓小平文选：第二卷. 北京：人民出版社，1994：237.
[2] 同[1]416-417.
[3] 邓小平. 邓小平文选：第三卷. 北京：人民出版社，1993：54.
[4] 同[3]64.
[5] 同[3]226.

九八〇年翻一番，解决人民的温饱问题。这个任务已经基本实现。第二步，到本世纪末，使国民生产总值再增长一倍，人民生活达到小康水平。第三步，到下个世纪中叶，人均国民生产总值达到中等发达国家水平，人民生活比较富裕，基本实现现代化。然后，在这个基础上继续前进。"①

江泽民在 2002 年党的十六大报告中重申："根据十五大提出的到二〇一〇年、建党一百年和新中国成立一百年的发展目标，我们要在本世纪头二十年，集中力量，全面建设惠及十几亿人口的更高水平的小康社会，使经济更加发展、民主更加健全、科教更加进步、文化更加繁荣、社会更加和谐、人民生活更加殷实。这是实现现代化建设第三步战略目标必经的承上启下的发展阶段，也是完善社会主义市场经济体制和扩大对外开放的关键阶段。经过这个阶段的建设，再继续奋斗几十年，到本世纪中叶基本实现现代化，把我国建成富强民主文明的社会主义国家。"② 从党的十六大的发展战略看，中国在 20 世纪末进入小康社会后，将分 2010 年、2020 年、2050 年三个阶段，经过全面实现小康社会逐步达到现代化的目标。

从经济总量的目标来看，党的十五大报告和党的十六大报告中明确，2010 年实现国民生产总值比 2000 年翻一番，人民的小康生活更加宽裕，形成比较完善的社会主义市场经济体制；到 2020 年实现国内生产总值比 2000 年翻两番的目标；到 21 世纪中叶基本实现现代化。应该讲，上述经济总量目标完成得很好，中国交出了一份出色的答卷，在世界经济中赢得了优等生的地位。根据世界银行的统计，中国经济在 1978—2018 年的 40 年间，去掉物价因素的实际增长速度为 9.4%（按照复利计算，连续年均增长 7.2%，十年总量将翻番），凭着这样的增长速度，中国经济总量在 2000 年超过了意大利，2005—2007 年连续超过法国、英国和德国，2010 年又超过了日本，成为世界第二大经济体，完成了经济总量翻番的任务。不仅如此，在 2010 年，中国的出口总额排名世界第一位，而制造业增加值超过了美国，成为世界第一制造业大国，今天中国工业的附加值大约是

---

① 沿着有中国特色的社会主义道路前进. 中国政府网，2007-08-29.
② 江泽民在中国共产党第十六次全国代表大会上的报告. 中国政府网，2008-08-01.

美国的160％，成为中国经济实力的重要体现。① 2019年中国经济总量（GDP）达到近100万亿元人民币，按当年平均人民币兑美元汇率折合14.4万亿美元，而2010年中国经济总量为40.15万亿元人民币，按当时汇率折算为5.92万亿美元。2020年，中国完成全面建成小康社会的任务，同时经济总量达到美国的三分之二以上并完成翻番的任务。到2035年中国基本实现现代化时，经济总量位列世界第一将会是大概率事件。

邓小平曾经说过，所谓小康社会，就是虽不富裕，但日子好过。但这种小康还只是一个从中国现实出发，标准不高、偏重物质消费、发展不充分不平衡不全面的小康。全面建设、全面建成小康社会目标的逐步提出，是中国共产党随着中国经济社会发展及人民对美好生活的向往，对小康社会认识的动态深化。从经济理论和中国实践的角度看，1992年邓小平曾经要求国家统计局形成到20世纪末小康生活的指标，在2000年时，那些指标均已很好完成，而此后提出的到2020年全面建成小康社会与2000年过上小康日子相比较，指的是，如本文上面所述，江泽民2002年11月8日在党的十六大报告中提出的经济更加发展、民主更加健全、科教更加进步、文化更加繁荣、社会更加和谐、人民生活更加殷实的小康目标。小康社会的建设与实现，与过去相比较，首先是水平更高，除了收入提高之外，即收入要达到世界银行规定的中高收入国家水平，还要考虑经济社会生活的各个方面达到全新的标准；其次是涉及的范围和层次更全更高，涉及经济、民主、科教、文化、社会、生态等各个方面，除了量的提高外，更注重质和结构的进步、变化。为了能够直观地了解评价中国全面小康社会建设的过程和取得的成果并找出差距，中国的研究机构提出了全面小康定量的指标体系。2008年6月18日，国家统计局下属研究机构公布了《全面建设小康社会统计监测方案》，由经济发展、社会和谐、生活质量、民主法制、文化教育、资源环境等6个方面23项指标构成了指标体系，并在此后历年用这一指标体系衡量中国小康建设的进程。在"十三五"规划收官之际，对于上述具体目标进行比照，就会发现这些目标已经很好地

---

① 在2020年新冠肺炎疫情肆虐之时，中国为帮助世界抗击疫情，3月1日到5月31日共出口口罩709亿只，平均每天7亿—8亿只。

达到，实现程度都相当高，甚至很多目标被大大超过了。

2020年5月28日，在十三届全国人大三次会议结束时，李克强总理在会见记者时说："中国是一个人口众多的发展中国家，我们人均年收入是3万元人民币，但是有6亿人每个月的收入也就1000元，1000元在一个中等城市可能租房都困难，现在又碰到疫情，疫情过后民生为要。怎么样保障那些困难群众和受疫情影响新的困难群众的基本民生，我们应该放在极为重要的位置。"这是中国的现实情况。为了全面建成小康社会，习近平总书记召开扶贫攻坚座谈会，按照习近平总书记的要求，中国在2020年要尽全力完成三大攻坚战，即要打好防范化解重大风险攻坚战，重点是防控金融风险，做好重点领域风险防范和处置，坚决打击违法违规金融活动，加强薄弱环节监管制度建设；要打好精准脱贫攻坚战，关键是瞄准特定贫困群众精准帮扶，向深度贫困地区聚焦发力，要保证现行标准下的脱贫质量，既不降低标准，也不吊高胃口，瞄准特定贫困群众精准帮扶，向深度贫困地区聚焦发力，激发贫困人口内生动力，加强考核监督；要打好污染防治攻坚战，重点是打赢蓝天保卫战，调整产业结构，淘汰落后产能，调整能源结构，加大节能力度和考核，调整运输结构。只有完成三大攻坚战，中国才能够真正达到全面建成小康社会的目标。

中国在小康之后到基本实现社会主义现代化，最终全面建成社会主义现代化强国的目标和路径是非常明确的。按照党的十九大，中国发展要遵循两阶段安排：第一个阶段，2020—2035年，在全面建成小康社会的基础上，再奋斗十五年，基本实现社会主义现代化；第二个阶段，从2035年到21世纪中叶，在基本实现现代化的基础上，再奋斗十五年，把我国建成富强民主文明和谐美丽的社会主义现代化强国。两个阶段有着一个共同的中心，即以人民为中心来展开中国的经济建设。中国老百姓追求美好生活的意愿自古以来就是最高的理想，而且很理性地将其划分为"小康"和"大同"两个阶段，今天中国人民日益增长的美好生活需要的满足似乎是模糊的。每一个中国人都在追求美好生活，然而在现实中，中国在相当长的时间中，达到亿万百姓这个合情合理意愿的手段却是有限的，或者说至少在相当长的阶段内肯定是有限的。中国人民追求美好生活的意愿和达到意愿的手段之间的矛盾，就是党的十九大表述的中国现阶段的社会主要矛盾：人民日益增长的美好生活需要和不平衡不充分的发展之间的矛盾。中国人民追求美好生活的愿望天然合理，中国共产党的初心是为人民谋幸福，使命是为中华民族谋复兴，"人民对美好生活的向往，就是我们的奋斗目标"①，因此必须领导全国人民增加有质量的财富，做好新增财富的分配，想尽办法满足人民日益增长的美好生活需要。党的十九大把中国经济发展划分为三个时间节点，把中国人民追求美好生活的需要转化成三个可以完成的阶段。这是一种大智慧，坚持供给侧结构性改革的目的就在于从实际出发，坚持问题导向，脚踏实地地解决目的、意愿和手段之间的矛盾。

二、助推小康之后发展可持续的根本动力

全面建成社会主义现代化强国就是让中国人民在一个和谐开放的世界经济中，过上财富日益增长的美好生活，中国的有效财富就必须日益做大，而做大有效财富，找到继续前进的可持续的根本动力则是必须解决的重大问题。

我们认为做大和积累新增财富，从根本上满足人民日益增长的美好生活需要，实践中可以有四种途径：

第一，财富转移，把其他民族和经济体的财富，通过各种渠道、途径和手段转移过来，支撑本国人民生活水平的提高。历史上的殖民政策与掠夺，通常是通过贸易和金融手段，将自己的成本转嫁给别人，从其他经济体获取本不应该属于自己的财富便属于这一类途径。中国经济起飞已经不是处在殖民时代，而通过金融贸易途径转移他人财富也不具有实际可能性，从中国的社会主义国家性质出发，也不可能追求通过这种途径侵占他人的财富。

第二，科技创新，研发新产品，创造新财富。改革开放40多年来，中国在科技方面取得了长足的进步，加之具有后发优势，善于"干中学"，以及拥有极大的市场规模，在研发及应用方面获得了巨大成功。但是，客观地看，创新驱动是中国未来经济发展的基本动力，目前仍然无法全面取

① 习近平：人民对美好生活的向往就是我们的奋斗目标. 人民日报，2012-11-16.

代其他促进经济增长的途径，成为快速满足大众迅速提高生活水平需要的主要手段。更不用说，中国在科技创新，尤其是原发型的创新方面，与发达国家相比，还存在着巨大的差距，需要我们在新型举国体制下，夯实基础，经过刻苦努力，一步一个脚印地追赶，最终实现科学技术现代化，引领世界科技方向的宏大目标。

第三，有效配置劳动资源，大幅度提高劳动生产率。中国目前的劳动生产率大概是美国的13%，日本的11%，甚至只是拉美国家的60%多一些，中国不同产业的劳动生产率差别很大，是典型的二元结构，有着巨大的改进空间。但目前继续在短时间内快速大幅度提高劳动生产率存在困难，需要在人力资源素质、全民教育、技术养成方面作出长期的努力。中国在前一阶段工业化过程中，提高员工素质，提升管理人员经验能力，将会在未来中国尽力提高要素配置的科学性和劳动生产率中作出应有的贡献。

第四，尽力做大经济规模，迅速扩大新增财富，科学地对新增财富进行分配、再分配。中国自20世纪90年代以来推进经济规模扩大的速度有目共睹，由此获得了新增财富的极大增长，人民生活在此基础上得到较快改善，一代人的生活方式发生了根本的变化。但在经济快速增长的过程中，中国经济的结构性矛盾也逐步积累，某些方面已经到了相当尖锐的地步。如中国的生态环境问题，在高速增长过程中，空气污染、水污染、固态污染、土地污染已经到了必须高度重视的地步，否则经济增长的净利益将会被各种污染的存在和加重大大缩减，以致广大民众体会不到经济高速发展的获得感。

从历史和当前的实际出发，中国扩大新增财富的积累，不是依靠转移世界他国财富为己所用，而是通过促进经济和产业结构变化，依赖科技进步、提高劳动生产率，这需要较长时间并加大投入。但人们追求美好生活的意愿强烈，在开放条件下，与其他经济体尤其是发达经济体横向对比依然存在着较大差距的情况下，如何在较短的时间内最大限度地扩大中国的新增财富，提高大众的生活水平，已经成为各级政府部门理政的最大课题，也是能够显示政绩的根本指标。而目前达到目的最简单、最直接的办法，就是迅速做大规模，通过规模扩张获得财富的迅速增加。正因为这样，在尽快提高人民生活水平这一目标的推动下，中国的经济规模迅速扩张，前一阶段的工业发展取得了极大的成就。当前世界上约500种主要工业产品中，中国有220多种产品居世界第一，而且很多产品的产量已经占世界总产量较大的百分比，继续投入扩大规模的边际收益已经下降，事实上已经难以为继了。例如，中国生产了世界一半的钢铁，一半以上的煤炭，平板玻璃、电解铝、水泥等产能均已过剩，依靠持续做大规模增加新财富的空间已经被大大压缩，其结果是老路难以重复，即中国不能再单独依赖规模的扩张来增加、积累新财富，以保证大众生活水平进一步以较快速度得到提升。同时，日积月累形成的已有生产结构与人民日益提升变化的需求结构之间出现了某种程度的错位，造成了供求的结构性失衡：在需求侧出现了过剩与短缺并存，在供给侧则出现了不平衡不充分的实际状况，中国再次到了必须转型、转轨的十字路口。

回顾中国改革开放的历程，1993—1994年国际上将中国称为世界工厂的人少之又少；十年之后，伴随着农民工大规模进城，城镇化的全面铺开，中国逐步开始以世界工厂的身份呈现在世界面前；到21世纪第一个十年结束时，中国的制造业规模（附加值）排名世界第一。这种极快速度形成的产业转型，使中国从农业国迅速变为世界工厂，完成了与其他国家截然不同的工业化进程，中国制造快步走向世界，大规模地变换世界市场份额的归属，使人惊叹，令世界瞩目；中国在这一过程中也稳定地解决了十几亿人的温饱问题，总体上实现了小康，并实现了全面建成小康社会的进程，也为全世界的脱贫，以及经济福利水平的普遍提高作出了中国贡献。在全面建成小康社会之后，最终建成社会主义现代化强国的过程中，中国世纪之交的工业化经验能否在新的结构转换、动能创新中得到复制？我们的答案是，过往的经验可以参考，但随着中国经济发展内部条件的演进和外部总体环境的变化，复制的可能性已经不复存在，必须走出在新时代下具有中国特色的新路来，才能够避免一些国家在发展过程中，在高收入门槛上落入中等收入陷阱，经济社会发展从而出现停滞的覆辙。

我们分析，中国在较短的时间内，完成了从联产承包到世界工厂的巨大变化，真正的关键是抓住了时机，具有天时、地利、人和等诸多因素的集成，在世界经济史中将会写下具有特色、浓墨重彩的一笔。有的学者在分析中国经济这一段迅速变化，完成制造业转型时，更为强调的是中国人民的勤劳和智慧。然而，中国人民在中华人民共和国成立后的社会主义建设中一直是非常勤奋的，靠着自力更生的奋斗基本建成了较为完整的工业体系，改革开放之后更是靠着勤劳解决了温饱，中国农村的巨变给世界留下了深刻的印象。然而，当时中国并没有获得世界工厂的称号。我们当然坚定地认为，中国人民的勤劳智慧是中国发生巨变的必要条件，没有这一必要条件，一切都不会发生。然而事物的发生与演进，还需要从充分条件的角度作出分析，当内部的必要条件具备时，还需要从外部环境着眼进行讨论。中国演进成世界工厂，是在经济全球化的推进下，华尔街、伦敦为追求利润最大化在世界重新配置资源的结果，是世界发达经济体在世界重新构建生产网络、价值链和供应链的结果，更是中国改革开放政策、内部要素存量和增量的有利条件，以及市场规模条件对于全球资本和产业布局，生产网络和供应链重构产生巨大吸引力的结果。我们称之为天时、地利、人和。

20世纪80—90年代，经济全球化的第三次浪潮在世界快速推进，各个经济体都主动或被动地被卷入其中，并进行着经济结构的转型。世界发达经济体转型的基本大方向可以不那么科学地概括为"脱实入虚"，极大地提升第三产业在经济中的比重。在它们的转型中，各种服务业尤其是金融业急剧扩张，将实体经济的产业，甚至是完整的产业链从国内转移出去，以此作为产业升级的大方向。从另外的角度分析，这一过程则需要探讨如何选择这些产业转移的地方，即哪些吸纳者能够对促进相关产业继续发展，保障发达经济体得到充足、高质量的产品和服务提供更为有利的条件。我们认为，当时，这些实体经济部门可以转移的方向，基本是发展中经济体以及后来被称为转型经济体的国家和地区。理论上讲，非洲可以作为这些产业转移的吸纳地，但现实情况是，尽管非洲劳动力充足，总体劳动人口的平均年龄仅仅20岁，但是非洲的基础设施、人力资本和政治稳定状况不佳；而尽管苏联和东欧具备良好人力资源和基础设施条件，甚至是加工能力，但由于那时冷战尚未结束，基本不可能将产业转移给作为对立面的敌对势力。今天的回顾性研究应该承认的客观事实是，在那个时期，全球较为理想的产业转移场所应该是拉美国家，无论是物理距离还是人力资本或是基础设施，甚至消费习惯与宗教信仰，拉美国家都具有极大优势，但那一时期发达经济体对于拉美国家的经济成长性、财政与金融政策的取向、社会稳定性、人们的吃苦精神存疑。最终，这些产业大规模地转移到了东亚国家，形成了那一时期东南亚的快速发展，以及中国制造业的转型与高速增长。在这一过程中东亚地区的生产网络逐渐形成与扩展，同时这一区域贸易顺差也急剧增加。[1] 1997—1998 年的亚洲金融风暴成为产业再次转移和供应链重新集聚的催化剂。金融体系的危机极大冲击了地区的金融体系，打击了该区域的制造业正常成长，造成东亚价值链和供应链被破坏，为维持价值链的完整和生产网络的正常运行，最终在金融危机中，宏观经济运行一枝独秀的中国成为产业网络和供应链再次重组的落地首选。中国在这次危机中更深地嵌入了世界的价值链和生产网络中，不仅极大地促进了东亚生产网络的发展，中国也在这一过程中主动、被动地转变成了世界工厂[2]，中国经济因此获得了高速增长，完成了一次制造业转型和发展质的飞跃。但是，世界经济也因此出现了学术界和很多政治人物口中的失衡，即中国出现了巨额的贸易顺差，而欧美出现了巨额的贸易逆差。我们认为这种失衡很大程度上是当事国国内经济失衡在国际经济交往中的反映，只有进行结构的调整和经济合作，才能够缓解失衡。[3]

2008—2009 年美国次贷危机引发全球金融危机，经济全球化进程受阻，逆全球化抬头。为了调整所谓世界经济失衡，世界各个经济体开始酝酿产业转型调整。美国当时的总统奥巴马提出，美国需要"再工业化"；欧盟提出了 2020 年的发展规划；日本提出了"三支箭"的调整政策，其核心也是使产业回归和再工业化。特朗普在当选为美国总统后用通俗的话表述了这一政策的目的，就是令美国"再次伟大"。新冠肺炎疫情中发达国家面对防护物资无法及时生产到位的窘境，希望用经济手段促使供应链回归，以使得必需品能够不大幅度依赖海外生产。我们发现在疫情中，并

---

[1] 事实上，经济学有一个非常简单的道理，只有贸易逆差才能占用别人的资源，贸易顺差实际是给其他经济体送去资源，逆差意味着进口方获得巨大的经济和要素利益。

[2] 这一阶段，中国出口的 60% 左右是三资企业完成的，而 60% 左右的出口是加工贸易，与中国国内消费没有关联。

[3] 这部分的数量模型分析请参阅附录二的Ⅶ部分。

预判在疫情后逆全球化、经济民粹主义和保护主义将愈演愈烈，这就是中国进行经济结构提升、动能转换、产业调整转型所面临的真实的国际经济环境。换言之，中国今天进行转型调整的外部环境，与当年中国迅速工业化，演进成世界工厂完全不可同日而语，即便没有中美贸易战，所面临的国际经济环境的情况也绝非顺风顺水，而是必须开顶风船，对这一点我们必须有清醒的认识，然而中国确实有相当多的人存在着认识上的根本误区。世界生产网络和供应链是否会发生根本性的转移，动摇中国作为世界工厂的根基，也确实牵动着很多人的心。我们经过研究认为，生产网络的重心和供应链并非不会转移，但也未必会全部转移出中国，使得中国丧失世界工厂地位。客观地讲，自动化程度高、供应链短的产业有可能转移出中国，例如，玻璃大王曹德旺将工厂转移至美国。这种转移，一是因为美国政府给予了其很大的补贴和让利①，二是玻璃在美国生产贴近用户，汽车生产在成本上会有较大节约，但曹德旺绝不会把全部玻璃生产从中国转移到美国，因为中国毕竟是世界第一大汽车生产国。相对而言，自动化程度较低，使用劳动力较多的产业却无法形成大规模的转移。例如，富士康试图将苹果产品的组装工作转移到美国去完成，但迟迟无法落实，原因很简单，美国没有合格的流水线工人，无法完成产品组装。事实上，曹德旺的玻璃工厂也很难雇用到 40 岁以下的工人，这是美国的经济结构造成的。2019 年，美国广义的工业附加值只占 GDP 的 18%，与美国医疗服务业创造的 GDP 是同一水平，而制造业在美国的 GDP 中只占 11% 的比重，人人从事服务业，很少有人愿意当产业工人，这就是美国的实际情况。机器人要完全取代人工，目前在技术上也很难做到。富士康针对人工成本占比较大的事实，曾经提出过"百万机器人计划"，试图用机器人逐渐取代人工作业，但目前遇到了一些实际困难。

广东省自动化学会理事长刘奕华曾经对此分析指出，大规模使用机器人生产，虽然先期投入资金很大，但长期效益比人工划算；而且产品质量更有保障，可减少人为质量问题。不过，现在的机器人技术在精细加工环节，以及机器与机器之间的过渡中间环节，技术实施有所欠缺，规模化应

---

① 土地费用、工人福利的利益均可在美国公开的出版物中找到具体补贴数据。

用机器人，有大量问题需要解决。一般自动化仍以运送、抓取或筛选等较粗略、重工性的工作为主，自动化在大量、同质性产品生产上具有较大优势。但是有较多精细流程或定制化生产的地方，使用机器人自动生产线则不具有经济效益。在精细项目的组装或较为复杂的测试上，仍需要凭借人工进行。

改革开放之后，中国经济发展的速度、人民生活水平的变化在 21 世纪第一个十年可以说是天翻地覆。中国用四十年的时间快速地走完了发达国家过去用了一二百年走过的路，这导致了一些中国人产生了某些不切实际的想法：希望在今天中国继续发展的路上，发达经济体在一二百年经济增长过程中所出现的问题、碰到的困难、呈现出的矛盾，中国最好都不会出现和碰到，一帆风顺地实现富裕和发达。然而经济发展是具有自身客观规律的，发达经济体在增长过程中曾经碰到过的问题，尽管已经是开卷作业的范本，中国在发展过程中仍然大概率会遇到（如环境污染问题）。如果说有所区别，那就是发达经济体面对这些问题、困难、矛盾，用了一二百年的时间来探索和处理，而中国由于经济高速增长，未来二三十年间必须处理好其他经济体过去一二百年所面临的类似问题，决不能任由矛盾积累，造成社会动荡而掉进中等收入陷阱。坦诚地讲，经济发展如逆水行舟，不进则退。中国在全面建成小康社会之后，最终全面建成社会主义现代化强国的必然性，满足人民日益增长的美好生活需要以及实现这一需要手段上的有限性，二者之间的种种矛盾和困难，是我们必须面对、妥善处理的。在这一过程中，开放型世界经济过去曾经给中国制造业的起飞提供了巨大的助推力，中国今天动能转换和结构调整所面临的世界经济环境，与过去相比已经发生了巨大的变化，我们需要研究并逐步适应这些变化才能够争取主动。

三、开放型世界经济下中国可持续发展的动力源思考

中华人民共和国成立后，在调动亿万人民投入社会主义建设的积极性时，一直沿用的激励方法是将与国际比较中需要实现的方方面面的"现代化"作为目标。但现实问题是，随着改革开放的深入，在解决了供不应求的短缺问题之后，中国经济、社会发展取得了长足的进步，实现了初步的现代化，再依靠笼统的"现代化"目标已经不能真正调动广大人民群众的积极性，使人们全身心地投入社会主义建设中去，必须有新的目标和方

向，这就体现为"两步走"的战略安排和"中国梦"。

中国经济继续前进，从全面建成小康社会到基本实现社会主义现代化，最终全面建成社会主义现代化强国。按照党的十九大部署，2035年基本实现社会主义现代化的经济目标非常明确：经济实力、科技实力将大幅跃升，跻身创新型国家前列；人民生活更为宽裕，中等收入群体比例明显提高，城乡区域发展差距和居民生活水平差距显著缩小，基本公共服务均等化基本实现，全体人民共同富裕迈出坚实步伐。需要看到的是，中国要想继续前进，依靠产能规模的持续放大已经不可能。首先，中国现在是世界上制造业规模最大的国家，制造业附加值是美国（排名世界第二）的160％以上，是美国、日本和德国之和，但不是最强的制造业生产国；其次，中国已经成为世界最二大规模的消费国；再次，中国是世界最大的货物贸易进出口国；最后，中国有大约三万亿美元的外汇储备，是世界最大的外汇储备国。从实际出发，针对未来经济发展的可持续基本动力问题，党的十九大在大方向、目标和路径上给出了明确答案："经济已由高速增长阶段转向高质量发展阶段，正处在转变发展方式、优化经济结构、转换增长动力的攻关期，建设现代化经济体系是跨越关口的迫切要求和我国发展的战略目标。必须坚持质量第一、效益优先，以供给侧结构性改革为主线，推动经济发展质量变革、效率变革、动力变革，提高全要素生产率，着力加快建设实体经济、科技创新、现代金融、人力资源协同发展的产业体系，着力构建市场机制有效、微观主体有活力、宏观调控有度的经济体制，不断增强我国经济创新力和竞争力。"[①] 我们下一步要着力解决的实际问题是，人民日益增长的美好生活需要和不平衡、不充分的发展之间的矛盾。从需求角度看，人民的需求已经不仅仅是物质和文化的需要，而是对美好生活的全面需要。从供给角度看，中国面临的问题已经不是落后的社会生产，而是结构的不平衡、不充分。但从此岸到彼岸应该如何跨越，存在着值得研究和探讨的情况。

在国外参加各种国际研讨会时，中国学者也常常被问到，中国在继续

---

① 习近平：决胜全面建成小康社会 夺取新时代中国特色社会主义伟大胜利——在中国共产党第十九次全国代表大会上的报告. 中国政府网, 2017-10-27.

向前发展的进程中，可持续发展的根本动力是什么，解决中国社会主要矛盾的具体路径是什么等问题。深化改革开放、经济转型调整、动能转换似乎是国外同行能够得到的既明确又简单的答复。我们在探讨这一问题时，认为深化改革开放、经济转型调整、动能转换的答案无疑是正确的。但改革开放、转型调整、动能转换到底是目标还是手段？是过程还是刻意追求的结果？是动态的还是静态的？如果答案是，改革开放、转型调整、动能转换是达到目标所使用的手段，是一个动态的过程，那么接下来的问题便是，这一过程是否存在着"船到码头、车到站"的情况？要想跟上开放型世界经济的前进步伐，中国是否能够甚至只是小憩片刻？对于中国下一步经济发展可持续动力基础的考虑，我们经过思考后的答案是：两个驱动加两个基础。两个驱动是市场驱动和创新驱动。市场驱动是指在资源配置中市场起决定作用；创新驱动是指经济发展以创新驱动为主动力。但两个驱动必须建立在两个坚实的基础上才能够更好地发挥作用，这就是诚信有序的营商环境和新型基础设施建设，一个是制度基础，另一个是物质基础。经济可持续发展，需要建立在一个诚信有序的市场营商环境的基础上，有了这个制度基础，即统一开放、竞争有序营商环境的市场体系，市场配置资源才可能起正面作用，在这个基础上，大家才会有发明创造的热情。所以在中国现实最难，也是最必须做的，就是建立一个诚信有序的市场，并以此作为配置资源的根本，这并不容易。2020年3月30日《中共中央 国务院关于构建更加完善的要素市场化配置体制机制的意见》（以下简称《意见》）出台，明确中国社会主义市场必须是统一开放、竞争有序的，并在这个基础上，贯彻市场在配置资源中起决定性作用的总方向。《意见》提出了土地、劳动力、资本、技术、数据五个要素领域改革的方向，确定了改革的基本原则：一是市场决定，有序流动；二是健全制度，创新监管；三是问题导向，分类施策；四是稳中求进，循序渐进。此外，《意见》明确了完善要素市场化配置的具体举措，通过价格机制、运行机制、分配机制的改革，实现要素价格市场决定、流动自主有序、配置高效公平。

人类的根本性进步离不开科技突破，中国经济的可持续发展离不开创新驱动。我们在前面的分析中认为，按照经济周期理论，第四次工业革命在2025—2035年间应该会有突破性的进展，为世界经济增长注入全新的动力。当每一次工业革命的过程步入尾声，已经成熟的技术传导扩散而产生的红利减退时，世界经济必然会陷入增长低迷状态。2008—2009 年全球金融危机之后，第三次工业革命红利呈现动力减退，纳米、基因、量子计算、人工智能、无人驾驶等技术尽管前景光明，但由于尚未形成巨大市场需求，并未对经济发展产生根本性推动，这些新科技突破对人类经济、社会生活可能产生的颠覆性重大影响，还需假以时日才能显现。当下的世界经济处在两次工业革命中间的低谷，既无需求新亮点，也无供给新亮点，已经进入了活力不足的低增长时代。只有当新科技革命能够带来一场新的工业革命时，开放型世界经济才能够得以再次辉煌，人类才能够乘新工业革命的春风，在文明的路上继续前进，使得享有的福祉更上一层楼。在这样的情况下，在开放型世界经济中，一方面坚持高质量的制造业发展，另一方面大力发展中国制造业，是贯彻稳中求进的务实路径，最终是要摆脱中国制造业大而欠强的现实情况。为了迎接第四次工业革命，中国必须打造能够适应新工业革命的基础设施，在原有适应第三次工业革命的基础设施之上，打造新的基础设施，为未来的科技革命和工业革命夯实发展的基石。中国在新型基础设施的建设方面是有先行一步的规划的。2018 年底召开的中央经济工作会议提出要加强人工智能、工业互联网、物联网新型基础设施的建设；2019 年的"两会"提出在逆周期调整中，新型基础设施建设将承担更为重要的角色；2019 年 7 月 30 日政治局会议提出要加快推进信息网络等新型基础设施建设；2020 年 2 月 14 日中央全面深化改革委员会第十二次会议提出要统筹存量和增量、传统和新型基础设施的发展；2020 年 3 月 4 日，中央政治局常委会会议指出要加快 5G 网络、数据中心等新型基础设施建设进度；等等。传统产业需要传统的基础设施，未来全新的产业则需要新型基础设施，中国未雨绸缪，希望在新工业革命来临之时，能够在基础设施方面事先有所准备，将来可以为新工业革命助力，让中国可持续发展具有更为雄厚的基础。对于新型基础设施建设的内容，国家发改委高技术发展司相关人士在 2020 年 4 月 20 日的新闻发布会上是这样描述的[1]：

---

[1] 国家发改委首次明确"新基建"范围. 商务部网站，2020-04-21.

一是信息基础设施，主要指基于新一代信息技术演化生成的基础设施，比如，以5G、物联网、工业互联网、卫星互联网为代表的通信网络基础设施，以人工智能、云计算、区块链等为代表的新技术基础设施，以数据中心、智能计算中心为代表的算力基础设施等。

二是融合基础设施，主要指深度应用互联网、大数据、人工智能等技术，支撑传统基础设施转型升级，进而形成的融合基础设施，比如，智能交通基础设施、智慧能源基础设施等。

三是创新基础设施，主要指支撑科学研究、技术开发、产品研制的具有公益属性的基础设施，比如，重大科技基础设施、科教基础设施、产业技术创新基础设施等。

同时，基于2020年的"两会"和重大媒体的分析，新型基础设施建设包含以下7大领域：特高压；新能源汽车充电桩；5G基站建设；大数据中心；人工智能；工业互联网；城际高速铁路和城际轨道交通。两种表述方式就是要统筹存量和增量，传统和新型基础设施的发展，做好过渡，既为中国大型城市圈带动经济发展、提高生活质量作出贡献，也为迎接第六次科技革命、第四次工业革命奠定基础。

为了更好地衔接世界第三次工业革命与第四次工业革命，我国结合中国经济发展"两步走"战略安排，在制造业方面确定了"三步走"的战略。第一步：力争用十年时间，即2015—2025年，使得中国迈入制造强国行列。到2020年，中国基本实现工业化，制造业大国地位进一步巩固，制造业信息化水平大幅提升。掌握一批重点领域关键核心技术，优势领域竞争力进一步增强，产品质量有较大提高。制造业数字化、网络化、智能化取得明显进展。重点行业单位工业增加值能耗、物耗及污染物排放明显下降。到2025年，制造业整体素质大幅提升，创新能力显著增强，全员劳动生产率明显提高，工业化和信息化融合迈上新台阶。重点行业单位工业增加值能耗、物耗及污染物排放达到世界先进水平。形成一批具有较强国际竞争力的跨国公司和产业集群，在全球产业分工和价值链中的地位明显提升。第二步：到2035年，我国制造业整体达到世界制造强国阵营中等水平。创新能力大幅提升，重点领域发展取得重大突破，整体竞争力明显增强，优势行业形成全球创新引领能力，全面实现工业化。第三步：中华人民共和国成立一百年时，制造业大国地位更加巩固，综合实力进入世界制造强国前列。制造业主要领域具有创新引领能力和明显竞争优势，建成全球领先的技术体系和产业体系。这"三步走"的战略，与党的十九大确定的中国经济发展的三个阶段、三大时间节点相吻合，又与中国社会主义初级阶段、发展中国家地位的逐步变化紧密相关，是中国经济实力地位和转型的物质基础，这一切必须在推进世界经济持续开放中才能够得以实现。

在2012年之前，从沿海开放（1979年）、西部大开发（2000年）、东北老工业基地振兴（2003年）到中部崛起（2004年）等中国区域经济发展战略一一推出，区域发展格局脉络伴随着中国经济的高速发展。2013年，我国相继提出"一带一路"倡议、推进京津冀协同发展、制定长江经济带发展规划纲要，然后是东北老工业基地第三次再振兴、粤港澳大湾区发展、海南全部成为自贸区，之后是长江三角洲区域一体化战略，自贸区试点扩展到京津冀。综合起来，将形成在大开放的基础上，高质量发展的新的区域格局。在中国的区域经济发展格局中，西部是四川盆地及周边两个国家级中心城市成都、重庆组成的成渝大都市圈的经济区，沿长江而下是武汉、长株潭（长沙、株洲、湘潭）、环鄱阳湖经济区形成的长江中游城市群，东部是长江三角洲一体化经济发展规划，北部是西安、京津冀、东北老工业基地形成的发展带，以及"一带一路"倡议，中国区域经济发展格局是十分清楚的。① 这样，在创新驱动、市场驱动，以及诚信营商环境建设、新型基础设施建设的基础上，再加上正在逐步形成的中国环绕大都市圈的区域经济发展布局，具有中国特色的以内需主导、全面开放的经济发展大格局正在逐渐形成，为中国在小康之后的可持续发展，为基本实现社会主义现代化奠定坚实的动力基础。

与此同时，在中国日益更深地融入世界经济的情况下，面对中美贸易摩擦，以及新冠肺炎疫情对世界经济的冲击，中共中央政治局常委会在

---

① 我们认为，在中国扩大开放的推动下，未来环渤海湾区也将会具有很大的发展空间，形成新增长极。

2020年4月8日提出面对严峻复杂的国际疫情和世界经济形势，要坚持底线思维，做好较长时间应对外部环境变化的思想准备和工作准备。我们认为，从底线思维出发，中国经济的转型调整、动能转换所谓"到位"的标识，适应性是关键，也就是既要适应国内内部经济、社会条件的变化，又要很好地适应外部环境的变化。

中国经济发展的国际环境已经发生巨大的变化，新冠肺炎疫情在全球蔓延，世界贸易保护主义抬头，逆全球化趋势和经济民粹主义泛起，大宗产品价格巨幅波动，世界生产网络和供应链的未来变化存在不确定性，国际市场需求受到各种抑制而收缩，经济周期下行造成世界经济处于衰退和萧条的边缘，第三次工业革命的红利耗尽，国际范畴内各种传统、非传统危机产生冲击，凡此种种，都为中国经济进一步发展的外部环境集聚负能量，因此我们要坚持底线思维，做好较长时间应对外部环境变化的思想准备和工作准备。中国高层自2013年开始提出坚持底线思维，习近平总书记曾经在多个场合强调，要善于运用底线思维的方法，凡事从坏处准备，努力争取最好的结果，做到有备无患、遇事不慌，牢牢把握主动权。除了考虑国际经济环境的底线思维之外，国内经济发展也需要坚持底线思维。党的十九大提出幼有所育、学有所教、劳有所得、病有所医、老有所养、住有所居、弱有所扶。其中的弱有所扶是中国社会以人民为中心底线思维的体现，对弱者不仅要有同情心，而且要扶。一个社会不同群体可以有收入、财产的差距，甚至有比较大的差距，但全社会对弱者必须有扶助的底线思维，这样社会才能安定和谐。从和谐的含义看，"和"，口中有禾，要丰衣足食，满足人们物质生活提高的需要；"谐"，人人皆言，都可以为经济发展、社会进步建言献策，当家做主，提出批评和建议，这样社会才能够在文明安定中得到可持续发展。推进世界经济的进一步开放，实现我们设定的国内目标至关重要，中国应该也必须在推进这一进程中发挥更为有效的作用。

四、开放型世界经济下的改革开放新探索

中国在1978年的改革开放，实际是在内有忧外有患的情况下开始的。经过"文化大革命"的劫难，中华人民共和国在成立30周年时，虽然建立了较为完整的工业体系，但离"工业现代化、农业现代化、国防现代

化、科学技术现代化"还很遥远，甚至中国人民丰衣足食的愿望也没有得到很好的满足；与此同时，在与外部的横向比较中，经济总量不如印度，"亚洲四小龙"的发展模式受到追捧，而中国的经济发展并不占上风。"文化大革命"结束后，在党和国家面临何去何从的重大历史关头，党深刻认识到，只有实行改革开放才是唯一出路。中国义无反顾地从较为穷困的农村开始改革（安徽凤阳小岗村的家庭联产承包责任制），并从沿海地区开始了开放的进程（从1978年广东、上海、北京、四川的所谓"三来一补"，到1979年福建、广东两省实行的特殊政策、灵活措施）。四十多年的改革开放，不仅彻底改变了中国经济的面貌，也彻底影响了世界经济的发展。四十多年风雨砥砺不忘初心，春华秋实继往开来，四十多年披荆斩棘，四十多年风雨兼程，中国的神州大地，中国的老百姓经历了风风雨雨，进行了改天换地的事业，无论从哪个角度看，中国都发生了翻天覆地的根本变化，用三四十年走完了国外至少要百年的努力才能够走完的路。现在中国人民勠力同心，努力完成"两步走"战略安排，满足人民日益增长的美好生活需要，实现中华民族的伟大复兴。

由于中国人口众多，客观地讲，中国仍处于并将长期处于社会主义初级阶段，是世界最大的发展中国家，这是我们分析问题的重要出发点。2019年我国人均国民总收入达到了10 276美元，第一次进入人均万级美元的俱乐部，且远高于中等收入国家的平均水平。但2019年世界人均GDP是11 460美元，我们只达到了这一数据的90%。根据世界银行给出的标准，2019年高收入国家的门槛是人均国民收入12 375美元，我们大概达到了这一数据的83%。人均收入超过一万美元，意味着在世界75.6亿的总人口中，人均GDP超过中国的总人数不到13亿，中国总体已经进入世界收入五等分的第二档，部分人甚至位于第一档。然而，2019年国家统计局的居民收入数据却显示中国存在二元结构，这表明中国的的确确就是一个发展中国家：

全年全国居民人均可支配收入为30 733元（月均2 561元）；
全国居民人均可支配收入中位数为26 523元（月均2 210元）；
城镇居民人均可支配收入为42 359元（月均3 530元）；
城镇居民人均可支配收入中位数为39 244元（月均3 270元）；

农村居民人均可支配收入中位数为 14 389 元（月均 1 199 元）。

由于人均可支配收入定义上存在的局限性，可能单纯的人均收入数据并不能真实反映中国人民的收入状况。而人均可支配收入中位数则告诉你这样的事实：中国一半人口的收入高于这一数字，而另一半则低于这一数字。我们还必须继续努力，向着共同富裕的方向坚实迈进。

中国经济总量与人均 GDP 趋势图、中国三个产业占比结构变化图，以及中国进出口变化趋势图分别如图 8-1、图 8-2、图 8-3 所示。

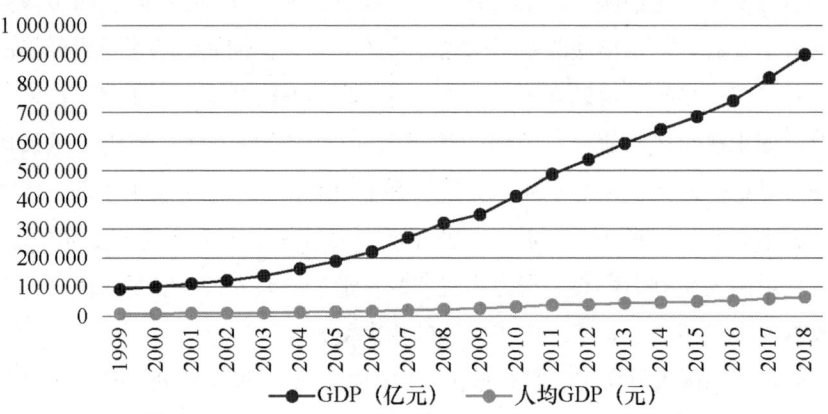

图 8-1　1999—2018 年中国经济总量与人均 GDP 趋势图

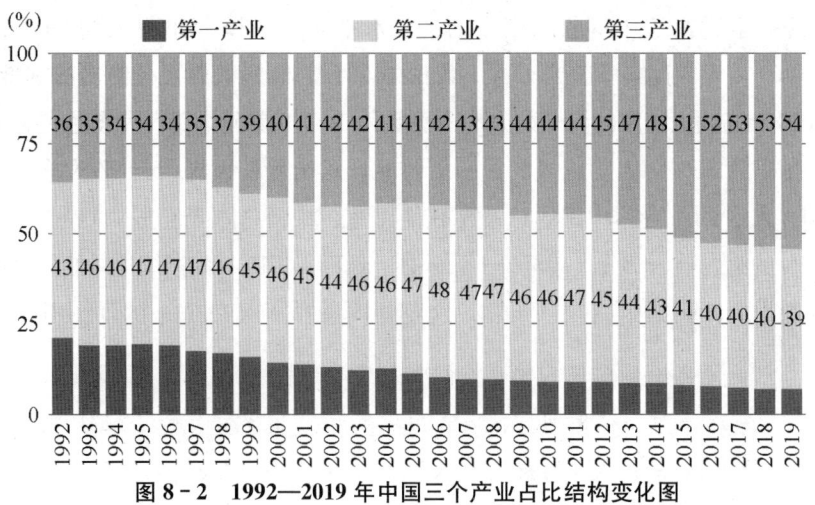

图 8-2　1992—2019 年中国三个产业占比结构变化图

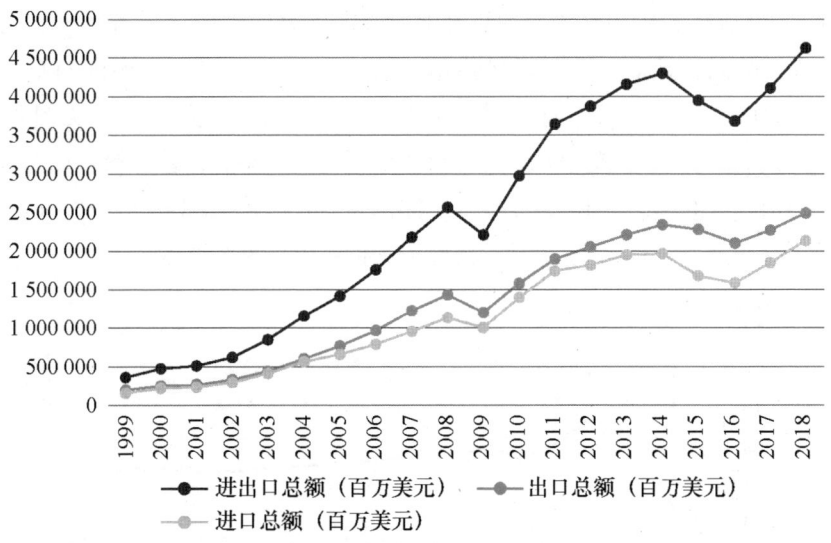

图 8-3 1999—2018 年中国进出口变化趋势图

但是从经济总量来看，可能是另一种情况。1952 年在中国经济刚刚得到恢复时，GDP 仅为 679 亿元，人均 GDP 则为 119 元。1978 年中国 GDP 为 3 679 亿元，占世界经济的比重为 1.8%，居全球第 11 位。如果眼光再放长远一些，1913—1950 年，世界 GDP 年均增长率为 1.82%，中国为 -0.02%，处于停滞状态；1952—1978 年，中国 GDP 的年均实际增长率为 4.4%，低于世界同期的 4.6%；1978—2018 年，中国 GDP 年均实际增长率为 9.4%，为世界上同期最快。全球主要经济体经济增速如图 8-4 所示。中国在改革开放 10 年之后（1988 年）经济总量仅仅超过了印度，此后我国经济总量增长很快，2000 年突破 10 万亿元大关，超过意大利成为世界第六大经济体，2005 年经济总量超过法国，2006 年超过英国，2007 年超过德国，2010 年（41.2 万亿元）超过日本，居世界第二。中国共产党第十八次全国代表大会以来，中国的综合国力持续提升，2019 年经济总量达到 99.08 万亿元（14.4 万亿美元），占世界经济的比重为 16%。按不变价计算（即去掉物价影响因素），1978—2018 年年均增长 9.4%（时价则为 14.2%），远高于世界经济同期 2.9% 的年均增速，对世界经济增长的年均贡献率为 18% 左右，仅次于美国，居世界第二。2019 年的世界经济中，经济总量超过 20 万亿美元的只有美国（21.4 万亿美元),10万亿~20万亿美元的只有中国(14.4万亿美元),5万亿~10万亿美元的只有日本(5.09万亿美元)。要知道,1979年时,中国的GDP只是美国的6.8%,日本的25%,2019年则达到了美国的67%(见图8-5),日本的282%,应该承认这是巨大的跃进。如果按照世界银行以购买力平价计算的货币价值来统计,中国在2014年GDP总量就已经和美国持平,2019年为23.4万亿美元,已经成为世界第一大经济体。

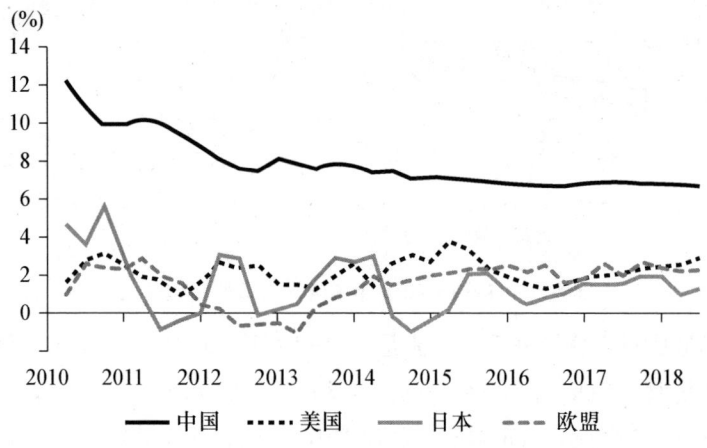

图8-4 2010—2018年全球主要经济体经济增速

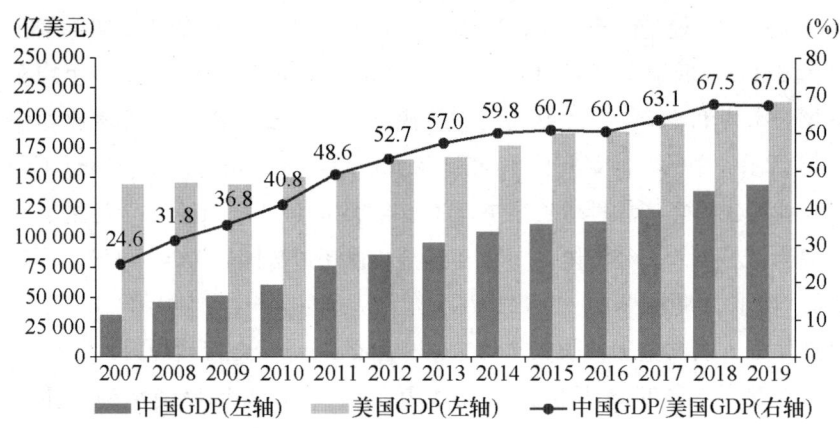

图8-5 2007—2019年中国与美国GDP比较

在经济总量不断跃上新台阶的同时,中国也实现了结构的提升,取得了令世人瞩目的成就。联合国将工业分成41个工业大类,207个工业中类，666个小类，而中国在改革开放中实现的工业化转型，使得中国成为目前世界唯一拥有联合国产业分类中全部工业门类的国家。综合中国经济的人均与总量对比，中国就是这样一个真正的二元结构国家（发展中国家的基本特征就是二元结构），在前进的路上还存在大量的矛盾。习近平总书记在党的十八届三中全会上对我国发展面临一系列突出矛盾和挑战、困难和问题作出判断：发展中不平衡、不协调、不可持续问题依然突出，科技创新能力不强，产业结构不合理，发展方式依然粗放，城乡区域发展差距和居民收入分配差距依然较大，社会矛盾明显增多，教育、就业、社会保障、医疗、住房、生态环境、食品药品安全、安全生产、社会治安、执法司法等关系群众切身利益的问题较多，部分群众生活困难，形式主义、官僚主义、享乐主义和奢靡之风问题突出，一些领域消极腐败现象易发多发，反腐败斗争形势依然严峻，等等。解决这些问题，关键在于深化改革。如果说除了上述诸多矛盾和困难之外，中国还具有什么特色，那就是中国目前还处于社会主义初级阶段，即特指我国在生产力落后、商品经济不发达条件下建设社会主义必然要经历的特定阶段。而且中国从20世纪50年代生产资料私有制的社会主义改造基本完成，到社会主义现代化的基本实现，至少需要上百年时间，都属于社会主义初级阶段。习近平总书记也反复强调我国仍处于并将长期处于社会主义初级阶段的基本国情没有变，中国仍然是发展中国家。这是中国继续前进的基本国情，而人民日益增长的美好生活需要与不平衡不充分的发展之间的矛盾则是目前中国社会的主要矛盾。解决这一矛盾的根本在于根据中国现实所处的发展阶段，实施供给侧结构性改革并深化开放，舍此别无他途。

在省部级主要领导干部学习贯彻十八届三中全会精神全面深化改革专题研讨班上的讲话中，习近平总书记指出，从形成更加成熟更加定型的制度看，我国社会主义实践的前半程已经走过了，前半程我们的主要历史任务是建立社会主义基本制度，并在这个基础上进行改革，现在已经有了很好的基础。后半程，我们的主要历史任务是完善和发展中国特色社会主义制度，为党和国家事业发展、为人民幸福安康、为社会和谐稳定、为国家长治久安提供一整套更完备、更稳定、更管用的制度体系。党的十八届三中全会决定开启经济体制、政治体制、文化体制、社会体制和生态体制,即五大体制的进一步改革。同时强调,中国的改革开放是既不走封闭僵化的老路,也不走改旗易帜的邪路。改革是中国特色社会主义制度的自我完善和发展,改革开放的大方向是坚持中国共产党的领导和社会主义制度不能动摇。由此,揭开了新时代改革再出发的顶层设计,拉开了新时代进一步深化改革开放的大幕。

党的十八届三中全会的文件指出经济体制改革的核心问题是处理好政府和市场的关系,使市场在资源配置中起决定性作用和更好地发挥政府作用;要坚持和完善基本经济制度,加快完善现代市场体系、宏观调控体系、开放型经济体系,加快转变经济发展方式,加快建设创新型国家,推动经济更有效率、更加公平、更可持续发展;以经济建设为中心,发挥经济体制改革牵引作用,推动生产关系同生产力、上层建筑同经济基础相适应,推动经济社会持续健康发展。深化改革主要体现在制度变革和体制创新上。党的十八届三中全会在一些基本制度和理论问题上取得了新的突破,在实践上提出了新的路径和落地措施,如首次定义市场在资源配置中的"决定性作用"(过去一直的提法是"基础性作用");更加明确强调了非公有制经济和公有制经济的同等重要性;提出完善产权保护制度,特别提出赋予农民更多财产权利;提出推进国家治理体系与治理能力现代化;建立全国和地方资产负债表制度、自然资源资产负债表制度、股票发行注册制度、权力清单制度、官邸制、涉法涉诉信访依法终结制度,等等,涉及15个领域,共有336项重大举措。[1]

从那时起,中国在改革开放方面持续推出了许多至关重要的举措,供给侧结构性改革成为经济体制改革的重中之重。《中共中央、国务院关于深化国有企业改革的指导意见》(以下简称《指导意见》)发布,国资国企改革"设计图""施工图"逐渐明晰;各个年度中央一号文发布,农村集体产权制度改革有序推进;财税金融改革不断纵深,新一届国务院金融稳定发展委员会成立,"营改增"、个人所得税等财税体制改革深入实施,探索建设中国特色自由贸易区和自由贸易港;大力推进营商环境的改善,推出负面清单和准入前的国民待遇;新广告法实施;推进京津冀协同发展;

---

[1] 中共中央关于全面深化改革若干重大问题的决定. 中国政府网,2013-11-15.

制定了长江中游城市群发展规划、粤港澳大湾区发展规划、成渝经济区域发展规划、长江三角洲一体化区域发展规划；推进西部大开发；推进深圳先行示范区建设；进一步推进"一带一路"建设；力促东北老工业基地振兴；制定交通强国纲要；实施关于安全生产领域的改革；推行新型城镇化建设；实施预算绩效管理；深化教改；脱贫攻坚……在这些改革开放制度建设的基础上，提出经济体制进一步改革必须以完善产权制度和要素市场化配置为重点，实现产权有效激励、要素自由流动、价格反应灵活、竞争公平有序、企业优胜劣汰。市场主体有活力，就业才有保障，经济才会有动力。大力简政减税降费，严格保护产权，为各类所有制企业营造市场化、法治化、国际化营商环境……一系列扎实举措使得市场取向的改革开放方向更加清晰，脚步更加坚定，一些酝酿多年的改革开放措施开始起步，一些久拖不决、久攻不下的难题，在目标导向、问题导向、实干导向下逐步破解。

国企改革一直是中国改革开放的重点、难点。2015年8月24日中共中央、国务院印发的《指导意见》共8章30条，是新时期指导和推进中国国企改革的纲领性文件。《指导意见》从改革的总体要求到分类推进国有企业改革、完善现代企业制度和国有资产管理体制、发展混合所有制经济、强化监督防止国有资产流失、加强和改进党对国有企业的领导、为国有企业改革创造良好环境条件等方面，全面提出了新时期国有企业改革的目标任务和重大举措。《指导意见》提出，到2020年在重要领域和关键环节取得决定性成果，制定推进国有经济布局优化和结构调整的意见，形成更符合我国基本经济制度和社会主义市场经济要求的国资管理体制、现代企业制度、市场化经营机制，着力提升国资国企改革的质效，国有经济活力、控制力、影响力、抗风险能力明显增强。截至2020年5月，国家公布了四批210户国有企业进行混合所有制改革试点，并推动电力、电信、铁路、油气等领域放开竞争性业务，吸引民间资本参与这些领域的项目运营和建设。

2019年10月中共十九届四中全会通过的《中共中央关于坚持和完善中国特色社会主义制度 推进国家治理体系和治理能力现代化若干重大问题的决定》以社会主义初级阶段理论为建设中国特色社会主义的理论与实

践根据，进一步完善了社会主义基本经济制度，为继续推进社会主义现代化建设夯实了牢固的基础。中国的基本经济制度根据中国经济发展的不同阶段有着相应的变化。从1949年中华人民共和国成立到1956年社会主义改造基本完成，我国实行的是五种经济成分（国营经济、合作社经济、个体经济、私人资本主义经济和国家资本主义经济）并存的新民主主义经济制度；1957—1978年，转变为实行单一公有制（全民、集体）为基础的经济制度和高度集中的计划经济体制，基本经济制度为公有制＋按劳分配＋计划经济的有机结合；1978年改革开放以后，社会主义初级阶段理论形成和发展，社会主义初级阶段基本经济制度的本质特征逐渐清晰，并最终确立了今天的社会主义基本经济制度。

伴随改革开放的深入，中国出现了外资投资企业，也出现了股份制企业和个体经营者，经济体制改革围绕着所有制的变化而展开。我们根据历年的中共中央会议文件，将这一变化总结如下：1982年9月，党的十二大肯定了中国经济体制的新变化，提出在很长时期内需要多种经济形式的并存，在农村和城市，都要鼓励劳动者个体经济在国家规定的范围内和工商行政管理下适当发展，作为公有制经济的必要的、有益的补充。1984年10月，党的十二届三中全会通过的《中共中央关于经济体制改革的决定》明确指出，要实行国家、集体、个人一起上的方针，坚持发展多种经济形式和多种经营方式。1987年10月，党的十三大正式确立社会主义初级阶段理论，并提出除了全民所有制、集体所有制以外，还应发展全民所有制和集体所有制联合建立的公有制企业，以及各地区、部门、企业互相参股等形式的公有制企业；股份制形式是社会主义企业财产的一种组织方式。1992年10月，党的十四大明确了中国经济体制改革的目标是建立社会主义市场经济体制，并提出以公有制包括全民所有制和集体所有制经济为主体，个体经济、私营经济、外资经济为补充，多种经济成分长期共同发展，不同经济成分还可以自愿实行多种形式的联合经营。1993年11月，中共十四届三中全会审议并通过《中共中央关于建立社会主义市场经济体制若干问题的决定》，其中特别指出，公有制的主体地位主要体现在国家和集体所有的资产在社会总资产中占优势，国有经济控制国民经济命脉及其对经济发展的主导作用等方面。1997年9月，党的十五大确定了社会主义初级阶段的基本经济制度，明确了公有制为主体、多种所有制经济共同发展，是我国社会主义初级阶段的一项基本经济制度。1999年3月，第九届全国人民代表大会第二次会议通过《中华人民共和国宪法修正案》，社会主义基本经济制度被写入宪法，即"国家在社会主义初级阶段，坚持公有制为主体、多种所有制经济共同发展的基本经济制度"。2013年11月，党的十八届三中全会审议通过了《中共中央关于全面深化改革若干重大问题的决定》，强调公有制为主体、多种所有制经济共同发展的基本经济制度，是中国特色社会主义制度的重要支柱，也是社会主义市场经济体制的根基；并指出，国有资本、集体资本、非公有资本等交叉持股、相互融合的混合所有制经济，是基本经济制度的重要实现形式。另外，2002年11月，党的十六大明确坚持和完善公有制为主体、多种所有制经济共同发展的基本经济制度，必须毫不动摇地巩固和发展公有制经济，毫不动摇地鼓励、支持和引导非公有制经济发展，即"两个毫不动摇"的方针。①

多年来，随着改革开放的深化，中国把公有制为主体、多种所有制经济共同发展作为基本经济制度，用文件和法律的形式确定下来，成为改革开放的根本性成果。2019年10月党的十九届四中全会通过的《中共中央关于坚持和完善中国特色社会主义制度 推进国家治理体系和治理能力现代化若干重大问题的决定》明确：公有制为主体、多种所有制经济共同发展，按劳分配为主体、多种分配方式并存，社会主义市场经济体制等社会主义基本经济制度，既体现了社会主义制度优越性，又同我国社会主义初级阶段社会生产力发展水平相适应，是党和人民的伟大创造。把按劳分配为主体、多种分配方式并存，社会主义市场经济体制上升为基本经济制度。党的十九届四中全会提出坚持和完善中国特色社会主义制度、推进国家治理体系和治理能力现代化的总体目标是：到中国共产党成立一百年时，在各方面制度更加成熟更加定型上取得明显成效；到2035年，各方面制度更加完善，基本实现国家治理体系和治理能力现代化；到新中国成立一百年时，全面实现国家治理体系和治理能力现代化，使中国特色社会

---

① 见历次中共中央会议、人代会的相关文件。

主义制度更加巩固、优越性充分展现。结合社会主义初级阶段理论和中国对于自身发展中国家定位的判断，这三位一体有机结合的基本经济制度，至少将会一直沿用到21世纪中叶中国建成社会主义现代化强国之时，再根据当时中国经济社会发展的实际情况继续向更符合客观实际的方向演进。

2020年，尽管新冠肺炎疫情暴发并且扩散，但是中国进行深化改革、扩大开放的脚步并没有因此停止。在疫情得到控制之后，中国密集发布了若干促进改革和开放的重要文件和指导意见，加速推进已经确定的改革开放进程：2020年3月印发《中共中央 国务院关于深化医疗保障制度改革的意见》；2020年4月发布《中共中央 国务院关于构建更加完善的要素市场化配置体制机制的意见》；2020年5月11日发布《中共中央 国务院关于新时代加快完善社会主义市场经济体制的意见》；2020年5月17日印发《中共中央 国务院关于新时代推进西部大开发形成新格局的指导意见》；2020年6月1日，中共中央、国务院印发《海南自由贸易港建设总体方案》；2020年两会通过《中华人民共和国民法典》；等等。

上述关于深化改革开放的重磅文件、法规、措施提出，在进一步推进改革开放的过程中，要坚持和完善社会主义基本经济制度。要坚持和完善公有制为主体、多种所有制经济共同发展，按劳分配为主体、多种分配方式并存，社会主义市场经济体制等社会主义基本经济制度，把中国特色社会主义制度与市场经济有机结合起来，为推动高质量发展、建设现代化经济体系提供重要制度保障。要毫不动摇巩固和发展公有制经济，毫不动摇鼓励、支持、引导非公有制经济发展，探索公有制多种实现形式，支持民营企业改革发展，培育更多充满活力的市场主体。要建设高标准市场体系，全面完善产权、市场准入、公平竞争等制度，筑牢社会主义市场经济有效运行的体制基础。要依据市场在配置资源中起决定性作用的原则，构建更加完善的要素市场化配置体制机制，进一步激发全社会创造力和市场活力，为此中国高层提出了32条举措，除了保障不同市场主体平等获取生产要素，推动要素配置依据市场规则、市场价格、市场竞争实现效益最大化和效率最优化以外，更是在畅通土地、劳动力、资本、技术、数据五大要素方面提出诸多实质性改革措施。要大力推进、全面落实营商环境条例，清理与企业所有制性质挂钩的不合理的歧视性规定和做法。要进一步构建亲清新型政商关系，完善企业家参与涉企政策制定的机制，千方百计地帮助民营企业解决实际困难。2020年版《鼓励外商投资产业目录》继续增加鼓励类条目，重点是促进制造业高质量发展，更好发挥中西部和东北地区承接产业转移的潜力，使更多外商投资能够享受西部大开发税收优惠等政策。要贯彻落实外商投资法及其实施条例，继续大幅压缩外资准入负面清单，在过去2017—2019年全国外资准入负面清单从93条减到40条的基础上，继续大幅压缩负面清单。要进一步提升服务业、制造业、农业领域开放水平，继续在自贸试验区先行先试，全面落实负面清单管理制度，清单之外不得实行单独针对外资的限制要求。除了支持深圳建设中国特色社会主义先行示范区外，对海南建设贸易自由港给出了全方位的支持，并以保护产权、维护契约、统一市场、平等交换、公平竞争、有效监管为基本导向，不断完善社会主义市场经济法治体系，确保有法可依、有法必依、执法必严、违法必究。

我们认为，在这样力度的深化改革、扩大开放的制度保证下，中国未来经济发展可持续的基本动力的形成，便具备了坚实的基础。我们提出的中国可持续发展的根本动力，"两个驱动、两个基础"，即创新驱动和市场驱动，以及制度基础和新型基础设施基础，将会在未来的供给侧结构性改革中，为解决好人民日益增长的美好生活需要与不平衡不充分的发展之间的矛盾，使得中国在全面建成小康社会的基础上，为在21世纪中叶把中国建成富强民主文明和谐美丽的社会主义现代化强国，实现民族伟大复兴的中国梦，作出应有的贡献。

结束语　共商共建共享推动开放型世界经济的建设

世界经济发展史，是不同经济体交换、合作、竞争、发展的历史，是不断创造、创新经济成果、经济结构的历史。不同发展水平、不同经济体制、不同经济结构之间的交流、交换、竞争、合作，推动着世界经济与人类社会的发展与进步。经济因交换、合作、竞争而多彩，体制结构因互鉴而丰富。推动不同经济体之间的交流、交换、合作、竞争、互鉴，是推动全球经济发展、维护世界和平与进步的重要途径。习近平主席指出："人类只有肤色语言之别，文明只有姹紫嫣红之别，但绝无高低优劣之分。"[①]构建人类命运共同体的思想反映了中国人民追求世界经济发展、全球和平和谐、建设人类大同世界的理想。中国作为一个负责任大国，继承和弘扬尚和合、求大同等中国文化传统，努力推动各国开展经济交流，增进彼此了解，增加全球经济共识，促成世界经济合作，使不同经济体取长补短、相得益彰，共同推动世界经济的发展，进而推动构建人类命运共同体，提高地球村的总体福祉。

1983年，法国经济学家弗朗索瓦·佩鲁（François Perroux）受联合国之托撰写出版了《新发展观》一书，提出了一个整体的、综合的新发展理念，视发展为经济、政治、科技、社会、生态等要素的综合协调发展，提出了以人为中心、以文化价值为尺度的新发展观。佩鲁认为，人类社会必须将人的全面发展作为最高理念，作为发展的根本目标与核心价值，而

[①] 习近平在亚洲文明对话大会开幕式上的主旨演讲. 新华网, 2019-05-15.

将所有的经济物化过程仅仅作为人发展的手段。他指出："市场是为人而设的，而不是相反；工业属于世界，而不是世界属于工业；如果资源的分配和劳动制造产品要有一个合法的基础的话，即便是在经济学方面，它也应依据以人为中心的战略。"然而，现实世界与人们心目中的理想差距是十分巨大的。2014年法国经济学家托马斯·皮凯蒂（Thomas Piketty）出版了《21世纪资本论》，该书揭示了资本主义社会当前的矛盾。两位诺贝尔经济学奖获得者保罗·克鲁格曼（Paul Krugman）和罗伯特·索洛（Robert Solow）在第一时间充分地给以首肯并予以推荐。《21世纪资本论》分析了18世纪工业革命到现在的财富分配历史数据，得出的结论是，自由市场经济不能解决财富分配不平等的问题，而恰恰是无法制约的资本主义造成了财富不平等的加剧。皮凯蒂认为资本和劳动力是世界经济中的两个基本要素，二者都被用于生产并分享产出的收益。资本与劳动力的区别在于，资本可买卖、拥有，从理论上讲可无限累积，劳动力是个人能力的使用，可获得酬劳，但无法被别人所拥有。他认为，由于资本回报率总是高于经济增长率，所以贫富差距是资本主义固有现象。他由此得出结论：虽然有资本和没有资本的人都变得更加富有，但是发达国家贫富差距将会继续扩大。他建议通过民主制度制约资本主义，并征收全球性财富税，这样才能有效降低财富不平等现象。

正因为人类美好的愿望与骨感的现实之间缺乏交叉点，世界在发展中面临种种"赤字"，中国在推动开放型世界经济建设时，就是要考虑各国人民日益增长的美好生活需要，落实联合国《2030年可持续发展议程》，契合经济全球化合作、交流的时代潮流，倡导同舟共济，促进贸易便利化和投资自由化，推动世界经济朝着更加开放、包容、普惠、平衡、共赢的方向发展。2019年的世界经济论坛认为以下四大变革正在赋予全球化新的定义：一是全球经济领导格局由奉行多边主义演进为诸边主义；二是全球势力划分由单极主导向多极平衡发展；三是气候变化等生态问题对社会经济发展造成威胁；四是在第四次工业革命下，新技术以前所未有的速度和规模兴起。中国在更深刻地融入世界经济时，面临四大变革，提出了推动开放型世界经济构建的"中国方案"，将会坚决支持开放、透明、包容、非歧视性的多边贸易体制，促进开放型区域经济一体化合作机制的建设，维护世界贸易组织的多边游戏规则，通过合作共享中国经济发展成果，共建"一带一路"倡议，为世界各国经济发展创造新机遇，推动全球经济治理体系的改革，使得全球共同发展繁荣，为推动开放型世界经济建设，构建人类命运共同体奠定坚实基础。

一

人类自来到地球，就渴望消除贫困，过上富足的生活，为此，人类进行了艰苦卓绝的工作和斗争。1992年，面临跨世纪之时，联合国举办了世界领导人会议，签署了《21世纪议程》。我们在前面的叙述中曾经提到过，2000年9月联合国千年首脑会议上由189个成员签署《联合国千年宣言》，并制定了联合国千年发展目标，这是联合国全体191个成员一致通过的承诺和共同绘制的蓝图：全力以赴使全球贫困人口水平在2015年之前减半，并努力满足全世界最贫困人口的基本需求。2012年联合国将千年发展目标更改为可持续发展目标，又称全球目标，致力于通过协同行动消除贫困，保护地球并确保人类享有和平与繁荣。

联合国193个成员在2015年9月25—27日举行的首脑会议上一致通过了《2030年可持续发展议程》，新议程呼吁各国采取行动，为今后15年实现17项可持续发展目标而努力。《2030年可持续发展议程》于2015年在联合国大会第七十届会议上通过，并于2016年1月1日正式启动。该议程将致力于满足实现发展的普遍需求，述及发达国家和发展中国家人民的需求，并强调共享，即不会落下任何一个人，新的目标具有普遍性，适用于所有国家（千年发展目标仅面向发展中国家）。新议程范围广泛，涉及可持续发展的社会、经济和环境三个层面，以及与和平、正义和高效机构相关的重要方面。按照《2030年可持续发展议程》，经济增长、社会包容和环境保护是人类可持续发展的三个根本问题，而消除人类的绝对贫穷是实现可持续发展最基本的要求。因此，要创造更多的工作岗位，实现共享、公平和可持续的经济增长，全人类社会的福祉得到普遍提高，社会包容性和公平性远好于过去，人类行为得到一定程度自律，形成人类发展与自然资源和生态系统承载力的和谐关系。我们在前面分析过，从实际情况出发，可持续发展目标在2030年完成，大概率会遇到困难，甚至难以完成。在这种情况下，世界需要通过国际多边合作，加强和完善协调机制，将 2030 年可持续发展目标中以脱贫为主体内容，以全球收入公平为目的，缩小富国和穷国以及南北经济差距，促进世界经济社会发展的过程努力向前推进。推动构建开放型世界经济就是要努力在尽可能短的时间内，争取达到 2030 年可持续发展目标。

中国推动开放型世界经济的构建，改革全球经济治理体系，是在联合国《2030 年可持续发展议程》的 17 项目标框架内，延续世界经济发展的大方向，为议程的早日完成所做的根本努力。联合国预计，要实现 2030 年可持续发展目标，全世界每年需要投入 5 万亿～7 万亿美元。目前全球仅金融资产估值就超过 200 万亿美元，资金并不缺乏，但这些资源中的大部分并未用于实现 2030 年可持续发展目标和《巴黎气候协定》的目标，因此要完成 2030 年可持续发展目标所需资金缺口巨大。据世界银行的统计，2018 年官方发展援助净值为 1 490 亿美元，比 2017 年实际减少了 2.7%。中国是世界最大的发展中国家，除自身承诺 2020 年全面建成小康社会，基本达到《2030 年可持续发展议程》要求的目标之外，同时也从各个方面尽其所能，以共赢为基础，帮助议程目标在世界其他地区能够早日得以实现。

中国提出的"一带一路"倡议，是中国推动开放型世界经济构建，为相对落后国家发展在市场条件下提供公共产品，助力《2030 年可持续发展议程》完成，并达到共赢的典范尝试和案例。2013 年 9 月 7 日中国国家主席习近平出访哈萨克斯坦，在首都努尔苏丹（2022 年 9 月 19 日改名为阿斯塔纳）纳扎尔巴耶夫大学发表演讲，首提"丝绸之路经济带"的倡议；2013 年 10 月 3 日，习近平主席出访印度尼西亚，在印度尼西亚国会发表演讲，提出建设"21 世纪海上丝绸之路"的倡议。上述两个倡议被合称为"一带一路"倡议。习近平主席在"一带一路"第二次峰会上提出，"期待同各方一道，完善合作理念，着力高质量共建'一带一路'。我们要把共商共建共享原则落到实处，做到集思广益、尽施所长、惠及各方。要本着开放、绿色、廉洁理念，追求高标准、惠民生、可持续目标。要把支持联合国 2030 年可持续发展议程融入共建'一带一路'，对接国际上普遍认可的规则、标准和最佳实践，统筹推进经济增长、社会发展、环境保护"①。2019 年 6 月 28 日在大阪举行的二十国集团领导人峰会上，习近平发表主旨发言，指出："中国提出共建'一带一路'倡议，目的就是动员更多资源，拉紧互联互通纽带，释放增长动力，实现市场对接，让更多国家和地区融入经济全球化。"② 随着中国日益走近世界舞台的中央，"一带一路"倡议引起了世界各国和国际组织的重视，成为中国推进开放型世界经济构建的重要抓手。设施联通是"一带一路"建设的核心内容和优先领域。2018 年是"一带一路"倡议提出第五年，综合各界媒体的报道，除雅万高铁已经开工外，在建的匈塞铁路、中泰铁路、中老铁路推进顺利，斯里兰卡科伦坡港口城项目施工进度过半，汉班托塔港二期业已竣工；中缅之间的原油、天然气管道已经投产多年，形成了从印度洋直接进入中国的油气通道；希腊比雷埃夫斯港正在建设，将会成为"一带一路"重要的中转枢纽。中俄原油管道复线投用后运行平稳，东线天然气管道也在建设中。中欧班列在新冠肺炎疫情中很快恢复开行，累计开行数量已近万列，班列抵达欧洲 14 个国家 40 多个城市，取得了很好的经济效益，联通了发达的欧洲和经济活力充沛的中国。据媒体报道综合，2019 年，中欧班列共开行 8 225 列，同比增长 29%，发送 72.5 万标箱，同比增长 34%；综合重箱率达到 94%，回程班列从 2018 年"去三回二"发展为 2019 年的"去一回一"；货物种类不断丰富，中欧班列实现常态化，服务范围、特种运输等服务业态也在创新，货运种类从最初的电脑、外设、手机等 IT 产品，扩大到了机电、磁悬浮轨道梁、酒类、服装、木材、粮食甚至飞机等，整车进出口成为新的增长点。截至 2019 年 11 月底，中国已与 167 个国家和国际组织签署了 198 份共建"一带一路"合作文件，与 44 个国家建立了双边投资合作工作组，与 7 个国家建立了贸易畅通工作组，快速解决双边经贸合作中出现的问题；与 25 个国家和地区签署了 17 个自贸协定，其中，与"一带一路"沿线 13 个国家签署了 5 个自贸协定；同 22 个国家签署了电子商务合作机制，跨境电商综试区数量已达 35 个，成为服务"一带一路"建设新载体。"一带一路"不仅惠及发展中国家，

---

① 第二届"一带一路"国际合作高峰论坛举行圆桌峰会 习近平主持会议并致辞. 人民日报，2019-04-28.

② 习近平出席二十国集团领导人第十四次峰会并发表重要讲话. 人民日报，2019-06-29.

参与的发达国家也获得了很好的经济效益。2019年以来,意大利、卢森堡、瑞士等国家与中国签署共建"一带一路"合作文件,意大利成为首个加入"一带一路"倡议的七国集团成员国。希腊比雷埃夫斯港是由中远海运运营、由中国和希腊共建的"一带一路"重大项目。经过双方共同努力,比雷埃夫斯港全球排名从2010年的第93位跃升至2019年的第32位,已经成为地中海第一大港、欧洲第四大港,为当地创造直接和间接就业岗位1万多个,被国家主席习近平誉为"一带一路"倡议"成功的实践和精彩的现实"①。"一带一路"倡议的参与者和"朋友圈"在西欧、东欧得到积极拓展,也促进了第三方市场合作稳步推进,国家、企业层面的多个合作机制和项目合作意向相继达成,全方位多层次合作体系逐步建立。2019年,英国、瑞士等国与我国签署《关于开展第三方市场合作的谅解备忘录》,首届中意、中奥第三方市场合作论坛成功举办,中奥第三方市场合作工作组第一次会议举行,中法就第三方市场合作机制开展"一带一路"具体项目合作达成共识,中英双语版《第三方市场合作指南和案例》发布。截至2019年11月,中方已与14个国家签署第三方市场合作文件。财政部联合亚洲基础设施投资银行、世界银行集团、亚洲开发银行、拉美开发银行、欧洲复兴开发银行等成立多边合作发展融资中心;国家开发银行牵头成立中拉开发性金融合作机制;亚洲金融合作协会"一带一路"金融合作委员会成立;亚投行不断强化使用本地货币融资能力,为印度、印度尼西亚、泰国、土耳其和俄罗斯等国提供本地货币融资方案;中日韩-东盟成立"10+3"银行联合体并共同签署《中日韩-东盟银行联合体合作谅解备忘录》;绿色金融成为金融合作重点方向,"一带一路"绿色投资原则第一次全体会议召开,签署支持该原则的机构已达33家;等等。

"一带一路"倡议与其他国家的经济发展规划实现战略对接、融合,形成优势互补。中国同沿线国家经济发展规划、政策协调对接,远到英国提出的"英格兰北方经济中心"、波兰提出的"琥珀之路"、俄罗斯提出的欧亚

---

① 习近平和希腊总理米佐塔基斯共同参观中远海运比雷埃夫斯港项目. 人民日报,2019-11-13.

经济联盟，近到亚洲各经济体提出的发展规划，例如东盟提出的互联互通总体规划、越南提出的"两廊一圈"、哈萨克斯坦提出的"光明之路"、蒙古提出的"草原发展之路"、土耳其提出的"中间走廊"等，同时与柬埔寨、老挝、匈牙利、缅甸等国也在探索经济发展规划对接的合作意向。"一带一路"在进行中以"五通"为重点：一是政策沟通，通过与沿线国家领导人、政府部门、地方机构等各层次进行政策对话促进合作；二是道路联通，既有传统的铁路、公路、航运、航空、管道等形式的联通，也有电力、电信、邮政、边防、海关和质检、规划等新领域的联通合作；三是贸易畅通，重点促进贸易便利化和投资自由化；四是货币流通，推广沿线国家使用本币结算和进行货币互换；五是民心相通，促进不同文化、文明和宗教之间的交流对话，推进教育、文化交流，发展旅游。中国政府表示在"一带一路"倡议中，将秉持的丝绸之路精神是"和平合作、开放包容、互学互鉴、互利共赢"，将遵循的基本原则是"求同存异，凝聚共识；开放合作，包容发展；市场运作，多方参与；共商共建，利益共享"。在尊重经济规律和市场原则的基础上，"一带一路"倡议将能够为沿线国家带来增量的经济新动能，给沿线国家带来增量的经济社会繁荣，给沿线国家带来增量的就业，给沿线国家的政府带来增量的税收，给沿线国家企业带来增量的业务与利润，同时也将会给中国带来增量的经济利益、其他利益的双赢、多赢结果。

中国以"一带一路"为抓手，以联合国《2030年可持续发展议程》设定的目标为努力方向，落实共商共建共享推进开放型世界经济构建的理念，以尊重经济规律和市场化的方法实行互联互通的基础设施建设，形成世界的公共产品，取得了很好的成果。但是，中国的实际国情仍然是，目前处于而且在相当长的时期内将仍然处于社会主义初级阶段，同时中国目前作为世界上最大发展中国家的地位没有变，因此在推动开放型世界经济构建中，只能尽最大努力，实事求是、客观地发挥自己的力量，参与全球经济治理结构改革，为实现联合国《2030年可持续发展议程》作出自己的积极贡献[1]，提供力所能及的帮助[2]。

---

[1] 在新冠肺炎疫情中，中国承诺援助30个非洲国家建立疾控中心，并援建非洲疾控中心总部。

[2] 在疫情中，中国免、减、缓了77个国家对中国的债务。

二

2020年"两会"期间，国家主席习近平在看望参加全国政协十三届三次会议的经济界委员并参加联组会时，再次强调要坚定不移推动经济全球化朝着开放、包容、普惠、平衡、共赢的方向发展，推动建设开放型世界经济，提出要着力打通生产、分配、流通、消费各个环节，逐步形成以国内大循环为主体、国内国际双循环相互促进的新发展格局，培育新形势下我国参与国际合作和竞争新优势。中国不断深化供给侧结构性改革，转型调整，提升经济发展质量，坚持高水平全面开放，发挥自身超大规模市场优势和内需潜力，利用巨大规模国内市场形成的内需"磁力"，积极主动扩大进口，为全球经济加快恢复增长提供有力支撑，逐渐恢复经济全球化发展的信心。推动形成双循环相互促进的新发展格局将是中国第十四个五年规划的主线，它将为中国在2035年基本实现社会主义现代化打下良好开端，奠定坚实基础。中国实施政治方向明确、市场导向、集中力量办大事的新型举国体制，畅通国内供需循环，促进创新驱动，保障在全球产业链中有重要影响的企业和关键环节产品的生产和出口，维护国际产业链供应链稳定、推动世界经济尽快恢复正常秩序，强化中国经济循环对国际经济大循环的吸引力，以国内经济循环促进国际经济循环，稳定国际产业链供应链、促进全球经济良性循环，以国际循环充实国内循环，实现两个循环彼此促进，推动经济全球化朝着更加开放、包容、普惠、平衡、共赢的方向发展，为推动开放型世界经济构建贡献力量。

在推动开放型世界经济的构建中，中国作为世界最大的发展中国家，第二大经济体，第一大制造业国家、最大货物贸易国和最大外汇储备持有国，应该做也可以做的是：一是和世界其他国家一道，坚定维护多边国际经贸体制，提高多边国际经贸机构的权威性和运行的有效性，例如，积极支持世界贸易组织进行改革，并发挥更大的作用。二是各国携手加强全球经济治理，针对各种贸易投资和要素流动壁垒，鼓励有序的国际经济运行自由化，反对贸易保护主义、经济民粹主义抬头。三是加强各国经济政策协调，共同维护国际贸易正常运行，全球产业链供应链稳定畅通，各国经济协同发展。

但是，在推进开放型世界经济的进程中，对于各种经济民粹主义思潮、逆流的出现和凸显，必须给予高度关注和应对，否则经济全球化的转型和全球经济治理的改革将会遇到极大的困难。为世界所高度关注的中美贸易摩擦演进成为贸易战对全球经济的正常运行产生了巨大的负面影响。2017 年 1 月 20 日，特朗普宣誓就任美国第 45 任总统，在其就任一个月后，中美欧三方学者在欧盟总部布鲁塞尔召开了一个研讨会，研讨的题目是特朗普就任美国总统之后的中美欧三边关系走势。课题组首席专家当时在会上明确提出，特朗普当选美国总统之后，中美之间贸易战必打无疑。当时出席会议的学者并不很同意这一判断，认为近四十年的双边关系基本处于"好不到哪去，也坏不到哪去"，而且中美之间的贸易是双方关系的"压舱石"，不会出现大的问题。课题组首席专家从若干方面进行了分析解答，坚持必打贸易战观点不变。此后的实际情况基本是按照这样的分析线索进展的。双边的贸易摩擦发展成为贸易战（世界贸易组织裁定美国单边加税属于非法），继而演进成为科技战（美国以举国之力对付中兴、华为，以及中国的其他高科技企业），在教育领域限制不断，在金融领域与国际货币基金组织相对立，毫无道理地将中国定性为汇率操纵国（立即遭到了国际货币基金组织的反对），并且在新冠肺炎疫情在美国以及全世界扩散之后，甩锅中国并退出世界卫生组织，以拒绝世界卫生组织对美国的疫情调查。与此同时，美国与世界其他国家及欧盟等经济体之间贸易龃龉不断，矛盾加剧。在这些过程中，美国事实上力图将过去世界贸易、金融的多边游戏规则废除，形成以美国利益为核心的诸边、双边的贸易、金融游戏规则，而并不在乎这些行为对世界经济会形成怎样的冲击。2018 年随着中美之间贸易摩擦的加剧，中美之间的贸易额，以及中国方面的贸易顺差不降反增。根据中方统计，2018 年中美双边贸易进出口总额为 6 335.2 亿美元，同比增长 8.5%。其中，出口总额为 4 784.2 亿美元，增长 11.3%；进口总额为 1 551 亿美元，增长 0.7%；贸易顺差为 3 233.2 亿美元，同比扩大 17.2%。

2019 年双方贸易战升级，双边贸易额开始下滑，但中方顺差依然巨大。根据中方统计，2019 年中美进出口额累计为 5 412 亿美元，较 2018 年下降 14.6%；其中出口额为 4 185 亿美元，下滑 12.5%；进口额为

1 227 亿美元，下滑 20.9%。2019 年 12 月，中美第一阶段经贸协议文本达成，一个月后开始实施。2020 年，由于新冠肺炎疫情在世界扩散，尤其是美国防疫不力，经济受到巨大冲击（美国 2020 年第二季度按照年率计算经济萎缩 31.4%，几乎是其历史上最严重的季度衰退），需求出现急剧萎缩，双边贸易受到冲击。事实上，贸易战解决不了中美之间经济失衡的问题，结果只能是世界已有贸易格局和供应链格局遭到破坏，对世界经济增长形成威胁。

中国尽管在经济持续发展中遇到了一些瓶颈，尤其是在中国经济发展的外部环境发生巨大变化时，面临巨大的挑战，但在世界其他经济体眼中的地位确实在发生变化，对构建新的开放型世界经济确实可以提出想法并产生相应的影响，与此同时，各个经济体对中国的期望值也在提高。在推动开放型世界经济的构建中，中国应大力主张尊重经济可持续发展的客观规律，形成资源的有效配置（做到人与自然和谐发展）；促进世界各国及其人民福利水平的普遍提高，而非个别群体、个别阶层福利的提高（争取人与人的和谐）；做到经济社会发展的可持续性（形成人类代际和谐）。争取在做大"蛋糕"和分好"蛋糕"时，找到比较合理的交叉点（平衡点）。世界经济的发展在很大程度上使得绝大多数经济体均得到了经济发展上长足的进步。但人们也确实看到，与世界经济增长同时产生的是，拉大了一些国与国之间，一国之内不同部门、不同群体之间的收入差距，世界经济呈现出恩格尔系数不断下降的同时，基尼系数在不断上升的现实。历史的经验表明，利用国际经济组织的活动（如以援助形式出现的财富再分配）可以缓贫，但却不能让欠发达国家致富。资财占有不同，一定会形成收入差距分化，甚至可能造成两极分化。世界经济中各经济体占有资财的机会不均，经济能力有差距，形成最终的收入差距，甚至产生最不发达国家。中国在推动开放型世界经济构建时，看到的是世界经济中的各种差距，但分析的是产生这些差距（例如世界经济收益分配的巨大差异）的原因和过程，并探讨如何缓解、解决，而非仅仅情绪化地指责结果。以双赢、多赢的思维，不激化矛盾，通过对全球经济治理结构的改革，从财富增量的视角（而非存量再分配的角度），即用增量财富来缓解、化解，最终希望解决世界经济中固有的存量矛盾，开辟新的天地，形成共赢局面。

正是出于这样的思维，中国在推进构建开放型世界经济时提出的"中国方案"，从来就不是推倒重来、掀翻桌子的所谓"革命"思路，而是从量变到质变，集腋成裘的渐变"改革"的理念。在世界发展过程中，客观存在着四个赤字，即信任赤字、治理赤字、和平赤字、发展赤字，中国推动构建开放型世界经济时，就是以发展的增量来尽力化解世界经济中诸多赤字的存量，提出大家都能够接受的共赢方案。同时，由于不存在世界的中心政府，因而世界公共产品除了像标准、规格等可以集体讨论确定，在一定程度和一定范围内予以强制实施外，其他公共产品、公共服务，尤其是基础设施类的公共产品和公共服务，如道路、港口、导航等，均没有免费提供使用，总体是匮乏的。这些赤字和公共产品、公共服务匮乏情况的存在，使得开放型世界经济构建，在客观上存在着理念、结构、制度、物质基础的障碍，中国推动开放型世界经济也需要在这些方面提出自己的想法，并且能够在多赢、共赢的基础上，提出缓和、解决这些矛盾的方案。

公共产品一般是指在消费上具有非竞争性和非排他性的产品，通常具有很强的正外部性。对于全球公共产品，其覆盖范围面向的是全球人民。全球公共产品的受益者突破了国家、地区、集团等界限，包括所有人，任何国家的国民从中得益时都是非竞争、非排他的。而且，不仅仅使当代人受益，未来几代或数代人都能从中受益。面对全人类共同的对经济福祉的追求，世界更加需要全球公共产品作为福祉的支撑。中国提出的"一带一路"倡议，就是在绿色理念下，在市场化的基础上，积极提供与自身实力相匹配的全球公共产品、公共服务。为了使基础设施，以及类似新冠疫苗等公共产品在发展中国家具有在经济规律下的可获得性和可负担性，受益者更具有普遍性，中国将把它们作为人类社会共同财富，使得世界上任何国家，无论贫富、大小，尤其是相对落后的欠发达国家，都能用得上这些公共产品，从而获得经济社会发展，并使得这些公共产品、公共服务的提供者和使用者形成共赢的局面。

对于世界在发展中存在着的，许多文章提到过的信任赤字、治理赤字、和平赤字、发展赤字，中国也在推进开放型世界经济构建中提出了自己的建议，中国学者大多把这些建议综合归纳后称为"中国方案"①，即针对人类社会发展进步过程中产生的世界性问题，如上述四大赤字，提出具有中国智慧的解决方案。中国在推进开放型世界经济构建时，特别注重的是全球经济治理体系的改革，国际经济运行中的相互信任，各个经济体的经济安全，以及发展中国家在经济发展中碰到的逆全球化、发展失衡、收入分配不公等问题。一是在解决全球经济治理体系存在的问题时，中国提出的理念是"世界命运应该由各国共同掌握，国际规则应该由各国共同书写，全球事务应该由各国共同治理，发展成果应该由各国共同分享"②。倡导合作共赢、共商共建共享的全球经济治理理念，主张由二十国集团和国际经济组织共同把握方向，各国参与游戏规则制定，大国应该有担当，形成合作共赢局面。二是在经济全球化下，国际生产网络、价值链和供应链已经形成，在世界经济的顺利运行中，只有相互信任，相互尊重各自应有的利益，义利兼顾，构建命运与共的全球伙伴关系，才能够形成利益交融、共建多赢的局面。三是追求安全是人类共同的普世价值，在经济安全方面，"不能一个国家安全而其他国家不安全，一部分国家安全而另一部分国家不安全，更不能牺牲别国安全谋求自身所谓绝对安全"③，中国倡导合作、可持续的新经济安全观，坚持"不冲突、不对抗、相互尊重、合作共赢"的新型大国关系，在世界经济中抛弃修昔底德陷阱思维，打破60%魔咒。四是特别强调在推进开放型世界经济构建中注重经济发展的现实问题。为实现联合国《2030年可持续发展议程》，达到议程所设定的17个发展目标，中国除了打赢三大攻坚战，提前10年，在2020年全面建成小康社会之外，还倡导经济发展的创新、协调、绿色、开放、共享理念，开放、融通、互利、共赢的国际经济合作观，反对国际经济中的保护主义，经济民粹主义抬头，力主公平解决经济发展的空间不平衡、收入分配不平等等欠发达国家经济发展面临的突出问题。习近平总书记提出关于创

---

① 何毅亭. 习近平新时代中国特色社会主义思想是21世纪马克思主义. 学习时报，2020-06-15.

② 习近平出席"共商共筑人类命运共同体"高级别会议并发表主旨演讲. 人民日报，2017-01-20.

③ 习近平在巴西国会的演讲：弘扬传统友好 共谱合作新篇. 人民日报，2014-07-18.

新发展、协调发展、绿色发展、开放发展、共享发展的中国理念,并希望这些理念、想法、主张能够为国际普遍接受,形成共识。中国与其他90个国家共同倡导成立的亚洲基础设施投资银行,提出的"一带一路"国际合作倡议,就是为消除全球经济发展赤字作出的力所能及的努力和贡献。将这四个方面的"中国主张""中国方案"形成四位一体的核心理念,便是最终能够建成人类命运共同体的美好愿景。这一愿景在经济方面的基本想法,应该是在开放型世界经济中,可以为最广大国家和经济体所接受,全球绝大多数人能够形成基本共识的最大公约数主张。例如,2020年新冠肺炎疫情在全球蔓延扩散时,病毒无国界,无论富国穷国,无论肤色,无论贵贱,一视同仁,这时尽管存在一些国家不和谐的声音,但全球必须结成抗击疫情的人类命运共同体确实成为绝大多数国家、国际组织和人民的共识,因为舍此则无法终结疫情的肆虐,世界各国人民的健康会受到根本威胁。

三

21世纪的世界经济正面临着根本性的、颠覆性的大变局,即第六次科技革命和第四次工业革命的即将来临。目前的数字经济、人工智能的兴起,急需有新的游戏规则管控,为此,全球经济治理进入重大调整期,治理的游戏规则体系正在加速重构。2008—2009年美国次贷危机后逆全球化兴起,经济民粹主义抬头,尤其在新冠肺炎疫情中,经济保护主义形成势头,这些问题短期内无法得到根本解决。另外,在世界经济的发展过程中,发达经济体内部利益分配的天平长期失衡,某些社会矛盾突出,非经济因素在经贸活动中造成的影响明显上升,这使得国际经贸的全球规则体系的改革与重构,呈现出十分复杂和艰难的局面。与此同时,越来越多主要经济体的政策内向取向明显,更多地追求自身利益最大化而放弃应负的责任(如气候变化),它们的国际经贸战略进入调整期,并试图更多地以限制自由贸易、金融流动来纠正表现为贸易不平衡和投资不平衡的世界经济失衡。由于世界经济增长与发展受到了更多社会因素的影响,各经济体更加注重增长和开放带来的经济利益分配的公平性与均衡性。经济全球化产生的增量利益,需要通过再分配达到利益相关者之间所获得利益的相对平衡。一些发达经济体内部出现利益分配关系的严重失衡，普通蓝领劳动者被严重边缘化，而且这一趋势开始影响低阶层白领工作者，他们不仅相对收入水平下降，甚至出现绝对收入水平的下降。生产网络、产业链的全球转移和重构，以及贸易不平衡的扩大，以陈旧的国际分工理念指导新世纪国际经贸运行的弊端，已经成为在开放型世界经济中全球经济治理的热门话题。

2019年11月5日，在第二届中国国际进口博览会的开幕式上，习近平主席发表了主旨演讲，代表中国提出推动开放型世界经济建设的三点倡议。同时，习近平主席提出了中国将持续推进更高水平对外开放的五方面措施，表达了中国秉持推动经济全球化朝着更加开放、包容、普惠、平衡、共赢的方向发展的意愿，愿意世界其他经济体搭上中国经济发展的"便车"，共同为世界经济可持续发展作出更大贡献。我们将习近平主席在第二届中国国际进口博览会开幕式上主旨演讲的相关部分摘录如下[①]：

第一，共建开放合作的世界经济。面对矛盾和摩擦，协商合作才是正道。只要平等相待、互谅互让，就没有破解不了的难题。应该坚持以开放求发展，坚持"拉手"而不是"松手"，坚持"拆墙"而不是"筑墙"，坚决反对保护主义、单边主义。

第二，共建开放创新的世界经济。各国应该加强创新合作，推动科技同经济深度融合，加强创新成果共享，支持企业自主开展技术交流合作，让创新源泉充分涌流。应该共同加强知识产权保护，而不是搞知识封锁，制造甚至扩大科技鸿沟。

第三，共建开放共享的世界经济。应该共同维护以联合国宪章宗旨和原则为基础的国际秩序，坚持多边贸易体制的核心价值和基本原则，促进贸易和投资自由化便利化。加大对最不发达国家支持力度，让发展成果惠及更多国家和民众。

同时习近平主席向世界保证"中国将张开双臂，为各国提供更多市场

---

① 习近平出席第二届中国国际进口博览会开幕式并发表主旨演讲. 人民日报, 2019-11-06.

机遇、投资机遇、增长机遇，实现共同发展"①。中国将持续推进更高水平对外开放的五项举措，包括继续扩大市场开放、继续完善开放格局、继续优化营商环境、继续深化多双边合作、继续推进共建"一带一路"。推进共商共建共享、合作共赢的开放体系建设，积极参与全球治理体系改革和建设，进行新型基础设施建设，迎接第四次工业革命，推进开放型世界经济的构建，并使得世界经济的发展惠及世界绝大多数人民。

在第四次工业革命大潮即将来临之际，经济全球化的大势不会出现根本逆转，但会出现"回头浪"。习近平曾经指出："经济全球化是历史潮流。长江、尼罗河、亚马孙河、多瑙河昼夜不息、奔腾向前，尽管会出现一些回头浪，尽管会遇到很多险滩暗礁，但大江大河奔腾向前的势头是谁也阻挡不了的。"② 我们在前面分析、探讨过，经济全球化是一种客观过程，是世界经济中彼此依存，你中有我、我中有你的客观事实和结果，不是一种制度建设和安排。区域经济一体化、全球经济治理则是制度安排，是以经济全球化为基础的让渡部分经济主权，供公共使用的制度安排，是开放型世界经济的产物和有机组成部分，而非开放型世界经济和经济全球化本身。当前，在现有的科技进步不断推动下，世界范围新科技、新产业、新模式、新业态层出不穷，世界经济中形成了新的相互依存、高度复杂的价值链、供应链和生产网络，全球贸易、区域内贸易、公司内部贸易、无形贸易、开放的创新平台合作在变化发展。顺应经济全球化大势、推动开放型世界经济健康发展，要求消除各类贸易投资壁垒和限制、改革完善多边的全球经济治理结构，为经济全球化注入新动能、赋予新内涵。各国经济将在新的层次、新的领域加速融合，最大限度释放世界经济发展潜力和活力。因此，我们认为经济全球化是时代大潮，是开放型世界经济发展和科技进步、工业革命的必然结果，尽管有"回头浪"，但大势无可逆转。我们判断在第三次工业革命的基础上，虽然各个经济体对于现有的世界经济游戏规则体系、全球经济治理结构有着不同的诉求，但因为这一体系与架构大致与第三次工业革命的要求相符，在短期内肯定会有调整，

---

①② 习近平出席第二届中国国际进口博览会开幕式并发表主旨演讲. 人民日报，2019-11-06.

但应该不会被推倒重来。在现实的开放型世界经济中，单边主义、双边主义、诸边主义以及新多边主义并存，新的改良型世界经济游戏规则正在通过博弈被重新定义，原有的理念、规则、执行体系面临冲击，存在着渐进式改革和完善的必要性。但是，第六次科技革命和第四次工业革命的到来，一定会将开放型世界经济的游戏规则架构和全球经济治理体系，在新的物质基础和平台上完全重新认知，进行颠覆性重构。从时间和实践的可能性上进行判断，这一进程大概率将会在2035—2050年期间发生。即中国基本实现社会主义现代化，经济总量超过美国，人均越过世界高收入门槛，现代经济体系建成，开启实现富强民主文明和谐美丽的社会主义现代化强国梦的进程，人类将会真正从量变到质变地重新构建开放型世界经济的游戏规则体系。希望那时世界上的各个经济体，会"以更加开放的心态和举措，共同把全球市场的蛋糕做大、把全球共享的机制做实、把全球合作的方式做活，共同把经济全球化动力搞得越大越好、阻力搞得越小越好"[①]。中国那时会实施更大范围、更宽领域、更深层次的全面开放，健全更高水平开放型经济新体制，尽最大努力推动经济全球化朝着更加开放、包容、普惠、平衡、共赢的方向发展，为世界经济繁荣发展作出新的更大贡献。

---

① 习近平出席第二届中国国际进口博览会开幕式并发表主旨演讲.人民日报，2019-11-06.

附录一 推动开放型世界经济建设研究的相关文献摘编、资料汇集

中国共产党第十九次代表大会提出中国面对开放型世界经济应该积极参与、融入世界经济治理过程，并应该对促进人类发展作出自己应有的贡献，对此必须进行理论与政策，以及其他方面的研究。我们认为开放型世界经济研究是一个非常综合的课题，涉及世界经济的方方面面，包括理论、运行、格局、历史、现实、趋势等重要内容，需要对前人已有研究进行很好的综合归纳，并从中吸取有益的营养，形成本课题独立的探索与看法。在对已有研究成果进行综合归纳时，我们并未将党的十九大报告的相关阐述、习近平总书记对世界经济与全球化以及中国融入世界经济的重大论述总结在这一部分内容中，而是作为课题研究的指导思想，体现在各个章节的主要论述内容中。这一部分的内容将主要集中在对世界（包括中国）学者、国际组织的代表性相关论述的摘抄、汇集、归纳综合与总结，我们将最大限度地忠实于原作者的意思，不加任何评论，在本书的正文中予以采用也均会标明出处。

一、世界面临百年未有之大变局

"世界处于百年未有之大变局"，是习近平总书记以及其他中央领导人近年谈及我国所处的国际环境时，多次强调的一个重要论断。在2018年6月22—23日中央外事工作会议上，习近平总书记明确指出："当前，我国处于近代以来最好的发展时期，世界处于百年未有之大变局，两者同步

交织、相互激荡。"① 习近平总书记在另外一些重要会议、重要场合也多次强调要"正确认识当今时代潮流和国际大势","放眼世界，我们面对的是百年未有之大变局"。② "百年未有之大变局正在加速演进"③，体现了以习近平同志为核心的党中央对外部世情和中国国情的精准认识和深刻把握。百年未有之大变局的核心要义就是"变"字。这个"变"字体现在，世界经济重心之变，世界政治格局之变，全球化进程之变，科技与产业之变，全球治理之变。按照马克思主义辩证法，世界不是既成事物的集合体，而是过程的集合体。不断变化是世界发展的本质特征，当下的世界更是处于重大转折性变化之中。大变局下，各国间经济政治联系日益紧密，达到了空前的程度；新兴工业化国家群体迅速崛起，发展中国家的经济实力提升，使得世界经济中南北关系开始发生本质性变化，从而西方国家主导的全球治理格局也面临改变，传统的国际关系内涵发生了深刻变化，普通民众思想出现了百年未有之解放。与此同时，中国在过去百余年间同样发生了天翻地覆的变化。世界面临百年未有之大变局的内涵非常丰富，在变局中，新一轮科技革命和产业革命大规模快速发展，在这个过程中，新一轮科技革命和产业革命加快重塑世界，作为生产力和经济基础层面的因素，科技和产业的变迁是导致生产关系和上层建筑层面世界格局和国际秩序演进最根本的动力，大国的兴衰和不同形态文明的起落都在反复演绎这个逻辑。经济全球化是社会生产力发展的客观要求和科技进步的必然结果，它的发展推动了世界经济治理的演进。进入21世纪尤其是2008年国际金融经济危机以来，多极化在不同层面和不同领域不断扩展，向全新的广度和深度持续深化，使国际力量对比总体上变得越来越平衡。同时，大国战略博弈加剧推动国际体系深刻变革。概括起来说，这个大变局就是当前国际格局和国际体系正在发生深刻调整，全球治理体系正在发生深刻变革，国际力量对比正在发生近代以来最具革命性的变化。即世界经

---

① 坚持以新时代中国特色社会主义外交思想为指导 努力开创中国特色大国外交新局面. 人民日报, 2018-06-24.

② 习近平接见二〇一七年度驻外使节工作会议与会使节并发表重要讲话. 人民日报, 2017-12-29.

③ 习近平在金砖国家领导人第十四次会晤上的讲话（全文）. 新华网, 2022-06-23.

济重心正在加快"自西向东"位移；新一轮科技革命和产业变革正在重塑世界；新兴市场国家和发展中国家国际影响力不断增强，国际力量对比更趋均衡；全球治理的话语权越来越向发展中国家倾斜，全球治理体系越来越向着更加公正合理的方向发展；世界文明多样性更加彰显，世界各国开放包容、多元互鉴成为主基调。李滨（2019）指出，理解百年未有之大变局应当从三个方面来看：百年未有之大变局的物质基础是什么？这种变局是怎样的变局？它正在把世界引向何处？李滨认为，百年未有之大变局存在的物质基础是，在国际分工中中国的地位正在上升，初步进入国际分工引领者行列，而传统的大国作用正在相对下降。中国在世界经济中的影响力正是这种百年未有之大变局最重要的经济基础。这种大变局只是一种温和的世界力量对比的变化与秩序的再调整，不是一种根本的世界秩序变革。在当前的百年未有之大变局中，各种势力都在为世界秩序的再调整积极努力，以期使未来的世界秩序调整有利于自己。因此，百年未有之大变局并不意味着世界自然走向公平、繁荣和进步，它的最终走向取决于各种势力的力量对比，取决于各种势力的主观努力。在这种历史关头，中国既需要积极作为，推动世界秩序向安全、公正和共同繁荣的方向发展，又需要有危机意识、风险意识和底线思维意识，注意防范这一变动中潜在的各种风险。李杰（2018）指出，大变局的本质是国际力量对比变化；大变局的动力是生产力的决定作用；大变局的关键是制度优势；大变局的规律是长期性渐进式。从现实发展看，大变局呈现四个"未有"：未有之权力转移方向，未有之变局要素比拼，未有之社会主义振兴，未有之人类进步意义。面对大变局，西方阵营内部矛盾、部分大国内部各政治势力及社会思潮之间的矛盾都在发展。中国之治和世界之乱形成强烈对比，中国成为各方竞相争取的合作对象，有利于我国纵横捭阖，扩大战略回旋空间，有利于我国发挥制度优势实现"弯道超车"，有利于为实现中华民族伟大复兴的中国梦，推动构建人类命运共同体不断创造和积累良好外部条件。大变局也意味着我国的外部环境必定风云变幻，不可避免地会遇到各种风险挑战。金灿荣（2019）认为，从"四个新"的角度，即新格局、新模式、新工业革命和新全球问题，可以把握"百年未有之大变局"论断的基本含义。而把握这个论断，就能比较到位地把握世界局势。他认为，在大变局中中国具有四大优势：一是中国政治稳定，中国特色社会主义道路明朗。二是中国经济还将保持10～20年的中速增长。三是中国的科技和军事实力进入世界第二梯队，并将经历大爆发。四是中国拥有人类历史上最大规模的制造业，而且体系完整，创新能力强。对于中国而言，变动的时代有挑战，但更有机遇，并且最大的机遇大概就是第四次工业革命的机遇。陈向阳（2019）认为，百年未有之大变局呈现为六个方面：其一，世界地缘经济与政治重心"东升西降"，"东西矛盾"由过去的"西强东弱、西主东从"转向如今的"东西平视"，这堪称五百年未有之大变局。其二，国际体系主导权"南升北降"，"南北矛盾"由过去的"北强南弱、北主南从"转向"南北对等"。其三，国际关系行为体"非（国家）升国（家）降"，这堪称近四百年未有之大变局。其四，世界经济增长与科技创新的动能"新旧转换、新陈代谢"。其五，中西互动趋于"平起平坐"，"中西矛盾"与力量对比由过去的"西强中弱""西攻中守"转向如今的"中西互有攻守"，这堪称近两百年未有之大变局。其六，气候变化等全球性挑战与美国单边主义共同作用，令全球治理供给严重不足，"治理赤字"明显增大，"供求矛盾"凸显。张宇燕（2019）总结，一百年后的历史学家在回顾人类目前正在经历的这一段历史变迁的时候，可能性比较大的是把百年变局概括为以中国为代表的东方的复兴和以美国为代表的西方对东方复兴的回应，但人类面临的共同问题又需要中美这两个世界上体量最大的国家，这两个人类事务最大的利益攸关方，携起手来一同承担应对挑战的责任。而做到这一点的基本前提，就在于中美两国依靠智慧与胆识，在斗争中妥善处理其间的误解、矛盾与冲突。

二、经济全球化与可持续发展的概念与定义

经济全球化的概念曾经被诸多国际经济组织认为是生产要素在全球范围广泛流动，实现最佳配置的过程。随着经济全球化重要性的加强，世贸组织1995年度报告指出，对全球化的定义和描述，首先应着重"质"而不是"量"；1996年联合国贸易和发展会议召开的一次题为"全球化与自由化"的讨论会对经济全球化定义如下：全球化是世界各国在经济上跨国界联系和相互依存日益加强的过程，运输、通信和信息技术的迅速进步

有力地促进了这一过程；1997年联合国贸易和发展会议报告指出，全球化的概念既指货物和资源日益加强的跨国界流动，也指一套管理不断扩大的国际经济活动和交易网络的组织结构的出现，但今天的世界经济与超国家范式相距甚远，对现状较为恰当的描述是全球在经济上的相互依存，市场、生产和金融活动的跨国界联系已加强到如此地步，以至任何一国的经济都不能不受到国界以外的政策和经济发展的影响。国际货币基金组织为经济全球化下的"权威"定义是：跨国商品、服务贸易及国际资本流动规模和形式的增加，以及技术广泛迅速传播使世界各国经济的相互依赖性增强。而马克思主义经济学的观点则认为，经济全球化是生产社会化扩大的结果，是资本主义经济体系对于世界的支配与控制的过程。黄卫平（2005）认为，至今，关于经济全球化的主流定义基本有三种：第一种是把经济全球化描述成生产要素在各国之间流动加快的趋势，以及各国经济联系日益紧密、相互依存和影响不断加深的过程。第二种是把经济全球化看成是由美国为首的西方发达资本主义国家主导的、对世界经济的支配和控制的过程，其本质是资本主义生产方式在全球的扩张。第三种观点认为，经济全球化的标志是在世界范围内建立共同遵守的经济规则，最突出的表现是市场经济规则在全球绝大多数国家得到推广。在考虑经济全球化定义时，由于世界经济不断发展，应该将它看成是一个动态的过程，强调参与国家的互相依存性与竞争性，而不应该将其认定为一种结果、一种制度或体系，这样可以为未来分析国际经济活动预留足够的理论空间。人们可以从三个方面来认识经济全球化的内涵：一是世界各国经贸投资联系的加强和相互依赖程度的日益提高，形成了全球价值链的分布；二是随国际市场的形成和扩大，各国国内经济游戏规则逐渐趋于一致；三是国际经济协调机制强化，即各种多边或区域组织对世界经济的协调和约束作用愈发显现出来。赵可金（2018）提出，要以人类命运共同体理念引领经济全球化发展：一是要实现发展中国家和发达国家共同发展。人类命运共同体理念强调要顺应全球利益相互交融的趋势，推动发展中国家和发达国家走向共同、协调、均衡和普惠发展。二是要维护社会公正。全球化发展的目的是造福各国人民。要让发展更加平衡，发展机会更加均等，发展成果由人人共享，促进社会公平正义。三是要实现可持续发展。站在构建人类命运共同体的高度，国际社会要携手同行，共谋全球生态文明建设之路，牢固树立尊重自然、顺应自然、保护自然的意识，坚持走绿色、低碳、循环、可持续发展的道路。2019年在达沃斯-克洛斯特斯召开的世界经济论坛的主题为"全球化4.0：打造第四次工业革命时代的全球结构"。施瓦布指出，四大变革正在赋予全球化新的定义：全球经济领导格局由奉行多边主义进一步发展为诸边主义；全球势力划分由单极主导向多极平衡发展；气候变化等生态问题对社会经济发展造成威胁；第四次工业革命下，新技术以前所未有的速度和规模兴起。他认为全球化4.0能否为世界带来普惠发展，取决于企业、政府乃至国际层面的治理方式能否充分适应这一新的经济、政治、自然和社会环境。

可持续发展的概念，最早是在1972年于斯德哥尔摩举行的联合国人类环境研讨会上被讨论提出，由全球的发达和发展中国家及地区的代表共同商讨和界定人类在缔造一个健康和富有生机的环境上所享有的权利和责任，随后被逐渐丰富并成为一种被接受的广泛共识。我们归纳综合了诸多可持续发展的定义，将其内涵大致概括为①：第一，发展的普世性。发展与经济增长既有联系也有根本的区别，增长是量的扩大与变化，而发展包含着结构的改进与变化，是经济、社会、科技、文化、环境等因素的集合，是人类共同的和普遍的权利。发达国家和发展中国家享有平等相同的不容剥夺的发展权利。第二，发展的可持续性。其根本原则是人类经济和社会的发展不能超越世界资源和环境的承载能力。第三，人与自然的共生性。人类必须学会尊重自然、师法自然、保护自然，与自然和谐相处，建立新的道德观念和价值标准，促进人与自然的和谐共生。第四，人与人关系的公平性。同一代人中，部分人的发展不应当损害其他人的利益，且当代人在发展与消费时应该做到使下代人具有同样的发展机会，形成代际发展的永续性。

从上述可持续发展的含义出发，关于可持续发展可以总结出以下三个重要的命题：首先是全人类总体利益高于一切。当代科学技术和市场经济的发展缩小了人们之间绝对和相对的距离，以及对福利认识的差距，地球

---

① 本处所综合归纳的内容，参考了诸多网站中的各种阐述，以及各种大百科全书及其他百科辞海、辞书的内容，由于涉及面极广，这里就不一一列出，特此说明。

村级的命运共同体实际是存在的。人类在很多情况下，同舟共济，各种经济行为相互影响，甚至是相互间会产生非常重大的影响，一损俱损，一荣俱荣。因此，发展伦理学要求个人利益、民族利益、国家利益这些局部利益要服从人类的整体利益，应当以人类的生存利益为基本的衡量尺度，对超越资源和环境承载能力的欲望进行节制。其次是生存利益高于一切。自然生态环境系统是人类生命的支持系统，能否保持自然生态环境系统的稳定平衡，是关系到人类能否可持续生存的问题。因此，人类对自然界的改造活动，应当限制在能够保持生态环境的稳定平衡的限度以内。对可再生的生物资源的开发，应当限制在生物资源的自我繁殖和生长速率的限度以内；生产活动对环境的污染，也应保持在生态系统的自我修复能力的限度内。即保持生态系统的稳定平衡，是人类一切行为的最高的、绝对的限度。最后是在满足当代人需要的同时，不能侵犯后代人的生存和发展权利。地球不仅是现在这一代人的，也是后代人的，人们既没有侵犯其他人的权利，也没有侵犯后代人的权利。人类继续前行面对自然时，不仅人人平等，而且代际平等，这是人类生存与发展的可持续性命题。

可持续发展作为政策以及宏观的发展战略，是以联合国为主导进行推进的，并得到了各国政府的认同。可持续发展从政策领域被提出后，需要有理论进行解读与深化，这是学术界需要重点突破的问题。可持续发展的理论研究到目前为止可以说主要有三个流派。

第一个流派是新古典经济学的弱可持续性。从新古典经济学角度解读可持续发展、系统阐述弱可持续性观点的代表人物是诺贝尔经济学奖获得者索洛。新古典经济学对经济与环境的关系一般有三个主要观点。

（1）资源环境生态等自然资本不是经济增长的约束条件，强调自然资本的供给能力是无限的，不是有限的。所以经典的经济学从来不把自然资本作为约束条件引入生产函数之中。一直到目前为止，我们讨论生产函数时都是将劳动、资本、技术作为约束变量，但是从来没把自然资本作为内生变量，这就是新古典经济学的主流观点。

（2）物质资本与自然资本之间是可以替代的。可持续发展是指，虽然经济增长导致自然资本减少，但是只要自然资本与物质资本的总和在增长，即物质资本增长超过自然资本消耗，就是可持续发展的。

(3)技术能够把自然资本的稀缺问题解决掉,例如对于不可再生资源的减少,可以通过技术创新使可再生资源增加。所以传统的经济学一直具有技术乐观主义的倾向。

第二个流派是稳态经济学的强可持续性。强可持续性观点的主要代表人物是曾任世界银行高级经济学家的戴利(Daly)。强可持续发展与弱可持续发展主张的三个方面正好是相对的。

(1)经济增长必须放在自然的边界内去发展,经济增长的物质扩张是有自然极限的,罗马俱乐部"增长的极限"就是强调这样的意思。这不是悲观主义,而是说我们要有本事在这个自然界限里把生活过好,所以他们讨论的话题是没有增长的繁荣,即到一定阶段物质增长应该趋向于动态平衡,这就是所谓的零增长概念。

(2)自然资本是不可替代的,关键自然资本包括生态系统的调节功能、文化功能等被消耗掉以后,是没有办法用人类的资源复制出来的。

(3)科学技术的力量是有限的,就像恩格斯所述,每一次人类对自然的征服,在胜利的同时又会带来下一个更大的问题。

第三个流派是可持续性科学的四种资本理论。可持续性科学是由哈佛大学肯尼迪政府学院的克拉克(Clark)教授领导的。他构建了一个理论模型,认为人类发展从理论上来说,要研究四个资本及其协调关系。其中,经济增长与物质资本有关,社会发展与人力资本有关,资源环境与自然资本有关,而合作治理与社会资本有关,所以可持续发展的理论即可持续性科学就是研究这四个资本如何进行平衡,是整合的问题。获得诺贝尔经济学奖的女学者奥斯特罗姆(Ostrom)就是从治理角度参与可持续性科学研究的。这一学派没有介入前面两派的理论博弈,更多是从学理角度出发,把政策方面的四个支柱集成解读为四个理论要素及其关系。可持续性科学喜欢用跨学科理论来描述可持续发展的研究,把社会科学、自然科学、人文科学整合成为统一的知识体系。可持续性科学理论的优点,是把治理放入研究框架,形成四个资本组成的分析框架。

三、创新全球经济治理的机制与政策

治理是一个内容丰富、包容性很强的概念。治理的概念源于古典拉丁文和古希腊语，原意是控制、引导和操纵。1989年世界银行在概括非洲的情形时，首次使用了治理危机一词。治理对传统的国家和政府权威提出挑战，认为政府并不是国家唯一的权力中心，各种公共的和私人的机构只要其行使的权力得到了公众的认可，就都可能成为在各个不同层面上的权力中心。1992年世界银行对公共部门治理提出了一个较为狭义的概念：治理是对一个国家用于发展的经济和社会资源进行管理过程中的权力实施方式。欧洲援助基金会将治理定义为国家为其公民服务的能力，即一个社会中利益诉求、资源管理以及权力实施所依赖的规则、过程以及行为。国际货币基金组织所使用的治理概念是：治理包含一个国家被管理和统治方式的所有方面，包括其经济政策和规则框架。1995年全球治理委员会对治理的定义具有代表性和权威性，在研究报告《我们的全球伙伴关系》中将治理定义为各种公共的或私人的个人和机构管理其共同事务的诸多方式和总和。

基于全球经济治理的新趋势和新态势，学者们从全球化逆动、贸易治理、金融改革创新等格局变化出发，阐述了世界经济格局变化、世界军事安全格局变化和世界政治格局变化及其对全球经济治理格局的影响，并围绕机制和政策创新提出了新观点。贸易、投资、人员流动等指标都显示出全球化逆动现象。此外，发达国家与新兴经济体连通性的广度指数表明当代全球化逆动是以西方为首的主动收缩和新兴国家努力扩张的博弈结果。陈伟光（2016）基于统计数据论述了全球化逆动的趋势，其根源在于全球化和全球治理的不匹配。所以改革全球治理体系，一是要提倡创新、协调、绿色、开放、共享的新理念，探索多元共生、共同发展、包容互鉴的全球治理模式，达成全球治理的价值共识；二是要针对全球治理结构转型；三是国家治理要与全球治理匹配和互动。同时，中国应在理念上推进以共同发展为导向的全球化以改进新自由主义的全球化，中国有能力平抑全球化逆动，为全球经济治理作出贡献，在平台上，落实二十国集团的全球经济治理长效机制，共建"一带一路"，发挥金砖国家合作机制以推动全球治理转型。全球治理制度的改革不仅需要体现权力结构的变革，以"命运共同体"和"伙伴关系"为核心的新理念，为全球经济治理体系注入新的精神内涵和主旨，而且需要寻求最大多数国家利益的最大公约数，实现互利共赢。同时,在原有全球治理制度设计的盲区,积极推进制度体系的创新和创设。

贸易便利化理论根源于自由贸易思想。亚当·斯密率先提出分工的概念,他认为每个国家应该专业化生产绝对有优势的产品,提高生产效率,通过贸易达到财富的增加。李嘉图提出的比较优势理论认为在所有产品生产上都具有绝对劣势的国家可通过生产那些与其他国家生产率差异较小的产品来参与国际分工并获得利益,而在所有产品生产上都具有绝对优势的国家也能生产生产效率优势更明显的产品来获得利益。他认为,实行贸易自由化和贸易便利化是增加财富的有效途径。新古典贸易学派的代表人物赫克歇尔和俄林提出的要素禀赋理论认为国家会因要素禀赋的不同而参与到国际贸易当中去,一国会专业化生产并出口密集使用其丰富要素的产品,进口密集使用其稀缺要素的产品。他们坚持一个观点,即反对贸易保护,支持自由贸易。因此,无论是古典贸易理论还是新古典贸易理论都倡导贸易自由化。

传统比较优势理论采用一般均衡的分析框架,假定要素不可流动,以解释产业间贸易及利益分配,主要包括比较优势理论和要素禀赋理论。比较优势理论是对绝对优势理论的发展,该理论认为任何国家都可能在某些产品上具有贸易优势,应生产并出口比较优势最大的产品,进口比较劣势最大的产品,各国以此参与国际分工获取贸易利益,一国的贸易优势源于该国生产成本的比较优势。要素禀赋理论结合要素丰裕程度认为,一国贸易优势在于生产并出口密集使用该国丰裕生产要素的产品,进口密集使用该国稀缺生产要素的产品,以此分工获取贸易利益,一国的贸易优势源于该国的要素禀赋。

现代比较优势理论延续了传统比较优势一般均衡的分析框架,从要素不可流动假设拓展到要素可流动,结合要素丰裕度和要素密集度,理论解释和经验验证了产业间贸易和产业内贸易的成因和贸易利益的分配;要素禀赋理论经过萨缪尔森(Samuelson)、施托尔珀(Stolper)、雷布津斯基(Rybczynski)等人的发展,是现代国际贸易理论研究不可替代的理论基准(李辉文和董红霞,2004)。格申克龙(Gerschenkron,1962)认为后发国家通过引进先发国家先进技术进行技术和制度模仿,可以实现经济的跨越式发展。弗农（Vernon，1966）将产品生命周期分为创新期、成长期、成熟期、下降期和衰退期，认为技术扩散、生产标准化和国外更低的成本优势最终使一种产品的生命周期走到尽头，一个产业从创新国转移到模仿国。动态比较优势理论脱离要素不流动的假设，提出要素是后天内生的，出于创新和学习效应，比较优势动态演进变化，拓展了关于贸易原因和利益分配的理论解释（李辉文，2005）。

波特（Porter，1998）认为国家竞争优势取决于产业竞争优势，产业竞争优势决定于企业和产品竞争优势；一国发展的根源在于该国具有竞争优势，国家"钻石模型"由四个基本要素（要素条件，国内需求条件，相关产业和支撑产业，企业的战略、结构与竞争）和两个辅助要素（政府和机会）组成，四个基本要素为必备要素。一国竞争优势不仅源于该国先天初始的比较优势，更为主要的是源于该国通过创新、升级和后天获取的生产条件优势。一国贸易优势源于出口四个基本要素都处于有利地位的产品，进口四个基本要素都处于不利地位的产品。

全球化主导机制的失灵以及区域集团利益的严重对立，阻碍了全球化发展。黄建忠（2015）从经济结构演化的趋势和特征角度对全球化逆转现象进行了阐述。他认为，服务经济比重上升拉低了劳动生产率，从而降低了经济增长率，制成品尤其是中间产品需求的相对萎缩对国际贸易产生了重大影响。同时，服务业带来了价值链和产业链的区块化，区域内贸易依存度上升，降低了外部需求比例，加剧了全球化失衡趋势。由全球化发展失衡带来的收入分配不均对国家的消费结构产生影响，贫富差距的不断扩大使逆全球化民粹主义加强。中国参与全球治理的关键在于完善和规范国内规则，不断深化供给侧改革；法律上贯彻落实好产权问题；促进国内金融体制改革，增加国际化金融工具与金融产品，释放金融创新活力。

规则不平衡是非均衡全球化的重要特征，也对全球化带来了重大影响。赵龙跃（2016）提出要克服这种非均衡全球化的弊端，需要重构或者创新国际规则，完善国际治理机制，推进一个更加均衡、包容和公正的全球经济体系。"一带一路"倡议为中国引领全球化提供了有效路径，而政策沟通是促成合作的关键。肖鹞飞（2012）从全局着眼，认为世界经济格局的变化仍然会延续原有的趋势，发展格局没有变化，只是暂时放缓了速度。金融危机中，发展中国家在释放风险，而新兴经济体却积累了风险。

国内跨境自由贸易区具有布局分散、政府协调不足等问题，崔凡（2008）指出应从国家层面规划重点建设地区，实现特殊监管区域有助于实现跨境合作贸易区。另外，推动产业转接中心建设，加快产业转移，也增强了对产业链的控制力。

国际金融是全球金融治理的核心领域。对于稳步推进金融体系改革，深入全球金融治理，辛本健（2011）认为我国应：一是坚持释放长期、稳定、公平的政策信号；二是继续完善法治建设和优化市场环境；三是提高金融业综合竞争能力，加强市场风险监控和审慎监管预警；四是构建开放型金融体系下的安全保障体系，逐步形成适应开放需要的金融监管新制度；五是加强跨国金融机构的培育，在参与全球金融体系治理中寻求最大公约数。

中国应抓住机遇推进"一带一路"倡议，充分发挥民营资本在"一带一路"倡议中的重要作用。蓝庆新（2016）为"一带一路"倡议提出了双环流治理结构，有助于改善全球治理结构。中国在"一带一路"倡议的背景下，将产业向其他国家转移，形成了发达国家与中国、中国与广大发展中国家的双环流产业转移路径。应制定高于世贸组织现有规则的新规则：一方面，要保护境外投资，实现人民币国际化；另一方面，要在国内积极推进自贸区改革、政府职能转变和深化金融改革。陈波（2015）从我国国际环境新形势与中国对外开放新背景、新局面、新地位、新角色、新路径的经济结构特征出发，提出要学习和借鉴TPP准则，为"一带一路"倡议战略制定符合我国自身发展目标的新规则提供参考。

四、应对多元化的开放型世界经济发展的新格局

美国国会根据美国利益，每五年会对美国是否继续留在世贸组织进行审核，而总统不具备此项权力。此外，退出世贸组织会造成美国宪法危机。基于法律的角度预测美国波动时期的贸易日程，张磊（2016）推测美国不会退出世贸组织，反而会对中国采取一系列的强硬措施，比如反倾销等。

作为世界第二大经济体，在这样的特殊时期和转折点，我国对外开放

进入新阶段。为了使世界适应和理解中国的开放型经济，我国应积极、主动宣传和解释经贸政策。

全球化背景下长期经济增长、要素流动与特定要素聚集，以及开放背景下经济增长的需求和供给分析本质上都是要素供给分析。徐坡岭（2012）用规范化模型讨论了公共支出的性质，通过对长期经济增长的经验分析，以俄罗斯为例，说明了公共支出性能决定了特定要素并推动世界经济增长。

国际投资能够带动产业转移，20世纪90年代以来的国际产业转移有如下新特征：国际产业转移的规模不断扩大，国际产业转移主体多元化和双向转移趋势更明显，同时层级更高，新型产业成为国际产业转移的新焦点；国际产业转移模式出现了产业链整体转移的趋势，逐渐表现为国际产品内分工的调整和转移；新兴经济体成为国际产业转移的新目标，中国成为国际产业转移的新重点；金融危机后，信息和自动化智能技术提升，制造业综合成本发生变化，制造业跨国公司的生产呈现向发达国家加速回流的趋势。

对外直接投资加速增长以及投资地区、方式和产业日益广泛和多样化直接促进了农业的多样化发展，再加上中国农业企业的迅速成长和农业技术发展的成熟，中国已经具备在全球范围内筹划农业发展的国家实力和巨大空间。刘合光（2009）从农业发展前沿、战略态势辨析、战略目标定位和战略对策谋划四个方面着手，指出我国农业面临资金短缺、国际人才匮乏、国内融资政策不匹配、扶持政策不配套、基础设施供给不到位、社会环境不稳定、劳工政策不便利、边境政策不宽松等一系列问题与挑战。需加强国家层面的战略规划与支持，布局全球农业产业链条，引导和支持农业企业向加工、物流、仓储码头等资本和技术密集型行业以及研发等科技含量较高的关键领域倾斜，提升对外投资层次，不断优化对外农业投资。

我国物流存在成本高、效率低的问题，基础设施的相对落后导致总供给和总需求结构产生较大矛盾。而供给侧结构性改革能积极促进物流市场一体化发展。左连村（2012）从四个方面阐述了供给侧结构性改革是经济发展规律的客观反映，提出我国物流业必须充分积极学习发达国家物流先进理念，引进国际大型物流企业和国内的物流企业进行合作，建立一体化国际化平台。同时政府需加强推动物流国际化发展，着力培养物流业复合型人才。

宋薇（2013）分析了高铁外交的机遇和挑战，指出机遇包括带动效应、外溢效应和规模效应三种。带动效应指一个国家高铁修建成功带动其他国家的参与兴趣；外溢效应指技术进步所带来的产业链的完善、管理水平的提高；规模效应指一定的旅客规模、一定的车次和一定的旅客收入水平是高铁盈利的前提。而施工企业的盈利风险、政策性银行贷款回收风险和东道国运营与债务可持续性风险是海外高铁项目面临的主要风险。中国企业首先要完善风险评估，特别是地缘政治、宗教信仰、民俗禁忌、社情民意、舆论导向和文化冲突等软性环境的评估，其次要创新项目融资方式，进行联合融资，最后针对风险提出特许经营模式，从这三个方面降低高铁外交所面临的风险。

21世纪是扩大开发海洋资源、扩大和发展海洋产业的新时代。潘峰（2015）表达了在海洋强国背景下对"海上丝绸之路"建设的展望，为实现国家经济快速增长，"海上丝绸之路"建设需不断推进，而优势富余产能的输出是一个有效途径，是我国向陆海兼备大国迈进的重要举措。

五、对于逆全球化进程的研究

全球化包含的范畴较多，经济学者更多地考察经济全球化的发展与动因。哈罗德（Harold，2001）指出，人类文明的第一次全球化浪潮始于19世纪末，其波及的地理范围、人口范围及其导致的经济一体化深度，成就均十分显著。而全球化最典型的标志就是国际贸易蓬勃兴起，新兴国家深度融入全球经济（O'Rourke and Williamson，2001）。在第二次全球化浪潮中，由美国主导的制度性基础设施，即国际机构，以及美元本位制，有效地支撑了此轮全球化的拓展与繁荣（佟家栋和刘程，2017），特别是发达国家、东亚国家和中国之间形成的三角贸易，以及全球价值链的形成，都推动了全球化的迅猛发展（王孝松等，2017）。

众多研究表明，全球化促进了全球经济的增长（Sala-i-Martin，2006），提高了资本的流动性（Mishkin，2009），这不仅提高了众多国家的劳动生产率（Hufbauer and Lu，2017），而且使亿万贫困人口摆脱贫困

(Darvas，2016)。拉克纳和米拉诺维奇（Lakner and Milanovic，2013）使用1988—2008年的数据表明，全球收入分配状况在持续改善。尽管全球化会在总体上给世界带来各种收益，但单个国家内部的收入分配状况则并未因此均等化，反而大多产生了扩大收入差距的负面影响，例如中国的基尼系数在改革开放之初为0.15，而2016年则上升至0.47。也有研究表明，1978—2015年，中国高收入群体和低收入群体间的收入差距扩大了170%（Picketty et al.，2017），这引起了人们的普遍关注。

国际范围内的逆全球化动向始于2008—2009年的全球金融危机。"占领华尔街""黄马甲"运动曾一度在许多发达国家流行，运动的目标直指大型金融机构的道德风险和政府对它们无原则的救助和利益让渡措施，以及经济全球化对普通劳动者利益的伤害。2016年，英国启动脱欧，2020年终于完成，这意味着欧洲一体化进程的巨大倒退；2017年，特朗普当选美国总统后提出并实施的一系列政策主张也在一定程度上阻碍了全球化的发展进程。当前的逆全球化动向突出表现在三个方面：一是否定经济全球化的基本理念，二是推出支撑全球化的国际载体，三是拒绝提供公共产品（李向阳，2017）。

程坤和谢丹阳（2017）将逆全球化的成因归结为三类：第一类为长期原因，包括参与国内部收入分配恶化及内部利益集团阻力；第二类为短期原因，包括金融危机等冲击；第三类为科技创新因素，因为科技创新会冲击劳动力市场，造成大量失业。

特别地，美国曾经是全球化的倡议者，而目前又成为逆全球化的驱动力量，那么全球化对美国经济发展的影响如何？全球化是否为美国带来了严重的负面影响从而使美国各界反对全球化？奥特尔等（Autor et al.，2013）认为，进口自中国的竞争产品对美国国内市场造成了巨大的冲击，使美国国内就业率降低、劳动力平均收入下降。此后，阿西莫格鲁等（Acemoglu et al.，2016）考虑了上下游企业的产业关联溢出效应，认为1999—2011年间从中国进口导致美国劳动力市场损失了约200万个就业岗位。奥特尔等（Autor et al.，2016）则证实了从中国进口竞争品也严重抑制了美国国内的研发创新。此外，罗德里克（Rodrick，1998）曾提出"全球化不可能三角"这一理论假说，即一国政府仅能同时实现全球化、政策主权和民主政体这三个政策目标中的两个，原因在于，开放政策的本质是将本国劳动力要素融入全球统一市场，在获取国际标准的要素收入的同时，也将使本国收入及消费所面临的不确定性风险增加。

逆全球化作为一种思潮和动向，表现在众多主权国家实施贸易保护主义、抑制要素流动、采取以邻为壑的各项措施上，而这些措施和举动有其深刻的形成根源，往往是政府和利益集团博弈的结果。探究逆全球化的深层次动因，需要透过政策决策的视角进行考察，其理论依据便是贸易政策的政治经济学，它将公共选择的分析范式嵌入传统的贸易理论，从政策决策过程出发来探究贸易干预的水平、结构、形式和变化（Gawande and Krishna，2003）。

在贸易政策内生过程的研究中，最经典的文献是格罗斯曼和赫尔普曼（Grossman and Helpman，1994）的"保护待售"模型，刻画了政府和利益集团进行博弈、最终决定贸易政策的决策过程，已成为解读政府决策行为的主流理论。在此基础上，格罗斯曼和赫尔普曼又考察了国内利益集团和政府互动，最终影响国际贸易关系的形成机制，包括贸易战和贸易谈判的国内动因；格罗斯曼和赫尔普曼又从政治经济学视角考察了国内行业利益集团如何影响区域贸易协定的谈判与达成。这些文献从国内政策决策视角考察政府推行全球化（及逆全球化）的行为基础，其建模思路和内在逻辑对本课题的展开具有重要的指导和借鉴意义。

六、中国参与全球经济治理体系

根据全球治理委员会 1995 年提出的定义，全球治理是指通过具有约束力的国际规制和行为规范，通过国家、国际组织、跨国公司、私人企业以及公民社会自治组织的共同参与和协商行动，解决全球性的共同问题，以维持正常的国际政治经济秩序。

由于逆全球化思潮盛行，贸易保护主义抬头，中国对外贸易发展的良好态势将会受阻，因此探寻全球经贸规则重构的"中国方案"首先要解决贸易保护的应对问题。

在国家层面，巴伦（Baron，1997）指出，政府间针对贸易摩擦谈判所达成的均衡是双方博弈的结果，各自的谈判技巧、在谈判中讨价还价的能力以及贸易对双方的重要程度决定着均衡解的位置。在微观企业层面，章（Chang，1997）建立了一般均衡框架，探讨了触发策略的有效性，指出一个企业如果有能力在对方不合作情况下用惩罚策略让其承受更大的损失，则触发策略足以使摩擦得到化解。在争端解决机制层面，巴格韦尔和施泰格（Bagwell and Staiger，1999）建立了一个一般均衡贸易模型，揭示出关贸总协定的互惠和非歧视原则可以帮助政府执行有效的贸易协定。鲍恩（Bown，2004）探讨了一国违背关贸总协定规则寻求保护的原因，并突出强调了贸易报复对解决贸易摩擦的关键作用。汉德利（Handley，2011）探讨了世界贸易组织框架下多边政策协调所产生的效应，并提出未来多边协调的发展方向。

国内学者于铁流和李秉祥（2004）强调了处理贸易摩擦时安抚政策的重要性，如适时采用政府采购并注意改善相互之间的贸易关系等措施；王孝松和谢申祥（2011）在分析中国"特保"案件特征的基础上提出了相关的应对措施；陈建奇（2015）指出未来中国应稳步推进政策创新及深化改革，促进服务贸易、国际投资合作及内外需协同发展等三大平衡，优化开放型经济结构，构建开放型经济新体制。

中国提出"一带一路"倡议，推动各方加强规划和战略对接，"一带一路"倡议成为中国为世界提供的最大公共产品，也是中国为全球经济治理创造的最具影响力的"中国方案"（黄群慧，2017）。2016年9月4日至5日，二十国集团领导人第十一次峰会在杭州举行，主题为"构建创新、活力、联动、包容的世界经济"，峰会的举办充分巩固和发挥了二十国集团作为全球经济治理平台的作用，推动二十国集团在后危机时代向长效治理机制转型（雷达和王孝松，2017）。程坤和谢丹阳（2017）分析了包容性增长的关键内涵，即平台建设、开放发展和超前转型，据此提出"中国方案"应包含加强法治建设、完善知识产权保护制度等方面内容。刘志彪（2017）认为"一带一路"倡议是中国应对逆全球化的重要手段，是更新全球治理和发展机制、构建全球价值链的最重要措施。

陈伟光和王燕（2016）认为，全球经济治理语境下制度之争已成为大国博弈的主要范式，中国未来需理性设定全球经济治理制度性话语权提升的目标，向国际社会提供代表中国"共同发展观"的制度公共产品，并通过维系既有多边制度及创新话语机制的方式逐步取得全球经济治理下制度性权力的突破。罗曼诺夫（2016）指出，中国着力于构建一套旨在影响并参与全球进程的思想工具，这不仅仅是对现行国际规则的修正，更是要增加西方治理以外的价值内容。未来中国应该积极发掘中华文化中积极的处世之道和治理理念同当今时代的共鸣点，尤其是要继续丰富打造人类命运共同体等主张。陈建奇（2016）指出，落实"中国方案"，应从以下三个方面综合推进：一是经过二十国集团等全球或者区域管理平台对全球化进行加强；二是中国应加快研讨构建协作共赢的开放型经济新体制，让中外各方都从协作中受益；三是及时总结中国完成协作共赢与开放发展的经历，稳步推进全球经济管理体系革新。

七、区域经济一体化演进研究

区域贸易协定指所有双边、区域和诸边的国家和地区之间的优惠贸易安排，是区域经济合作的主要形式。区域的概念具有地理方面的意义，即这种安排通常在地理相邻者之间进行。但区域贸易协定发展至今已经大大超出了传统上的地域限制（黄卫平，2008）。①

区域经济一体化组织按贸易壁垒被清除的程度可划分为以下六种：

（1）优惠贸易安排，是指各成员国通过协议或其他方式，对全部或部分商品规定其特别优惠的关税，但各成员国仍各自保留原有的关税制度与结构。优惠贸易安排在经济一体化进程中属于较低级和较松散的一种形式，其特点是以商品特惠关税待遇为主要手段。由于优惠贸易安排的形式较低，因而许多区域集团并不以此为起点发展一体化，而直接从自由贸易区开始。

（2）自由贸易区，是指成员国之间通过达成协议，相互取消进口关税和与关税具有同等效力的其他措施而形成的经济一体化组织。它也是一种层次比较低的合作形式，其最重要的特征是区域内部实现了一体化，但各成员国并没有设置统一的关税壁垒，仍然可以继续保持独立的关税结构，并按照各自税目和税则对非成员国进口商品征收关税。目前，全世界区域

---

① 参见中国商务部国际贸易谈判代表办公室网站。

经济合作的最主要形式即为自由贸易区,其最典型的例子如《北美自由贸易协定》,以及中国-东盟自由贸易区等。

(3) 关税同盟,是指在自由贸易区的基础上,所有成员国统一对非成员国实行进口关税或其他贸易政策措施。因此,关税同盟与自由贸易区的不同之处是成员国在相互取消进口关税的同时,设立共同对外关税,成员国之间的产品流动无须再附加原产地证明。关税同盟规定成员国之间的共同对外关税,实际上是将关税的制定权让渡给经济一体化组织。它不像自由贸易区那样,只是相互之间取消关税,而不作权利让渡。因此,关税同盟对成员国的约束力比自由贸易区大。

(4) 共同市场,是指各成员国之间不仅实现了自由贸易、建立了共同对外关税,还实现了服务、资本和劳动力的自由流动,是比自由贸易区和关税同盟更高一级的经济一体化形式。

共同市场的建立需要成员国让渡多方面的权力,主要包括进口关税的制定权、非关税壁垒,特别是技术标准的制定权、国内间接税率的调整权、干预资本流动权,等等。这些权力的让渡表明一国政府干预经济的权力在削弱,而经济一体化组织干预经济的权力在增强。

(5) 经济联盟,是指不但成员国之间废除贸易壁垒,统一对外贸易政策,允许生产要素自由流动,而且在协调的基础上,各成员国采取统一的经济政策。

经济联盟的特点是成员国之间在形成共同市场的基础上,进一步协调它们之间的财政政策、货币政策和汇率政策。当汇率政策的协调达到一定程度,以至建立了成员国共同使用的货币或统一货币时,这种经济联盟又被称为经济货币联盟。经济联盟意味着各成员国不仅让渡了建立共同市场所需让渡的权力,更重要的是成员国让渡了使用宏观经济政策干预本国经济运行的权力,如让渡了干预内部经济的财政和货币政策、保持内部平衡的权力,也让渡了干预外部经济的汇率政策、维持外部平衡的权力。

(6) 完全经济一体化,是指成员国在实现了经济联盟目标的基础上,进一步实现经济制度、政治制度和法律制度等方面的协调,乃至统一的经济一体化形式。它是经济一体化的最高阶段。完全经济一体化的特点是:就其过程而言,是逐步实现经济及其他方面制度的一体化;从结果上看,它是类似于一个国家的经济一体化组织。完全经济一体化的形式主要有两种：一是邦联制，其特点是各成员国的权利大于超国家的经济一体化组织的权利；二是联邦制，其特点是超国家的经济一体化组织的权利大于各成员国的权利。

自由贸易区、关税同盟、共同市场、经济联盟和完全经济一体化是处在不同层次上的国际经济一体化组织，根据它们让渡国家主权程度的不同，一体化组织也从低级向高级排列，但是这里不存在低一级的经济一体化组织向高一级经济一体化组织升级的必然性。各成员国可以根据自身的具体情况决定经过一个时期的发展是停留在原有的形式上，还是向高一级经济一体化组织过渡。关键的问题是各成员国需要权衡自己的利弊得失。

在 GATT/WTO 框架内（黄卫平，2008），有关区域贸易协定法律地位的规定主要有三部分，其中 GATT 第 24 条是成立区域贸易组织的最主要法律依据，该条为世界贸易组织最惠国待遇原则之例外。该项条文所规定的区域贸易协定以自由贸易区和关税同盟为主。世界贸易组织总理事会于 1996 年 2 月成立了区域一体化协定委员会，该委员会负责审理各国提出的有关区域贸易协定的通知，并订立一个可供遵循的标准模式，以此来评估区域贸易协定对多边体制所造成的影响；其他的规定为，针对发展中国家的授权条款和针对服务贸易的《服务贸易总协定》的第 5 条对服务贸易领域的区域贸易协定的规定。

二战后区域经济一体化实践催生了区域经济一体化相关理论的形成。最早系统地对区域经济一体化进行理论研究的是 J. 瓦伊纳（J. Viner）1950 年在其经典著作《关税同盟问题》中对关税同盟所做的局部均衡分析。20 世纪 90 年代埃斯尔（Ethier）对新地区主义特点的总结是学者们对于 90 年代后期兴起的区域贸易协定浪潮分析的代表作。为有别于战后初期的区域经济一体化热潮，出现了新地区主义（De Melo and Panagariya，1993；Perroni and Whally，2000）的概念。新地区主义是指盛行于 20 世纪 90 年代的区域经济一体化浪潮。根据埃斯尔的总结[1]，新地区主义

---

[1] Ethier, W. J. The New Regionalism. *The Economic Journal*, 108 (July)：1149–1161.

的特点主要表现在以下五个方面：（1）新地区主义通常表现为一个或几个小国与至少一个大国的结合；（2）新地区主义较小的成员国都已经或正在进行显著的单边改革，比如中东欧国家加入欧盟；（3）新地区主义并不以显著的贸易自由化为特征，加入区域一体化组织的国家更注重获得一种"一体化身份"，而不仅仅是要扩大与原区域一体化成员国的贸易，比如瑞典加入欧盟；（4）新地区主义自由化的实现主要是靠小国作出单边让步；（5）新地区主义一般都包括比贸易自由化程度更深的经济一体化。各成员国不仅着眼于相互间贸易壁垒的消除，而且更进一步寻求在更深程度上进行国家间各种经济贸易政策的协调。

对于经济一体化带来的利益，过去人们大多认为促使区域贸易协定繁荣的原因是它们能给成员国带来贸易创造、贸易条件改善、规模经济、竞争加剧和刺激国外投资等传统的收益，但这不能解释许多国家以较不利的条件加入区域贸易协定的事实。费尔南德斯（Fernandez）和波特斯（Porters）提出了区域贸易协定的非传统收益理论，该理论认为除了传统收益之外，区域贸易协定在某些条件下还能带来保持政策的连贯性、发信号、提供"保险"、增强讨价还价能力、建立协调一致机制等非传统收益，为解释新一轮区域贸易协定的兴起提供了新的视角。

非传统收益理论与传统的国际经济一体化理论的区别主要在于（黄卫平，2008）：第一，两者的研究重点不同。传统的国际经济一体化理论侧重于研究国际经济一体化的经济福利效应，而非传统收益理论侧重于研究国家参与国际经济一体化的原因和动机。应当说，与传统的国际经济一体化理论相比，非传统收益理论的研究范围更广，不仅涉及经济因素，而且涉及政治因素。第二，传统的国际经济一体化理论与非传统收益理论在研究方法上有很大差异。传统的国际经济一体化理论以1950年美国学者瓦伊纳提出的关税同盟理论为基础，用实证的方法研究关税同盟的经济福利效应，几乎不包括任何价值判断。而非传统收益理论用列举、描述的方法来解释国际经济一体化产生的原因以及参与国的动机，含有比较明显的价值判断。例如，非传统收益理论将保持贸易自由化政策的连贯性看作一种收益，实际上是一种认为自由贸易总要比保护贸易好的价值判断。

八、世界产业链、供应链、价值链、生产网络的研究

关于全球价值链的研究,最早出现于管理学,其中的价值链理论蕴含了"工序"和"附加值"概念(Porter,1985)。科古特(Kogut,1985)提出价值增值概念,用来分析国际战略中的优势,反映了价值链下垂直分工的特征,对推动全球价值链理论的发展起到了至关重要的作用。克鲁格曼(Krugman,1995)对价值链的治理模式和产业空间转移之间的关联问题进行了研究,在企业如何分割生产过程以及空间布局的分析中运用了价值链理论。此后,杰瑞菲(Gereffi,1999)立足于管理学的价值链理论,首次界定了全球商品链的概念,在此基础上又于2001年提出全球价值链的概念,为全球空间范围内生产活动的布局提供了研究方法,也对全球经济运行的动态特征进行了详细刻画。史密斯等(Smith et al.,2002)研究表明,全球价值链是从产品的设计环节到最终报废,在整个生命周期内创造价值的所有活动的组合,对各个增值环节非常重视,同时十分看重价值链中各个企业的互动和利益分配。

哈佛大学商学院教授迈克尔·波特在1985年出版的《竞争优势》一书中最早提出了全球价值链理论的概念。波特将价值链定义为:"一种商品或服务在创造过程中所经历的从原材料到最终产品的各个阶段,或者是一些群体共同工作,不断地创造价值、为顾客服务的一系列工艺过程,每一个企业都是在设计、生产、销售、发送和辅助其产品的过程中进行种种活动的集合体,这些互不相同但又相互关联的生产经营活动,构成了一个创造价值的动态过程,即价值链。"由于企业与外界联系的必然性,波特和米勒(Porter and Millar,1985)还指出:"任何企业的价值链都存在于更广泛的价值系统之中,这个价值系统由供应商、制造商、分销商和消费者所形成的价值链相互连接而构成。"[1] 波特的理论首次系统地对价值链的概念及其体系进行了完整的阐述,而不是停留在以往对价值流向的肤浅认识。科古特(Kogut,1985)对价值链则进行了开创性的研究,在价值

---

[1] Porter, M. E. *Competitive Advantage: Creating and Sustaining Superior Performance*. New York: Free Press, 1985.

增值链的框架下新增了企业国际战略的分析："在这一价值不断增值的链式结构中，单个企业或许仅仅参与了某一环节，或企业会将整个价值增值过程都纳入其垂直分工体系当中。"学术界对全球（区域）价值链、生产网络的含义有不同的理解。比如国外学者利普西（Lipsey）认为，全球生产网络指的是跨国公司控制的在它们母国之外的全球范围内的生产系统。国内学者柴瑜认为全球生产网络是指几个国家参与一个特定产品的不同生产阶段的制造过程，从而形成了以跨国公司为中心的国际化生产网络。国内学者对于生产网络理论也做了很好的总结（见表1）。

表1 当代国际分工格局

国际分工基本类型	产业间分工	产业内分工	产品内分工	
			垂直产品内分工	水平产品内分工
基于价值链视角的界定	不同产业价值链的分工	同一产业中不同产品价值链的分工	同一产品价值链中上下游价值环节的国际分工	同一产品价值链中技术水平和密集度相似环节的国际分工
基本分工结构	垂直型	水平型	垂直型	水平型
分工的国别区位结构	发达国家与众多发展中国家之间	1. 发达国家之间 2. 发达国家和新兴工业化国家（或区域）之间 3. 发达国家与部分发展中国家之间	1. 发达国家和新兴工业化国家（或区域）之间 2. 发达国家与部分发展中国家之间	1. 发达国家之间 2. 发达国家和新兴工业化国家（或区域）之间 3. 发达国家与部分发展中国家之间
分工的主要方式和手段	产业间一般国际贸易	1. 产业内一般国际贸易 2. 公司内贸易 3. 国际直接投资等	1. 一般国际贸易 2. 加工贸易 3. 全球外包 4. OEM 5. ODM 6. 国际直接投资 7. 公司内贸易	1. 一般国际贸易 2. 全球合同外包 3. 国际直接投资 4. 公司内贸易 5. 战略联盟等
分工的基本理论依据	比较优势理论；资源禀赋理论	规模经济理论；竞争优势理论	比较优势理论；规模经济理论；竞争优势理论；交易成本理论；内部化理论等	

资料来源：刘春生. 全球生产网络构建的理论与实证研究. 北京：中国人民大学，2006：7.

在学者们研究的基础上，联合国工业发展组织（UNIDO，2003）将全球价值链明确定义为："全球价值链是指在全球范围内为实现商品或服务的价值而连接生产、销售、回收处理等过程的全球性跨国企业网络组织，涉及从原料采集和运输、半成品和成品的生产和分销，直至最终消费和回收处理的过程。"[1] 该定义强调了不同国家和地区在全球业务活动中的价值链环节间的关联互动和博弈。商品链的概念最早由霍普金斯和沃勒斯坦（Hopkins and Wallerstein，1986）提出并定义为一种"旨在完成商品的劳动与生产过程的网络结构"[2]，并将各商品链中的节点特征概括为：（1）紧邻个别节点的商品流动；（2）各节点内存在独立生产关系；（3）存在包括技术与生产单位规模在内的主要生产组织；（4）生产的地理位置全球性。

杰瑞菲等（Gereffi et al.，1994）在最初的探讨中是以美国零售业价值链作为研究的基础，并据此提出了全球商品链概念。他认为全球商品链应该包括以下内容："通过一系列国际网络将围绕某一商品或产品而发生关系的诸多家庭作坊、企业和政府等紧密地联系到世界经济体系中，这些网络关系一般具有社会结构性、特殊适配性和地方集聚性等特性。"[3] 杰瑞菲（Gereffi，2001）继续完善和发展了全球商品链的概念，提出全球价值链这一用以描述价值链的地理、组织特性和潜在的网络特征的概念，并揭示了全球价值链结构的动态性。国外学者从发展中国家自身或者是环境与宏观政策视角出发，对发展中国家在不同类型驱动力下的全球价值链升级进行了研究，而焦媛媛等（2008）则从对全球采购商的案例研究角度分析在新的区分标准下，全球范围内的中间产品商会对发展中国家产生"干中学"效应。

关于全球价值链造成的影响的研究可以追溯到20世纪60年代，巴拉

---

[1] UNIDO. *Industrial Development Report 2002/2003*: *Competing through Innovation and Learning*. United Nations Industrial Development Organization, 2003.

[2] Hopkins, T., Wallerstein, I. Commodity chains in the world-economy prior to 1800. *Review*, 1986, 10 (1): 157-170.

[3] Gereffi, G. The organization of buyer-driven global commodity chains: how U.S. retailers shape overseas production networks. //Gereffi, G., Korzeniewicz, M. *Commodity Chains and Global Capitalism*. Westport: Praeger, 1994.

萨（Balassa，1968）经过研究发现，二战以后全球贸易发生了很大的变化，中间产品贸易的比重在整个贸易行为中所占的份额越来越大，已经超过了最终产品贸易的比重。而其他学者也相继发现了这一现象并对其进行了深入的研究，对这一现象的定义形成了各种术语。例如，琼斯等（Jones et al.，2002）把这种现象称为离岸外包，克鲁格曼等（Krugman et al.，1996）和梯默等（Timmer et al.，2014）则将其定义为碎片化生产，芬斯特拉和汉森（Feenstra and Hanson，1995）将之定义为生产离散化，亨默尔斯与易（Hummels and Yi，1998）称之为垂直专业化行为，鲍德温（Baldwin，2007）提出了第二次全球性离散的观点。国内的学者也对全球价值链进行了比较详细的分析，比如，盛洪（1991）解释了垂直专业化产生的内在原因，从理论上阐述了产品内分工和交易成本之间的联系。吴敬琏（2003）认为在全球化背景下，跨国公司通常将产品生产分割成不同的部分，将之分散到全球各地，通过各地的比较优势在全球优化配置生产要素，这种产业转移是跨国公司增加利润和加快自身发展的重要途径。虽然许多学者用不同的名词对这一现象进行定义，但是基本的含义都是描述某个生产活动拆分成不同部分分散在全球范围内共同生产的现象。全球价值链的实质是生产分工的增值过程的转变。就产品生产而言，它的价值已经不再是由单个国家独自占有，而是由许多国家一起创造并共同享有。

国际经济组织对于全球生产链、供应链以及价值链有很多的阐述，商务部政策研究室将其综合起来，大概如下：

（1）世贸组织和经合组织：全球价值链基础核算及相关政策研究的引领者。世贸组织和经合组织是国际上研究全球价值链的中坚力量。两大国际组织在基础数据核算方面一直位于前列，其核心产品就是涵盖61个经济体、34个行业、1995—2011年共7年的贸易增加值（TiVA）数据库。基于该数据库，近年来研究人员在全球价值链相关政策和规则方面作了很多探索，重点集中在以下领域：一是关注发展中国家参与全球价值链。研究认为，贸易是经济增长的重要驱动力，对发展中经济体来说，积极参与全球价值链是分享国际分工收益、获取外溢效应的重要途径。这不仅需要发展中经济体完善贸易投资相关政策，还需要其加强相关联的社会制度建设。一方面,要加快贸易投资便利化,参与区域贸易协定,加强物流绩效和知识产权保护;另一方面,要建立健全社会治理框架,发展现代金融体系,重视教育和技能培训,加强社会安全管理,最大限度从全球价值链中受益。二是关注服务贸易在全球价值链中的作用。服务业及服务贸易是确保全球价值链顺畅运行的"润滑剂"。服务活动不仅为各环节提供空间和交易上的联系,起到整合和协调的作用,同时也是创造价值的重要部分。相关研究表明,经合组织国家经济总量的80%、制造业出口增加值的48%、新兴经济体经济总量的60%、制造业出口增加值的1/3以上,均来自服务。因此,加快服务贸易发展是提高增加值出口特别是提升单位出口中增加值比率的重要途径之一。从全球来看,服务贸易自由化也有助于激发更多高效优质的服务提供。三是关注创新及劳工技能政策与价值链升级的关系。世贸组织及经合组织的研究认为,知识资本与创新紧密相关,一国提升创新水平需从知识产权保护、大数据、技能与培训以及研发等四方面政策着力。随着新兴经济体致力于向全球价值链中高端攀升,政策制定者需要更加重视劳动者技能熟练程度对参与价值链的影响,通过区分全球价值链上高技能、低技能的分布环节,营造与其技能水平相匹配的政策环境。四是尝试开展基于企业异质性的价值链分析。目前,世贸组织和经合组织还拟结合企业的异质性(外资企业与内资企业、出口型企业与内销型企业、国有企业与私营企业等),对贸易增加值核算进行更加精细的研究,以揭示更多政策寓意。以区分内外资为例,后续研究将有助于识别外资企业增加值中真正留在国内的部分,明确内资企业、外资企业对国内增加值的贡献,进而筛选出带来高质量工作岗位、高附加值收入的外资企业,以指导一国吸引外资政策,帮助实现本国价值链攀升。

(2) 联合国贸易和发展会议:聚焦跨国投资与全球价值链。联合国贸易和发展会议高度关注全球价值链与跨国投资问题,其研究成果集中体现在2013年的《世界投资报告》中。在基础核算方面,联合国贸易和发展会议与澳大利亚悉尼大学共同建设了全球价值链数据库(UNCTAD-EORA),涵盖全球187个国家、500多项产业活动。其主要观点包括:一是全球价值链视角下跨国投资的重要性显著上升。跨国公司通过全球投资构建生产网络,通过中间产品和制成品贸易形成了全球价值链,其主导的全球价值链占到全球贸易的80%左右,说明投资对贸易的带动作用在增大。研究还认为,一国利用外资存量与其全球价值链参与度存在明显的正相关关系,并且随时间的推移愈发显著。这些结论说明,吸引外资是发展中国家参与全球价值链的一个重要途径,对一些国家来说还需要通过深度参与全球价值链,加快推动产业发展和结构升级。二是一国投资政策的内涵和重点发生了改变。在全球价值链背景下,企业更加关注一国对产业某个环节的综合接纳能力。特别是随着大多数国家关税快速下调,关税已不再是确定生产地址的决定性因素,技术和制造将根据各国的接纳能力在全球分布。由此引发的政策效应是,单边政策会更有助于增强一国的吸引力,政府应致力于提高供应链效率,不仅包括边界上的贸易便利化,还包括投资便利化、基础设施便利化、知识产权保护,以及与健康、产品安全等相匹配的国内规制协调等。三是应更加关注贸易增加值数据的解读。研究认为,全球价值链的出现导致全球贸易统计数据失准。一方面是重复计算,2010年19万亿美元的全球出口中,重复计算的约有5万亿美元;另一方面是低估了服务贸易比重。相关研究还表明,一国出口中国内增加值比重与其经济规模、出口产品构成和经济结构等因素有关。

(3) 联合国工业发展组织:注重产业层面的研究。作为较早介入全球价值链研究的国际组织,联合国工业发展组织在全球价值链概念、基础理论以及产业层面进行了很多探索。主要成果包括:第一,对全球价值链作出了权威定义。2004年,在《通过创新和学习来参与竞争》报告中,联合国工业发展组织指出:"全球价值链是指在全球范围内为实现商品或服务价值而连接生产、销售、回收处理等过程的全球性跨企业网络组织,涉及从原料采集和运输、半成品和成品的生产和分销,直至最终消费和回收处理的过程。"第二,对全球价值链升级作出了权威界定。一些学者将全球价值链升级分为四种类型:一是过程升级,指全球价值链各环节通过改进工艺、技术、流程等提高效率;二是产品升级,指通过提升现有产品质量、引入新产品,形成差异化优势,强化市场地位;三是功能升级,通过改造企业内的作业活动组合来提升价值;四是跨价值链升级,指从原来的价值链跨越到利润空间更大的价值链。

(4) 国际货币基金组织:尤其重视价值链视角下的汇率问题。国际货币基金组织对全球价值链的研究以基于贸易增加值的有效汇率测算见长,其发布的《地区经济展望》对全球价值链相关议题也作了有益探索。一是提出了基于贸易增加值测算的实际有效汇率。国际货币基金组织有关专家对传统实际有效汇率进行了改进,将原计算方法中基于商品和服务出口总值的权重换成基于贸易增加值的权重,构建了基于贸易增加值的实际有效汇率的理论框架,清除了中间产品贸易的存在对权重的影响,使之更接近各国汇率波动的真相。以新的实际有效汇率测算,人民币在1995—2009年间升值幅度超过37%,而传统计算值为21%。二是重新认识汇率与贸易的关系。传统理论下,一国汇率的升值(贬值)会带来出口的下降(上升)和进口的上升(下降)。但新的基于全球价值链的研究则认为,由于中间产品贸易的广泛存在,一国汇率贬值在导致出口增长的同时,也将带动中间产品进口增多,进而导致进口出现不同幅度的增加。此外,国际货币基金组织研究还提出,全球价值链使得危机的冲击在国家之间的传播速度比以往更快,因此对现有全球贸易监管体系带来了新的挑战。

(5)亚太经合组织(APEC):首次提出全球价值链倡议。亚太地区是全球价值链最繁荣发展的地区,区内中间产品贸易额占比超过70%。亚太经合组织对全球价值链研究的介入始于2014年中国主办APEC会议期间。在中国的大力推动下,亚太经合组织第二十二次领导人非正式会议宣言通过了《亚太经合组织推动全球价值链发展合作战略蓝图》和《全球价值链中的APEC贸易增加值核算战略框架》,倡议亚太各经济体在应对贸易投资壁垒、启动APEC全球价值链数据统计、使发展中经济体更好参与、增强全球价值链的韧性等10个领域开展合作。目前,由中国和美国共同牵头、21个经济体参与的APEC-TiVA数据库工作已于2018年建成。

(6)二十国集团:关注全球价值链与经济增长的关系。二十国集团对全球价值链议题的关注始于2012年首次经贸部长会议,经合组织发挥了积极推动作用。2014年,二十国集团第二次经贸部长会议专门就经合组织、世贸组织和世界银行提交的全球价值链报告进行了讨论。主要观点包括:全球价值链对贸易、就业、经济增长和社会发展具有重要推动作用;过去15年,与全球价值链相关的贸易带来收入翻倍增长;今后,全球价值链在各产业、地区的分布和延伸，为发展中成员参与价值链、建设区域价值链中心提供了机遇；各方应重视发掘全球价值链的示范案例和经验，改善营商环境、基础设施和创新投资，推动贸易援助、基础设施和能力建设。

总的来看，国际组织现阶段关于全球价值链的研究，仍主要集中在揭示全球贸易的真实图景层面，并逐步开始尝试挖掘进一步的政策内涵。这些工作值得我们高度重视、密切跟踪。同时，也有新的趋势值得关注，主要是一些发达经济体从自身利益出发，将全球价值链与非关税壁垒、服务业开放、边境后措施等议题挂钩。

综合以上多方的文献，可以归纳出全球价值链的产生主要有以下四个原因：第一，生产过程的可分性，也就是碎片化、专业化的生产过程。可分性导致生产过程不断细化，而且精度日益提高。即使一些细微的生产环节例如汽车或者手机的零部件也可以被分拆到全世界的不同工厂中进行生产。这些分散化的生产过程通过中间产品贸易联系起来，而分工的精细化和发展也促进了生产的进一步碎片化和增加值贸易的发展。第二，运输成本和通信的发展给全球价值链的发展提供了良好的外部条件。全球信息技术的日新月异和更新换代，使得企业在全球范围内的通信成本和管理控制成本不断下降，企业就越有积极性把自身价值链生产中的某些环节分散到其他国家或地区。第三，全球化中的贸易、投资、金融自由化的发展为全球价值链的发展提供了良好的服务环境。在全球化背景下，关税壁垒的消除、直接投资的盛行和金融市场的快速发展，使得阻碍生产全球化和碎片化的障碍日益消除，从而促进了全球价值链的快速增长并向深层次发展。第四，跨国公司的发展和壮大以及新兴市场的发展是全球价值链得以扩张的重要原因。跨国公司是全球价值链的重要载体，跨国公司的发展会进一步促进生产和经营在全球范围内的内部化，而新兴国家的发展不仅承接了价值链的部分环节，也带来了全球价值链进一步发展的增长潜力。

在经济全球化新的形势下，程大中（2015）提出，全球价值链生产长度（最初投入品和最终产品之间的平均生产阶段）已经变短，这反映了生产跨境行为的减少。生产在跨境前和跨境后的长度变长了，说明国家内劳动分工的深化。生产跨境数量的减少现象几乎在所有国家都可以被观察到，无论这个国家 GDP 在此期间是否增长。全球生产结构的变化与如下三个事实是一致的：第一个是在全球金融危机后贸易保护主义抬头；第二个是像中国这样的主要新兴经济体的国内进口替代品生产增加；第三个是发达经济体比如日本和美国这样的国家的技术革新深化了国内的劳动分工。

附录二 课题相关的数量、计量、模型以及数字来源解释汇集

Ⅰ. 人类发展指数的计量[①]

联合国人类发展指数（Human Development Index，HDI）是由联合国开发计划署在1990年首推制定的，是综合反映一个国家发展程度的指标。该指数由三个维度指标合成：寿命指标、教育状况指标和收入状况指标。这三个维度指标基本概括了人的寿命（健康长寿）、知识和生活水平状况。编制时考虑的基本原则为：能够涵盖人类发展的基本内容并可以量化计量；既有代表性又易于操作；诸多变量最终形成一个指标便于比较；涵盖面既要包括经济也要包括社会和文化；数据的可获得性及理论支撑。

一、指标体系选择

指数合成共选择了三个维度指标。寿命指标（健康）：用预期寿命来表示（出生时预期寿命，国家越发达这一指数值越大，中国在1949年时为37岁，2019年为76.4岁）。教育状况指标：在指标建立的初期，联合国开发计划署主要采用的是成人识字率（占2/3权重），并辅之以中小学、大学毛入学率（占1/3权重）来测度；在《2010年人类发展报告》中进行了修订，采用平均受教育年限取代了识字率，并利用预期受教育年限（即预期儿童现有入学率下得到的受教育时间）取代了毛入学率。收入

[①] 引自联合国开发计划署历年《人类发展报告》。

(生活)状况指标：用购买力平价的人均GDP进行测度（这会放大发展中国家的数值）；在《2010年人类发展报告》中用人均国民总收入（GNI）取代GDP进行评估。因此，我们说人类发展指数有三个维度指标共四个具体指标。最初四个指标在实际计算时均设定了最小值和最大值，以使得总指数在不同国家间具有较好的可比性。出生时预期寿命设定为25岁到85岁；成人识字率设定为0和100%，即15岁以上识字的人数占15岁以上总人口的比重；综合粗入学率设定为0和100%，指在校学生人数占6~21岁人口比重（因各国要求的入学岁数不同而有不同）；收入水平采用购买力平价的人均GDP，当时设定为100美元到40 000美元。

二、人类发展指数的计算方法

2009年之前的计算公式选择了对数方法进行计算：

$$指数值 = \frac{实际值 - 最小值}{最大值 - 最小值}$$

$$预期寿命指数(LEI) = \frac{LE - 25}{85 - 25}$$

$$教育指数(EI) = \frac{2}{3}ALI + \frac{1}{3}GEI$$

$$成人识字率指数(ALI) = \frac{ALR - 0}{100 - 0}$$

$$综合粗入学率指数(GEI) = \frac{CGER - 0}{100 - 0}$$

$$GDP指数 = \frac{\log(GDPpc) - \log(100)}{\log(40\,000) - \log(100)}$$

其中，以上出现的字母缩写含义如下：

LE：预期寿命；

ALR：成人识字率；

$CGER$：综合粗入学率；

$GDPpc$：人均GDP（以美元的购买力平价衡量）。

自2010年起，联合国开发计划署采用了修订后的新计算公式，分别为：

$$预期寿命指数(LEI) = \frac{LE - 20}{83.2 - 20}$$

$$教育指数(EI) = \frac{MYSI \times EYSI - 0}{0.951 - 0}$$

$$平均受教育年限指数(MYSI) = \frac{MYS - 0}{13.2 - 0}$$

$$预期受教育年限指数(EYSI) = \frac{EYS - 0}{20.6 - 0}$$

$$收入指数(II) = \frac{\ln(\text{GNIpc}) - \ln(163)}{\ln(108\ 211) - \ln(163)}$$

人类发展指数值为三个基本指数的几何平均数。其中，以上出现的字母缩写含义如下：

LE：预期寿命；

MYS：平均受教育年限（一个大于或等于25岁的人在学校接受教育的年数）；

EYS：预期受教育年限（一个5岁的儿童一生将要接受教育的年数）；

GNIpc：人均国民收入。

Ⅱ．《21世纪资本论》的唯一数量计算

法国经济学家托马斯·皮凯蒂于2014年出版的《21世纪资本论》的分析框架中，因为基于经济史进行描述，历年的统计数据颇多，但计算很少，该书认定财富生成遵循着罗伯特·索洛在1956年提出的经典增长模型中的稳态路径，从理论上分析是非常传统的描述。索洛教授本人在读过《21世纪资本论》后，从自己的理论出发，认同皮凯蒂的观点。索洛教授用中学生都能够理解的语言进行解释，皮凯蒂模型（如果能够称为模型的话）中的稳态财富/收入比等于s/g（s是净储蓄率，g是国民收入实际增长率）。皮凯蒂教授证明，这一简单关系似乎较好地解释了自1980年以来的全球财富增长，以及世界主要国家的排序。这一过程很可能在未来相当长时期内延续下去。这本书的解释以实际收入增长率g的未来发展趋势为核心，他预计，随着人口增长和生产率提升速度放缓，g会下降。既然g是索洛公式的分母，g的下降就会导致财富/收入比提高。因此，社会

收入分配的天平绝对倾向于资本而非其他要素。

Ⅲ. 巨无霸指数

英国《经济学人》杂志自1986年起以巨无霸指数（Big Mac Index）衡量各国货币的购买力水平。在美国，5个城市巨无霸汉堡2019年7月的平均售价为5.74美元。如果一个国家的巨无霸汉堡价格（以市场汇率折算成美元）低于美国价格就意味着这个国家的货币购买力被低估了；反之，如果一个国家的巨无霸汉堡价格高于美国，就说明这个国家的货币被高估了。

根据《经济学人》2019年7月发布的最新巨无霸指数，全球只有瑞士法郎的购买力被高估（+14%），其他国家货币的购买力均被低估，其中人民币购买力被低估了46.9%。2020年7月，《经济学人》杂志公布了新的巨无霸指数，如果仅仅就美元与人民币而言，中美两国各选5个城市考察巨无霸汉堡价格，美国5个城市平均价格为5.71美元，中国则为21.7元人民币，人民币与美元的购买力平价汇率为3.8人民币元/美元。2019年中国的GDP如果用巨无霸购买力平价计算，为26万亿美元，即便用世界银行的购买力平价计算中国的GDP，也达到了23.4万亿美元（美国为21.4万亿美元），这引起了很大的争议。

Ⅳ. 采购经理指数①

从一定程度上讲，采购经理指数反映的是企业家对于经济短期趋势的基本看法、判断和信心。

一、主要指标解释

采购经理指数（PMI），是通过对企业采购经理的月度调查结果统计汇总、编制而成的指数，它涵盖了企业采购、生产、流通等各个环节，包括制造业和非制造业领域，是国际上通用的监测宏观经济走势的先行性指数之一，具有较强的预测、预警作用。综合PMI产出指数是PMI指标体

---

① 本处文字摘自国家统计局相关文件。

系中反映当期全行业（制造业和非制造业）产出变化情况的综合指数。PMI高于50%，反映经济总体较上月扩张；低于50%，则反映经济总体较上月收缩。

二、调查范围

涉及《国民经济行业分类》（GB/T4754—2017）中制造业的31个行业大类，3 000个调查样本；非制造业的37个行业大类，4 000个调查样本。

三、调查方法

采购经理调查采用PPS（probability proportional to size）抽样方法，以制造业或非制造业行业大类为层，行业样本量按其增加值占全部制造业或非制造业增加值的比重分配，层内样本使用与企业主营业务收入成比例的概率抽取。

本调查由国家统计局直属调查队具体组织实施，利用国家统计联网直报系统对企业采购经理进行月度问卷调查。

四、计算方法

（1）分类指数的计算方法。制造业采购经理调查指标体系包括生产、新订单、新出口订单、在手订单、产成品库存、采购量、进口、主要原材料购进价格、出厂价格、原材料库存、从业人员、供应商配送时间、生产经营活动预期等13个分类指数。非制造业采购经理调查指标体系包括商务活动、新订单、新出口订单、在手订单、存货、投入品价格、销售价格、从业人员、供应商配送时间、业务活动预期等10个分类指数。分类指数采用扩散指数计算方法，即正向回答的企业个数百分比加上回答不变的百分比的一半。由于非制造业没有合成指数，国际上通常用商务活动指数反映非制造业经济发展的总体变化情况。

（2）制造业PMI指数的计算方法。制造业PMI由5个扩散指数（分类指数）加权计算而成。5个分类指数及其权数是依据其对经济的先行影响程度确定的。具体包括：新订单指数，权数为30%；生产指数，权数为 25%；从业人员指数，权数为 20%；供应商配送时间指数，权数为 15%；原材料库存指数，权数为 10%。其中，供应商配送时间指数为逆指数，在合成制造业 PMI 指数时进行反向运算。

（3）综合 PMI 产出指数的计算方法。综合 PMI 产出指数由制造业生产指数与非制造业商务活动指数加权求和而成，权数分别为制造业和非制造业占 GDP 的比重。

五、季节调整

采购经理调查是一项月度调查，受季节因素影响，数据波动较大。现发布的指数均为季节调整后的数据。

Ⅴ. 量化宽松货币政策效果的实证检验

要预测 2020 年欧美日采用的量化宽松货币政策的效果，能够做比较的只有 2008—2009 年美国次贷危机。在那次危机中，日本、美国和欧元区在采取了相当大规模的宽松财政政策等多方面的救市措施之外，还实施极端的量化宽松货币政策。我们从定量分析的角度对量化宽松货币政策的效果进行实证检验，据此对量化宽松货币政策的效果作出判断和比较。我们通过结合以往货币政策有效性的研究发现，国内外的学者多采用向量自回归（vector auto-regression，VAR）模型来定量地直接考察货币政策的实施效果，这种实证方法得到了广泛的应用和实践检验。因而，受以往研究的启发，我们也选用了 VAR 模型来进行量化宽松货币政策效果的实证检验。

一、向量自回归（VAR）模型

传统的实证计量方法一般以经济理论为基础来构建模型，描述变量关系，经济理论的分析难免有其局限性，有时忽视或是人为加入了影响因素，并不能对变量之间的动态联系得出严密的解释。1980 年，西姆斯（Sims）将 VAR 模型引入经济学的计量分析中，在一定程度上解决了这一问题，推动了经济系统动态性分析的广泛应用。如今，VAR 模型已经成为处理多个相关经济指标的分析和预测常常采用的主要经济分析模型之一，尤其是在分析货币政策效果方面，以及在分析量化宽松货币政策的效果中，得到了学术界的广泛应用。

（一）VAR 模型的一般表示

VAR(p) 模型的数学表达式是

$$y_t = \Phi_1 y_{t-1} + \cdots + \Phi_p y_{t-p} + H x_t + \varepsilon_t \quad t = 1, 2, \cdots, T \tag{1}$$

式中，y_t 是 k 维内生变量列向量，x_t 是 d 维外生变量列向量，p 是滞后阶数，T 是样本个数。$k \times k$ 维矩阵 Φ_1，$\cdots$，Φ_p 和 $k \times d$ 维矩阵 H 是待估计的系数矩阵，ε_t 是 k 维扰动列向量，假设 Σ 是 ε_t 的协方差矩阵，且为一个 $k \times k$ 的正定矩阵。式 1 可以展开表示为：

$$\begin{pmatrix} y_{1t} \\ y_{2t} \\ \vdots \\ y_{kt} \end{pmatrix} = \Phi_1 \begin{pmatrix} y_{1t-1} \\ y_{2t-1} \\ \vdots \\ y_{kt-1} \end{pmatrix} + \cdots + \Phi_p \begin{pmatrix} y_{1t-p} \\ y_{2t-p} \\ \vdots \\ y_{kt-p} \end{pmatrix} + H \begin{pmatrix} x_{1t} \\ x_{2t} \\ \vdots \\ x_{kt} \end{pmatrix} + \begin{pmatrix} \varepsilon_t \\ \varepsilon_{2t} \\ \vdots \\ \varepsilon_{kt} \end{pmatrix}$$

$$t = 1, 2, \cdots, T \tag{2}$$

还可以将式（2）做简单变换，表示为

$$\bar{y}_t = \tilde{\Phi}_1 \bar{y}_{t-1} + \cdots + \tilde{\Phi}_p \bar{y}_{t-p} + \bar{\varepsilon}_t \tag{3}$$

式中，$\bar{y}_t$ 是 y_t 关于外生变量 x_t 回归的残差，式（3）可以简写为

$$\tilde{\Phi}(L) \bar{y}_t = \bar{\varepsilon}_t \tag{4}$$

式中，$\tilde{\Phi}(L) = I_k - \tilde{\Phi}_1 L - \tilde{\Phi}_2 L^2 - \cdots - \tilde{\Phi}_p L^p$，是滞后算子 L 的 $k \times k$ 的参数矩阵。一般称式（4）为非限制性 VAR 模型。

下面主要介绍不含外生变量的非限制性 VAR 模型。仍用 Φ 表示系数矩阵，形如下式：

$$y_t = \Phi_1 y_{t-1} + \cdots + \Phi_p y_{t-p} + \varepsilon_t$$

$$t = 1, 2, \cdots, T \text{ 或 } \Phi(L) y_t = \varepsilon_t \tag{5}$$

如果行列式 $\det[\Phi(L)]$ 的根都在单位圆外，则式（5）满足平稳性条件。可以将其表示为无穷阶的向量移动平均 [vector moving average，简称 VMA(∞)] 的形式：

$$y_t = \Theta(L)\varepsilon_t \tag{6}$$

式中，$\Theta(L) = \Phi(L)^{-1}$，$\Theta(L) = \Theta_0 + \Theta_1 L + \Theta_1 L^2 + \cdots$，$\Theta_0 = I_k$。

对平稳的 VAR 模型，可以采用最小二乘法估计其系数。由最小二乘法可得到 Σ 矩阵的估计量为：

$$\hat{\Sigma} = \frac{1}{T} \sum \hat{\varepsilon}_t \hat{\varepsilon}'_t \tag{7}$$

式中，$\hat{\varepsilon}_t = y_t - \hat{\Phi}_1 y_{t-1} - \hat{\Phi}_2 y_{t-2} - \cdots - \hat{\Phi}_p y_{t-p}$。

由于仅仅有内生变量的滞后值出现在等式的右边，所以不存在同期相关性问题，用普通最小二乘法能得到 VAR 简化式模型的一致且有效的估计量。但要注意的是 VAR 模型一般要求模型中的每一个变量均是平稳的，对于非平稳的时间序列需要经过差分等变换，得到平稳序列再建立 VAR 模型。[①]

（二）对 VAR 模型的检验

建立 VAR 模型后，还需要对模型进行检验，以判断其是否符合模型最初的假定条件。除了在一般模型中介绍的变量和 VAR 模型的平稳性检验外，一般 VAR 模型还要进行格兰杰因果关系检验。

1. 格兰杰因果关系的定义

VAR 模型的重要应用之一是对时间序列变量间的因果关系进行研究。

格兰杰因果关系检验的基本思想是 x 是否引起 y 的问题，主要是分析前期的 x 能够在多大程度上解释现在的 y，如果解释程度得到提高是由于加入了 x 的滞后值，就可以说 x 是 y 的格兰杰原因。

考虑对 y_t 进行 s 期预测的均方误差（MSE）：

$$MSE = \frac{1}{S} \sum_{i=1}^{s} (\hat{y}_{t+i} - y_{t+i})^2 \tag{8}$$

可以正式地用数学语言来描述格兰杰因果关系的定义：如果关于所有的 $s>0$，基于 $(y_t, y_{t-1}, \cdots)$ 预测 y_{t+s} 得到的均方误差，与基于 $(y_t,$

[①] 高铁梅. 计量经济分析方法与建模：Eviews 应用及实例. 2 版. 北京：清华大学出版社，2009.

y_{t-1},…) 和 (x_t, x_{t-1},…) 两者得到的 y_{t+s} 的均方误差相同,则 x 不是 y 的格兰杰原因。

上述定义的含义是如果一个事件 X 是另一个事件 Y 的原因,则事件 X 可以领先于事件 Y。尽管在很多时候这符合人们的客观感受,能够得到大家的认同,但若将这样的定义用于判断实际时间序列数据间的因果关系,也可能得出错误的结论。

也可以将上述结果推广到 k 个变量的 VAR(p) 模型中去,考虑式 (5),利用从 $t-1$ 期至 $t-p$ 期的所有信息,得到 y_t 的最优预测如下:

$$\hat{y}_t = \hat{\Phi}_1 y_{t-1} + \cdots + \hat{\Phi}_p y_{t-p} \quad t=1,2,\cdots,T \tag{9}$$

作为两变量情形的推广,对多个变量的组合给出如下的系数约束条件:在多变量 VAR(p) 模型中不存在 y_{jt} 到 y_{it} 的格兰杰意义下的因果关系的必要条件是:

$$\hat{\phi}_{ij}^{(q)}=0 \quad q=1,2,\cdots,p \tag{10}$$

式中,$\hat{\phi}_{ij}^{(q)}$ 是 $\hat{\phi}_q$ 的第 i 行第 j 列的元素。

2. 检验格兰杰因果关系

在 VAR 模型中,检验格兰杰因果关系是检验一个变量的滞后变量是否可以引入其他变量方程中。

在一个二元 p 阶的 VAR 模型中:

$$\begin{bmatrix} y_t \\ x_t \end{bmatrix} = \begin{bmatrix} \phi_{10} \\ \phi_{20} \end{bmatrix} + \begin{bmatrix} \phi_{11}^{(1)} & \phi_{12}^{(1)} \\ \phi_{21}^{(1)} & \phi_{22}^{(1)} \end{bmatrix} \begin{bmatrix} y_{t-1} \\ x_{t-1} \end{bmatrix} + \begin{bmatrix} \phi_{11}^{(2)} & \phi_{12}^{(2)} \\ \phi_{21}^{(2)} & \phi_{22}^{(2)} \end{bmatrix} \begin{bmatrix} y_{t-2} \\ x_{t-2} \end{bmatrix}$$

$$+ \cdots + \begin{bmatrix} \phi_{11}^{(p)} & \phi_{12}^{(p)} \\ \phi_{21}^{(p)} & \phi_{22}^{(p)} \end{bmatrix} \begin{bmatrix} y_{t-p} \\ x_{t-p} \end{bmatrix} + \begin{bmatrix} \varepsilon_{1t} \\ \varepsilon_{2t} \end{bmatrix} \tag{11}$$

当且仅当系数矩阵中的系数 $\phi_{12}^{(q)}$ ($q=1,2,\cdots,p$) 全部为 0 时,变量 x 不是变量 y 的格兰杰原因。这时,判断格兰杰原因的直接方法是利用 F 检验来检验下述联合检验:

$H_0:\phi_{12}^{(q)}=0 \quad q=1,2,\cdots,p$

$H_1:$ 至少存在一个 q 使得 $\phi_{12}^{(q)} \neq 0$

其统计量为：

$$S_1 = \frac{(RSS_0 - RSS_1)/p}{RSS_1/(T-2p-1)} \sim F(p, T-2p-1) \qquad (12)$$

S_1 服从 F 分布。如果 S_1 大于 F 的临界值，则拒绝原假设；否则不拒绝原假设。其中 RSS_1 是式（11）中 y 方程的残差平方和：

$$RSS_1 = \sum_{t=1}^{T} \hat{\varepsilon}_{1t}^2 \qquad (13)$$

RSS_0 是如下所示的不含 x 的滞后变量（即 $\phi_{12}^{(q)} = 0$，$q = 1, 2, \cdots, p$）的方程的残差平方和

$$y_t = \phi_{10} + \phi_{10}^{(1)} y_{t-1} + \phi_{11}^{(2)} y_{t-2} + \cdots + \phi_{11}^{(p)} y_{t-p} + \tilde{\varepsilon}_{1t} \qquad (14)$$

则有

$$RSS_0 = \sum_{t=1}^{T} \hat{\tilde{\varepsilon}}_{1t}^2 \qquad (15)$$

如果回归模型形式是如式（11）的 VAR 模型，一个渐近等价检验可由下式给出：

$$S_2 = \frac{T(RSS_0 - RSS_1)}{RSS_1} \sim \chi^2(p) \qquad (16)$$

注意，S_2 服从自由度为 p 的 χ^2 分布。如果 S_2 大于 χ^2 的临界值，则拒绝原假设；否则不拒绝原假设。

格兰杰因果关系检验的任何一种检验结果都和滞后长度 p 的选择有关，并对处理序列非平稳性的方法选择结果极其敏感。

3. 脉冲响应函数

VAR 模型是非理论性的模型之一，它的使用不必对变量做先验性约束，因此在分析 VAR 模型时，并不分析某一变量的变化对另一个变量会产生怎样的影响，而是分析某一误差项发生变化时，或者说模型受到某种冲击时对系统的动态影响，这种分析方法被称为脉冲响应函数方法。

（1）脉冲响应函数的基本思想。

下面先根据两变量的 VAR（2）模型来说明脉冲响应函数的基本思想。

$$\begin{cases} x_t = a_1 x_{t-1} + a_2 x_{t-2} + b_1 z_{t-1} + b_2 z_{t-2} + \varepsilon_{1t} \\ z_t = c_1 x_{t-1} + c_2 x_{t-2} + d_1 z_{t-1} + d_2 z_{t-2} + \varepsilon_{2t} \end{cases} \quad t = 1, 2, \cdots, T \quad (17)$$

式中，a_i、b_i、c_i、d_i 是参数，假定扰动项 $\varepsilon_t = (\varepsilon_{1t}, \varepsilon_{2t})$ 是具有下列性质的白噪声向量：

$$\begin{aligned}&E(\varepsilon_{it}) = 0 & &\text{对于} \forall t \quad i = 1, 2 \\ &\text{var}(\varepsilon_t) = E(\varepsilon_t \varepsilon_t') = \Sigma = \{\sigma_{ij}\} & &\text{对于} \forall t \\ &E(\varepsilon_{it} \varepsilon_{is}) = 0 & &\text{对于} \forall t \neq s \quad i = 1, 2 \end{aligned} \quad (18)$$

假定上述系统从第 0 期开始活动，且设 $x_{-1} = x_{-2} = z_{-1} = z_{-2} = 0$，又设于第 0 期给定了扰动项 $\varepsilon_{10} = 1$，$\varepsilon_{20} = 0$，并且其后均为 0，称此为第 0 期给 x 以脉冲，则由式 (17) 可以算出由 x 的脉冲引起的 x 的响应函数：$x_0 = 1$，$x_1 = a_1$，$x_2 = a_1^2 + a^2 + b_1 c_1$，…，同样可求得 $z_0 = 0$，$z_1 = c_1$，$z_2 = c_1 a_1 + c_2 + d_1 c_1$，…，由 z 的脉冲引起的 x 的响应函数和 z 的响应函数的求法与此类似。

(2) 多变量 VAR 模型的脉冲响应函数。

将上述讨论推广到多变量的 VAR(p) 模型上去，由式 (5) 可得

$$\begin{aligned} y_t &= (I_k - \Phi_1 L - \cdots - \Phi_p L^p)^{-1} \varepsilon_t \\ &= (I_k + \Theta_1 L + \Theta_2 L^2 + \cdots) \varepsilon_t \quad t = 1, 2, \cdots, T \end{aligned} \quad (19)$$

VMA(∞) 表达式的系数可按下面的方式给出。VAR(p) 模型的系数矩阵 Φ_i 和 VMA(∞) 模型的系数矩阵 Θ_i 必须满足下面的关系：

$$(I_k - \Phi_1 L - \cdots - \Phi_p L^p)(I_k + \Theta_1 L + \Theta_2 L^2 + \cdots) = I_k \quad (20)$$

$$I_k + K_1 L + K_2 L^2 + \cdots = I_k \quad (21)$$

式中，$K_1 = K_2 = \cdots = 0$。关于 K_q 的条件递归定义了 VMA 系数：

$$\begin{aligned} &\Theta_1 = \Phi_1 \\ &\Theta_2 = \Phi_1 \Theta_1 + \Phi_2 \quad &&\text{若 } p - q = 0, \text{令 } \Theta_{q-p} = I_k \quad q = 1, 2, \cdots \\ &\vdots &&q - p < 0, \text{令 } \Theta_{q-p} = O_k \\ &\Theta_q = \Phi_1 \Theta_{q-1} + \Phi_2 \Theta_{q-2} + \cdots + \Phi_p \Theta_{q-p} \end{aligned} \quad (22)$$

考虑 VMA(∞) 的表达式：

$$y_t = (I_k + \Theta_1 L + \Theta_2 L^2 + \cdots)\varepsilon_t \quad t=1,2,\cdots,T \tag{23}$$

y_t 的第 i 个变量 y_{it} 可以写成：

$$y_{it} = \sum_{j=1}^{k}(\theta_{ij}^{(0)}\varepsilon_{jt} + \theta_{ij}^{(1)}\varepsilon_{jt-1} + \theta_{ij}^{(2)}\varepsilon_{jt-2} + \theta_{ij}^{(3)}\varepsilon_{jt-3} + \cdots)$$
$$t=1,2,\cdots,T \tag{24}$$

式中，k 是变量个数。

Θ_q 的第 i 行、第 j 列元素可以表示为

$$\theta_{ij}^{(q)} = \frac{\partial y_{i,t+q}}{\partial \varepsilon_{jt}} \quad q=0,1,\cdots \quad t=1,2,\cdots,T \tag{25}$$

作为 q 的函数，它描述了在时期 t，第 j 个变量的扰动项增加一个单位，其他扰动不变，且其他时期的扰动均为常数的情况下，$y_{i,t+q}$ 对 ε_{jt} 的一个单位冲击的反应，我们把它称为脉冲响应函数。

二、变量选择和数据处理

（一）变量的选择

本处实证部分主要是分析日本、美国和欧元区的量化宽松货币政策的经济刺激效果，以预测 2020 年各国推行量化宽松货币政策的效果。我们认为，研究货币政策对于经济的有效性时，有两个变量不可忽略，那就是利率和货币供应量，而量化宽松货币政策作为非常规的货币政策，又具有自身的独特特点，在选择量化宽松货币政策的代表变量时考虑选用各主要经济体的基准利率和基础货币。日本、美国和欧元区选用的基准利率分别为：日本的无担保隔夜拆借利率、美国的联邦基金利率和欧洲央行的主要再融资操作利率。这里与传统货币政策有效性研究中在变量的选取上有一个主要的区别，那就是以往的货币政策效果的研究主要采用广义货币供应量来作为货币政策的代表性变量。然而，由于量化宽松货币政策实施时，受危机的影响，金融市场受到冲击，基础货币和广义货币供应量之间表现出一定程度的背离，即基础货币的大幅扩张由于货币乘数的下降使得广义货币供应量未表现出相同程度的涨幅，我们在选取量化宽松货币政策代表

变量时考虑选用更能直接反映货币政策变化的基础货币，而放弃了广义货币供应量。这样做一是能够更加直接地代表量化宽松货币政策的变化程度，二是可以避免由于危机期间货币政策传导渠道的不畅而对政策的实际效果的分析产生影响。既然要通过实证研究分析量化宽松货币政策的经济刺激效果，就需要选择能够反映日本、美国和欧元区的经济增长的指标作为反映各国经济状况的变量。无疑，各主要经济体的 GDP 是反映一国或一个地区在一定时期内经济总体运行状况最常用的指标。但鉴于日本、美国和欧元区均只编制和公布 GDP 的季度数据，而次贷危机后这三个主要的经济体实施量化宽松货币政策不过三四年的时间，如果采用 GDP 的季度数据，必然会面临实证样本量不足的问题。虽然可以采用二次函数插值的方法将季度数据转化为月度数据，但这会造成人为误差而使结果不可信，因而需要考虑能够替代 GDP 的月度指标数据。该替代指标需要同时满足反映经济状况以及三个经济体由于比较分析而要求的指标的一致性问题。因而，我们考虑使用各主要经济体每月公布的工业生产指数作为替代指标。工业生产指数是用算术加权平均数编制的工业产品实物量指数，作为普遍用来反映和计算工业增长速度的指标，是西方国家分析经济景气的重要指标，基本可以满足以上反映经济总体状况以及一致性的替代要求。使用工业生产指数来代表 GDP 反映总体经济状况难免有所偏颇，但作为替代的工业指数在反映实体经济，尤其是工业经济发展状况上还是具有相当大说服力的，是当前可获得的数据中能够满足多方面要求的替代指标。

（二）数据的选择

VAR 模型要求模型中每一个变量是平稳的，对于不平稳的变量，需要经过处理变为平稳序列才能建立 VAR 模型。通常采用差分的方式，但这通常会损失变量中的信息，也缺乏相应的理论解释。我们在研究中选用的变量分别为基准利率、基础货币供应量和各经济体的工业生产指数。首先，各主要经济体的基础货币供应量和工业生产指数一般均为非平稳序列，其时间序列的均值和方差一般随时间 t 变化，而若进行差分，则往往丧失实际的经济意义。其次，要保持三个变量在单位和规模上的一致性。因而，综合以上考虑，我们最后选定的变量数据为基准利率 r 和 $\mathrm{dln}(bm)$ 以及 $\mathrm{dln}(gdp)$ 的月度时间序列数据。其中 $\mathrm{dln}(bm_t) = \ln(bm_t) -$

$\ln(bm_{t-1})$ 为基础货币（bm）对数值的一阶差分，近似于 $\{bm_t\}$ 序列的增长率，可以表示基础货币的波动状况。同理，$\mathrm{dln}(gdp_t) = \ln(gdp_t) - \ln(gdp_{t-1})$ 为替代 GDP 的工业生产指数（gdp）对数值的一阶差分，近似于 $\{gdp_t\}$ 序列的增长率，用以表示经济的波动状况。

日本、美国和欧元区量化宽松货币政策的经济刺激效果均采用含有以上变量的 VAR 模型进行实证研究，不仅具有明确的经济含义，同时还便于比较研究。但在样本期的选择上，各个经济体由于实施量化宽松货币政策的具体时间不同而有所差别。具体来说，日本的样本期选择为 2009 年 1 月—2012 年 10 月，原因在于虽然日本的大规模资产购买活动自 2010 年 10 月才开始，但其量化宽松货币政策却可以向前追溯到更早的时间。美国的样本期选择为 2007 年 12 月—2012 年 11 月，原因在于美国在 2007 年 12 月 12 日推出定期拍卖便利（Term Auction Facility，TAF），拉开量化宽松货币政策的序幕，同时目前可获得的数据截至 2012 年 11 月。欧元区的样本期选择为 2008 年 10 月—2012 年 8 月，原因在于欧元区自 2008 年 10 月 8 日在公开市场再融资操作中首次引入了固定利率全额分配机制，可视作欧元区量化宽松货币政策的开端，基础货币的数据截至 2012 年 8 月（截止日期的选取参考了政策影响逐渐消失的时长）。

（三）数据的处理

通过以上变量和数据的选择，需要对获得的各主要经济体的数据进行处理，为模型的建立做好准备。具体来说，在对日本进行实证分析时，选取的变量数据为无担保的隔夜拆借利率 r_1、基础货币的自然对数差分 $\mathrm{dln}(bm)_1$ 和工业生产指数的自然对数差分 $\mathrm{dln}(gdp)_1$ 的月度数据。样本期选择为 2009 年 1 月—2012 年 10 月。实证数据来源于 Wind 数据库，其中无担保的隔夜拆借利率为日度数据，基础货币和工业生产指数分别为月度数据。具体的数据处理过程为，月度的无担保隔夜拆借利率取全月每日利率的平均值，将基础货币和工业生产指数的数据分别进行对数差分处理，所有的数据均为季节调整后的数据。这里，要注意的是为了获得基础货币和工业生产指数的自然对数差分数据，需要收集 2008 年 12 月—2012 年 10 月原始数据中基础货币和工业生产指数的数据，以满足差分计算的需要。美国和欧元区的情况与此相同。在对美国进行实证分析时，选取的变量数据为联邦基金利率 r_2、基础货币的自然对数差分 $\text{dln}(bm)_2$、工业生产指数的自然对数差分 $\text{dln}(gdp)_2$ 的月度数据。样本期选择为 2007 年 12 月—2012 年 11 月。实证分析的数据来源于 Wind 数据库，其中联邦基金利率为日度数据，基础货币为周度数据，工业生产指数为月度数据。具体的数据处理过程为，月度的联邦基金利率取全月利率的平均值，基础货币的月度数据取各月最后一周的周度数据的期末值。将基础货币和工业生产指数的数据分别进行对数差分处理，为了消除季节因素的影响，所有的数据均采用季节调整后的数据。欧元区的数据处理与美国和日本的类似，实证选取的变量数据为欧元区的主要再融资操作利率 r_3、基础货币的自然对数差分 $\text{dln}(bm)_3$ 和工业生产指数的自然对数差分 $\text{dln}(gdp)_3$ 的月度数据。样本期选择为 2008 年 10 月—2012 年 8 月。其中欧元区的主要再融资操作利率为日度数据，欧元区的工业生产指数为月度数据，来自 Wind 数据库。欧元区的基础货币为月度数据，数据来源于欧洲央行。具体的数据处理过程为，主要再融资操作利率的月度数据为每日数据的均值，将基础货币和工业生产指数的数据分别进行对数差分处理，所有的数据均为季节调整后的数据。

三、实证结果的比较分析

在选定变量和数据处理的基础上，我们将分别对日本、美国和欧元区的量化宽松货币政策的经济刺激效果进行实证检验，并对结果进行比较分析。数据的平稳性是建立 VAR 模型的前提，模型使用的变量需要进行平稳性检验，以防止出现伪回归问题。

（一）平稳性检验

检验时序数据平稳性的方法不止一种，我们在研究中选用了广泛使用的单位根检验（ADF）方法来对变量 r、$\text{dln}(bm)$、$\text{dln}(gdp)$ 进行平稳性检验。经过检验，变量 r、$\text{dln}(bm)$、$\text{dln}(gdp)$ 在 10% 的显著性水平上是平稳的，可以建立 VAR 模型。

（二）VAR 模型的构建

根据数据的前期准备以及平稳性检验的结果，我们可以构建变量 r、$\text{dln}(bm)$、$\text{dln}(gdp)$ 的 VAR 模型。我们在进行滞后阶数的选择时，基于足够数目的滞后项和自由度的综合考虑,并结合研究中经常采用的 AIC 和 SC 准则进行判断。根据滞后性的检验,针对日本的数据考虑建立 VAR(2) 模型,即滞后阶数为 2 的 VAR 模型。综合考虑样本量和变量的个数等因素,同时结合 AIC 和 SC 准则进行判断,最终确定美国 VAR 模型的滞后阶数为 5,欧盟的 VAR 模型的滞后阶数为 4。利用 Eviews 6.0 软件建立变量 r、$\mathrm{dln}(bm)$、$\mathrm{dln}(gdp)$ 的滞后阶数三国不同的 VAR 模型,模型的平稳性检验结果所建立的 VAR 模型是平稳的,满足进行后续脉冲响应分析的模型平稳性要求。

(三) 格兰杰因果关系检验

VAR 模型的一个很重要的应用就是利用格兰杰因果关系检验来对经济时间序列变量之间的因果关系进行检验,对三国的 VAR 模型进行因果关系检验的结果说明基础货币的波动对产出的格兰杰因果影响并不显著。可能的原因一是基础货币的大幅扩张并未引起广义货币供应量的同等程度的扩张,货币乘数的下降使得基础货币对经济的影响有限,二是使用工业生产指数替代 GDP,使得经济刺激效果主要反映的是对于实体工业经济的刺激效果,基础货币的大幅扩张对于稳定金融体系能够起到显著作用,但对于工业等实体经济的影响并不十分显著。但二者的联合检验在10%的显著性水平上拒绝原假设,即二者共同成为经济波动的格兰杰原因。欧盟的实证结果与美国和日本情况不同,即基准利率、基础货币波动以及二者的联合都是经济波动的格兰杰原因。与日本、美国的模型中不能拒绝基础货币不能显著影响经济增长状况的情况不同,欧元区基础货币的大幅增长能够独立显著影响欧元区的经济波动状况,这也和欧洲央行在大幅扩张基础货币基础上并未作出低利率承诺的实际情况相符。

(四) 脉冲响应函数

对于 VAR 模型,其应用的另一个重要方面就是利用脉冲响应函数来研究系统的动态特征,即研究内生变量的变动或冲击对自己及其他内生变量产生的影响作用。我们对于日本经济波动对来自利率和基础货币波动的冲击进行脉冲响应分析,得出的脉冲响应结果是日本利率对经济波动的作用大概在 1 年左右就可以忽略,维持 2 年左右的时间。欧美利率波动对经济波动的影响大概保持 1 年到 1 年半左右的时间,与日本不同。日本基础货币的冲击对经济波动的作用大概可以维持1年半的时间，但在1年后其影响作用就已经很微弱了，欧盟在一年半左右，而美国则在两年左右影响归于微弱。

四、综合比较的结论

我们通过选取基准利率、基础货币的自然对数差分和工业生产指数的自然对数差分三个指标，运用VAR模型，具体分析了次贷危机后日本、美国和欧元区的量化宽松货币政策的经济刺激效果。通过对这三个经济体的综合比较，可以得出以下结论：首先，短期内量化宽松货币政策对经济的波动会产生影响，日本和美国的情况是持续的低利率政策的作用更为显著，而基础货币的大幅扩张并不能单独成为经济波动的格兰杰原因，但可以和利率的变化一起解释经济的短期波动，而欧元区基础货币的大幅扩张却可以显著解释区域内的经济波动状况。其次，从脉冲响应结果来看，美国和欧元区的情况类似，无论基准利率还是基础货币的增加，在冲击初期对经济波动的影响均不稳定，表现出一定的震荡特征，在多期过后，基准利率提高对经济波动表现为持续的负向影响，而基础货币的增加则表现为持续的正向支持，但这两种作用效果有限，并逐渐收敛。这说明美国和欧元区的量化宽松货币政策中，低利率的维持对刺激经济增长是有效的，而基础货币的扩张在政策初期作用并不稳定，在多期震荡过后表现为对经济的持续正向支持，其中，欧元区的政策支持效果较美国而言更加明显。日本的情况则表现得截然不同，日本的量化宽松货币政策对经济的刺激效果由于过往的经验而形成的不同于其他经济体的预期，使得基准利率和基础货币对经济的刺激作用表现出与经济理论相违背的结果。最后，从长期来看，量化宽松货币政策在长期中对经济的刺激效果不可持续，量化宽松货币政策作为各主要经济体应对危机的非常规货币政策，未来必然面临政策的退出问题。然而，在传统货币政策效果降低的情况下，量化宽松货币政策将来很有可能会在出现经济危机时被应用。

Ⅵ. 美国碳关税的计算方法

美国在《清洁能源安全法案》中的"碳关税"条款规定：对中国等国

家出口到美国的产品,自 2020 年起,按其生产过程中的碳排放量征收所谓的边境调节税即碳关税。作为出口成本的一部分,碳关税一旦开始征收,将意味着中国商品出口成本的大幅增加。体现在出口价格上,在碳关税征收设定情形下,中国对美国出口产品价格方程将由式(26)变化为式(27)。

$$(1-esub_i)PEX_{us,i}=PWE_i \tag{26}$$

$$(1-esub_i)PEX_{us,i}+bca_{us}CE_i=PWE_i \tag{27}$$

式中,$PEX_{us,i}$ 表示商品 i 对美国的出口价格;PWE_i 表示商品 i 的世界出口价格;$esub_i$ 表示我国出口商品 i 的出口退税率;bca_{us} 表示美国的碳关税税率。由上式可知,当世界价格外生且汇率一定时,碳关税的征收将导致我国商品对美国出口价格 $PEX_{us,i}$ 的下降,即单位商品利润空间被碳关税部分挤压,使得中国出口商品的部分价格利润被美国以税收形式割取。这种巨大的经济利益也是美国等西方国家热衷于设置以碳关税为代表的低碳贸易约束条件背后的真正原因。

Ⅶ. 失衡的比较优势与中美贸易失衡

我们这里提到的比较优势失衡指的是比较优势在贸易双方均发挥不充分,而发挥不充分则被定义为两种含义:一是由于科学技术发展的局限,一些比较优势在现有的技术条件下难以发挥;二是由于人为因素所导致的比较优势不能完全发挥,而这些都是导致中美贸易失衡的原因。在中美双边贸易中,这种比较优势发挥的不充分主要是指美国在与中国的双边贸易中的比较优势没有充分发挥,主要体现在服务贸易与制造业中的高科技产品贸易上。从服务贸易上看,虽然美国对中国具有比较优势,并且也对中国积累了一些贸易顺差,但总体规模较小,这使得美国不能通过对中国在服务贸易上的比较优势积累更多的贸易顺差,从而使中美贸易失衡难以缓解。从制造业上看,虽然美国在对中国的制成品贸易上积累了巨额的贸易逆差,但在高科技制造业上美国对中国却保有比较优势。而由于美国对中国进行的高科技产品的出口限制,其在先进制造业上的比较优势没有充分发挥,使得中国难以扩大从美国的进口数额,这也促使美国对中国的贸易逆差不断扩大，而这完全是一种人为的因素造成的。

通过以上分析，我们认为引起中美贸易失衡现象的原因虽然是多方面的，但主要原因是中美之间按照比较优势进行国际分工的结果，正是这一主要原因的存在才使得中美贸易失衡能够在长时间内存在。

一、中美贸易失衡原因的实证分析

很多学者从不同方面对中美贸易失衡的原因进行了实证分析，我们认为单纯从贸易角度分析，中美贸易失衡是中美之间按照比较优势分工所致，而加剧则是因为这种分工发挥的不充分。因此，在前人研究成果的基础上，我们将着重从比较优势分工的视角对中美贸易失衡的原因进行实证分析。我们认为导致中美贸易失衡的主要因素有两个：第一，中美产业间比较优势差异，即美国在服务业上具有比较优势，而中国在制造业上具有比较优势，是导致中美贸易失衡的主要原因；第二，世界各国通过在华直接投资，利用中国的劳动力比较优势向美国出口，导致了中美贸易失衡的加剧，但如果采用增加值贸易的计算方法，情况则会非常不同。

（一）显示性比较优势与中美贸易失衡

1. 显示性比较优势指数

我们认为导致中美贸易失衡的主要因素在于中美之间在服务贸易与货物贸易上的比较优势不同：从总体上看，中国在一般性货物贸易上具有比较优势，而美国在高精尖产品、服务贸易上具有比较优势，而由此导致的按比较优势分工使得中美贸易之间出现了失衡。我们对中美之间的比较优势进行量化，通过显示性比较优势指数（revealed comparative advantage index, RCA）来检验中美之间的比较优势。RCA 指数是由美国经济学家巴拉萨（Balassa）于 1965 年提出的，该指数用来衡量一国产品或产业在国际市场上的竞争力。为了更准确地反映一个国家在某一产业上的国际竞争力，用该国某种产品在本国所占的出口份额除以全世界该产品所占的出口份额表示。

用公式表示为：

$$\mathrm{RCA}_{mj} = \frac{X_{mj}/X_{tj}}{X_{mW}/X_{tW}} \tag{28}$$

式中，X_{mj}表示国家j的产品m的出口，X_{tj}表示国家j的总出口；X_{mW}表示全世界产品m的出口，X_{tW}表示全世界总出口。

RCA指数反映了一国在某一特定产业上的竞争力。当一国RCA<0.8时，说明该国在特定产业上的国际竞争力很弱；当0.8≤RCA<1.25时，说明该国在特定产业上的国际竞争力较强；当1.25≤RCA<2.5时，说明该国在特定产业上的国际竞争力很强；当RCA≥2.5时，说明该国在特定产业上的国际竞争力极强。

2. 中美之间的RCA指数比较

根据RCA的计算公式，我们根据国际贸易组织国际贸易统计数据（ITS2010）来计算中美两国的服务贸易与货物贸易在世界贸易中的RCA指数，并对两者进行比较。我们发现在世界贸易中，美国在服务贸易上的RCA指数介于1.5和2.5之间，并且处于上升趋势，这说明美国的服务产业具有很强的国际竞争力；中国的服务贸易RCA指数一直小于0.8，并且不时还有下降趋势，这说明中国服务产业的国际竞争力较弱。但自2001年之后，美国的货物贸易RCA指数开始小于0.8并一直持续到现在，这充分说明美国的货物贸易在世界上已经不具有竞争力了；而中国的货物贸易RCA指数则一直大于0.8，这说明中国的货物贸易在世界上已经具有较强的竞争力，但相对于美国的服务贸易在世界上的竞争力而言，中国的货物贸易还不具备真正意义上的竞争力。因此，从上述分析可以看出，美国在世界贸易中的比较优势体现在服务贸易上，而中国在世界贸易中的比较优势则体现在货物贸易上。

下面我们来考察中美之间的各自比较优势。计算RCA指数的方法同上，计算结果显示在中美双边贸易中，美国的服务贸易RCA指数超过了2.5，这说明在中美双边贸易中，美国在服务贸易上具有极强的竞争力；而中国的服务贸易RCA指数一直小于0.8，这说明在中美双边贸易中，中国在服务贸易上的竞争力很弱。如果将中美两国各自的服务贸易与货物贸易RCA指数相比，就会得到一个比值，我们称这一比值为中美之间服务贸易比较优势指数，这一指数说明了中美两国在服务贸易上的比较优势大小。计算显示，美国的服务贸易比较优势指数远远大于中国的服务贸易比较优势指数。因此，这也就说明了在中美双边贸易中，美国在服务贸易上拥有巨大的比较优势,而中国则在货物贸易上具有比较优势,这再一次印证了中美之间的产业间比较优势。但由于目前中美之间的贸易仍以货物贸易为主,所以在货物贸易上具有比较优势的中国在双边贸易中积累了顺差,而在服务贸易上具有比较优势的美国则在双边贸易中积累了逆差。我们认为由于服务产品的交易成本很难快速下降,因此,在今后一段时间内,中美贸易仍会保持现在的失衡状态。

从以上分析可以看出,中美两国产业间比较优势分工是导致中美贸易失衡的主要原因,下文将从比较优势分工的角度来对中美贸易失衡原因进行实证检验。

(二)回归分析

1. 回归模型

本文采用线性回归模型,为了降低异方差的影响,对各变量取自然对数,回归模型如下:

$$\ln(deficit)=a+b\ln(interca)+c\ln(invest)+u \qquad (29)$$

其中,a 为常数项,b、c 均为回归系数,u 代表随机项,ln 代表取自然对数。

变量说明如下:模型中包括一个被解释变量,deficit,代表美中贸易逆差额(亿美元);两个解释变量:interca,代表美国相对于中国的服务业比较优势;invest,代表外商在华投资额(亿美元)。其中,deficit 与 invest 是直接变量,而 interca 为构造变量,方法如下:由于在中美双边贸易中存在着产业间比较优势,即美国在服务业贸易上存在比较优势,而中国在制造业贸易上存在比较优势,因此,我们将美国相对于中国的服务业比较优势定义为两国国内服务业增加值与制造业增加值间的比值之比,即(美国服务业增加值/美国制造业增加值):(中国服务业增加值/中国制造业增加值),如果该比值大于1,就说明美国在服务业上具有比较优势,而中国在制造业上具有比较优势。

2. 数据来源及说明

美中贸易中的进出口数据来自国际货币基金组织贸易统计数据库。

美国服务业增加值占国内生产总值比重与制造业增加值占国内生产总值比重的数据来自美国商务部经济分析局网站。

中国服务业增加值占国内生产总值比重与制造业增加值占国内生产总值比重及外商在华投资额均来自中经网统计数据库。

这些数据均为年度时间序列数据，时间跨度为1990—2017年（截至中美贸易战之前）。

3. 回归结果及分析

项目采用E-G两步法，利用Eviews 6.0计量经济软件来分析三个变量之间是否存在长期的线性关系，即三者之间是否存在协整关系。如果存在协整关系，则说明中美之间的比较优势指数与外商在华投资额可以作为解释变量来解释中美贸易失衡。由于这里采用的是美国服务业比较优势指数，所以在协整关系存在的前提下，该变量的回归系数应该为负数，即说明随着美国服务业比较优势的增长，美中贸易逆差会减少；而外商在华投资额变量前的回归系数应该为正数，这说明随着外商在华投资的增长，中国对美国的出口也会增加，这也进一步扩大了美中贸易逆差。

首先对ln(deficit)、ln(interca)、ln(invest)三个时间序列利用ADF方法进行单位根检验，检验结果如表1所示。

表1　ADF单位根检验结果

变量	检验类型(C，T，L)	ADF统计量	临界值
ln(deficit)	0,0,3	1.057 441	−2.740 613*
Δln(deficit)	0,0,3	−4.486 956	−2.754 993*
ln(interca)	0,0,3	0.726 333	−2.708 094*
Δln(interca)	0,0,3	−3.203 534	−2.717 511*
ln(invest)	0,0,3	2.177 944	−2.708 094*
Δln(invest)	0,0,3	−2.664 102	−1.964 418**

说明：C、T分别表示带有常数项和趋势项，L表示所采用的滞后阶数。*和**分别表示该临界值在1%和5%的显著性水平。

从以上的单位根检验结果中可以看出，三个变量序列均满足一阶单整过程，所以可以对这三个序列直接进行回归分析。利用Eviews 6.0计量经济软件对三个变量序列进行最小二乘估计，得到的回归结果如表2所示。

表 2　最小二乘估计回归结果

解释变量	系数	T检验值	P值
ln(interca)	−16.371 48	−2.540 913	0.022 6
ln(invest)	3.299 128	5.872 044	0.000 0
常数项	14.254 30	1.697 261	0.110 3

为了证明三个变量之间存在协整关系，对上述回归结果的残差进行单位根检验，结果如表 3 所示。

表 3　残差单位根检验结果

变量	ADF 检验	显著性水平	临界值
μ	−6.624 274	1%	−2.708 094
		5%	−1.962 813
		10%	−1.606 129

由于残差项的 ADF 检验绝对值大于临界值的绝对值，由此可知 μ_i 序列是一个 I(0) 序列，即 μ 是平稳序列。因此被解释变量 ln(deficit) 与解释变量 ln(interca)、ln(invest) 之间存在协整关系，协整方程如下：

$$\ln(deficit) = -16.37 \ln(interca) + 3.30 \ln(invest)$$

从回归结果看，基本符合预期。美国相对于中国的服务业比较优势指数的回归系数为−16.37，这说明随着美国服务业比较优势的增加，美中贸易逆差会减少。该回归系数的经济学含义是，随着美国对中国的服务业比较优势的提升，美国对中国出口的服务产品也会增加，从而对中国积累更多的服务贸易顺差，因而会降低美中贸易逆差。从弹性角度来看，这种逆差减少效应会很大，即美国服务业比较优势上升 1 个百分点会使美中贸易逆差下降 16.37 个百分点。但在实际经济中，这种效应并没有发挥出来。究其主要原因就在于，服务产品的交易成本过高，且很多服务产品都是不能进行国际贸易的，这使得美中服务贸易相对于中美货物贸易而言，规模还很小，无法平衡巨大的商品贸易形成的逆差，因此美国对中国在服务贸易上的比较优势很难得到充分发挥。但我们认为这只是一种暂时现象，随着交易技术的发展与制度的完善，服务产品的交易效率必将不断提高，这样就会使美国在服务贸易上的比较优势得到更加充分的发挥，只要中美贸易正常演进，它将会对缓解美中贸易逆差起到较大作用。

外商在华投资变量的回归系数为3.30，这说明随着外商在华投资的增加，美中贸易逆差也会跟着增加。从弹性角度来看，当外商在华投资增加1%时，美中贸易逆差会增加3.30%。该回归系数的经济学含义是，世界各国通过对华投资的形式将供应链的环节更多地向中国转移，并将在中国生产的产品，尤其是最终产品出口到世界，当然也出口到美国，这就使这些国家转移了本国对美国的出口贸易，从而加剧了中国对美国的贸易顺差。我们认为在短期内，由于中国充裕的劳动力储备、中国政府吸引外资的优惠政策、良好的基础设施建设与局势稳定的优势，会吸引更多的国家通过来华投资的形式将供应链转移到中国，这也就使得由此导致的中国对美国贸易顺差的增加在短期内还会继续。但从长期来看，随着中国内需市场的迅速扩大，国内消费需求量上升，以及诸多生产要素的价格，尤其是劳动力成本的上升，外商投资企业产品将可能会以中国国内市场销售为主，或将生产转向其他劳动力成本更低的国家，如越南，甚至印度，从而使得这种顺差转移效果逐步减少。

从以上实证分析结果可以得出以下结论：中美贸易失衡主要是中美之间按照比较优势分工所导致的结果，中国在制造业上的比较优势得到了充分发挥，而美国在服务业上的比较优势还没有得到充分发挥，因此就造成了目前的中美贸易失衡。但随着交易技术的发展，越来越多的服务产品会变成可贸易品，从而使美国在服务贸易上的比较优势得到更充分发挥，在缓解中美贸易失衡上发挥更大的作用；外商在华投资通过贸易转移效应加剧了中美贸易失衡，在短期内这种转移效应仍会起作用，但从长期来看，这种贸易转移效应会渐渐消失。所以我们认为从长期来看，如果中美之间贸易正常发展，中美贸易失衡的情况将会逐步好转。事实上，中美目前的贸易格局是，美国通过商品贸易逆差获得了所需要的包含在商品中的资源，而中国服务贸易逆差也使得中国获得了逆差中所含有的资源，因为从最简单的经济学原理看，只有逆差才能够占用他国的资源。

二、人民币升值与中美贸易失衡的实证分析

美国经济学家斯蒂格利茨（Stiglitz）说过，如果双边贸易顺差（逆差）占到其贸易总量的 25%~30%，那么这就不仅是经济问题了，而且会变成政治问题。从中美贸易顺差占双边贸易总额的比重上看（见表4），21世纪第一个十年已经超过了这个限度，所以说中美之间的贸易失衡在一定程度上已经变成了政治问题。近年来频繁涉及的人民币升值问题成为美国向中国施压的主要方式，人民币汇率问题也成为世界经济中的热点问题。

表4 中美贸易顺差占双边贸易额比重（%）

2002	2003	2004	2005	2006	2007	2008	2009	2010	2015	2018
43.9	46.4	47.3	54.0	54.9	54.1	51.2	48.1	47.7	46.7	51.0

资料来源：根据中经网数据库整理得到。

虽然在以上的分析中，我们得出的结论是，无论从理论分析上看还是从经验实证上看，中美贸易失衡的根本原因都是中美之间按比较优势分工进行贸易的结果，却有很多人士（特别是美国政界人士）认为，中美贸易失衡主要是由人民币汇率低估引起的，因此要解决中美贸易失衡就需要使人民币大幅升值。随着美国对中国贸易逆差的不断扩大，美国的参众两院轮番就人民币汇率问题向中国施压：2004年4月，美国参议院就人民币汇率问题通过了《舒默修正案》，该修正案威胁，如果人民币不大幅升值，那么美国将对从中国进口的产品征收27.5%的惩罚性关税；2010年9月24日，美国国会众议院筹款委员会投票通过了一项旨在对低估本币汇率的国家征收特别关税的法案。这项法案试图修改《美国贸易法》，将货币低估行为视为出口补贴，进而对相关国家输美商品征收反补贴税，这一法案的矛头直指人民币升值问题；美国总统经济报告声称中国采取低估本币的汇率政策是引起全球经济失衡的主要原因，也是造成美国对中国贸易逆差的主要原因；美国财政部于2011年2月4日公布了针对主要贸易对象的《国际经济和汇率政策报告》，报告指出，包括中国在内的美国主要贸易伙伴都没有操纵货币汇率以获取不公平贸易优势。2019年8月5日，美国宣布中国为汇率操纵国，此后，由于与事实不符，国际货币基金组织

宣布中国并非汇率操纵国，美国撤销了这一指控。但由此可以看出，人民币汇率问题在美国确实已经被提上了政治日程。

美国政界向人民币汇率升值施压完全是出于利益集团的考虑，具有主观臆断性，而学术界则是按照经济理论，通过实证分析来研究汇率变动与一国的国际收支关系。按照传统的经济学理论，在马歇尔-勒纳条件①得到满足时，本币贬值会促进本国的出口，抑制进口，从而改善本国的国际收支状况；本国货币升值会增加进口，降低出口，从而会恶化本国的国际收支状况。但是在现实经济中，由于各国的经济结构不同，因此对由汇率变动所引起的国际收支变动的反应也是不同的。

针对汇率变动与国际收支的关系，国内学者进行了很多研究，其中一部分文献集中在马歇尔-勒纳条件在中国是否存在；另一部分文献是直接针对人民币汇率与中美贸易收支间的关系进行的研究。在前一种文献中主要存在两种相反的观点：一种观点认为马歇尔-勒纳条件在中国不存在，例如厉以宁（1991）的研究表明我国出口的需求弹性和进口的需求弹性分别为0.69和0.05，两者之和小于1，所以马歇尔-勒纳条件在中国并不存在，因此按照这种研究结果，人民币升值并不会降低中国的贸易顺差；另一种观点认为马歇尔-勒纳条件在中国存在，如卢向前和戴国强（2005）利用1994—2003年的相关数据对人民币加权汇率与我国进出口之间的关系进行了分析，得出的结论是进出口需求弹性的绝对值之和远远大于1，因此人民币汇率升值会使我国的贸易顺差减少。

在针对人民币汇率与中美贸易收支的关系研究中，沈国兵（2005）通过对1998—2003年的月度数据进行协整检验发现，中美贸易顺差与人民币汇率之间并不存在协整关系，所以通过人民币升值来改善中美贸易失衡现状是不现实的；刘林奇（2007）利用来自中美两国的统计数据对2001年1月—2007年2月的中美贸易数据与人民币汇率进行了格兰杰因果关系检验并得出如下结论：基于中国提供的统计数据，人民币汇率不是中美贸易顺差变动的格兰杰原因；基于美国提供的统计数据，人民币汇率变动

---

① 马歇尔-勒纳条件指的是，如果一国处于贸易逆差中，那么通过该国货币贬值来降低贸易逆差能否实现的条件，通过证明得知本币贬值会改善贸易逆差的具体条件是进出口需求弹性之和必须大于1，即 $D_x + D_m > 1$（D_x、D_m 分别代表出口和进口的需求弹性）。

是美中贸易逆差变动的格兰杰原因。这种结论使得人民币汇率与中美贸易失衡之间的关系更为模糊。

从上述文献中我们可以看出,关于人民币汇率与中美贸易收支之间的关系还没有定论。特别是在1994年至2005年7月1日,中国实行的是钉住美元的汇率政策,人民币名义汇率变动很小,这在一定程度上就影响了人民币汇率变动与中美贸易失衡的真实关系,因此也就会得出一些截然相反的结论。2005年7月1日之后,中国实施了汇率制度改革,改为钉住一篮子货币的有管理的浮动汇率制度。自此之后,人民币开始了对美元的有序的升值过程,人民币对美元的名义汇率累计升值曾经超过25%,这为我们研究人民币汇率变动特别是人民币升值与中美贸易失衡之间的关系提供了良好的外部环境。从实际的经济运行中我们可以看出,人民币升值对中美贸易顺差的影响与传统的经济理论预期相反,人民币大幅升值并没有改善中美贸易失衡现状,而是使得中美贸易顺差进一步扩大了。我们将对这种现象进行实证分析,从而检验人民币汇率与美中贸易逆差之间的真实关系。

(一)模型设定

根据国际经济学的基本原理,在两国模型中,本国商品出口会受到外国的国民收入水平、外国物价水平、本国物价水平以及名义汇率影响;本国的进口受到本国的国民收入水平、本国物价水平、外国物价水平以及名义汇率的影响。

由此可以得出,本国的净出口取决于两国的收入水平以及实际汇率,即 $NX=NX(Y_f, Y_d, RE)$,其中 NX 代表净出口,Y_f 代表外国的国民收入,Y_d 代表本国的国民收入,RE 代表实际汇率,在直接标价法下,$RE=NE \times P_f/P_d$,其中 NE 代表名义汇率,P_f、P_d 分别代表国外物价水平与国内物价水平。对净出口方程两边取对数,得

$$\ln(NX)=c+a\mathrm{Ln}(Y_f)+b\mathrm{Ln}(Y_d)+h\mathrm{Ln}(RE) \tag{30}$$

因此,回归方程为

$$\ln(NX)=c+a\ln(Y_f)+b\ln(Y_d)+h\ln(RE)+u \tag{31}$$

式中,a 为本国净出口的外国收入弹性;b 为本国净出口的本国收入弹

性；h 为本国净出口的实际汇率弹性；u 为随机误差项。

（二）数据选取及来源

我们为了排除美国改变对华基本经济政策的影响，选取了 2005 年 8 月—2017 年 9 月的月度数据。以月度消费品零售额代替月度国民收入水平，并通过消费者物价指数将其换算成实际收入水平；以中国对美国的贸易顺差代表中国的净出口额；人民币对美元的实际汇率是通过人民币对美元的名义汇率以及中美两国的消费者物价指数换算而来的。

其中，中国对美国的出口及中国从美国的进口月度数据来自美国商务部网站；其他数据均来自中经网统计数据库。

（三）协整检验

由于每个变量均为时间序列变量，所以首先对这些变量进行 ADF 单位根检验，结果如表 5 所示。

表 5　ADF 单位根检验结果

变量	检验类型 (C, T, L)	ADF 统计量	临界值
$\ln(NX)$	0, 0, 10	0.304 938	−2.604 746*
$\Delta\ln(NX)$	0, 0, 10	−5.686 605	−2.610 192*
$\ln(Y_d)$	0, 0, 10	6.311 542	−2.613 010*
$\Delta\ln(Y_d)$	0, C, 10	−7.435 089	−3.571 310*
$\ln(Y_f)$	0, 0, 10	−0.531 502	−2.607 686*
$\Delta\ln(Y_f)$	0, 0, 10	−5.017 587	−2.614 029*
$\ln(RE)$	0, 0, 10	−1.249 140	−2.605 442*
$\Delta\ln(RE)$	0, 0, 10	−5.164 419	−2.605 442*

说明：C、T 分别表示带有常数项和趋势项，L 表示所采用的滞后阶数。* 表示该临界值在 1% 的显著性水平。

通过检验结果发现，这四个时间序列均满足一阶单整过程，因此利用最小二乘法对回归方程进行估计得到以下回归结果：

$$\ln(NX) = 6.548\,747 - 0.000\,108\,0\ln(Y_d) + 0.302\,492\ln(Y_f)$$
$$- 1.116\,669\ln(RE)$$

为了验证以上的这种变量之间的长期关系存在，我们对回归方程的残差进行单位根检验，结果如表 6 所示。

表 6 残差单位根检验结果

残差	ADF 检验	显著性水平	临界值
μ	−6.623 449	1%	−2.607 686
		5%	−1.946 878
		10%	−1.612 999

从检验结果可知，残差序列 μ 是平稳序列，这说明我们的回归方程中现实变量之间的关系是长期存在的，即这四个变量之间存在着协整关系。

我们可以从回归系数中看出，中国国民收入的增加会减少中美贸易顺差，但这种影响非常小，仅为 0.000 1，可以忽略不计。这从一个侧面反映了中国储蓄率是很高的，人们将大部分增加的收入都进行了储蓄。美国国民收入的提高会增加中美贸易顺差，具体的影响是美国国民收入每上升 1%，中美贸易顺差就会增加 0.3%。这说明随着美国人均收入的增加，其对中国的进口需求也随之增加，进而增加了中美贸易顺差；中美贸易顺差随着人民币实际升值而增加，具体的影响是人民币实际汇率每上升 1%，就会使中美贸易顺差增加 1.12%。

从以上对回归系数的分析中可以看出，人民币实际汇率对中美贸易顺差影响最大，但这种影响却与很多人的预期恰恰相反，人民币实际汇率的升值不仅没有降低美中贸易逆差，反而在推动美中贸易逆差继续增加上起到了最大的作用。究其原因主要有以下两点：第一，中国对美国出口的大多数产品已经是美国不再生产的劳动密集型生活日用品如服装、鞋帽等，作为生活的必需品，美国来自中国的这些产品需求具有一定的刚性，因此在人民币实际升值时，美国需要付出更多的美元，这使得美国对中国的贸易逆差在人民币实际升值的情况下反而增加了。第二，中国通过自身的劳动力比较优势大力开展加工贸易，由其他国家（地区）进口资本品和初级产品，在国内进行加工组装，再出口到美国。在这种贸易模式中，随着人民币实际升值，进口资本品的成本下降，而由于加工贸易中的中间产品进口在整个产品成本中占据着最大比例，所以在人民币实际升值时，整个加工产品的生产成本会下降，从而使其产品定价也会随之下降，这样一来就会使得消费者在产品价格下降的情况下消费更多，从而导致进口增加，贸易逆差增加，典型的例子是消费类电子产品的价格下降会使总销售收入增加。

除了人民币实际升值会增加美中贸易逆差之外，美国的国民收入水平的增加也会促使美中贸易逆差上升。这主要是由美国经济增长模式决定的，美国是典型的内需拉动型经济，消费需求在国民经济中的比重一直在70%左右，这使得在经济高涨时期，美国的国内需求也会高涨，而由于美国国内产业结构调整，很多日常用品已经不再进行生产，多数制造业都转移到了国外，因此为了满足国内的需求，只有从其他国家进口产品，而中国作为目前的世界工厂，物美价廉的产品在同其他国家的竞争中占据着一定优势，这也就加大了美国从中国的进口，从而使美中贸易逆差在美国国内消费高涨的情况下也增加了。

三、小结

我们对中美贸易失衡进行了实证分析。首先，我们分析了中国在全球经济失衡中的地位与作用。目前中国已经成为全球经济失衡中的最大贸易顺差国，并且中国的贸易顺差主要集中在中美双边贸易中，中国已经成为美国的第一大贸易逆差来源国，中国在美国贸易逆差中的比重还在不断上升。因此，不论在世界范围内还是在中美双边贸易中，中国在全球经济失衡中的地位都越来越重要了。从中国在全球经济失衡中的作用看，中国利用加工贸易方式转移了东亚区域内其他经济体对美国的贸易顺差，即在中国、美国与东亚其他经济体之间存在着一种"三角贸易"。此外，中国还通过吸引外商直接投资的方式转移世界对美国的贸易顺差。因此，中国在当前的全球经济失衡中起着重要的贸易转移作用。

其次，我们分析了中美贸易失衡的现状。中美贸易失衡的主要表现就是，中国在中美双边贸易中积累了巨额的贸易顺差，而美国则积累了巨额的贸易逆差。随着双边贸易的增长，这种失衡一直持续着，并且呈现日益扩大的趋势。从中美贸易失衡的特点看，失衡的时间长且失衡规模大，根据中国的统计数据，自1993年首次实现对美贸易顺差以来，中国一直保持着对美国的贸易顺差，顺差规模增长了27倍。中美贸易失衡具有双向性的特点，即在制成品贸易上中国对美国一直保持着顺差，但在服务贸易与农产品贸易上美国则对中国保持着贸易顺差；从顺差产品的结构上看，中国对美国贸易顺差不仅来源于传统的劳动密集型产品，而且在高科技产品上中国对美国也实现了贸易顺差。

再次，我们对中美贸易失衡的原因进行了分析。第一，从统计差异角度出发分析了导致中美贸易失衡的原因，通过分析表明中美之间的统计差异造成了两国在中美贸易顺差的具体数额上存在较大的分歧，究其原因主要是进口贸易中的原产地原则将许多转口贸易算作中国的出口以及美国高估进口产品价格导致中美贸易顺差被夸大了。第二，我们从比较优势分工角度对中美贸易失衡的原因进行了理论分析，认为中美贸易失衡的根本原因是双方比较优势分工及美国比较优势发挥不充分的结果。第三，我们计算了中美两国在服务贸易与货物贸易上的显示性比较优势指数，发现美国在服务贸易上具有比较优势，而中国在货物贸易上具有比较优势。第四，利用经验数据，通过回归分析验证了中美比较优势与外商在华投资在导致中美贸易失衡中的作用。实证结果表明，美中贸易逆差与美国相对于中国在服务贸易上的比较优势指数负相关，即随着美国的服务贸易比较优势不断扩大，美中贸易逆差是不断缩小的；美中贸易逆差与外商在华投资金额正相关，即随着外商在华投资的增加，美中贸易逆差也不断增加。从现实情况来看，美中贸易逆差一直在扩大，这说明外商投资对美中贸易逆差的扩大效应还是一直大于美国服务贸易比较优势对美中贸易逆差的缩小效应。我们认为外商投资效应必然会逐渐减少，而美国在服务贸易上的比较优势必然会逐渐增大，因此从长期看，美中贸易逆差应该是不断缩小的，甚至美中贸易最终会出现顺差。

最后，我们就人民币汇率与中美贸易失衡之间的关系进行了实证分析。实证结果表明，人民币汇率与美中贸易逆差呈现负相关关系，这说明人民币升值不仅不能缩小美中贸易逆差，反而会扩大美中贸易逆差，这似乎与国际收支理论相悖，但这也正说明了导致中美贸易失衡的根本原因并不是人民币币值低估。

Ⅷ. 增加值贸易核算方法

在中国的对外贸易中，加工贸易占有一定的比重，生产需要进口大量中间产品，支付大量外汇，生产后将最终产品出口到国外，收进大量的外汇。这一过程涉及的附加值的分配，与中国获得的出口收入是完全的两回事。尤其涉及生产网络和供应链分析，就必须进行增加值贸易的实证研究，对生产环节进行分解。由于党的十八大后，我国进行了供给侧结构性改革，情况发生了一些变化，我们的分析集中在 21 世纪第一个十年。库普曼（Koopman，2010）将传统的垂直专业化测度研究进一步推进，在将 HIY 模型假定进行放松后，将一国贸易总额进行了增加值层面的分解。根据 KWW 模型的研究，假定世界上只有两个国家，生产 N 类有差异的贸易品，所有的产品均可以作为最终消费品或者作为中间投入进入下一个生产环节。利用投入产出方法对一国出口中所含有的增加值进行分解后，可以得到以下公式：

$$E_{r*} = DV_r + FV_r \tag{32}$$

$$= V_r B_{rr} \sum_{s \neq r} Y_{rs} + V_r B_{rr} \sum_{s \neq r} A_{rs} X_{ss} + V_r B_{rr} \sum_{s \neq r} \sum_{t \neq r,s} A_{rs} X_{st}$$

$$+ V_r B_{rr} \sum_{s \neq r} A_{rs} X_{sr} + FV_r \tag{33}$$

通过增加值视角的分析将一国出口首先分解为本国增加值和国外增加值两个部分，通过第二个层次的分解又将一国出口中的本国增加值分解为四个部分：一国出口最终产品后含有的本国增加值；一国出口中间产品经进口国生产为最终产品中含有的本国增加值；一国出口中间产品经进口国生产后出口给第三国产品中含有的本国增加值；一国出口中间产品经进口国生产后再次出口给本国的产品中含有的本国增加值。

这种增加值分解方法为当前国际分工和贸易的研究提供了新的思路，也为增加值贸易数据库的构建打下了基础。经合组织和世贸组织联合推出的 TiVA 数据库就是用于研究国家之间贸易的增加值流动的。

库普曼（Koopman，2010）构建了衡量一国在全球价值链中参与度的指标，公式如下：

$$GVC\_Participation_{ir} = \frac{IV_{ir}}{E_{ir}} + \frac{FV_{ir}}{E_{ir}} \tag{34}$$

公式中的 E_{ir} 代表 r 国 i 产业的出口总值；IV_{ir} 代表 r 国 i 产业的间接价值增值，涵盖 r 国 i 部门本国增加值出口中的中间产品部分经另一国加工出口后给第三国的价值,反映一国对于下游生产环节的参与;FV_{ir}代表r国i产业的国外价值增加值,即r国出口中所包含的国外增加值,反映一国作为生产下游对于上游生产环节的参与。TiVA数据库给出了FV_{ir}对应的统计指标$EXGR\_FVASH$,即一国出口中涵盖的国外增加值占比。对于IV_{ir},我们利用TiVA数据库中的$EXGR\_DVAFXSH$指标,该指标衡量了一国出口中被进口国加工后再次出口时含有的本国增加值占比,为得出IV_{ir}值需要将该指标与贸易总量数据及不同产业出口量数据进行综合计算。

图1反映出中国1995—2011年间全球价值链参与度指标的变化,可以看出中国制造业的全球价值链参与程度在过去17年间并没有得到大幅度提升,相反却出现了小幅度的下降,这与我们之前认为的情况不同。将全球价值链进行前向和后向参与度的分解后可以看出,中国对全球制造业价值链的参与主要为后向参与,也就是说,中国制造业整体在全球价值链中位于下游。后向参与度反映出中国制造业作为下游国家和下游产业在整个生产链条中的参与程度,中国该项指标的水平从1995年的44.36%降至2011年的40.10%。中国制造业在全球价值链中的前向参与度较低,虽经历了小幅提升,但是2011年也只达到16.45%的参与程度。

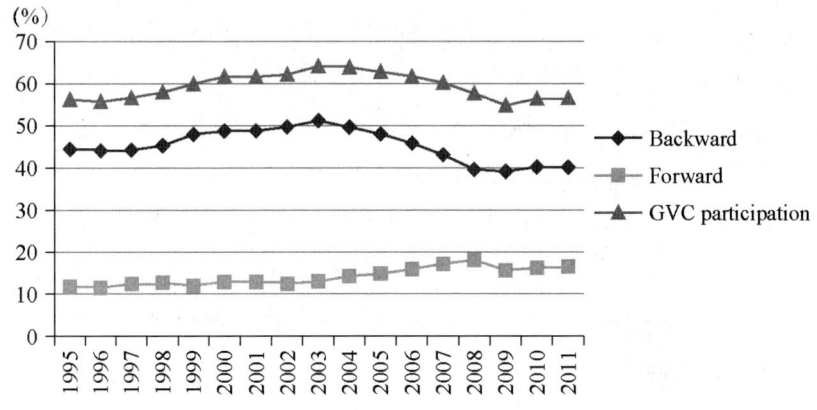

图1　1995—2011年中国参与全球制造业价值链程度的变化

说明:Backward表示中国制造业出口在全球价值链中的后向参与度;Forward表示中国制造业出口在全球价值链中的前向参与度;GVC participation表示中国制造业出口的全球价值链参与度。

资料来源:根据TiVA数据库整理所得。

以上分析反映出中国制造业在全球价值链中的主要参与模式是作为其他国家的后向国家,而作为前向国家向其他国家输出中间产品的参与模式占比较少,这种模式对于中国的制造业具有一定的风险(例如上游国家的断链行为,如同 2019 年的中兴与 2020 年的华为所遭遇的情况)。

主要样本国家制造业的全球价值链参与度情况如图 2 所示。

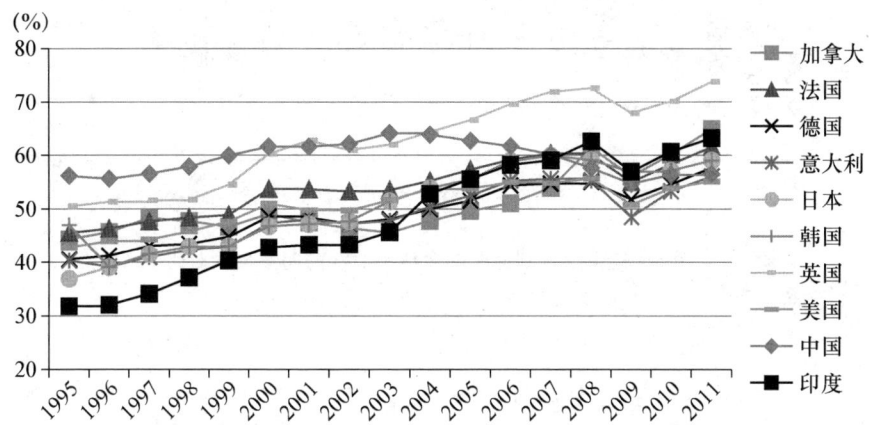

图 2　样本国家制造业的全球价值链参与度变化

图 2 中可以看出具有代表性的十个国家在 2011 年的全球价值链的参与度大都维持在 50%到 70%之间。其中较高的为英国,且过去十几年发展迅速,从 50%上升至 73%。中国在样本国家中的排名比较靠前,全球价值链的参与程度较高,1995—2011 年间基本维持在 55%以上的水平。从多国的全球价值链参与度对比中我们可以发现,从价值链参与度的视角分析,中国制造业在全球价值链中的参与程度和其他国家相比表现尚可,也反映出中国对外开放政策的有效性。将全球价值链参与度进行前向参与度和后向参与度的分解后可以得到图 3 和图 4。

两图对于各国制造业的全球价值链参与度进行分解,分为前向参与度和后向参与度两部分。对前向参与度和后向参与度的分解可以发现,俄罗斯的价值链参与度主要体现在前向参与度部分,也就是俄罗斯作为别国价值链上游的国家将其产品作为中间产品出口给别国,用于别国出口品的进一步生产中。这一点可以通过俄罗斯的主要贸易类型得到印证。俄罗斯作为资源大国,出口较大规模的原材料和自然资源,此类产品一般会被别国

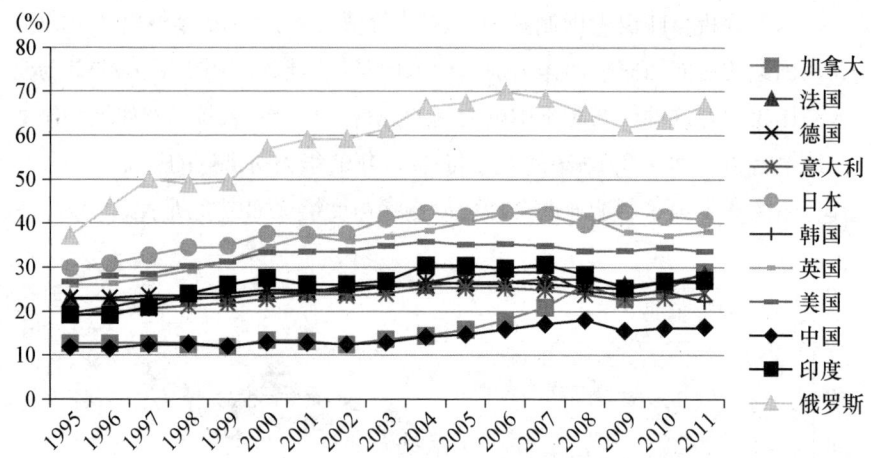

图 3　样本国家制造业的全球价值链前向参与度对比

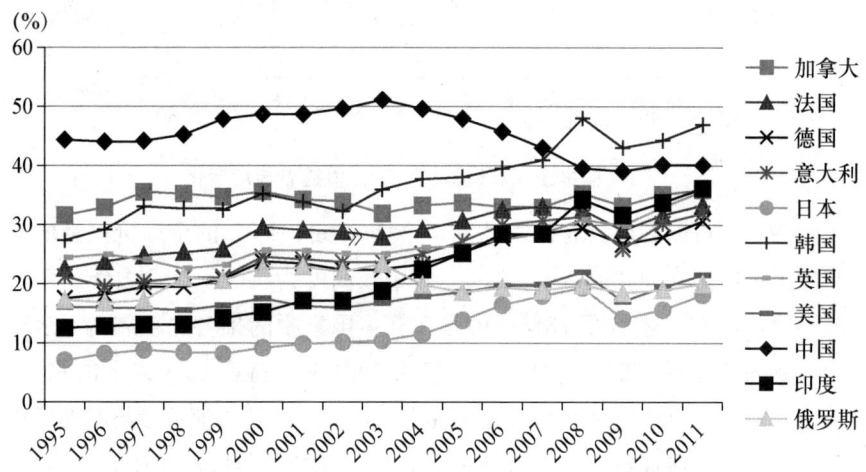

图 4　样本国家制造业的全球价值链后向参与度对比

用作进一步生产时的原材料投入,所以俄罗斯的前向参与度较高(中国由于资源型投入进口比重大,客观上也相对提高了后向参与度)。

中国制造业的前向参与度低于其他国家平均水平,在考察期内中国的前向参与度存在小幅上升,但仍然是样本国家中最低的水平(2011 年为16.4%)。中国制造业的全球价值链后向参与度则位于前列,1995—2011年中的大部分年份,中国的后向参与度都为各国中的前两名,一直维持在40%~50%的高位。2005—2011 年间韩国制造业的后向参与度逐年上升,并在2008年超过中国成为样本国家中后向参与度最高的国家。这反映出中国和韩国参与全球价值链的模式，主要是通过后向参与。所谓后向参与，是指主要通过参与下游产业链环节进行国际分工。相反，对比日本的情况就可以看出，日本总的全球价值链参与度达到55%以上，与中韩差距不大。然而，日本在全球价值链中的参与主要依靠前向参与度的贡献，2011年达到40.9%，而后向参与度比例却非常低，一直以来都是样本国家中最低的一个（2011年约为18.1%）。可见日本参与全球价值链的模式，主要是通过前向参与，也就是主要参与全球价值链的上游环节，通过向下游企业输送零部件、半成品等方式参与国际分工。

通过对全球价值链参与度的分析和比对，我们得出以下几个结论：

（1）中国制造业全球价值链参与度较高，反映出中国的制造业主动参与国际分工和贸易，在全球价值链中表现积极。

（2）中国制造业在全球价值链中的参与度主要依靠后向参与度，即作为下游企业参与分工。但是前向参与度并不高，即作为上游企业表现一般。

（3）中国制造业在全球价值链参与度上与韩国情况相似，和日本相反。也就是说，中国和韩国在全球价值链分工中主要作为下游企业，而日本则主要作为上游企业参与分工。

Ⅸ. 引力模型的构建

引力模型的基本思想来源于牛顿的万有引力定律：两个物体的相互吸引力与它们的质量之积成正比，与它们之间距离的平方成反比。最早将引力模型应用到国际贸易领域的是丁伯根（Tinbergen，1962）[1]和伯伊霍南（Poyhonen，1963)[2]。他们指出两国间贸易流量的规模与它们各自的经济总量成正比，而与它们之间的距离成反比。其中，出口国的经济总量反映了潜在的供给能力，进口国的经济总量反映了潜在的需求能力，双方

---

[1] Tinbergen, J. Shaping the world economy. *The International Executive*, 1963, 5 (1): 27–30.

[2] Poyhonen, P. A tentative model for the volume of trade between countries. *Weltwirtschaftliches Archiv*, 1963 (90): 93–99.

的距离（运输成本）则构成了两国之间贸易的阻力因素。此后，林纳曼恩（Linnemann，1966）将人口变量加入引力模型。经济学家为了检验政策、历史、文化等因素对贸易流量的影响，又逐步将优惠贸易协定、贸易限制措施、殖民关系、共同语言等指标加入引力模型中。

引力模型尽管表述形式比较简单，但是自20世纪60年代以来，已经在国际贸易研究中获得了相当大的成功。它被广泛应用于测算贸易潜力、鉴别贸易集团的效果、分析贸易模式以及估计贸易壁垒的边界成本等领域，并较好地解释了在现实中观察到的一些经济现象。

当然，引力模型也曾遭到一些批评和质疑，主要体现在两个方面：一是一度被认为缺乏理论基础，但在安德森（Anderson，1979）、赫尔普曼和克鲁格曼（Helpman and Krugman 1985）、伯格斯特兰德（Bergstrand，1989）以及蒂尔多夫（Deardorff，1995）等人的不断发展下，引力模型的理论根基已日渐稳固，并由此催生了大量的新的引力模型文献；二是对模型的构造方法的批评，集中表现为对横截面数据分析法的质疑，然而随着面板数据分析法的兴起，被忽视的国家和时间特定效应问题在很大程度上也得到了解决。

在国际贸易的研究中，最基本的引力模型是：

$$Y_{ij} = \frac{A(G_i G_j)}{D_{ij}}$$

其中，Y_{ij}代表双边贸易额，即两个国家的进出口总额之和；G_i是国家i的GDP；G_j是国家j的GDP；D_{ij}是国家i和国家j的距离；A是比例常数。

因为该模型是非线性的，所以对上式两端取自然对数，转换为线性形式：

$$\ln Y_{ij} = \beta_0 + \beta_1 \ln(G_i G_j) + \beta_2 \ln D_{ij} + \mu_{ij}$$

一、模型的实证检验

（一）样本与数据说明

我们选取2017年我国最重要的49个贸易伙伴国的贸易截面数据作为

实证检验的样本数据。2017年我国对这49个国家的出口约占中国总出口额的93.99%，基本反映了中国对外出口的大致情况。我国对这49个国家的出口数据来自国际货币基金组织贸易方向统计数据库；中国和其他贸易伙伴国家2017年的GDP数据来自世界银行网站；中国和各贸易伙伴国之间的空间距离并不是双方港口距离，而是指中国的首都北京和各贸易伙伴国首都之间的直线距离，例如，中美之间距离为11 172.67公里；中国对外已经签订的双边自由贸易协定情况来自商务部中国自由贸易区服务网站公布的相关资料。

在解释变量的选择上，考虑到数据可得性和研究的目的性，在原有的GDP、空间距离（D）解释变量外，为了突出双边自由贸易协定对两国贸易的影响，特别引入自由贸易区（FTA）作为解释变量。为了避免数据间存在多重共线性问题，我们没有选择与空间距离一样同属于地理因素的国土面积，以及多数情况下与国土面积密切相关的人口数量作为解释变量。从理论上看，这三个解释变量中GDP、FTA对双边贸易额的影响应该为积极影响，因此其系数应为正；而空间距离则相反，其系数应为负。

经过扩展并能大致反映我国对外贸易状况的贸易引力模型是：

$$\ln Y_{cj} = \beta_0 + \beta_1 \ln(G_c G_j) + \beta_2 \ln D_{cj} + \beta_3 FTA + \mu_{cj}$$

式中，β_0、β_1、β_2和β_3为回归系数，μ_{cj}为标准随机误差；G_c、G_j分别表示中国和j国的GDP，代表两国的经济规模；D_{cj}表示中国与j国首都之间的距离，用来描述两国间的运输成本；FTA是虚拟变量，如果存在自由贸易区则赋值为1，否则为0。由于此模型仅仅是考虑中国的贸易情况而对原有模型进行的扩展，该模型中的解释变量是否显著还需要进一步的实证检验。

（二）模型的实证检验

利用所查到的数据，通过计量软件Eviews 6.0对扩展后的贸易引力模型进行回归分析。首次回归结果如下：

$$\ln Y_{cj} = -2.72 + 0.66\ln(G_c G_j) - 0.58\ln D_{cj} + 0.61 FTA$$
$$\quad\quad\quad (1.33)\quad (8.64)\quad\quad (-3.44)\quad\quad (2.25)$$
$$\bar{R}^2 = 0.62 \quad F = 27.22 \quad DW = 1.21$$

从以上的回归结果来看,方程拟合优度尚可;由 F 值可以看出被解释变量和解释变量之间的线性关系在总体上显著;T 检验显示,在 5% 的显著性水平上,变量 GDP、空间距离、FTA 均通过 T 检验,说明主要解释变量对被解释变量的影响显著;整体拟合效果也较好,如图 5 所示。

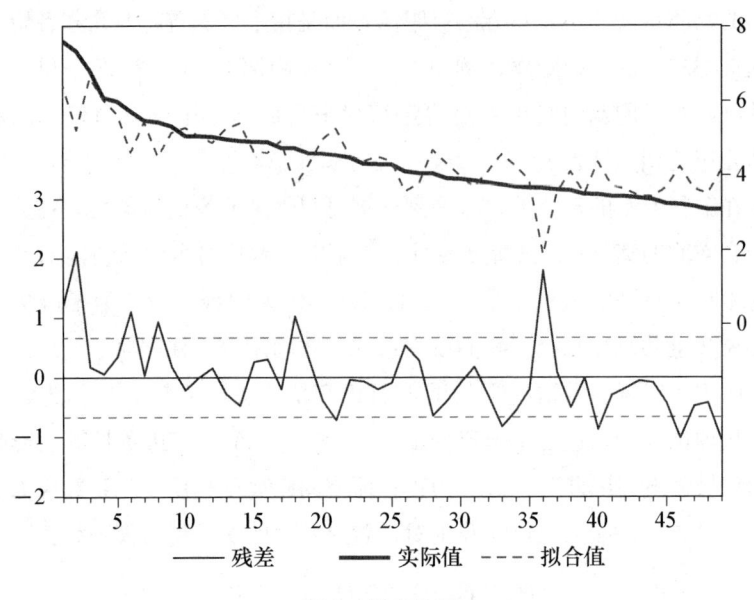

图 5　拟合结果

此外,在 5% 的显著性水平上,滞后 10 阶的拉格朗日乘数检验结果显示不存在序列相关性,检验结果见表 7。

表 7　残差序列相关的 LM 检验结果

Breusch-Godfrey Serial Correlation LM Test:			
F-statistic	1.186 290	Prob. F (10, 35)	0.332 8
Obs * R-squared	12.403 89	Prob. Chi-Square (10)	0.258 9

由上可见,以 GDP、空间距离、FTA 为解释变量的贸易引力模型可以较好地解释中国的对外出口情况。

二、模型结果分析

从实际经济含义看,我们发现,GDP、空间距离、自由贸易区这三个因素对中国的贸易出口影响很大,是影响目前中国对外出口的重要因素。

(1) GDP 的系数最大,为 0.66,说明中国对其他国家的出口中,经济规模对贸易流量具有基础性的影响。以往的研究认为,如果一个国家的贸易规模更多地是由贸易伙伴的 GDP 总量决定的,则说明这个国家的贸易结构尚处于低级阶段。也就是说,该国参与国际贸易的商品主要是资源型和劳动密集型产品,显然检验结果与我国的实际外贸状况是大体一致的。

(2) 空间距离的系数(−0.58)为负,说明空间距离的阻隔作用依然存在,但阻隔力度有所减弱。现有的文献研究表明,空间距离的阻隔系数一般在−0.953 和−0.76 之间。通常的理解是,空间距离越大则运输成本越高、信息交流越困难、相互的文化差异也就越大,从而限制了相互的贸易往来。距离阻隔系数的变小(绝对值)意味着中国的外贸运输技术的改进以及社会信息化程度的提高。

(3) FTA 的系数为正,说明自由贸易协定在促进我国商品出口中发挥了重要的作用,这一结果也与事实相符。进入 21 世纪后区域贸易安排的发展速度开始加快,现在几乎所有的国家都参加了至少一个自由贸易区,享受着自由贸易区对本国外贸出口的促进作用。这也从经验上说明了自由贸易协定在提高经济效益、促进贸易发展方面的作用,表明了中国积极参与自由贸易区建设具有现实的利益。此外,自由贸易区和空间距离对双边贸易分别有正面和负面的影响,但自由贸易区对贸易的正面促进作用(0.61)大于距离对贸易的负面阻碍作用(−0.58),这表明自由贸易区的建立能够抵消空间距离对双边贸易往来的消极作用,还可以给双方带来更多的额外经济贸易利益。

三、中美贸易失衡传导机制探讨

一个国家经济的均衡是把国内通货膨胀或衰退、失业等经济状况,与国际收支综合起来考虑的均衡,即该国的国际收支状况允许其维持经济的开放性,同时国内经济运行也不存在严重的失衡。经济失衡常常会通过若干途径,尤其是贸易途径传导到另一个国家,引起其他国家的经济失衡。中美之间的贸易状况便是这种情况的典型案例。我们的分析如下:

从一个国家的角度来看,商品服务的跨国流入与流出组成了对外贸易。加入国际贸易的国民收入模型改变为：

$$总需求 Y=C+I+G+X \tag{35}$$
$$总供给 Y=C+S+T+M \tag{36}$$

式中，Y 为总收入，C 为消费，I 为投资，G 为政府开支，S 为储蓄，T 为税收，M 为进口。如果我们假设 $G=T$，即该国没有财政赤字也没有盈余，则总需求等于总供给的均衡条件为：

$$S-I=X-M \tag{37}$$
$$S=I+(X-M) \tag{38}$$

式（38）显示出储蓄、投资、进口、出口之间的平衡关系。这时如果一国储蓄率过高，当投资不变时，就只能够通过贸易顺差实现内外平衡。反之，则只能够通过贸易逆差平衡国内的失衡。很多学者认为，中美之间的贸易再平衡的关键在于美国必须通过减少消费增加储蓄，而中国则应正好相反。

如果我们引入国际资金流动，即一国的对外投资 if 和吸引外资 IF，则上述公式会改写成：

$$总需求 Y=C+I+G+X+IF \tag{39}$$
$$总供给 Y=C+S+T+M+if \tag{40}$$

此时，均衡条件为：

$$S=I+(X-M)+(IF-if) \tag{41}$$

如果令 $S=I$，即国内储蓄等于投资，粗略地将 $X-M$ 看成是经常账户余额，而将 $IF-if$ 看成是资本账户余额，则有：

$$X-M=IF-if \tag{42}$$

即从国际收支角度考察，当经常账户为盈余时，该国应该通过对外投资来平衡国际收支（如日本所为），反之则需要吸引外资来平衡国际收支（如美国所为）。西方学者对中国的看法是：储蓄率高却不提高劳动者收入从而提高消费，减少储蓄，经常账户和资本账户也是双顺差，因此世界经济失衡调整应该由中国进行。而中方现在的看法则是，美国必须降低消费从而提高储蓄率，吸收的外资应该进入生产部门而非用它增加消费，才能够形成良性循环。我们认为只有通过合作才能够使得双方的失衡得以缓解。中国实行内外循环相互促进的新发展格局可以增加消费，扩大开放可以增加对外投资，失衡能够得到控制，而美国如果不进行结构调整，由于中美贸易量下降可能会使中国的贸易赤字缩小，但对整个世界的贸易赤字总额居高不下丝毫不会产生帮助。

附录三　参考文献

[1] 百年未有之大变局，中国探索新时代. 中国新闻周刊，2019-10-10.

[2] 陈雷，李坤望. 区域经济一体化与经济增长收敛性：实证分析. 南开经济研究，2005（2）：34-38.

[3] 陈伟光. 逆全球化暗流与中国应对. 中国社会科学报，2016-12-23.

[4] 陈向阳. 百年未有之大变局，"变"在哪?. 中国一带一路网，2019-08-23.

[5] 戴维·赫尔德. 全球化理论. 北京：社会科学文献出版社出版，2009.

[6] 邓秀岷. 邓秀岷：东盟应加大参与全球治理. //中国国际经济交流中心. 全球智库经济观察（2013）. 北京：社会科学文献出版社，2013.

[7] 丁丁，章秋琼，战慧. 论中国-东盟自由贸易区的投资自由化和便利化. 国际商务——对外经济贸易大学学报，2005（6）：80-84.

[8] 杜庆昊. 大历史视野中的"百年未有之大变局". 学习时报，2019-03-12.

[9] 樊纲. 应鼓励双边区域性贸易自由化. 第一届全球智库峰会演讲集，2009.

[10] 樊明太，郑玉歆，齐舒畅，等. 中国贸易自由化及其对粮食安全的影响——一个基于中国农业CGE模型的应用分析. "全球农业科技与

发展评估"国际会议论文集，2005.

[11] 附录：《中国实施贸易投资自由化与便利化的单边行动计划》. 国际经济合作，1998 (1)：46-47.

[12] 高虎城. 积极参与全球经济治理构建开放型世界经济. 中国金融家，2016 (7)：140.

[13] 高祖贵. 世界百年未有之大变局的丰富内涵. 学习时报，2019-01-21.

[14] 龚哲浩. 发展中国家全球治理和中国基于一带一路的发展机遇. 北京论坛，2016.

[15] 共建"一带一路"：理念、实践与中国的贡献. 有色冶金节能，2017 (4)：1-9+15.

[16] 共同维护和发展开放型世界经济. 当代贵州，2017 (19)：61.

[17] 何成. 全面认识和理解"百年未有之大变局". 光明日报，2020-01-03.

[18] 何帆，冯维江，徐进. 全球治理机制面临的挑战及中国的对策. 世界经济与政治，2013 (4)：19-39+156-157.

[19] 侯若石. 从地区经济一体化走向经济全球化. 世界经济，1996 (8)：5-7+17.

[20] 胡鞍钢，李萍. 习近平构建人类命运共同体思想与中国方案. 新疆师范大学学报（哲学社会科学版），2018 (5)：1-8.

[21] 胡键. 中国参与全球治理的制约性因素分析. 学术月刊，2015 (11)：63-74.

[22] 华民，王疆华，周红燕. 内部化、区域经济一体化与经济全球化. 世界经济与政治，2002 (12)：39-42.

[23] 黄桂钦. 中国应对全球治理赤字的新对策. 商业经济研究，2017 (21)：150-151+91.

[24] 黄桂钦. 重塑国际关系新秩序中的"大国担当"——中国应对全球治理视角. 商业经济研究，2017 (22)：166-168.

[25] 黄建忠. 服务贸易评论. 北京：厦门大学出版社，2015.

[26] 黄蓉. 上海自贸区贸易自由化与便利化对策研究. 价格月刊，

2015 (8): 69-73.

[27] 黄卫平. "全球化中的中国经济：与发展中世界的合作与竞争". 当代世界, 2008 (3): 7.

[28] 伋晓光. 从新制度经济学角度看经济全球化和区域经济一体化. 经济与管理, 2005 (8): 10-13.

[29] 贾丹华. 发达地区经济一体化的困境及其出路. 现代经济探讨, 2003 (8): 19-21+39.

[30] 金灿荣. 面对"百年未有之大变局"中国有4大优势. 中国青年报, 2019-08-12.

[31] 金立群. 促进基础设施投资发展开放型世界经济. 中国总会计师, 2017 (5): 10.

[32] 金应忠. 试论人类命运共同体意识——兼论国际社会共生性. 国际观察, 2014 (1): 37-51.

[33] 李滨. 百年未有之大变局：世界向何处去. 人民论坛·学术前沿, 2019 (7): 39-47.

[34] 李盾, 董云. CEPA与中国区域经济一体化的构建. 统计与决策, 2005 (16): 118-120.

[35] 李辉文, 董红霞. 现代比较优势理论：当代国际贸易理论的理论基准. 经贸理论, 2004 (2): 11-15.

[36] 李杰. 深刻理解把握世界"百年未有之大变局". 领导科学, 2018 (27): 20.

[37] 李平, 陈娜. 区域经济一体化的新制度经济学解释. 哈尔滨工业大学学报（社会科学版）, 2005 (2): 72-75.

[38] 李文. 在百年未有之大变局中把握航向. 中国青年报, 2019-09-09.

[39] 李向阳. "反全球化"背景下中国引领经济全球化的成本与收益. 中国工业经济, 2017 (6): 30-35.

[40] 里卡多·赛内斯. 里卡多·赛内斯：推动全球治理机构改革. //中国国际经济交流中心. 全球智库经济观察（2013）. 北京：社会科学文献出版社, 2013.

[41] 廉晓梅. 论区域经济一体化对经济全球化的促进作用. 东北亚论坛, 2003 (5): 17-21.

[42] 林剑. 构建人类命运共同体——引领经济全球化发展的新思想新理念. 理论与现代化, 2017 (4): 8-12.

[43] 刘力. 南北型自由贸易区: 发展中国家区域经济一体化的方向. 世界经济研究, 1999 (2): 18-21.

[44] 卢静. 当前全球治理的制度困境及其改革. 外交评论 (外交学院学报), 2014 (1): 107-121.

[45] 陆燕. 中国在全球经济治理中的角色与贡献. 国际商务财会, 2017 (9): 3-7.

[46] 陆月娟. 经济全球化背景下的区域经济一体化. 社会科学家, 2001 (11): 20-23.

[47] 马波, 王双. 论区域经济一体化过程中地方政府的角色定位. 经济纵横, 2005 (7): 2-4.

[48] 孟庆民. 区域经济一体化的概念与机制. 开发研究, 2001 (2): 47-49.

[49] 拿督·莫哈末·阿里夫. 推动贸易自由化重在行动. 第一届全球智库峰会演讲集, 2009.

[50] 庞中英, 王瑞平. 全球治理: 中国的战略应对. 国际问题研究, 2013 (4): 57-68.

[51] 乔燕, 孙晓燕. 中国的内部区域经济一体化现象断思. 济南大学学报, 2005 (2): 76-79.

[52] 屈子力. 内生交易费用与区域经济一体化. 南开经济研究, 2003 (2): 67-70.

[53] 阮宗泽. "百年未有之大变局": 五大特点前所未有. 世界知识, 2018 (24): 12-15.

[54] 芮捷锐. 利用国际组织框架推动贸易自由化. 第一届全球智库峰会演讲集, 2009.

[55] 盛建明. 论美国贸易自由化进程中贸易调整援助制度. 全球化时代的国际经济法: 中国的视角国际研讨会论文集 (上), 2008.

[56] 舒建华. 百年未有之大变局的时代内涵和要求. 南方日报，2019-09-23.

[57] 苏国新. 以"大协同"优势践行"一带一路". 经济导刊，2017 (10)：88-90.

[58] 孙大斌. 由产业发展趋势探讨我国区域经济一体化动力机制. 国际经贸探索，2003 (6)：71-74.

[59] 孙鸿. 孙子说法——和平与全球治理的工具：国际政治营销的视角. 北京论坛，2017.

[60] 谭星宇. 开放的世界开放的经济. 中国报道，2017 (8)：14-15.

[61] 汤碧. 区域经济一体化模式比较. 南开经济研究，2002 (3)：54-56.

[62] 田春华. 区域经济一体化与全球自由贸易体系的建立. 世界经济，1996 (12)：56-59.

[63] 佟家栋，杨坚，信玉红. 区域经济一体化模式的比较. 世界经济文汇，1994 (1)：46-49.

[64] 王建中. 浅谈G20杭州峰会与未来世界经济的发展. 南京理工大学学报（社会科学版），2017 (2)：15-21.

[65] 王俊生，秦升. 从"百年未有之大变局"中把握机遇. 红旗文稿，2019 (7)：14-17.

[66] 王文，等. "世界处于百年未有之大变局". 北京日报，2019-01-15.

[67] 韦金鸾. 南北型区域经济一体化的影响. 世界经济研究，2001 (6)：34-38.

[68] 吴晓霞. 区域经济一体化与经济全球化的互动. 东北亚论坛，2004 (5)：94-97.

[69] 吴志成. 经济全球化砥砺前行. 光明日报，2018-11-13.

[70] 习近平：共同构建开放型世界经济. 南方企业家，2017 (10)：8-11.

[71] 肖鹬飞. 跨境贸易人民币结算问题研究——基于国际贸易结算

货币选择理论的视角. 广东金融学院学报, 2012（5）：100-114.

[72] 谢丹阳, 程坤. 包容性全球化探析. 中国工业经济, 2017（6）：13-19.

[73] 徐昕. "百年未有之大变局"的历史性与时代性. 人民网, 2020-01-03.

[74] 许文宣, 刘孟莹. 浅谈一带一路的成果与展望. 经营管理者, 2016（8）：211.

[75]《学术前沿》编者. 世界贸易体系的变革. 人民论坛·学术前沿, 2015（23）：4-5.

[76] 杨雪冬. 准确把握"百年未有之大变局"中的"不变者". 爱思想, 2019-01-13.

[77] 杨枝煌. 全面打造新时代背景下的人类命运共同体. 当代经济管理, 2018（1）：37-44.

[78] 袁莉. 区域经济一体化与政府的中观调控. 甘肃社会科学, 2003（3）：86-87+91.

[79] 查道炯. 中国与全球治理：谁吸纳谁?. 北京论坛, 2017.

[80] 张河山. 政府管理在区域经济一体化中的作用. 学习与实践, 2005（7）：22-25.

[81] 张纪康. 区域经济一体化的决定因素及形式比较. 当代亚太, 1997（6）：16-21.

[82] 张建武, 田云华. 国际环境新形势与中国对外开放新背景、新局面、新地位、新角色、新路径——"中国与开放型世界经济"学术研讨会纪要. 经济社会体制比较, 2017（2）：187-191.

[83] 张幼文. 中国推进全球治理的基本主张与深远影响. 毛泽东邓小平理论研究, 2016（5）：72-78+92.

[84] 张宇燕, 李向阳, 等. 世界面临百年未有之大变局. 人民日报, 2018-12-24.

[85] 张宇燕. 理解百年未有之大变局. 国际经济评论, 2019（5）：9-19.

[86] 张宇燕. 全球治理的中国视角. 世界经济与政治, 2016（9）：4-9.

[87] 赵可金. 构建人类命运共同体理念是解决当今世界和平赤字、

发展赤字、治理赤字的关键. 光明日报, 2018-03-27.

［88］赵可金. 以人类命运共同体理念引领经济全球化发展. 求是, 2018-04-16.

［89］赵宪军. "一带一路"战略与人类命运共同体建构. 湖南省社会主义学院学报, 2016 (1): 74-77.

［90］周瑾. 从 NAFTA 内美墨之间的不平衡看美洲经济一体化. 国际观察, 2000 (6): 38-42.

［91］周中林. 论新型的区域经济一体化组织——APEC. 经济评论, 1999 (5): 116-118.

［92］Active duty military personnel strengths by regional area and by country (309A). Department of Defense, 2012.

［93］Akeley, R. V., Erickson, H., Niederhauser, J., et al. Report of international relations committee, 1970. *American Potato Journal*, 1970 (10).

［94］Base structure report FY 2012 baseline. Department of Defense, 2012.

［95］Bergstrand, J. H. The generalized gravity equation, monopolistic competition and the factor-proportions theory in international trade. *The Review of Economics and Statistics*, 1989 (71): 143-153.

［96］Callinicos, A. Marxism and imperialism today. // Callinicos, A., et al. *Marxism and the New Imperialism*. London: Bookmarks, 1994.

［97］Carton, M., Mella, O. Two examples of international relations. *Prospects*, 1999 (3).

［98］Deardorff, A. V. Determinants of bilateral trade: does gravity work in a neoclassical world?. Michigan-Center for Research on Economic & Social Theory, 1995.

［99］Diken, P. *Global Shift: Industrial Change in a Turbulent World*. London: Harper and Row, 1986.

［100］Dreher, A., Jensen, N. M. Independent actor of agent? an empirical analysis of the impact of US interests on IMF conditions. *Journal of Law and Economics*, 2007, 50 (1).

[101] Eichengreen, B. Hegemonic stability theories of the international monetary system. NBER Working Paper 2193, 1989.

[102] Garrett, C. S. Varieties of civil society: citizenship, identity and global regimes of governance in a European context. *Public Organization Review*, 2002 (1).

[103] Gawande, K., Krishna, P. The political economy of trade policy: empirical approaches. // Choi, E. K., Harrigan, J. *Handbook of International Trade*, Vol. 1. Oxford: Blackwell Publishers, 2003.

[104] Gereffi, G. International trade and industrial upgrading in the apparel commodity chains. *Journal of International Economics*, 1999 (48): 37-70.

[105] Gereffi, G. The organization of buyer-driven global commodity chains: how U. S. retailers shape overseas production networks. // Gereffi, G. Korzeniewicz, M. *Commodity Chains and Global Capitalism*. Westport: Praeger, 1994.

[106] Gerschenkron, A. *Economic Backwardness in Historical Perspective: A Book of Essays*. Cambridge, Mass.: Belknap Press of Harvard University Press, 1962.

[107] Giersch, H. Perspectives on the world economy. *Weltwirtschaftliches Archiv*, 1985 (3).

[108] Gilpin, R. *U. S. Power and the Multinational Corporation: The Political Economy of Foreign Direct Investment*. New York: Basic Books, 1975.

[109] Greider, W. One World, Ready or Not. New York: Simon & Schuster Press, 1997.

[110] Grossman, G. M., Helpman, E. Protection for sale. *American Economic Review*, 1994 (84): 833-850.

[111] Gstöhl, S. Governance through government networks: the G8

and international organizations. *The Review of International Organizations*, 2006 (1).

[112] Haynes, F. L. 1981-1982 report of the international relations committee. *American Potato Journal*, 1982 (11).

[113] Helpman E. , Krugman, P. R. *Market Structure and Foreign Trade: Increasing Returns, Imperfect Competition and the International Economy*. Cambridge: MIT Press, 1985.

[114] Hopkins, T. Wallerstein, I. Commodity chains in the world-economy prior to 1800. *Review*, 1986, 10 (1): 157-170.

[115] Hummels, et al. The nature and growth of vertical specialization in world trade. *Journal of International Economics*, 2011, 54 (1): 75-96.

[116] International relations committee of The Potato Association of America. *American Potato Journal*, 1973 (3).

[117] International relations. *Journal of the American Oil Chemists Society*, 1965 (3).

[118] Kessler, M. , Subramanian, A. The renminbi bloc is here: Asia down, the rest of the world to go. *Journal of Globalization and Development*, 2013, 4 (1).

[119] Khitsenko, I. V. International relations between metallurgists. *Metallurgist*, 1958 (7).

[120] Kleeberg, V. The international relations of the central committee of the trade union of metallurgists in the ninth five-year plan. *Metallurgist*, 1976 (3).

[121] Klodt, H. , Lorz, O. The coordinate plane of global governance. *The Review of International Organizations*, 2007 (1).

[122] Koopman, R. , Powers, W. , Wang, Z. , et al. Give credit where credit is due: tracing value added in global production chains. National Bureau of Economic Research, 2010.

[123] Krasner, S. D. State power and the structure of international

trade. *World Politics*, 1976, 28 (3).

[124] Krugman, P. *Development, Geography, and Economic Theory*. Cambridge: The MIT Press, 1995.

[125] Larson, R. H. Report of the international relations committee. *American Potato Journal*, 1958 (11).

[126] Law, D. S., Versteeg, M. The declining influence of the United States Constitution. *New York University Law Review*, 2012, 87 (3).

[127] Meester, B. D. The Sutherland report on the future of the WTO: prospects for coherence in global governance?. *International Organizations Law Review*, 2005 (1).

[128] Melo, J., Panagariya, A. *New Dimensions in Regional Integration*. Cambridge, UK and New York: Cambridge University Press, 1992.

[129] Miroudot, S., Lanz, R., Ragoussia, A. Trade in intermediate goods and services. OECD Trade Policy Working Paper, 2011.

[130] Ohmae, K. Putting global logic first. *Harvard Business Review*, 1995, 73 (1): 119-125.

[131] Porter, M. E., Millar, V. E. How information gives you competitive advantage. *Harvard Business Review*, 1985, 63 (4): 149-160.

[132] Porter, M. E. *Competitive Advantage: Creating and Sustaining Superior Performance*. New York: Free Press, 1985.

[133] Rosenau J. N. *Along the Domestic-Foreign Frontier: Democracy*. Cambridge: Cambridge University Press, 1997.

[134] Sala-i-Martin, X. The world distribution of income: falling poverty and convergence, period. *The Quarterly Journal of Economics*, 2006, 12 (2): 351-397.

[135] Saunders, H. H. International relationships— It's time to go beyond "we" and "they". *Negotiation Journal*, 1987 (3).

[136] Sawyer, R. L. , Niederhauser, J. , Puente, F. , et al. International relations committee report. *American Potato Journal*, 1969 (12).

[137] Stevens, G. C. Integrating the supply chain. *International Journal of Physical Distribution & Logistics Management*, 1989, 19 (8): 3-8.

[138] Tinbergen, J. Les données fondamentales d'un plan régional. *Revue Tiers Monde, Programme National Persée*, 1962, 3 (11): 329-336.

[139] Tuan C. , Ng, L. F. Hong Kong outward investment and regional economic integration with Guangdong: process and implication. *Journal of Asian Economics*, 1995, 6 (3): 385-404.

[140] UNIDO. Industrial Development Report 2002/2003: Competing through Innovation and Learning. United Nations Industrial Development Organization, 2003.

[141] Van Kersbergen, K. , Van Warden, F. "Governance" as a bridge between disciplines: cross-disciplinary inspiration regarding shifts in gorernance and problems of governability, shifts in governance accountability and legitimacy. *European Journal of Political Research*, 2004 (43).

[142] Xing, Y. , Detert, N. C. How the iPhone widens the United States trade deficit with the People's Republic of China. ADBI Working Paper, 2010.

[143] Xu, X. , Voon, J. P. Regional integration in China: a statistical model. *Economics Letters*, 2003 (79): 35-42.

"新时代中国推动建设开放型世界经济研究"项目成果

(研究阐释党的十九大精神国家社科基金专项)
项目号：18VSJ048
首席专家：黄卫平　彭　刚

一、成果起止时间
2017年10月申报项目—2020年4月。

二、已有成果目录
专著与教材：

1. 课题组集体专著 *A Win-Win Future*。该书由麦格劳-希尔公司（McGraw Hill Press）出版（除中文版外，至今已被译成6种文字出版：俄文版2018年10月，土耳其文版2018年10月，韩文版2019年10月，波兰文版2018年10月，日文版2018年11月，希伯来语版2017年10月。

2. 课题组集体专著 *Spell and Opportunity*。该书由门廊出版公司（Portico Publishing Company）出版。

3. 专著《小康之后》。黄卫平，丁凯，等. 小康之后. 南京：江苏人民出版社，2018.

4. 教科书《国际经济学教程》（第三版）。黄卫平，彭刚. 国际经济学教程. 3版. 北京：中国人民大学出版社，2019.

5. 教科书《发展经济学教程》（第三版）。彭刚，黄卫平. 发展经济学教程. 3版. 北京：中国人民大学出版社，2018.

论文：

1. 黄卫平. 经济全球化与变化中的世界经济规则. 国家治理，2018（43）：2-8. 收入中国人民大学复印报刊资料《世界经济导刊》，2019年

第 3 期。(CSSCI)

2. 黄卫平. 共商共建共享：重塑全球化的新基础. 北京工商大学学报（社会科学版），2017，32（6）：1-7. 收入中国人民大学复印报刊资料《国民经济管理》2018 年第 3 期。(CSSCI)

3. 黄卫平. 中国对外开放的理论与实践. 政治经济学评论，2018（4）：46.（CSSCI）

4. 李楠，黄卫平. 知识产权保护对国际贸易的影响. 现代管理科学，2018（1）：6-8.（CSSCI）

5. 黄剑，黄卫平. 国际货币多元化趋势及对世界经济的影响——基于中国的视角. 江淮论坛，2018（2）：35-42. 收入中国人民大学复印报刊资料《金融与保险》，2018 年第 7 期（CSSCI）。

6. 董静，黄卫平. 全球价值链分工下中美贸易战的几点思考. 现代管理科学，2018（8）：6-8.（CSSCI）

7. 黄卫平，黄剑. 领航新一轮对外开放，中国特色自由贸易港如何成为华丽的中国名片. 华夏时报网，2017-11-27.

8. 董静，黄卫平. 低碳经济：我国绿色发展的必由之路. 现代管理科学，2017（11）：15-17.

9. 陈能军，王娟. 制度质量与出口结构优化的关系测度——基于 2003—2016 年中国与"一带一路"沿线 58 个国家的经验数据. 江汉论坛，2019（4）：16-21.（CSSCI）

10. 黄卫平. 最大限度减轻损失，促进经济回稳运行 如何更好把握新形势下经济发展主动权. 国家治理，2020（3）：19-22.

11. Official Development Assistance (ODA) and South-North Cooperation，收入俄罗斯圣彼得堡国立大学《世界经济论文集》。

12. International Multicurrency Trend and Impact on World Economic Development－Based on China's Perspective，收入莫斯科大学国际会议论文集。

13. Huang Weiping. Win-Win Future between China and the Rest of the World. AZJA-PACYFIK, TOM XXII (2019), SWPS Uniwersytet Humanistycznospołeczny（华沙社会心理学与人文大学）.

14. 黄卫平，黄都. "一带一路"作用人民币国际化路径研究. 中国物价，2019（4）：17-20.

15. 王丽爽. 贸易畅通视角下"一带一盟"对接的基础与前景. 现代管理科学，2019（4）：22-24.（CSSCI）

16. 黄卫平. 新冠肺炎疫情对中国在全球供应链中地位的影响及建议. //刘伟. 直面冲击：中国经济学家建言. 北京：中国人民大学出版社，2020.

17. 黄卫平. 中国经济发展动力的可持续因素探究. 学术前沿，2020（6）：31.（CSSCI）

获奖情况：

2018年12月，《民进中央：关于应对中美贸易摩擦的四点建议》（完成人：黄剑），获民进中央2018年参政议政成果二等奖。

2020年3月，《新时代加强民营经济领域统战工作研究》（完成人：黄剑），获安徽省委统战部理论创新优秀成果三等奖。

后　记

　　本项目开始进行时，世界经济的状况与项目开始申请时相比，发生了根本性的变化。我们讨论发现，原有的项目设计出发点，以及搭建的框架结构必须结合、适合上述变化，进行相应的调整。2018年中美之间的贸易摩擦逐步演化成贸易战，继而演进成科技战。由于2019年中美贸易战愈演愈烈，美方有极端派甚至提出双方经济"脱钩"的想法，我们对其发展趋势进行了多次商量研判，即便是在新冠肺炎疫情期间也与国际上的一些学者和学术机构保持了交流和沟通，虽然有基本判断，但仍然感觉无法精确把握世界经济大前景的巨大不稳定性、不确定性的演进。2019年末2020年初，一场突如其来的新冠肺炎疫情的暴发和扩散，对世界经济产生了极大冲击。我们收集了大量的资料，并进行了定性、结构与定量的分析，讨论疫情对未来世界经济走势的影响，结论是世界经济愈来愈处于极大不稳定、不确定状态。本项目的题目是"新时代中国推动建设开放型世界经济研究"，但研究的对象开放型世界经济本身出现了极大不确定性，直接影响了项目的正常进行。

　　随着2020年春季疫情的扩散，防疫、抗击疫情隔离措施的加强，课题组开会商讨益发困难，原本约好的与国外进行交流、切磋也时断时续。好在有互联网作为平台，通过视频商讨和网络沟通，课题经过疫情最严重时段的停滞（课题组成员的研究因工作重心转向抗击疫情，如安排学生离校、防护、网络学习，参加社区抗疫支援工作而暂停）后，课题写作逐步得到恢复。在疫情得到控制与缓和后，经过各个子项目的努力，课题组基本完成了预定的工作量，进入了课题内容的总纂。与一般的纯学术课题不同，本课题在进行文献归纳综述时，没有将这部分内容单辟作一章，而是作为附录放到了正文的后面，这样既不会使得课题的阅读感觉立论缺乏大量文献的参考基础，又不会使得阅读者感觉课题写作过于呆板，拘泥于传统的学位论文格式模板。课题的根本基础在于对党的十九大文献，尤其是习近平总书记相关论述的学习和理解。囿于课题组成员政治理解力和学术能力，课题在阐述中尽管大量引述了习近平总书记的讲话和中央文件，仍然难免存在着这样那样的不足与缺陷。课题组愿意虚心求教于其他学者、理论工作者，尤其是从事一线工作的专家，以达到更好完成课题的初衷。

图书在版编目（CIP）数据

高质量发展的中国与开放型世界经济重构 / 黄卫平，彭刚，丁凯主编. --北京：中国人民大学出版社，2022.11

（中国经济问题丛书）

ISBN 978-7-300-30907-1

Ⅰ.①高… Ⅱ.①黄…②彭…③丁… Ⅲ.①开放经济-研究-中国 Ⅳ.①F125

中国版本图书馆 CIP 数据核字（2022）第 139395 号

中国经济问题丛书

高质量发展的中国与开放型世界经济重构

黄卫平　彭　刚　丁　凯　主编

Gaozhiliang Fazhan de Zhongguo yu Kaifangxing Shijie Jingji Chonggou

出版发行	中国人民大学出版社		
社　　址	北京中关村大街 31 号	邮政编码	100080
电　　话	010－62511242（总编室）	010－62511770（质管部）	
	010－82501766（邮购部）	010－62514148（门市部）	
	010－62515195（发行公司）	010－62515275（盗版举报）	
网　　址	http://www.crup.com.cn		
经　　销	新华书店		
印　　刷	涿州市星河印刷有限公司		
规　　格	160 mm×230 mm　16 开本	版　次	2022 年 11 月第 1 版
印　　张	23.5 插页 3	印　次	2022 年 11 月第 1 次印刷
字　　数	357 000	定　价	96.00 元

版权所有　　侵权必究　　印装差错　　负责调换